Charley Boorman

Auf die harte Tour

Charley Boorman
unter Mitarbeit von Jeff Gulvin

Auf die
harte Tour

30 000 Kilometer von
Irland nach Australien

Aus dem Englischen von
Ursula Pesch, Henning Dedekind
und Helmut Dierlamm

Mit 32 Seiten Farbbildteil
und 10 Karten

Mehr über unsere Autoren und Bücher:
www.malik.de

Die deutsche Erstausgabe bei MALIK erschien 2009 unter dem Titel
»By Any Means. Von Irland nach Australien auf die harte Tour«.

Bibliografische Information der Deutschen Nationalbibliothek
Die Deutsche Nationalbibliothek verzeichnet diese Publikation in der
Deutschen Nationalbibliografie; detaillierte bibliografische Daten
sind im Internet über http://dnb.d-nb.de abrufbar.

MALIK NATIONAL GEOGRAPHIC

Ungekürzte Taschenbuchausgabe
Juni 2010
© Piper Verlag GmbH, München 2009
© Biting Insects Ltd. 2007
Die englische Originalausgabe erschien 2008 unter dem Titel
»By Any Means. His Brand-New Expedition from Wicklow to Wollongong«
bei Sphere in London.
Umschlaggestaltung: Dorkenwald Grafik-Design, München
Umschlag- und Autorenfotos: Big Earth Ltd.
Karten: John Gilkes
Satz: Büro Sieveking, München
Papier: Naturoffset ECF
Druck und Bindung: CPI – Clausen & Bosse, Leck
Printed in Germany   ISBN 978-3-492-40381-8

Das Papier wurde aus chlorfrei gebleichtem Zellstoff hergestellt.

Für meine wunderbare Familie, Olivia, Doone und Kinvara,
und für Françoise und ihre geliebte Familie.

Inhalt

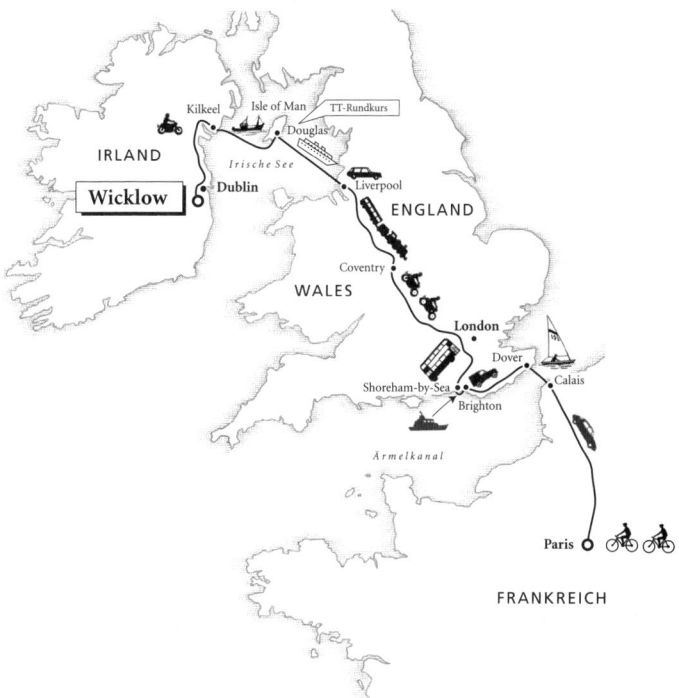

1

Erlaubnis, an Bord zu gehen

Irlands Wetter ist einzigartig auf der Welt.

Zum Beispiel am Morgen des 12. April 2008. Ich stehe vor dem Haus meines Vaters am Rande der Wicklow Mountains und blicke in den blauen Himmel. Kaiserwetter, wenn da nicht die grauen Wolkenfetzen und – auf der anderen Seite des Hauses – ein paar düstere, wahrlich nichts Gutes verheißende Gewitterwolken wären.

Russ tritt aus der Tür. Er schaut nach oben und zieht eine Augenbraue hoch. »In welche Richtung fahren wir?«

Ich deute dorthin, wo der Himmel tiefblau ist. »In diese: Wo du die Liebe spüren kannst.«

Ich trage einen Helm ohne Visier, eine Brille und meine Belstaffjacke. Russ hat altmodische Motorradstiefel und eine alte Lederjacke angezogen, um den Hals hat er einen Seidenschal gebunden. Ich schwinge mich auf meine selbstgebaute T110 Bobber. In wenigen Augenblicken werden wir unterwegs sein. Nach Sydney, Australien.

Es war Russ' Idee gewesen.

Im August 2007 hatten Ewan und ich unsere *Long-Way-Down*-Tour von John O'Groats nach Kapstadt hinter uns gebracht. Russ Malkin, ein guter Freund, war damals unser Expeditionsleiter. Er hatte zusammen mit Ewan nicht nur entscheidend zur Realisierung von *Long Way Down*, sondern auch von *Long Way Round*, unserer ersten Tour, beigetragen. Bis zum Ende des Jahres 2007 waren es damals nur noch wenige Monate, und Russ und ich diskutierten, was wir als Nächstes tun sollten.

Im November flogen wir zum letzten Motorrad-Grand-Prix der Saison nach Valencia. Ich habe viele Freunde im Fahrerlager: Chris Vermeulen, Randy Mamola, Kenny Roberts – und es ist ein Rennen, das wir, wenn möglich, immer live erleben wollen. Ich war richtig aufgeregt, denn man hatte mich eingeladen, am Tag des Rennens ein paar Runden auf Randys Ducati-Zweisitzer mitzufahren. Russ war, glaube ich, eifersüchtig. Er sagte nichts, aber er muss eifersüchtig gewesen sein, oder? Ich jedenfalls wäre grün vor Neid gewesen: ein paar Runden auf einem GP-Motorrad mit einem Gewicht von 165 kg und einer Leistung von über 250 PS. Michael Schumacher persönlich war nur wenige Wochen zuvor damit gefahren.

Am Samstagabend aßen wir im Hotel. Die Qualifikation für das Rennen war vorbei, und Dani Pedrosa hatte sich die Poleposition gesichert. Es würde ein phantastischer Abschluss der Saison sein, und ich freute mich darauf. Gleichzeitig kreisten meine Gedanken um die Frage, was ich nach dem Saisonende tun sollte. Ich hatte Lust auf ein neues Abenteuer. Als wir mit dem Essen fertig waren, brachte ich die Sprache auf die Australien-Safari, eine »Rallye Dakar« in der südlichen Hemisphäre mit Motorrädern, Autos und Lastwagen. Sie startete in Kununurra, Westaustralien, und endete sechs Tage später in Perth.

»Ich hätte nichts dagegen, daran teilzunehmen«, sagte ich zu Russ, »aber ich weiß nicht, ob das überhaupt geht.«

»Wir könnten schon mitmachen«, meinte Russ. »Du weißt, dass wir das könnten. Wir sind ja auch die Rallye Dakar gefahren, wieso also nicht diese.«

»Und was ist mit der Logistik?«

Er zuckte die Achseln. »Wir könnten das meiste vor Ort organisieren. Das ist sicher nicht schwierig, aber natürlich auch keine große Herausforderung mehr. Du bräuchtest nur noch in ein Flugzeug zu steigen.«

In ein Flugzeug steigen, hm. Irgendwie wollte mich das gar nicht inspirieren. In ein Flugzeug steigen und dann so schnell wie möglich an sein Ziel gelangen. Manchmal habe ich einfach das Gefühl, dass wir alle durch unser Leben hetzen, ja so schnell leben, dass wir uns dabei kaputtmachen.

Russ öffnete seine Brieftasche, um die Rechnung zu bezahlen, und seine Bordkarte fiel heraus. Ich hob sie auf. »Es ist so leicht«, sagte ich und drehte die Karte in den Händen. »Du fährst zu einem Flughafen, besorgst dir eine von diesen hier, steigst in ein Flugzeug und fliegst irgendwohin. Wohin du möchtest. Irgendwo auf der Welt.«

Russ sah mich nachdenklich an. »Weißt du was?«, sagte er. »Wir brauchen die Safari nicht mitzumachen, können aber trotzdem nach Australien fahren.«

»Wie meinst du das?«

Er nahm mir die Bordkarte aus der Hand und kritzelte in die Ecke links oben »London«. Dann schrieb er in die Ecke rechts unten »Sydney«. »Weißt du noch, Charley, was du in Kapstadt gesagt hast? Welches Glück wir hätten, über all diese alten Straßen fahren zu können, solange sie noch da seien.«

Ich nickte. Daran konnte ich mich nur allzu gut erinnern: Ich hatte an nichts anderes denken können, während Ewan und ich über das letzte Stück Schotterstraße zum Kap Agulhas gefahren waren.

»Erinnerst du dich, dass wir darüber geredet haben, eine Reise nur so aus Jux zu unternehmen; einfach unsere Sachen zu packen und loszufahren? Ohne Begleitfahrzeuge, Ärzte, Security? Warum tun wir's nicht jetzt?« Russ zeichnete auf der Bordkarte eine Linie zwischen London und Sydney ein. »Das könnten wir machen«, sagte er. »Von London nach Sydney. Nur dass wir kein Flugzeug nehmen. Die Straßen in Afrika wurden von Eseln und Kamelen gemacht; von Tausenden zu Fuß gehenden Menschen. Sie wurden von Tuk-Tuks und von alten Taxis gemacht, von alten Bussen, vollgestopft mit Millionen Menschen.« Er hielt einen Moment inne und dachte nach. »Wie wär's damit? Wir fahren, mit welchen Transportmitteln auch immer, nach Australien, wobei eins tabu ist: Wir nehmen kein Flugzeug. Wir wählen uns eine Route aus und durchqueren jedes Land, jedes Stück Wasser mit einem anderen Fahrzeug. Wir steigen in Züge und alte Busse. Wir fahren per Anhalter mit einem Fernfahrer, mit jemandem, der die Fahrt seit Jahren macht.«

Ich verstand jetzt, worauf er hinauswollte. »Verdammt, das gefällt mir, Russ! Das hört sich spannend an. So was hab ich immer als

Kind gemacht. Dad fuhr zum Amazonas oder wer weiß wohin, und wir sind einfach alle irgendwie mitgekommen.«

»Wie geht's deinem Dad übrigens?«

»Es geht ihm ganz gut.« Ich begann, Russ von dem Projekt über Hadrian zu erzählen, an dem mein Vater derzeit arbeitete. Es war der übliche Albtraum – der Versuch, für die Hauptrolle einen bekannten A-List-Schauspieler zu finden, um den Film überhaupt realisieren zu können.

Doch bald merkte ich, dass Russ meinen Ausführungen über die Tücken der Arbeit in der Filmindustrie nicht wirklich folgte. In seinem Kopf arbeitete es schon wieder. »Wäre es nicht toll, in der Grafschaft Wicklow loszufahren?«

»Du meinst, vom Haus meines Dads?«

»Warum nicht? Dort bist du aufgewachsen und zum ersten Mal auf einem Motorrad gefahren.«

Ich spürte, wie sich ein Lächeln auf meinem Gesicht ausbreitete. »Von der Grafschaft Wicklow nach Sydney, mit welchem Transportmittel auch immer – *by any means*. Das klingt nicht schlecht, Russ ...«

Seitdem war die Zeit wie im Flug vergangen. Nach nur wenigen Monaten Vorbereitung waren wir jetzt in Irland, bereit, von Dads Haus zu einem weiteren großen Abenteuer aufzubrechen. Das Einzige, was ich bedauerte, war, dass ich so kurz nach der letzten Tour schon wieder von meiner Frau und meinen Töchtern getrennt sein würde.

Zusammen mit unserem neuen Kameramann Mungo hatten Russ und ich die Nacht bei meinem Vater verbracht – in einem alten Pfarrhaus, auf einem Grundstück, durch das der Avonmore fließt. Ich erinnere mich noch, wie mein Dad immer sagte, dass ihm vielleicht das Haus und möglicherweise auch der Grund gehören mögen, der Fluss jedoch nur auf der Durchreise sei.

Da über unsere Reise ein Dokumentarfilm gedreht werden sollte, hatten wir verschiedene Kameramänner in Betracht gezogen: Wir brauchtes jemanden, der diesen Job dreieinhalb Monate lang Tag für Tag erledigte, die dafür benötigte Ausrüstung mitnehmen und außerdem mit Russ und mir auskommen würde. Das war doch nicht zu viel verlangt, oder? Als wir Paul Mungeam kennenlernten (oder Mungo, wie seine Kumpel ihn nennen), wussten wir, dass er unser Mann war. Mungo trat jetzt aus der Küche und warf einen langen prüfenden Blick auf meinen Sattel – sehr klein und sehr schmal. »Du wirst einen tauben Hintern bekommen«, konstatierte er trocken, als Dad herbeikam, die Hände in den Hosentaschen vergraben.

»Ich wünschte, ihr würdet euch endlich verpissen«, sagte er. »Ihr macht meinen Rasen kaputt.« Er sah mich mit einem Funkeln in den Augen an. »Motorräder«, murmelte er. »Ich kann nichts an den Dingern finden, überhaupt nichts. Ich nehme an, sie sind eine nette Art, die Jugend zu verlängern, aber als ich ein Junge war, wollte ich ein Mann sein.« Dann grinste er und umarmte mich. »Viel Glück, Charley. Ich bin stolz auf dich.«

Ich erwiderte seine Umarmung – und ich muss zugeben, wir hatten beide Tränen in den Augen. Ich bin mir nicht sicher, ob mein Dad sich dessen bewusst war, aber in gewisser Weise unternahm ich diese Reise seinetwegen. Er und meine Mutter hatten bei mir die Abenteuerlust geweckt, den Wunsch, fremde Länder zu sehen und Menschen kennenzulernen, denen ich sonst nie begegnen würde.

Ich bestieg meine 1953er Triumph und sah den Hügel hoch, wo einige Freunde von mir standen, um uns zu verabschieden. Tommy Rochford, mein Kumpel aus Kindertagen, der sich so viel Gel ins kurz geschnittene Haar geschmiert hatte, dass es ihm gerade vom Kopf abstand, grinste mich an.

»Schön, dich zu sehen, Charley«, rief er mir nun zu. »Bis bald.«

Russ startete seine Norton 850 Commando und Mungo seine Triumph Trident T160. Ich fischte die primitive Karte aus meiner Jackentasche, die ich auf ein Stück Papier gezeichnet hatte.

»Ich dachte, wir hätten GPS«, sagte Russ.

»Haben wir auch. Die hab ich nur zur Sicherheit dabei. Annamoe bis Dublin, Dublin bis Kilkeel. Und das hier«, ich zeigte in die Ecke rechts unten, »ist Australien.«

»Okay. Dann sehen wir uns dort.«

Unsere erste Station war Kilkeel in der Grafschaft Down, wo wir über Nacht bleiben wollten. Am nächsten Morgen würde uns ein Fischerboot zur Isle of Man mitnehmen. Noch nie hatte ich es zur Tourist Trophy (TT) dorthin geschafft; jetzt würde ich mit einem Schleppnetzboot auf der Insel ankommen.

Als ich schließlich die Auffahrt hinabrollte und Tommy und die anderen mir von dem Hügel aus zuwinkten, von dem ich immer mit meiner alten Yamaha DT100 gesprungen war, kam mir plötzlich alles ein bisschen surreal vor. Ich drehte mich kurz zu meinem Vater um und empfand eine Mischung aus Aufregung und Traurigkeit, ihn jetzt zu verlassen. Ich dachte an Olly, Doone und Kinvara – wenigstens würde ich sie am Dienstag nochmals kurz in London sehen. Doch dann wäre ich vor August nicht zurück. So bald schon wieder auf Tour zu gehen hatte ich nicht vorgehabt. Ich spürte einen Knoten im Hals, und mir zitterte das Kinn. Gleichzeitig war ich gespannt und neugierig, was alles auf uns zukommen würde.

Die Landschaft, durch die wir jetzt fuhren, war mir bestens vertraut: nasse Straßen, die von Kiefern bedeckten niedrigen Hänge, die diesen Teil von Wicklow prägen. Auch wenn ich in London lebte, dies war mein zweites Zuhause, und ich freute mich riesig, wieder hier zu sein.

Erinnern Sie sich noch, was ich über Irlands Wetter gesagt habe? Dass es einzigartig auf der Welt sei? Auf dieser ersten Etappe durch die Berge nach Dublin hatten wir jedes nur erdenkliche Wetter: Wind, Regen, Sonne, Hagel und sogar Schnee.

Ich machte mir ein bisschen Sorgen wegen meines Sattels, der tatsächlich nicht sonderlich bequem war – das Motorrad war zum Rumfahren in der Stadt gedacht, nicht für lange Strecken wie diese. Ewan hatte sich ein ähnliches Motorrad bestellt, nachdem er einen Bericht über »The Baron Speed Shop« gelesen hatte. Im Speed Shop dreht sich alles um Bobber: Bikes, bei denen das Vorderradschutzblech nach hinten gedreht über dem Hinterrad montiert wird, ein Stil, der in den Fünfzigern in den USA aufkam. Als ich sah, was für Bikes sie in diesem Shop bauten, wollte ich natürlich auch eins haben.

Zu Beginn des Jahres hatte ich deshalb den Besitzer, Dick Smith, angerufen und mit ihm ein Treffen in seiner Werkstatt vereinbart. Mit seinem Partner Del Russell arbeitet Dick oft bis spät in die Nacht, um diese wirklich unglaublichen Motorräder zu bauen. Er ist ein echter Südlondoner – wie die Typen, die in den Sechzigerjahren im Ace Cafe herumhingen.

Dick und ich trafen uns in einer ruhigen Wohnstraße in Catford und gingen dann über einen grasigen Pfad zu seiner Werkstatt. Ich sage Werkstatt, aber eigentlich war es ein Geräteschuppen. Die hintere Wand war mit einem Totenkopf dekoriert, von der Decke hing ein starrer Rahmen, und Kisten mit Ersatzteilen waren bis unters Dach gestapelt. Der Raum war kaum groß genug, um sich darin umzudrehen, geschweige denn ein Motorrad zusammenzuschrauben.

Auf die Werkbank gestützt, zündete Dick sich eine Zigarette an. »An was für eine Art Bike hast du denn gedacht?«

Gute Frage. Ich hatte immer vor Augen gehabt, was ich wollte, aber es zu beschreiben ...

Zehn Minuten später nickte er. »Wir reden also über etwas in Schwarz, etwas mit großen TT-Rohren, die unter dem Kurbelgehäuse hervorkommen ...«

»Ja«, sagte ich. »So ungefähr.«

»Starrer Rahmen mit einem um fünf Zentimeter verlängerten Radstand.« Er machte sich im Kopf Notizen. »Etwas im Stil der Boardtrack-Racer der Zwanzigerjahre. Okay, Kumpel, überlass die Sache mir, und ich mach 'ne Zeichnung.«

Der starre Rahmen war wirklich gestreckt worden, aber was meinen Wunsch nach »Etwas in Schwarz« anging … Dick lieferte stattdessen etwas in Kirschrot. Vermutlich ist das typisch Designer – du sagst ihnen, was du willst, und sie bauen, was sie schon immer bauen wollten. Du bezahlst dafür, und sie sind glücklich. Aber du bist es auch, weil das Ding einfach genial ist.

Wir hatten diesmal zwar keine Begleitfahrzeuge, unsere Tour aber so weit wie möglich geplant. In unserer alten Werkstatt in der Avonmore Road hatten wir dazu ein regelrechtes Planungszentrum mit Computern und Karten eingerichtet, und Bücher über 40 verschiedene Länder lagen überall im Raum verstreut. Dieses Mal brauchten wir nicht nur eine Route, sondern auch eine grobe Vorstellung von einigen der Transportmittel, die wir benutzen würden. Wir hatten viele Ideen gehabt: Nordseetrawler, die dänische Küstenwache, den ICE in Deutschland. Auf unserem Weg von Irland nach Australien würden wir durch 38 Länder kommen – einschließlich China, das die Grenze zwischen Nepal und Tibet geschlossen hatte. Wir mussten dieses Problem lösen und die politische Lage in anderen Ländern berücksichtigen. In großen Teilen Asiens waren die Dinge im Fluss: Afghanistan, Pakistan … Birma ließ keine Filmemacher ins Land. Wir wollten unterwegs auch etwas mit UNICEF machen, wie bei *Long Way Round* und *Long Way Down*.

Die Vorbereitung war nicht ganz einfach, und die Dinge änderten sich ständig: Vieles von dem, was wir für machbar hielten, stellte sich als unmöglich heraus, und manches von dem, was uns kaum möglich erschien, erwies sich als problemlos. Nach einer Menge Plackerei und Kopfzerbrechen hatten wir endlich eine Route ausgearbeitet und eine Liste verschiedener Transportmittel zusammengestellt. Als Erstes würden wir also in Kilkeel vom Motorrad auf ein Fischerboot umsteigen, und es würde monumentös sein.

Monumentös – dieses Wort gibt's gar nicht, oder? Meine Mum sagt mir immer, die Tatsache, dass ich als Kind durch die Welt geschleift wurde und keine richtige Schulausbildung genossen habe, hätte bei mir zu einer Art »Unverfälschtheit« geführt.

Für mich fühlte es sich jedenfalls *monumentös* an, als ich später an diesem Nachmittag im Hafen von Kilkeel stand. Ich fragte mich, wie groß unser Boot sein würde: Einige sahen ziemlich klein aus, verdammt klein. Meine Abenteuerlust ließ sofort nach, als ich mir riesige Wellen vorstellte und mir dazu ausmalte, wie ich mich während der ganzen Überfahrt zur Isle of Man übergeben müsste. Nun, noch bevor die Sonne aufging, würde ich ja sehen, was passierte. Der Plan war jedenfalls, mit der Morgenflut in See zu stechen.

Wir hatten für die Nacht ein Hotel in der Stadt gebucht, allerdings nicht mit der Marschsaison der »Orangemen« gerechnet. Ich hatte immer gedacht, die Kapellen würden im Juli marschieren. Falsch gedacht. Es war erst April, und auf den Straßen wimmelte es von ihnen. Man sagte uns, sie würden mindestens bis Mitternacht vor dem Hotel auf und ab marschieren. Danach sollte eine Party stattfinden, genau unterhalb meines Zimmers. Es würde wohl eine lange Nacht werden.

Anstatt zu schlafen, sah ich also noch einmal meine Ausrüstung durch. Als Russ das erste Mal über unsere Tour sprach, hatte er eine Art Abenteuer im Stil von »In 80 Tagen um die Welt« im Sinn gehabt. Seine Stärke ist es, zu organisieren, mit Produktionsteams und Logistik zu arbeiten, doch diese Tour würde ihm die Möglichkeit bieten, ein paar seiner Leidenschaften nachzugehen. So wusste ich, dass wir uns irgendwann in einer dampfbetriebenen Eisenbahn wiederfinden würden. Dazu passte auch mein alter Koffer – mein Freund Richard Gauntlet, der ein Antiquitätengeschäft in Pimlico betreibt, fand ihn irgendwo und ließ meine Initialen darauf drucken. Der Koffer gefiel mir außerordentlich gut, doch ehrlich gesagt, war er auch unglaublich schwer. Ohne mein Motorrad, das ja in Irland zurückblieb, würde ich ihn bis zu unserer Ankunft in Australien wohl die meiste Zeit selbst schleppen müssen.

Der Wecker klingelte um Viertel vor fünf. Zumindest glaube ich, dass er das tat. Ich weiß nicht, ob ich tatsächlich geschlafen habe. Trommeln und Flöten hatten die Nacht erfüllt. Laute Discomusik war in mein Zimmer gedrungen. Verschlafen traf ich unten an der Rezeption Russ und Mungo, und wir drei machten uns zum Hafen auf.

Über die Größe des Boots hätte ich mir keine Sorgen zu machen brauchen. Wir würden auf der *Q-Varl* aus Ramsey zur Isle of Man fahren, einem der größten Muschelkutter in dieser Gegend. Der Kapitän, ein weißhaariger, bärtiger Typ namens Raymond Hatton, stammte, wie sein breiter Akzent sofort verriet, aus Lancaster.

Nachdem wir um Erlaubnis gebeten hatten, an Bord zu gehen, schauten wir uns dort um. Der Trawler hatte einen blauen Rumpf, ein weißes Ruderhaus und auf jeder Seite einen Ausleger mit zehn Muschelnetzen. Das Schiff war groß, das heißt, es lag hoch im Wasser, und hatte drei Decks: eins für die Ausrüstung, eins, um den Fang zu sortieren, und das Fischdeck, auf dem die in Säcke gepackten Jakobsmuscheln gelagert wurden.

Die Hafenausfahrt war eng, und wir legten bei Flut ab, weil Raymond zum Manövrieren viel Wasser unter dem Kiel haben wollte. Für mich sah das Ganze dennoch sehr schwierig aus. Wir mussten im Zickzack fahren, um jenseits der Hafenmauern zu gelangen, und dann vorsichtig eine Sandbank umschiffen – eine wahre Meisterleistung, vollbracht vor einer romantisch-dramatischen Kulisse: Straßenlaternen, die sich im stillen Wasser spiegelten, die Stadt, bedeckt von niedrigen Wolken, die über den Mountains of Mourne hingen. Ich stand an Deck und dachte laut: »Das ist es.«

Russ kam zu mir an die Reling. »Sie sagen, da draußen sei es ein bisschen stürmisch: Das wird bestimmt lustig.«

Ich sah ihn von der Seite her an. »Denkst du, wir kriegen hier ein Frühstück?«

Und ob wir eins kriegten – schon bald servierte man uns Räucherheringe, durchwachsenen Speck, Eier, Toast und Bohnen. Beim Essen sprachen wir über unser Tagesprogramm. Geplant war, durch die Irische See zur zwölf Meilen großen Fischfangzone der Isle of Man zu fahren. Die Zone ist bekannt als Area 7 und von Juni bis Ende Oktober geschlossen, um die Erholung der Jakobsmuschel-Bestände zu ermöglichen. Ab Anfang November dürfen die Boote von sechs Uhr morgens bis 21 Uhr dort fischen. Nach 21 Uhr müssen sie das außerhalb der Zwölf-Meilen-Zone tun, wo es viel weniger zu fangen gibt.

Als wir in die offene See kamen, nahm mich schon bald ein Gefühl von Abenteuer gefangen. David Jackson, der das Frühstück zubereitet hatte, zeigte uns den Maschinenraum, in dem ein Dieselmotor mit 500 PS so laut vor sich hinhämmerte, dass man ohne Gehörschutz keinen Millimeter geradeaus denken konnte. Die Besatzung hatte Kojen, über denen Wecker angebracht waren, sodass die Männer, wenn die Schleppnetze ausgelegt waren und sie eine Stunde schliefen, rechtzeitig geweckt wurden, um die Netze wieder einzuholen. Die Jungs verbrachten eine Woche auf See, schliefen wenig und arbeiteten hart: Sie fischten, bis der Fischraum mit drei- bis vierhundert großen Säcken Jakobsmuscheln gefüllt war. Jeder Sack war zwischen 65 und 100 Pfund wert, und die Männer mussten jedes Mal, wenn sie die Schleppnetze hochzogen, mindestens vier Säcke füllen.

Die Fahrt zu den Fischgründen dauerte fünfeinhalb Stunden, 46 Seemeilen. Wir fuhren mit einer Geschwindigkeit von 8,4 Knoten. Ein Knoten entspricht einer Seemeile, das heißt 1852 Metern, pro Stunde. (Der Unterschied zwischen einer Seemeile und einer Landmeile [1609 Meter] besteht darin, dass bei der Seemeile die Erdkrümmung mit berücksichtigt wird.) Als wir zu den Fischgründen kamen, halfen wir der Besatzung an den Schleppnetzen, die von einem Kran hochgezogen, an zwei massiven Bäumen befestigt, dann an einem Kabel ins Wasser gelassen und über den Meeresboden gezogen werden. Eineinhalb Stunden später wurden die Schleppnetze dann wieder nach oben gezogen und der Fang in einen Fangtrichter geschüttet, der an den Seiten des Schiffs verläuft. Die Jakobsmuscheln und ein Großteil des Beifangs, der mit ihnen an Bord gebracht worden war, wurden auf das Fließband auf dem unteren Deck verfrachtet – eine große, klappernde, vibrierende Maschine, die alles innerhalb von 15 Minuten sortierte. Neben Jakobsmuscheln hatten wir Steine, Tintenfische und Seesterne gefangen. Jakobsmuscheln, die nicht größer als 110 mm waren, mussten wir wieder ins Meer zurückwerfen. Raymond erzählte mir, dass sie eine Strafe von mindestens 500 Pfund zu bezahlen hätten, wenn man bei ihrem Fang auch nur zwei oder drei zu kleine Jakobsmuscheln finden würde. Die Strafen für das Fischen in verbotenen Zonen waren weitaus härter: Man musste nicht nur 7000 Pfund bezahlen, auch die Ausrüstung wurde konfisziert.

Die Crew teilte die Arbeit unter sich auf. Wenn die Wecker klingelten, stürmten die Männer aus ihren Kojen und hinauf aufs Deck. Musik dröhnte dann aus Lautsprechern, die man aus einer Reihe alter Werkzeugkisten gebastelt hatte. Sobald die Netze eingeholt und geleert waren, wurden sie wieder ins Wasser gelassen.

In der Zwischenzeit briet David einen Teil des Fangs zum Mittagessen – es gab frische Jakobsmuscheln mit ein bisschen Knoblauch und grünen Salat. Gott, war das ein Leben!

Nach ein paar Stunden in den Fischgründen machten wir uns nach Douglas auf, der Hauptstadt der Isle of Man. Russ und ich lehnten an der Reling, den Wind im Gesicht, betrachteten die felsige Küste und beobachteten, wie die Brandung mächtig gegen die Felsen schlug. Ein Leuchtturm markierte die Landspitze, und wir tuckerten in den Hafen mit den über den Hang verstreuten weiß getünchten Häusern.

So viele große Rennfahrer wohnten hier: Neil Hodgson, der für Honda in der AMA-Superbike-Serie fuhr, James Toseland, der einzige Brite beim MotoGP. Obwohl ich nie zuvor dort gewesen war, rief der Ort bittersüße Erinnerungen wach. Ewan und ich hatten früher David Jefferies die Superstock-Serie fahren lassen. Er gehörte zu den großen Persönlichkeiten des Motorrennsports und kam 2003 beim Training für die TT um. Meine Gedanken waren jetzt bei ihm: Er war der unbestrittene »King of the Mountain«, und ich vermisste ihn noch immer. Doch er war gestorben, als er das tat, was er liebte.

2

Der »King of the Mountain«

Am nächsten Morgen stand ich mit einer klassischen MV Augusta, die munter vor sich hin gurgelte, vor dem Hotel. Ältere Bikes muss man richtig aufwärmen, damit der Motor nicht unnötig belastet wird: Ist das Bike kalt, kann plötzlich etwas kaputtgehen.

Ich freute mich richtig auf diesen Tag. Bald würde ich mich mit John McGuinness, dem derzeitigen »King of the Mountain«, treffen und mit ihm eine Runde auf dem ca. 60 Kilometer langen Rundkurs drehen. Aber vorher musste ich noch mit jemand anderem reden, und der wartete auf der Start-Ziel-Geraden auf mich.

Die Tourist Trophy auf der Isle of Man ist das berühmteste und gefährlichste Motorradrennen der Welt. Jemand, der davon ein Lied singen kann, ist Richard »Milky« Quayle. Milky, ein großer, schlaksiger Typ mit Brille, ist ein waschechter Manx und hat in seiner aktiven Zeit vier TT-Rennen gewonnen. Im vergangenen Jahr war er sein letztes Rennen gefahren, denn seine Frau erwartete ein Kind, und er fand, dass es reichte. Allerdings erst nachdem er zwei Wochen lang im Koma gelegen hatte. Ich traf ihn beim Pitboard, wo die Rundenzeiten und Platzierungen noch immer von ortsansässigen Pfadfindergruppen per Hand festgehalten werden. Milky machte mich auf einige markante Punkte der Strecke aufmerksam, und wir sprachen über die halsbrecherischen Geschwindigkeiten, die die Fahrer erreichen. Dann nahm er mich mit zu der Stelle, wo der Unfall, den er bei einem Tempo von 256 km/h gebaut hatte, von einem Amateurfilmer aufgenommen worden war.

Es war ein grauenhafter Unfall gewesen – und als ich jetzt mit Milky genau in der Kurve stand, in der er passiert war, sah ich die

Bilder wieder vor mir. Milky kennt den Rundkurs wie seine Westentasche, aber er hatte Abstimmungsprobleme gehabt, und das Bike funktionierte nicht ganz so, wie er es wollte. Er fuhr gerade durch einen engen, bewaldeten Abschnitt, als er zu einer zerklüfteten Felswand in einer wirklich schnellen Linkskurve kam. Milky legte sich einen Bruchteil zu früh in die Kurve und touchierte die Wand mit der Schulter. Bei einer Geschwindigkeit von über 250 km/h reichte diese leichte Berührung aus, ihm die Hände vom Lenker zu reißen, sodass er und das Bike über die Straße und unkontrolliert gegen die gegenüberliegende Felswand rasten. Die Wand explodierte, das Bike löste sich in seine Bestandteile auf, und Milky wurde sechs Meter hoch in die Luft und 45 Meter weit geschleudert, bevor er unter Bäumen landete. Seine Schulter und sein Knöchel waren zertrümmert, seine Lunge kollabierte, eine Niere gab den Geist auf, und er verlor seine Milz. Milky erinnert sich kaum an diesen Unfall, denn er wurde ohnmächtig und blieb es, bis er zwei Wochen später im Krankenhaus aufwachte.

Ich hatte die Videoaufnahme, die Milky mir gezeigt hatte, noch genau vor Augen, als ich auf Johns Ankunft wartete: Gleich würde ich mich selbst auf die Runde begeben und durch diesen Abschnitt fahren. Es dauerte nicht lange, da sah ich ein weißes Sportbike auf mich zukommen, dessen Fahrer Rennklamotten aus Leder trug. Als er anhielt, klappte er das Helmvisier hoch. »Hallo Charley«, sagte er. »John McGuinness.«

John hat seit 2004 jedes Superbike-Rennen auf der Insel gewonnen. Er ist ein Superstar der Straßenrennen, einer der Götter, und steht dennoch mit beiden Beinen fest auf der Erde.

Ich saß auf der klassischen MV, bei der die Lenkerenden gegen den Tank zu schlagen drohten, wenn ich den Lenker losließ: John saß auf einer Standard-Fireblade und ließ das Vorderrad beim Losfahren elegant hochsteigen. Ich erlebte ein paar unglaubliche Stunden, in denen ich direkt hinter dem Champion herfuhr. Die Runde war so abwechslungsreich, dass mir schon bald klar war: Es würde Jahre dauern, bis man sie so gut kannte, dass man sie sicher und im Rahmen eines Rennens fahren könnte. Es gibt lange, mörderisch schnelle Geraden, Haarnadelkurven mitten in Dörfern, rasend schnelle Abschnitte durch bebautes Gebiet, die dir eine Heidenangst einjagen, bewaldete Täler wie das, in dem Milky zu schnell gefahren war, ganz zu schweigen von dem Berg und den windgepeitschten Straßen, die mitten durch die Felder der Bauern führen.

John, der an meiner Seite fuhr, erklärte mir die technischen Schwierigkeiten und die wirklich schnellen Abschnitte. Bei einigen saust du mit über 300 km/h an den Häusern vorbei, und vor allem bei einem drehte sich mir der Magen um. Du rast da entlang, und plötzlich taucht diese Mauer auf, scheinbar direkt vor dir. Tatsächlich markiert sie eine Kurve, aber wenn du angedonnert kommst, hast du das Gefühl, dass du direkt in sie hineinkrachen wirst. Deine Augen sagen dir, dass es keine Ausweichmöglichkeit gibt, dein Gedächtnis dagegen, dass es sich um eine Kurve handelt und du weiterfahren sollst.

Auf der offenen Straße gibt es keine Geschwindigkeitsbeschränkung, und ich versuchte, John zu folgen, der seine Blade auf über 270 hochtrieb. An der Ballaugh Bridge hob ich mit meiner MV ab und landete ein bisschen wackelig, aber dies war nun einmal der TT-Rundkurs, und Ballaugh ist eine dieser magischen Stellen. Als wir aus dem Dorf heraus waren, gab Johnny wieder richtig Gas. Die Straße war jetzt unglaublich uneben, und ich dachte nur: »Meine Güte, stell dir vor, du würdest mit 250 hier entlangbrettern, und in einem Moment würden deine Räder den Bodenkontakt verlieren, im nächsten die Federung und die Gabel voll gestaucht.« Plötzlich fiel mir etwas ein, das Milky mir gesagt hatte: dass es eine lange Runde sei und dass die Gedanken unter Wettkampfbedingungen irgendwann abschweifen können. Die Vorstellung, auch nur eine Sekunde lang an etwas anderes zu denken als an das, was ich gerade tat, ließ mich laut auflachen.

Wir näherten uns jetzt dem Berg. Hier, wo die Felder zum Meer hin abfielen, blies ein ordentlicher Wind. Die Straße stieg an, und John führte mich in eine schnelle und schwere Rechtskurve: vorbei am Wasserwerk, wo eine niedrige Mauer den Straßenrand markiert und es auf der anderen Seite verdammt tief nach unten geht. Erst wenn du selbst mal, auch mit relativ geringer Geschwindigkeit, diese Straßen fährst, bekommst du eine Vorstellung davon, was die Rennfahrer hier riskieren, ganz zu schweigen von den Hunderten von Amateuren, die aus der ganzen Welt hierherkommen, um die Runde zu drehen.

Wir kamen jetzt zu der engen Kurve, wo es den Berg raufgeht. Du trittst auf die Bremse, schaltest vom vierten Gang in den zweiten und beschleunigst dann auf der Bergmeile wieder ordentlich. Wenn du beim Guthrie-Denkmal ankommst, hast du drei aufeinanderfolgende Linkskurven genommen und bist total erledigt. (Jimmy Guthrie fuhr 1923 sein erstes Rennen auf einer Matchless. 1930 holte er sich seinen ersten Sieg auf einer AJS. Beim Großen Preis von Deutschland im Jahr 1937 verunglückte er tödlich. Das Denkmal markiert die Stelle, an der Guthrie bei seinem letzten TT-Rennen aufgeben musste.)

Im Grunde ist die ganze Insel sehr geschichtsträchtig – nicht nur wegen des Kurses und der Teilnehmer, sondern auch wegen der Zuschauer, Boxencrews und Freiwilligen. Jahr für Jahr helfen Hunderte von Menschen, unter anderem als Streckenposten wie Gwen Crellin, die in den letzten 38 Jahren an jedem TT-Tag um fünf Uhr morgens vor ihrem Haus in Ballaugh gestanden hat. Wie alle anderen Fahrer winkte John ihr immer zu, wenn er im Training an ihr vorbeikachelte. Während der Rennen versuchte er, einen Finger zu heben. Gwen hatte dafür Verständnis: Er war jetzt eben etwas beschäftigter.

Wir hielten beim Creg Ny Baa, einem Pub, das eine Rechtskurve auf dem Berg markiert. Dort wollten wir Geoff Duke treffen, den sechsmaligen TT-Sieger und sechsmaligen Weltmeister. Goeff ist jetzt 85, was man ihm aber überhaupt nicht ansieht. Ich fragte ihn, ob sich der Kurs seit seiner Zeit stark verändert habe.

»Der Kurs selbst hat sich nicht grundlegend geändert«, sagte er. »Aber die Art, wie man ihn fährt. Zum Beispiel Windy Corner, McQuarrie, die ist man früher im zweiten Gang gefahren; jetzt fährt man dort fast mit Spitzengeschwindigkeit.«

Geoff erzählte mir dann, dass er bei seinem ersten Rennen, der Manx-TT von 1950, zum Auftanken in die Box gefahren sei. Sein Mechaniker hatte sowohl Benzin als auch Öl nachgefüllt, und als Geoff wieder losfuhr, spürte er, dass sein Hinterrad rutschte. Er merkte, dass Öl darauflief. Geoff verfluchte seinen Mechaniker, der den Tank zu voll gemacht hatte, und drosselte die Geschwindigkeit, bis das Öl aufgrund der Hitze in den Reifen verdampft war. Tatsächlich hatte der Mechaniker den Tank aber nicht zu voll gemacht. Der Tank war gerissen, was jedoch keiner von beiden wusste. Als Geoff sich dem Berg näherte, fraß der Motor sich fest. Geoff schaffte es, das Bike unter Kontrolle zu halten und zum Stehen zu bringen, und lehnte es gegen die Wand. Dann nahm er den Helm ab und ging zu einem Mechaniker am nächsten Checkpoint.

»Welche Startnummer hast du?«, fragte ihn der Mechaniker.

»Zwölf.«

»Tatsächlich.« Der Mann deutete ruhig mit dem Kopf auf das kaputte Bike. »Wirklich schade, du lagst in Führung.«

An jenem Tag war das Rennen für Geoff damit beendet, doch er gewann es insgesamt sechs Mal. Er erzählte mir, er habe jede Minute seiner Rennen genossen. 1950 betrug das Preisgeld für den

Gewinn der Senior-TT 200 Pfund, aber das war ihm völlig egal. Die Rennen machten ihm einfach Spaß. Heute wird das Ganze wesentlich kommerzieller aufgezogen, dennoch fährt auch John so wie früher Geoff seine Rennen aus Liebe zu diesem Sport. Zu Geoffs Zeit waren die Straßen weitaus unebener, die Motorräder hatten weniger PS und die Reifen weniger Haftung. Egal, ob der Boden nass oder trocken war, die Fahrer mussten dieselben Reifen nehmen. All das macht einen gewaltigen Unterschied. Doch eines bleibt gleich: Geoff hat seiner Maschine früher genauso viel abverlangt, wie John das heute tut.

Als Russ und ich die Fähre nach Liverpool bestiegen, schwor ich mir, hierher zurückzukommen. Während ich an der Reling lehnte und zusah, wie die Insel kleiner und kleiner wurde, konnte ich immer noch nicht ganz glauben, dass ich gerade mit dem Mann, der den TT-Streckenrekord hält, eine Runde gefahren war. Mein Herz tat allein bei dem Gedanken daran nochmals einen Sprung.

Nun war es jedoch Zeit, mich auf die nächste Etappe unserer Reise zu konzentrieren. Russ und ich gingen zur Kommandobrücke und fragten den Kapitän der Fähre, ob wir uns zu ihm gesellen durften. Der Kapitän hieß Joe, und seine Assistentin Laurie war völlig verrückt nach Motorrädern.

Joe zeigte uns die Kommandobrücke mit den irrsinnig vielen Bildschirmen und Schaltern, Sonar- und Radargeräten sowie GPS-Systemen. Das Ganze sah sehr nach Hightech aus, obwohl die Fähre schon zehn Jahre alt war. Ich fragte nach dem Steuerrad, doch Joe deutete nur auf einen winzigen Joystick, so wie man ihn von Spielkonsolen her kennt. Der Kapitän steuerte damit die Fähre, wobei er nur die linke Hand benutzte. Währenddessen schleuderten vier riesige Motoren Wasser aus dem Heck, mit einer Geschwindigkeit, bei der ein Schwimmbad mit olympischen Maßen in 36 Sekunden gefüllt wäre.

Wir fuhren mit 34 Knoten über die Irische See mit einem ruhigen und gelassenen Joe am »Steuerrad«. Als wir in Liverpool anlegten – nachdem wir den Mersey hoch am Liver Building vorbeigefahren waren –, manövrierte er das riesige Boot auf den Liegeplatz, indem er nur ein paar Hebel betätigte. Er war genauso in seinem Element, wie Geoff Duke es gewesen war; wie John McGuinness es war, wenn er bei der Ballaugh Bridge Luft holte. Da wurde mir klar, worum es mir bei dieser Reise ging: um die Möglichkeit, einen kurzen Einblick in das Leben anderer Menschen zu gewinnen.

Von den Docks ging's dann in wilder Jagd zum Bahnhof und zu Bahnsteig 7, wo wir den Zug nach Coventry erwischen wollten. Russ war sofort in ein Taxi gesprungen, aber Mungo und ich hatten herumgetrödelt und mussten auf das nächste Taxi warten. Als ich mit meinem Koffer auf den Knien auf dem Rücksitz saß, stellte ich eine einfache Rechnung an: zehn Minuten brauchten wir noch bis zum Bahnhof, in fünf Minuten ging unser Zug, das bedeutete, wir würden fünf Minuten zu spät kommen.

Kein Problem, unser Taxifahrer kannte eine Abkürzung, peste durch den Verkehr und hielt so dicht wie möglich bei Bahnsteig 7. Wir sprangen aus dem Auto, unsere Taschen fest in der Hand, und rannten zum Zug. Ich hörte den Pfiff, sah den Schaffner auf dem Bahnsteig, erspähte zugleich Russ, der versuchte, die Türen aufzuhalten. Ich stolperte am Schaffner vorbei, warf meinen Koffer in den Zug und stieg hinterher, gerade als sich die Türen schlossen.

Russ tippte genervt auf das Zifferblatt seiner Uhr. »Wenn wir es immer auf die letzte Minute ankommen lassen, brauchen wir gar nicht mehr weiterzumachen. Kapiert?«

Wir hatten vor, die Nacht im Coventry Transport Museum zu verbringen. Mein Bike, auf dem ich die *Long-Way-Round*-Tour gefahren war, wurde dort ausgestellt, und ich hielt es für eine gute Idee, dort vorbeizuschauen. Das war, bevor ich wusste, dass es im Museum spukte.

Wir trafen Steve, einen der Kustoden, vor dem Museum. Er sperrte uns auf. Vor uns baute sich eine atemberaubende Szenerie von London während der deutschen Luftangriffe auf, mit Trümmern überall und einem alten, zur Seite gekippten Austin. Russ marschierte hindurch, zog sich aus, warf seine Klamotten vor einem klassischen Bentley auf einen Haufen und steuerte auf einen Duschraum zu. Ich schüttelte den Kopf und erinnerte mich plötzlich wieder, warum ich mich immer weigerte, ein Zimmer mit ihm zu teilen.

»Spukt es hier wirklich?«, fragte ich Steve. »Russ würde das gefallen; er steht auf Geister. Einmal hat er nachts in einem Hotelzimmer, in dem es spukte, ein paar Kameras aufgestellt und dann dort geschlafen.« Ich erwähnte nicht, dass ich erst im letzten Jahr selbst eine Begegnung mit einem Geist gehabt hatte, als wir zu Beginn von Long Way Down in einem schottischen Schloss aus dem 16. Jahrhundert übernachtet hatten. Ich war mit einem geheimnisvollen blauen Flecken um eins meiner Augen aufgewacht, und diese Erfahrung sollte sich wirklich nicht wiederholen.

»Hat er was gesehen?«, fragte Steve.

»Nein.«

»Vielleicht sieht er ja hier was.«

»Na super.« Ich spürte, wie es mir kalt den Rücken hinunterlief.

»Wir haben oben eine Sammlung alter Fahrräder«, erklärte Steve. »Die hat ein älterer Typ gestiftet, der gestorben ist, als er auf einem von ihnen fuhr.«

Ich spürte wieder den Angstschauder, diesmal lief er bis in die Hose hinunter.

»Eine unserer Assistentinnen war neulich da drin«, fuhr Steve geheimnisvoll fort, »und hat diesen alten Herrn in einem Tweedanzug und mit Glatze und Bart auf einem der Räder sitzen sehen. Ich hatte zufällig eine alte Fahrradzeitschrift in meinem Büro und ...«

»Ich will es gar nicht wissen.«

Er nickte. »Ich hab darin seinen Nachruf gefunden. Er war derselbe Mann, den meine Assistentin gerade in dem Raum mit den Fahrrädern gesehen hatte.«

»Cool, oder, Charley?« Russ war gerade aus der Dusche zurück. »Ich weiß nicht, wo du schlafen willst, Kumpel, aber ich werde im Fahrradraum übernachten.«

Keine Chance. Ich schlug stattdessen mein Lager neben dem Motorrad auf, mit dem ich um die Welt gefahren war. Es stand direkt neben einem urtümlichen Jaguar E-Type Cabrio. Auch mein alter Rallye-Anzug war da. Diesen Anzug vermisse ich noch immer. In einer Glasvitrine befanden sich ein paar der Dinge, die Ewan und ich in den Taschen gelassen hatten: ein Kompass, ein paar Münzen, einige Kassetten. Sie brachten großartige Erinnerungen zurück. Ich überließ Russ dem Geist von Sammy Bartley, blies meine Luftmatratze auf und rollte meinen Schlafsack aus.

Ich sah hinüber zu meinem Bike, meinem alten Anzug, meinem Helm. Ich schaute zur Decke hoch. Das Ganze kam dem Paradies schon sehr nahe.

3

Was für ein Sound!

Der Fußboden war hart und mein Schlafsack ein bisschen zu warm, aber alles in allem schlief ich ganz gut. Ich wachte ein paarmal auf, äugte ins Dunkle, aber es gab keine Geister. Zumindest sah ich keine. Und zu meiner Erleichterung hatte ich am Morgen auch kein blaues Auge.

Russ kam um sechs Uhr verschlafen, aber ausgeruht nach unten. Ich fragte ihn, ob es bei ihm gespukt hätte.

Er schüttelte den Kopf. »Nö, ich war viel zu platt. Der alte Sammy hätte mit seinem Fahrrad direkt an mir vorbeifahren können, ich hätte ihn nicht einmal gehört.«

An diesem Morgen saßen wir wieder auf Motorrädern und waren unterwegs zum Ace Cafe in London. Wir wollten auf der M40 zur Abfahrt 10 fahren, und ich betete, dass dort ein paar Biker auf uns warteten. Wir hatten die Fahrt auf unserer Website publik gemacht, sodass hoffentlich ein paar Leute kommen und uns unterstützen würden. Auch die Zeitschrift *Motorcycle News* hatte in der vergangenen Woche einen Bericht über unseren Trip nach Australien gebracht, und wir hatten alle, die sich uns bis zum Ace Cafe anschließen wollten, dazu eingeladen, um 8.30 Uhr zur Tankstelle zu kommen. Zwanzig wären prima. Wenn zwanzig kämen, wäre ich wirklich glücklich. Richtig deprimierend wäre es, wenn nur einer oder zwei kommen würden.

Mein Bobber sah richtig toll aus an diesem Morgen. Ich drehte den Benzinhahn auf, flutete den Vergaser, trat auf den Kickstarter, und die kleine Schönheit erwachte mit einem Knattern zum Leben. Wir wurden vom Museum aus von einer uralten Daimler-Limousine eskortiert. Ich folgte ihr gemächlich, als sie die Zufahrtsstraße verließ, aber Russ und Mungo, die ziemlich Gas gaben, hatten – wie könnte es anders sein – die Abzweigung verpasst. Schon verfahren, und wir hatten noch nicht einmal Coventry verlassen.

Es dauerte aber nicht lange, und Russ tauchte aus dem Kreisel vor mir auf, kurz nach ihm auch Mungo, der ein bisschen verlegen dreinblickte. Es war eben höhere Gewalt, dass ich nur um die 90 km/h fahren konnte. Wäre ich schneller unterwegs, würde es mich von meinem Bike wehen: Bei Bobbern ist das Motorrad quasi nackt, denn im Vordergrund steht der Stil und nicht die Aerodynamik.

Ich dachte daran, dass wir am nächsten Tag über den Ärmelkanal segeln würden. Diese Vorstellung machte mich nervös: Russ und ich hatten ein paar Tage in Southampton verbracht, um uns »mit Boot und Wind vertraut zu machen«, wie der Lehrer es nannte. Wir waren mit unserer kleinen Jolle schon bei völliger Windstille gekentert, und morgen würden wir durch eine der meist befahrenen Wasserstraßen der Welt segeln. Ich wusste, dass ich mehr hätte üben sollen, doch statt richtig segeln zu lernen, hatte ich Flugstunden genommen.

Wir kamen zur Ausfahrt, die zur Tankstelle führte, und das Segeln war vergessen. Ich verließ die Autobahn, fuhr den Hügel hoch und bog links zur Tankstelle ein. Bitte, lieber Gott, lass Motorräder da sein ... Verdammt! Vergiss 20 – es waren eher 300. Mir blieb die Spucke weg. Der ganze Parkplatz war voller Chrom und Leder. Ein Meer von Bikes und Fahrern umgab uns. Es war unglaublich, und ich spürte einen Kloß im Hals, als sie uns umringten, uns auf die Schulter klopften und anboten, uns Tee und Kaffee zu kaufen. Es war Dienstag, ein Arbeitstag, und wir standen hier um 8.30 Uhr mit Hunderten von Bikern, die sich die Zeit genommen und die Mühe gemacht hatten, uns zu verabschieden. Wir waren sprachlos.

Als wir losfuhren – was für ein Sound! –, blockierten wir mit so vielen Motorrädern alle drei Spuren der M40. Dass so viele kommen würden, damit hatten wir nicht gerechnet. Ich fuhr an der Spitze des Konvois und war tief bewegt. Eine Mischung aus Euphorie und Demut überkam mich angesichts dieser Unterstützung. Hin und wieder schafften wir es, uns auf zwei Spuren zu quetschen, um den Verkehr vorbeizulassen.

In London fuhren wir auf die North Circular Richtung Willesden und Ace Cafe. Das große weiße Gebäude mit dem Flachdach ist *das* Café schlechthin. Es wurde 1938 errichtet, im Zweiten Weltkrieg von der Luftwaffe zerstört und 1949 wieder aufgebaut. In den Fünfzigerjahren hingen dort Rocker herum, die den 24-Stunden-Service voll nutzten. Seit damals ist es eine Zufluchtsstätte für Biker und zu Recht überall auf der Welt berühmt.

Als wir anhielten – 300 Biker, die ins Café wollten –, brachten wir den Verkehr auf der North Circular endgültig zum Erliegen. Ich sah meine Frau Olivia mit meinen Töchtern Doone und Kinvara dort stehen und Russ' Eltern Jill und Tony. Meine Mum Christel und meine Zwillingsschwester Daisy waren auch da.

Jetzt, wo ich meine Familie um mich hatte, fiel es mir schwer zu akzeptieren, dass es Monate dauern würde, bis ich sie wiedersah. Olly kommt damit zwar gut zurecht, aber es ist trotzdem nicht leicht für sie. Doone und Kinvara gehen auf unterschiedliche Schulen, die obendrein in entgegengesetzter Richtung liegen. Normalerweise bringe ich eine von den beiden hin, aber in den nächsten Monaten würde ich ausfallen. Olly hatte vor Kurzem ihren Motorradführerschein gemacht und wollte ein Moped kaufen, um erst Kinvara und anschließend Doone zur Schule bringen zu können.

Aber wenigstens begleiteten mich meine Ladies auf der nächsten kurzen Etappe meiner Reise. Ich ließ mein Motorrad beim Ace Cafe stehen und tauschte es gegen einen leuchtend roten Londoner Routemaster ein, mit dem ich bis nach Shoreham-by-Sea fahren würde.

Ich hatte vorher noch nie einen Bus gefahren und brannte darauf, endlich loszulegen. Es würde die perfekte Art sein, sich zu verabschieden. In Shoreham wollten wir uns dann mit Leuten von der britischen Seenotrettungsgesellschaft RNLI treffen und ein Rettungsboot nach Brighton nehmen.

Wir verabschiedeten uns von all den Freunden, die gekommen waren, um uns Auf Wiedersehen zu sagen. Ich kletterte auf den Fahrersitz und ließ das Fenster herunter. Hinter mir hockte mein Fahrlehrer, Peter Barrington. Meine erste Lektion würde darin bestehen, über die North Circular zu brummen. Hinten im Bus saßen meine Familie, Jill und Tony, Russ' Tochter Emily und seine Freundin Sarah. Ich ließ den Motor an und fuhr los, vorbei an Hunderten von Menschen, die uns begeistert zum Abschied winkten. Was soll man dazu sagen? Es war eine großartige Verabschiedung, und ich hätte mir keinen schöneren Beginn der Reise wünschen können.

Schon als Kind hatte ich davon geträumt, mal einen Routemaster zu fahren. Er wurde erstmals 1954 gebaut und ist ein wahrer Designklassiker. Der Routemaster war überraschenderweise gar nicht schwer zu fahren – ein bisschen wie ein Automatikwagen (nur größer, natürlich). Das einzig Kniffige war das Steuern: Das Lenkrad ist riesig und flach, und man muss ständig korrigieren, um überhaupt geradeaus zu fahren.

Als wir nach Shoreham kamen, bugsierte ich den Bus durch die engen Straßen zum Hafen, wobei ich mich an geparkten Autos vorbeiquetschen musste. Wie durch ein Wunder schaffte ich es, keines dieser Autos zu streifen. Ich fand eine große Lücke, parkte den Routemaster fachmännisch und sprang vom Fahrerbock herunter.

Ich umarmte Emily, versprach ihr, dass ich auf ihren Dad aufpassen würde, und verabschiedete mich von Russ' Familie. Dann küsste ich Olly und die Kinder. Olly tätschelte mir den Hintern. »Du wirst schon zurechtkommen«, sagte sie. »Und mach dir keine Sorgen, wir auch.«

Russ, Mungo und ich stapften über den Strand zu dem quadratischen braunen Gebäude, in dem das Rettungsboot untergebracht war. »Mit welchem Transportmittel auch immer« hatten wir gesagt? Nun, jetzt würde ich gleich ein ca. 15 Meter langes Seenotrettungsboot in meine Finger bekommen. Wir trafen uns mit Bootsführer Peter Huxtable, der wohlweislich anmerkte, dass das Boot, wenn es kentern sollte, sich selbst wieder aufrichten würde, ohne mit Wasser vollzulaufen. Das war beruhigend. Gleich würde er uns damit nach Brighton bringen. Von dort wollten wir mit einem Land Rover weiter nach Dover fahren.

Die RNLI wird ausschließlich durch Spenden finanziert. Für den Betrieb ihrer 230 Stationen in Großbritannien und der Republik Irland benötigt sie eine Million Pfund pro Jahr, die sie ganz allein auftreiben muss. Da Großbritannien eine Insel ist, haben wir es häufiger mit Unfällen auf See zu tun, und wenn Menschen in Schwierigkeiten geraten, sind sie von diesen tapferen Freiwilligen abhängig. Wir waren, was das Segeln anging, selbst Anfänger, und es war gut zu wissen, dass die RNLI da sein würde, wenn wir morgen den Kanal überquerten und sie – Gott bewahre – brauchten.

Wie immer scharf darauf, loszulegen, bat ich Charlie Hubbard, den zweiten Bootsführer, uns zu erklären, wie das Boot zu Wasser gelassen wurde. Wir standen im Bootshaus unter dem riesigen blauen Rumpf.

»Wir lassen es einfach die Slipanlage hinunter«, meinte er gelassen, »lösen die Sicherungsketten, und es rutscht vom Slipwagen.«

Ich blickte die betonierte Slipanlage hinab. In der Mitte verliefen Schienen, ähnlich Eisenbahnschienen, die v-förmig und nicht viel breiter waren als das Boot. Die Betonwände waren mit Holz verkleidet. Über unseren Köpfen befanden sich Metallroste, auf denen man entlanggehen konnte, und draußen vor der Slipanlage waren die Hafenmauern und die offene See zu sehen.

»Der Slipwagen ist hydraulisch«, sagte Charlie. »Er senkt sich bis auf das Niveau der Slipanlage hinab, und los geht die Fahrt.« Er zeigte mir, wie der Kiel des Boots in die geschmierte Führung gesenkt wurde, bevor das Boot durch sein Eigengewicht ins Wasser glitt.

Einige Minuten später standen Russ und ich in Trockenanzügen am Bug des Boots, und die Crew bereitete routiniert die Wasserung vor. Ich war überglücklich. Erst der Konvoi, dann ein Londoner Verkehrsbus und jetzt ein Rettungsboot! Alles an einem Tag! Wir hielten uns an der Reling fest, und dann nahmen wir auch schon Fahrt auf, glitten in einem 30°-Winkel hinab. Als wir auf dem Wasser aufsetzten, schlug die Gischt hoch über den Bug. Wir bekamen ordentlich Wasser ab, das uns um die Füße herum schäumte. Es war phantastisch – wie eine Fahrt auf der Achterbahn und doch viel sanfter, als ich erwartet hatte.

Außerhalb des Hafens ließ Peter mich im offenen Cockpit ans Ruder gehen. Es war wirklich ein tolles Boot, unglaublich kraftvoll und spielend leicht zu manövrieren. Ich navigierte uns die vier Seemeilen bis nach Brighton, wo uns ein großes Schlauchboot der dortigen Seenotrettungsstation in Empfang nahm. Sie ließen einen Mann aus ihrer Crew über Bord gehen, und wir führten ein Mann-über-Bord-Manöver durch, indem wir in Luv um den Mann herumfuhren und uns dann vorsichtig nach Lee auf ihn zutreiben ließen. Einige aus der Crew kletterten außenbords in die Sicherheitsnetze, von wo aus sie sich hinabbeugten, um den Mann an Bord zu hieven.

Ich steuerte das Rettungsboot mit fünf Knoten in den Hafen und übergab für das Anlegen dann das Kommando an Peter. Wir verabschiedeten uns von der Crew, schnappten uns unsere Taschen und liefen die mit Algen bewachsene Treppe zur Hafenmauer hoch, wo bereits der Land Rover auf uns wartete.

Ich setzte mich hinters Steuer, Russ nahm auf dem Beifahrersitz Platz, und Mungo hockte sich zwischen unsere Sachen, die wir einfach nach hinten geschmissen hatten.

»Bei dem muss man mit Zwischengas schalten«, fachsimpelte ich. »Ich gehe jede Wette ein, dass bei mir die Gänge jedes Mal knirschen.«

Als wir langsam aus der Stadt fuhren, zeigte ich den beiden das Haus, in dem meine Großmutter gelebt hatte.

»Direkt am Strand«, sagte Mungo. »Schön.«

»Sie ist jeden Tag im Meer geschwommen. Fast jeden Tag – bis sie achtzig war.«

»Wirklich?« Russ schaute zurück: Das Haus war Teil einer georgianischen Häuserreihe und weiß getüncht wie die Häuser auf der Isle of Man.

»Ja. Vergiss nicht – mein Dad ist 75, und er geht immer noch im Fluss bei Annamoe baden.«

Wir zuckelten den Berg hoch. Russ lehnte sich zurück, die Arme auf den Sitzlehnen. »Du kennst doch die Geschichte, wie es zu dem ersten Land Rover kam, oder? Mr Wilks, der Mann, dem Rover gehörte, hatte einen alten Jeep aus dem Zweiten Weltkrieg. Er und sein Bruder bauten da einen Rover-Motor ein und merkten dann, dass sie etwas viel Besseres produzieren könnten. So bauten sie den ersten Land Rover 1948 als eine Art Notlösung, um die Verkäufe des Unternehmens anzukurbeln.«

Ich sah zu ihm hinüber. »Hörst du wieder diese Stimmen, die zu dir sprechen, Russ? Wie bei *Long Way Down*?«

»Unsinn.« Russ grinste. »Roger, der Typ, von dem wir ihn haben, hat es mir erzählt.«

Wir hielten den ganzen Weg entlang der weißen Felsen nach Dover den Verkehr auf. Irgendwie typisch für diesen Tag. Der Land Rover hatte zweimal eine Panne, na ja, eigentlich nur einmal: Beim ersten Mal schaltete ich aus Versehen den Motor aus, als ich versuchte, das Licht zu finden, um jemanden anzublinken. Beim zweiten Mal stotterte er ein bisschen, rauchte dann und gab den Geist auf. Ein Kabel hatte sich gelöst. Wir schafften es, den Wagen wieder in Gang zu bringen, und erreichten schließlich doch noch das Strandhotel in Dover. Beim Kofferauspacken wurde es mir mulmig. Immer wieder schaute ich durchs Fenster aufs Meer. Mir war nur allzu bewusst, dass wir am nächsten Tag in einer knapp vier Meter langen Segeljolle das Land verlassen würden.

In jener Nacht betete ich um gutes Wetter, um die richtigen Gezeiten und darum, dass ich wissen würde, was ich tun musste, wenn's darauf ankam. Alles was ich definitiv sagen konnte, war, dass wir mit einer Laser Bahia aus Kunststoff fahren würden: Mit so einer hatten wir auch geübt und waren gekentert. Ich schlief nicht gut.

»Es wird schon alles gut gehen«, versicherte Russ mir am nächsten Morgen am Strand und blickte übers Meer nach Frankreich hinüber. Es war ein heller Tag, der Kanal grau, aber ruhig. »Denk nur mal, was für 'ne Leistung das sein wird. Wer schafft so was schon, Charley? Wie viele Leute queren den Ärmelkanal in einem vier Meter langen Plastikboot?«

»Wie viele würden das wollen?«, murmelte ich unglücklich.

Wir gingen zum Jachthafen, wo viele kleine Boote lagen. Das Wetter war nicht sonderlich kalt, aber der Himmel bedeckt. Ich war froh, dass Russ so gelassen war. Er genoss das Ganze, das war nicht zu übersehen. Auch Mungo wirkte völlig ruhig, aber er würde ja auch vom sicheren Begleitboot aus filmen. Ich jedenfalls hatte die Hosen gestrichen voll.

»Wir tun genau das Richtige«, sagte Russ. »22 Seemeilen bis Frankreich, Charley. Ist doch perfekt.«

Das Begleitboot hieß *Gallivant*, was so viel heißt wie Herumtreiber, ein ziemlich passender Name: Wir drei trieben uns in der Welt herum. Der Name des Kapitäns, Lance, klang dagegen eher nach einem Taxifahrer als nach einem Seefahrer. Nelson, seine rechte Hand, war so gelassen, wie man nur sein kann. Glen und Rob, zwei Matrosen von Laser, hielten sich ebenfalls bereit. Sie würden uns in der Jolle ablösen, wenn wir sie im Ernstfall brauchten.

Das Boot lag auf dem Strand und wartete darauf, zu Wasser gelassen zu werden, als Russ und ich uns in unsere schwarz-grauen Trockenanzüge aus Neopren zwängten. Sagenhaft unbequeme Teile. Es war, als würde man sich ein riesiges Ganzkörperkondom überziehen.

Mungo kam zu uns herüber. »Also«, begann er, »nur zu unserer Sicherheit: Wie lautet Plan A und wie Plan B?«

»Denkst du, wir hätten einen Plan, Mungo?« Ich lachte. »Na ja – du warst eben noch nie mit uns unterwegs. Die Sache ist ganz einfach: Plan A lautet, ins Boot steigen, ins Wasser kommen und irgendwie dem Begleitboot folgen, damit wir ungefähr wissen, in welche Richtung wir fahren müssen.«

»Und Plan B sieht vor, dass wir kentern«, fügte Russ hinzu.

»Im Ernst«, sagte ich. »Dieser Teil der Tour macht mir mehr Kopfzerbrechen als jeder andere.«

Russ sprühte formlich vor Begeisterung und Zuversicht. »Ich bin richtig aufgeregt. Es wird ein Kinderspiel sein. Wir ziehen das ruck, zuck durch und kommen rechtzeitig zum Tee an.«

Ich war skeptisch und sprach mit Lance. »Was denkst du als alter Seebär?«

Er lächelte wissend. »Ganz einfach, Charley: Je stärker der Wind, desto schneller fährst du.«

Glen, der jüngere der beiden Typen von Laser, setzte das Großsegel auf. »Mach dir keine Sorgen«, rief er mir zu. »Die Vorhersage lautet: eine leichte Brise und Sonne. Das wird super.«

»Siehst du«, sagte Russ. »Perfekte Bedingungen. Dein Dad hat gesagt, du hättest einen Schutzengel. Weißt du noch?«

»*In Wirklichkeit* hat er gesagt, er habe sein Leben damit verbracht, gegen den Strom zu schwimmen, während ich nur stromabwärts treibe.«

»Na also. Kein Problem!«

Damit zogen wir das Boot ins Wasser.

Russ hatte recht: Wenn wir rechtzeitig aufbrachen, würden wir perfekte Bedingungen haben. Später am Nachmittag sollte ein stärkerer Wind aufkommen. Mit diesem Gedanken im Kopf nahm ich die Pinne, und los ging's. Auf den ersten Metern konnte ich mich einigermaßen entspannen, aber wir hatten noch nicht einmal den Hafen verlassen, als eine verdammt große Katamaran-Fähre einlief und so hohe Wellen erzeugte, dass wir ziemlich durchgeschüttelt wurden.

»Dort drüben liegt Frankreich«, sagte ich in dem Versuch, mich aufzuheitern. »Gutes Essen, guter Wein, guter Käse und sexy Frauen.«

Sobald wir den Hafen verlassen hatten, waren Russ und ich völlig auf uns und unser armseliges bisschen Erfahrung gestellt. Erst jetzt fragte ich mich, was mich dazu getrieben hatte, meine ganze Zeit damit zu verbringen, ein kleines Flugzeug statt ein Boot navigieren zu lernen. Mit Motorrädern komme ich prima zurecht: Ich kann ganz gut auf einer Rennstrecke fahren, ich kann auf einer Schotterstraße fahren, ich würde mit einem Bike von einer Klippe springen, wenn man mich dazu aufforderte. Ich weiß nicht, was das mit Booten ist, aber wenn du steuerst, musst du dich gleichzeitig um den Stand des Großsegels und des Ruders kümmern, und dabei flippe ich irgendwie aus. Im Kanal ganz auf uns gestellt und mit all den riesigen Fähren, die an uns vorbeizogen, fühlte ich mich unglaublich klein und verletzlich. Wir schienen überall zu sein, wendeten, wenn wir hätten halsen sollen, halsten, wenn wir besser gewendet hätten; gegen den Wind; mit dem Wind, während das Segel sich bedrohlich dem Wasser zuneigte. Und die ganze Zeit brüllte

Rob, der Matrose, uns vom Begleitboot aus zu: »Auffieren, auffieren! Boot aufrichten, Boot aufrichten! Gib Leine, Charley, gib Leine! Die rote Schot ist dein Gaspedal.«

Wir wären beinahe gekentert; das Boot ging zu schnell durch den Wind, sofort war wieder Druck auf dem Großsegel wie bei unserer Trainingsfahrt. Nur dass dies kein Training war. Die Wellen schlugen gegen den Rumpf, und wir wurden herumgeschleudert. Russ griff nach der Ruderpinne, und wir holten das Segel schnell dicht. Das Boot hatte gehörig Schlagseite, aber irgendwie bekamen wir die Situation in den Griff.

»Das war knapp«, sagte Russ, als wir wieder auf Kurs waren.

»Knapp? Knapp? Verdammt noch mal, Kumpel!« Ich tickte jetzt komplett aus. »Und das Ganze zehn Stunden, und dabei soll heute Nachmittag der Wind stärker werden.«

»Uns passiert schon nichts.«

»Doch, wir werden ertrinken.«

Es war nicht nur entmutigend – es war absolut schrecklich. Ich dachte unentwegt daran, zehn oder mehr Stunden in einem Boot auf hoher See verbringen zu müssen, mit dem man meiner Ansicht nach höchstens bei Sonnenschein auf einem Binnensee segeln sollte. Da konnte, verflixt noch mal, etwas total schiefgehen. Vor uns waren Schiffe, hinter uns waren Schiffe. Überall um uns herum schienen Schiffe zu sein. Wir wussten beide, dass wir es alleine nicht schaffen würden, den Kanal zu durchqueren und gleichzeitig dem regen Schiffsverkehr auszuweichen. Die Jungs im Begleitboot wussten das auch. Wir taten eine Weile lang unser Bestes, und dann wechselten sich Glen und Rob damit ab, bei uns im Bug zu sitzen und uns zu dirigieren.

Die kleinen Hilfen sorgten dafür, dass unsere Zuversicht gewaltig wuchs, und mit einem klaren Himmel über uns bahnten wir uns den Weg durch die Wellen. Wir hatten Wind im Großsegel, der

Spinnaker stand schön, und ich konnte es kaum glauben, als Lance uns zubrüllte, dass wir die Hälfte hinter uns hatten. Die Hälfte! Wir waren erst ein paar Stunden unterwegs. »Verdammt, Russ«, sagte ich. »Vielleicht schaffen wir das doch.«

Wir hatten die englische Zone verlassen und würden bald in französischem Gewässer sein. Die Sache machte langsam wirklich Spaß, obwohl unsere Hände fast erfroren waren – wir Anfänger hatten nicht daran gedacht, Handschuhe anzuziehen. Die Zeit verging nun wie im Flug, der Wind blies ideal, und ich vergaß fast alles um mich herum und konzentrierte mich aufs Segeln.

In der Ferne sah ich Sandstrände und kleine Städte, die sich an grüne Hänge schmiegten. Ich bemerkte, dass sich auf Russ' Gesicht ein zufriedenes Lächeln ausgebreitet hatte.

»Wie viele Leute machen so was?«, fragte er wieder. »Den Kanal in einem vier Meter langen Boot queren?«

»Nicht viele«, meldete sich Rob vom Bug her. »Unter uns gesagt, ich mache das auch zum ersten Mal.«

Wir hätten direkt in den Hafen von Calais segeln können, aber dann wären wir noch mal drei Stunden unterwegs gewesen, also steuerten wir einfach auf den Strand zu. Terra firma, wow: Wir hatten es geschafft. Trotz der Tatsache, dass kleine Boote mich vor Angst immer um den Verstand bringen. Wir hatten den Kanal in fünf Stunden gequert. Ich tanzte auf dem Sand. Wir klopften uns gegenseitig auf die Schulter, und ich umarmte Russ. Er hüpfte herum wie ein kleines Kind, vor Begeisterung, aber auch weil er pinkeln musste. Da er es schlecht am Strand erledigen konnte, trottete er schnurstracks zum nächsten Haus. Eine Frau öffnete die Tür und beäugte ihn argwöhnisch. Es war unsere erste Begegnung in einem neuen Land.

Russ stand da in seinem Gummianzug und schenkte der Frau sein schönstes Lächeln. »*Toilette, s'il vous plaît, Madame?*«

»*Non*«, antwortete sie und knallte ihm die Tür vor der Nase zu.

4

Schwarze Krawatte und Einschusslöcher

Nach den hektischen Tagen, die hinter uns lagen, freuten wir uns auf eine gemütliche Fahrt nach Paris. Wir hatten uns von einem drahtig aussehenden Typen namens David einen klassischen Citroën DS geliehen, den er uns auf einem Schiebeplanenauflieger lieferte. Der Citroën war ein richtig vornehmer Wagen, seiner Zeit weit voraus und völlig passend für die nächste Etappe unserer Tour de force. Wir hatten vor, damit bis nach Paris zu fahren und ihn dann gegen Fahrräder einzutauschen. Um neun Uhr abends mussten wir am Gare de l'Est sein, um den *Orient-Express* nach Venedig zu erreichen.

Als ich den silbernen Citroën genauer inspizierte, war ich mehr als zuversichtlich, dass wir rechtzeitig in Paris ankommen würden. Der 1969 gebaute Wagen war in einem tadellosen Zustand, mit gepflegter Lederpolsterung, Servolenkung, Kurvenlicht und hydropneumatischer Federung. Die Karosserie hatte der italienische Designer Flaminio Bertoni entworfen. Nach der Anstrengung der Kanalquerung am vorhergehenden Tag schien mir der Wagen genau das Richtige zu sein.

Ich setzte mich hinters Steuer, während Mungo sich mit seiner Kamera auf dem Rücksitz niederließ. Russ hockte sich auf den Beifahrersitz, die Karte auf den Knien, bereit, mich zu dirigieren. Wir verabschiedeten uns herzlich von Lucy, die auf dem Bürgersteig stand. Lucy Trujillo ist unsere Produzentin und war extra angereist. Sie hat all meine Touren mit organisiert und ist große Klasse – auch wenn's hart auf hart geht, lässt sie sich niemals aus der Ruhe bringen. Zusammen mit Jo und Lisa hatte sie sich um die Beschaffung der Visa gekümmert, was bei einer Reise wie dieser immer eine komplizierte Angelegenheit ist. Abgesehen vom Iran fehlte uns nur noch das Visum für Laos. Die ehemalige französische Kolonie hatte keine Botschaft in London, aber eine in Paris, sodass Lucy die Gelegenheit nutzte, dort hinzufahren und sie zu besorgen. Aus irgendeinem merkwürdigen Grund glaubte sie jedoch, ohne uns schneller dorthin zu gelangen.

Ich startete den Motor und machte mich mit dem halbautomatischen Getriebe und dem kleinen Gummiknopf zur Bremsbetätigung vertraut. Die ersten paar Kilometer waren ein Albtraum, denn die Bremse reagierte so empfindlich, dass Russ fast durch die Windschutzscheibe geflogen wäre. Aber ich hatte es ja nicht mit einem wackeligen Schlauchboot zu tun, sondern einem Fahrzeug mit Motor, mit dem ich schon fertig werden würde. Wäre ja gelacht. Auf halbem Weg nach Paris gab der Citroën den Geist auf. Wir fuhren gemächlich die Straße entlang, redeten über unsere Reise und freuten uns auf eine Nacht im Orient-Express, als der Wagen plötzlich zu stottern begann. Wenige Augenblicke später verabschiedete sich der Motor, und wir rollten auf den Seitenstreifen der viel befahrenen Schnellstraße.

»Scheint kein Benzin mehr zu haben«, sagte ich und öffnete die Motorhaube. »Doch laut Benzinanzeige ist der Tank noch halb voll.«

Russ sprach über Funk mit David, dem Besitzer des Wagens, der uns in seinem Transporter folgte. »David«, sagte er, »*la voiture est morte.*«

David kam zu Hilfe und sah sich die Sache an. Er fummelte einen kurzen Moment herum, drehte dann den Schlüssel, und der Motor sprang wieder an.

Ein bisschen verlegen sah ich Russ an. »Das hast du wohl gewusst, dass das passieren würde.«

Wieder hinter dem Steuer kontrollierte ich die Benzinanzeige. Der Tank war noch immer halb voll. Am Benzin konnte es nicht gelegen haben.

Bald war ich wieder in meinem Element. Bei dieser Tour war der Weg als solcher das eigentliche Ziel, und ich konnte mir nichts Schöneres vorstellen, als in diesem wunderbaren, elitären Wagen durch Frankreich zu kurven. »Dieses Auto war technisch gesehen allererste Klasse, als sie es gebaut haben«, sagte ich. »Je schneller du fährst, desto steifer wird die Lenkung.«

Nach einer bedeutungsvollen Pause korrigierte Russ langsam: »Je schneller du fährst, desto steifer wird er.«

»Nicht er, die *Lenkung,* Russ.« Ich schüttelte traurig den Kopf. »Ich bin mal mit einem alten Jaguar D-Type von Italien nach London gefahren, einem dieser riesigen Cabriolets mit Heckflosse. In Frankreich haben die Leute die ganze Zeit gehupt und gewinkt.

Wenn ich gehalten habe, haben sich sofort Menschentrauben um den Wagen gedrängt.«

Russ nickte beipflichtend. »Ja, alte Autos haben so etwas Persönliches; sie haben eine Seele, stimmt's?«

»Vor allem wenn sie eine Panne haben«, murmelte Mungo.

»Auf jeden Fall haben die Leute ein Mordstheater um ihn gemacht, bis hin nach Dover«, sagte ich.

»Und was ist in Dover passiert?«

»Ein Lastwagenfahrer hat mich angespuckt.«

Dann nahm Russ einen Anruf von Lucy entgegen. »Lucy ist etwa 45 Minuten, bevor die Botschaft zugemacht hat, in Paris angekommen. Beim Taxistand vor dem Bahnhof gab es eine Riesenschlange.«

»Was hat sie gemacht?«

»Eine Limousine gemietet.«

»Sie hat was gemacht?«

»Ihr blieb nichts anderes übrig. Sie hatte nur die Wahl, ewig in der Schlange zu stehen oder das einzig erhältliche Transportmittel zu nehmen. So hat sie es gerade noch zur Botschaft geschafft, fünf Minuten vor Feierabend, und die Leute dort gebeten, den Antrag zu bearbeiten. Dabei hat sie ihnen erzählt, sie sei mit Boot, Zug und Auto von London gekommen, was natürlich Mitleid erregte. Sie muss nun drei Stunden dort rumhängen, wird aber die Visa bekommen.«

Die gute alte Luce. Das war also erledigt. Jetzt mussten wir nur noch überlegen, wie wir nach Laos kamen. Ursprünglich hatten wir ja geplant, von Norden her über Nepal, Tibet und China dorthin zu gelangen. Doch im März hatten die Chinesen die Grenze zu Tibet geschlossen, und es sah so aus, dass sich daran bis nach den Olympischen Spielen nichts ändern würde.

»Lass uns darüber nachdenken, wenn es so weit ist«, sagte Russ. »Obwohl, wir könnten höchstens versuchen, als Touristen durch Birma zu reisen. Was meint ihr?«

Mungo wirkte nicht überzeugt. »Mit der ganzen Kameraausrüstung?«, gab er zurück. »Ich glaube nicht, dass die das gut finden werden.«

Zwanzig Minuten später wurde der Citroën plötzlich langsamer, und dann streikte der Motor erneut: Wir waren jetzt auf der Autobahn, und je näher Paris kam, desto dichter wurde der Verkehr.

David zog an uns vorbei und hielt am Seitenstreifen. Da es für ihn zu gefährlich war, rückwärts zu fahren, stieg Russ aus und schob den Citroën in Richtung Transporter. Wir öffneten wieder die Motorhaube, und David reinigte den Benzinfilter: Der Motor sprang an, und wir fuhren weiter.

Als der Wagen zum dritten Mal liegen blieb, war die Stadt schon in Sicht: der Eiffelturm in der Ferne und die hässlichen Wohnblocks in der riesigen Vorstadtlandschaft. Wir waren noch immer auf der Autobahn, und ich schaffte es, den Wagen bis zu einer Ausfahrt rollen zu lassen. »Verdammt, das ist doch verrückt«, sagte ich. »Das ist wirklich der letzte Ort, an dem man eine Panne haben will.«

Ich steuerte an den Fahrbahnrand, und wir stiegen aus. Russ sah auf die Uhr. »Es ist schon ziemlich spät«, sagte er. »Wir müssen um neun am Bahnhof sein. Und da wollen wir ja von der Wohnung deiner Nichte mit dem Rad hinfahren. Ich glaube, wir müssen den Citroën auf den Transporter laden.«

David sah sich die Sache noch mal an. Er glaubte, der Wagen hätte keinen Sprit mehr, obwohl die Benzinanzeige noch immer auf halb voll stand. Da wir jedoch nicht wussten, woran es sonst liegen sollte, luden wir den Citroën auf den Auflieger. Der Transporter hatte nur drei Sitze, und die Ladefläche war durch eine Platte abgetrennt: Da David fuhr, musste einer von uns sich dort hinten, wo es kein Fenster gab, auf den Spanholzboden hocken.

»Schere, Stein, Papier«, sagte Russ. »Mungo, bist du bereit? Eins, zwei, drei, los.«

Mungo verlor.

»Du sitzt hinten, Kumpel«, freute sich Russ.

»Nein, tut er nicht«, unterbrach ich ihn. »Er kann nicht hinten sitzen, Russ: Er ist der Kameramann.«

Mit einem auf unseren Taschen kauernden Russ fuhren wir dann schließlich nach Paris hinein. David steuerte die erstbeste Tankstelle an, die auf unserem Weg lag, und füllte den Tank des Citroëns, während dieser noch auf dem Auflieger stand. Ich klemmte mich hinters Steuer des guten Stücks, und der Wagen sprang sofort an. Tatsächlich, wir hatten also einfach kein Benzin mehr gehabt. Peinliche Sache.

Ich ließ den Motor kräftig aufheulen. Wie schade, dachte ich, dass wir nicht früher darauf gekommen sind, wo der Wagen sich doch so wunderbar fahren lässt. Die Federung war so gut, dass Filmproduktionsgesellschaften bei diesen Citroëns früher alles bis auf das Chassis abmontierten und sie als Kamerawagen nutzten.

Dennoch, alles war nicht verloren. Wir hatten jetzt Benzin, und wir hatten noch ein bisschen Zeit. Ich war wirklich scharf darauf, in die Stadt hineinzufahren und, wie ursprünglich geplant, dem Arc de Triomphe die Stirn zu bieten. Ich fuhr den Wagen also rückwärts wieder vom Auflieger runter, und los ging's.

Paris war der reine Wahnsinn, schlimmer als ich es je erlebt hatte. Ich erinnerte mich daran, wie ich das erste Mal in die Stadt gefahren war und mir fast vor Angst in die Hose gemacht hätte. Nun waren wir zur Wohnung meiner Mutter in der Rue Saint Honoré unterwegs, wo wir Daphne, die Tochter meiner Schwester Telsche, treffen würden. Telsche ist an Krebs gestorben, als Daphne erst sechs war, und ich denke immer an Daphne, wenn ich reise – sie saß bei mir auf dem Motorrad während *Long Way Round* und erneut, als wir durch Afrika tourten.

Ich meisterte die Höllenfahrt durch die Stadt bis zur Wohnung, wo wir Daphne trafen. Gemeinsam gönnten wir uns in der Patisserie auf der anderen Straßenseite ein Crêpe. Es war aufregend, wieder in Paris zu sein und die Atmosphäre aufzusaugen. Doch die Zeit lief uns langsam davon, also schnappten Russ und ich uns öffentliche Fahrräder von einem der vielen in der Stadt verteilten Stände. Es ist eine tolle Idee: Du steckst deine Kreditkarte in den Schlitz, nimmst dir ein Fahrrad und kannst dann zu jedem anderen Stand in der Stadt fahren und es dort wieder abstellen. Das Ganze geht schnell und leicht und – da schlägt das Öko-Herz höher – verursacht zudem keine Umweltverschmutzung. Wir schlängelten uns tollkühn durch den Verkehr und gelangten schließlich zum Gare de l'Est.

Dieser Bahnhof mit seinem gepflasterten Vorplatz und der mit Säulen geschmückten Fassade ist schlichtweg wunderschön. Die sagenhafte kuppelförmige Eingangshalle bildet den perfekten, dekadenten Rahmen für den Orient-Express. Ruhe und Luxus waren nun angesagt.

Das einzige Problem: Ich hatte vergessen, Schuhe mitzunehmen. Im Orient-Express muss man sich zum Essen umziehen, und ich hatte sorgfältig meinen Anzug und eine schwarze Krawatte eingepackt, aber nichts für die Füße außer meinen klobigen alten Motorradstiefeln. Ich konnte es nicht fassen: Einfach lächerlich, wie hirnlos hatte ich bloß gepackt. Ich hoffte nur, dass man mich nicht aus dem Speisewagen werfen würde.

Die Waggons des Zuges sind blau lackiert, haben weiße Dächer und werden poliert, bis sie glänzen. Die Holztäfelung in den Gängen und Abteilen ist blitzblank, sodass man sich darin spiegeln kann. Unsere Abteile befanden sich in Wagen 3309, einem der beiden ältesten und mit seinen phantastischen Wandgemälden am schönsten ausgestatteten. Den anderen dieser Wagen, der 1926 gebaut worden war, hatte König Karl von Rumänien benutzt. Delikater war nur die Tatsache, dass einige andere Teile des Zugs im Zweiten Weltkrieg von deutschen Besatzungssoldaten zum Bordell umfunktioniert worden waren.

Die Kabinenstewards trugen blaue Uniformen und runde, flache Schirmmützen. Die Barkeeper und Kellner, eine kosmopolitische Mischung aus Franzosen, Italienern, Serben und sogar Australiern, arbeiteten leise und unauffällig und schienen das Schaukeln der Wagen nicht zu bemerken.

Mein Abteil war klein, aber komfortabel; der Sitz ließ sich genial zu einem Bett ausklappen. Mein Koffer lag in einem Gepäcknetz über einer Konsole mit polierten Holzschränken, und vor dem Fenster war ein kleiner Tisch angebracht. Ich spürte am ganzen Körper, wie aufgeregt ich war – gleich würde ich eine Reise antreten, die zu den berühmtesten der Welt gehörte. Ich kurbelte das Fenster herunter, steckte den Kopf heraus und saugte Bilder, Gerüche und Geräusche auf, als wir Paris verließen. Am nächsten Morgen würde ich mich bequem in einen Sessel zurücklehnen und auf unserem Weg nach Venedig die Alpen betrachten können.

Als ich durch den Gang spazierte, entdeckte ich unter einem Bord unmittelbar in der Nähe meines Abteils einen Eimer mit Holz und Kohle. Ich ging der Sache nach und fand schließlich einen Schrank mit einem Kanonenofen. Mir wurde klar, dass das Wasser auch heute noch in jedem Schlafwagen von einem richtigen Kohleofen erhitzt werden musste.

Ich zog mich zum Abendessen um. Ich glaube, ich sah ganz anständig aus, abgesehen natürlich von meinen verbeulten Stiefeln, die überhaupt nicht zu meiner Vorstellung von Eleganz passen wollten. Aber es ließ sich nun mal nicht mehr ändern, und ich wollte mir dadurch nicht den Abend verderben lassen. Als ich schließlich mit der Garderobe fertig war und den Schlüssel meines Abteils suchte, konnte ich ihn nirgendwo finden. Fahrig durchwühlte ich meine Kleidung, die Kissen, meinen Koffer und ärgerte mich immer mehr über mich selbst. Ich dachte schon, ich würde das verdammte Ding nie finden, da entdeckte ich es: an einem Haken, der zum Aufhängen einer Herren-Taschenuhr gedacht war. Ich seufzte und griff danach. Manchmal bin ich ordentlicher, als ich selbst denke.

Russ und Mungo saßen schon in der Bar und ließen sich eine Flasche Champagner schmecken. Ich entspannte mich, sog die Atmosphäre auf und genoss ein paar Drinks vor einem exquisiten Essen – zu dem wir aber nicht vor Mitternacht kamen, weil die Reisenden aus Paris üblicherweise warten müssen, bis die Reisenden aus London ihr Mahl beendet haben.

Als ich um halb drei Uhr nachts wieder in mein Abteil zurückkam, stellte ich erfreut fest, dass die Stewards das Bett gemacht hatten, während ich beim Essen war – ich musste mich nur noch hineinfallen lassen. Das leise Schaukeln des Zugs ließ mich mit dem wohligen Gedanken einschlafen, dass ich mich hieran durchaus gewöhnen könnte ...

Am nächsten Morgen, als ich aufwachte, waren wir bereits in der Schweiz, wo es geschneit hatte. Der Steward brachte das Frühstück: Croissants, verschiedene Marmeladesorten und Käse, Obstsalat und eine Thermoskanne mit heißem Kaffee. Ich nahm mir beim Essen genüsslich Zeit, ließ die Welt an mir vorbeiziehen und dachte, welch verdammtes Glück ich, Charley Boorman, doch hatte.

In Innsbruck wurden die Loks gewechselt: Jeder Zug hat vorne und hinten eine Lok, die bei Grenzübergängen ausgetauscht werden. Die Lok ist der einzige Teil des Zugs, der modern aussieht. Vom Bahnsteig aus, der übrigens Sicht auf die Sprungschanze der Olympischen Winterspiele bietet, beobachtete ich, wie die alte Lok ab- und die neue angekoppelt wurde. Auch ein neuer Lokomotivführer trat jetzt seinen Dienst an: ein Innsbrucker, der die Lok seit sechzehn Jahren bediente. Er lud mich zu sich in den Führerstand ein.

Wir fuhren durch saftige grüne Wiesen, die bis zu den schneebedeckten Bergen reichten, über Brücken und durch Tunnel und
vorbei an hübschen kleinen Skiorten. Am Bahnhof Brenner, dem
legendären Pass an der Grenze zwischen Österreich und Italien, verabschiedete sich unser Lokführer und ging zum Ende des Zugs, um
die hintere Lokomotive zurück nach Innsbruck zu steuern.

Ich zog mich in mein Abteil zurück, um über Venedig nachzuden-
ken. Ich hatte diese Stadt erst einmal besucht – Olly und ich waren
mit den Kindern hingefahren –, aber es war eine der bewegendsten
und emotionalsten Erfahrungen meines Lebens gewesen. Eines
Abends saßen wir in einem Restaurant am Kanal. Die Kinder spielten auf der Terrasse. Ich sah zu meiner Frau hinüber und entdeckte
eine Träne in ihrem Auge.

»Was ist los?«, fragte ich verwundert.

»Nichts«, sagte sie. »Es ist nur dieser Ort. Weißt du, Charley, der
heutige Tag gehört zu den besten meines Lebens.«

Ich beschloss, sie vom Zug aus anzurufen. Ich sagte ihr, wo ich war
und wie sehr ich mir wünschte, sie wäre bei mir. Doch Olly hatte anderes im Kopf. Sie hatte gerade eine sehr schlechte Nachricht erhalten – Françoise, eine unserer Freundinnen, war schon längere Zeit
krank gewesen. Die Ärzte hatten gedacht, sie habe eine Lungenent-
zündung, doch tatsächlich litt sie an einer Art Hautkrebs. Man hatte
ihr gerade gesagt, die Krankheit sei unheilbar. Und ich saß im Orient-
Express und war unterwegs in die malerische Stadt der Kanäle und
Brücken. Diese Nachricht rückte die Dinge wieder zurecht. Das Leben erdet dich doch immer wieder! Egal was du tust, es erlaubt dir
nie, komplett abzuheben. Als wir am Bahnhof ankamen, dachte ich
immer noch an Françoise, ihren Mann Steve und die beiden Kinder.
Ich konnte nichts tun, und ein Gefühl der Hilflosigkeit erfasste mich.

Bei der Stazione Santa Lucia verabschiedeten wir uns von den Stewards und nahmen uns ein Wassertaxi, das uns durch das magische

Venedig fuhr, in dem es keine Autos gibt und alles per Schiff angeliefert wird. Zu Venedig gehören an die hundert kleine Inseln, die über eine Salzlagune am Nordende der Adria verstreut sind. Wir glitten unter Brücken hindurch und vorbei an einigen wirklich spektakulären Gebäuden. Vor allem ein Palazzo stach ins Auge: ein orange-weißes Gebäude mit einem Ziegeldach, einer Sonnenterrasse und identischen, auf jeder Seite des Gebäudes direkt über das Wasser gebauten Portiken. Es war ein kühler Tag, der Himmel bewölkt und das Wasser grau und trübe. Aber das tat der Romantik dieses Abenteuers keinen Abbruch.

»Seht mal, da ist die Rialtobrücke«, rief Russ, als wir aus einem kleineren Kanal herauskamen. Die Rialtobrücke gehört zu den berühmtesten Wahrzeichen Venedigs und ist eine von drei Brücken, die den Canal Grande überspannen. Sie war ursprünglich eine Pontonbrücke, wurde dann aber 1250 durch eine Holzbrücke ersetzt. Die heutige Brücke, die 1591 fertig gestellt wurde, ist sehr breit, hat auf beiden Seiten überdachte Bögen, und in der Mitte führt ein Fußweg aus Kopfsteinpflaster von einem Ufer zum anderen.

Wir verbrachten die Nacht im Hotel Gritti am Canal Grande, ein letztes bisschen Luxus, bevor es nach Osteuropa weiterging.

Am nächsten Morgen bestiegen wir wieder ein Wassertaxi, das uns durch die kleineren Kanäle chauffierte. Einige von ihnen waren verdammt eng und die Brücken gefährlich niedrig, die meisten nicht mehr als zwei Meter hoch. Da wir auf dem Deck standen, hieß es jedesmal, wenn wir unter einer hindurchfuhren, rechtzeitig den Kopf einziehen. Wir waren unterwegs zu einer Frau namens Chiara, deren Brüder eine Obst- und Gemüsefirma besaßen, die überall in der Stadt Restaurants belieferte.

Die Gebäude schienen das Boot regelrecht zu erdrücken und wirkten, als ob sie direkt aus dem Wasser wachsen würden. Sie sind jedoch auf dicht stehenden Holzpfählen errichtet, die ursprünglich aus Russland stammten und am Meeresboden in Schichten von Sand und Ton getrieben wurden. Wenn kein Sauerstoff an das Holz kommt, verfault es nicht, und unter Wasser gibt es keinen Sauerstoff. Der Effekt dieser Architektur ist unglaublich dramatisch und schaurig zugleich.

Wir sahen Wäscheboote, gelbe Krankenboote, den Postboten und sogar einen Leichenbestatter mit Sarg und Blumen. In einem sehr schmalen Kanal kamen wir an einem grauhaarigen Fischhändler vorbei. Er stand auf, als er uns sah, und brüllte über das Wasser.

»Hey, Charles Boorman!«

Ich winkte ihm zu und konnte gar nicht glauben, dass ich von einem Mann, der mitten in Venedig von seinem Boot aus Fisch verkaufte, erkannt worden war.

»Ich habe Ihr Buch gelesen«, rief er mir mit einem Grinsen zu. »Es gefällt mir. Sie stehen auf Platz eins der Bestsellerliste, Sie und Ewan McGregor.«

Das Taxi setzte uns bei einem kleinen Platz ab, wo Chiara auf uns wartete. Sie führte uns in eine enge Seitenstraße, in die die Gebäude keine Sonne hineinließen und in der Kisten mit exotischen Früchten vor den Steinwänden gestapelt waren. Es duftete nach Zitronen und Erdbeeren, Granatäpfeln und Orangen. Chiara stellte uns ihrem Bruder Alessandro vor, der uns in einen Laden mitnahm, in dem es hektisch zuging. Etwa ein Dutzend Männer wog Obst ab und schob energisch Kisten hin und her. Alessandro erzählte uns, sie würden um drei Uhr morgens mit der Arbeit beginnen und wären um zwölf Uhr mittags fertig. Sie kaufen ihre Ware auf dem Großmarkt am Bahnhof und nehmen sie in einem großen Boot zu ihrem Laden mit. Dort sortieren sie die Ware und bringen sie auf kleineren Booten in verschiedene Stadtteile.

Ich fuhr mit einem der Fahrer los, kreuz und quer durch die Kanäle. Wir liefen Restaurants und Läden an und lieferten ihnen kistenweise Obst, das den verwöhnten venezianischen Gaumen gerecht wird. Wir tuckerten durch winzige Wassergässchen, dann ging es zurück auf die großen Kanäle, die Sonne im Gesicht, den Geruch der Stadt in der Luft. Es war völlig anders, als Obst und Gemüse in einer Stadt wie London auszuliefern: keine aggressiven Geschäftsleute und auch keine Aggressivität im Straßenverkehr. Die Sache machte mir richtig Spaß – ein Job, der mir gefallen würde.

Es war früh am Morgen und noch keine Gondel unterwegs; wir waren Teil des venezianischen Alltags. Vor zehn Uhr sieht man generell nicht viele Gondeln. Alessandro erklärte uns, dass es ein ungeschriebenes Gesetz sei, die Waren zu ihren Bestimmungsorten in der Stadt zu transportieren, bevor die Touristen loszogen. Es wirkte alles so friedvoll – vielleicht liegt es am Wasser, dass die Menschen so gelassen sind.

Doch leider blieb uns nicht mehr viel Zeit, denn wir mussten das Tragflächenboot erreichen, das uns über die Adria nach Poreč an der dalmatinischen Küste bringen sollte.

Das Tragflächenboot war eher ein stromlinienförmiges Luftkissenboot, aber verteufelt schnell: Auf ruhiger See konnte es mit einer Geschwindigkeit von vierzig Knoten über die Wasseroberfläche brausen. Als wir Venedig verließen, lud der Kapitän uns auf die Kommandobrücke ein, und ich sah, dass er das Boot mit derselben Art von Spielkonsolen-Joystick kontrollierte wie auch der Kapitän der Fähre nach Liverpool. Anfangs kam mir unsere Fahrt ziemlich nervenaufreibend vor: Wir befanden uns immer noch auf den Kanälen, unser Boot war groß, brauchte viel Platz, und es herrschte starker Verkehr.

Vielleicht lag es aber einfach nur an meiner Nervosität: Dies war der letzte Hafen, den ich kannte. Ab jetzt gab es, bevor wir in Australien ankommen würden, nicht ein einziges Land, in dem ich vorher schon einmal gewesen war.

Unser Ziel hieß nun Kroatien, wo vor weniger als zwanzig Jahren ein blutiger Krieg getobt hatte. Ich wusste nicht, was mich dort erwarten würde, hatte aber gewisse Vorstellungen: Armut, zerstörte Gebäude, Straßen voller Schlaglöcher ...

Ich lag völlig daneben. Zweieinhalb Stunden später legte das Boot in einer wunderschönen mediterranen Stadt an, wo riesige Jachten neben traditionellen Fischerbooten vertäut waren. Das Ganze erinnerte mich an den Süden Frankreichs: eine milde Nachtluft, Straßencafés und ein phantastischer Sonnenuntergang.

»Was für einen Wagen kriegen wir denn?«, fragte Russ.

»Einen Yugo: wie ein Fiat 127, nur nicht so gut.«

Wir schleppten unsere Taschen zum Parkplatz, wo wir mit ein paar Typen verabredet waren, die uns die Kutsche leihen wollten. Yugos sind nicht nur wie Fiats – sie *sind* Fiats, gebaut unter Lizenz. Dieser war alt und, wie es schien, bei Weitem nicht so gut wie das Original. Aber es war ein hiesiges Auto – *das* Massenauto zur Zeit Titos –, und ein solches wollten wir fahren. Ich hatte gehört, dass man es als »Wegwerf«-Auto bezeichnet hatte, eines, das man einmal benutzt und dann entsorgt, der Bic-Rasierer der Automobilwelt.

»Das Getriebe hört sich an, als würde man mit einem Baseballschläger in einem Fass mit Kokosnüssen rühren«, warnte ich.

Mungo, beladen mit einem Berg von Kamerataschen, warf mir einen Blick zu: »Ich hoffe, er hat einen Kofferraum.«

»Es ist ein zweitüriges Hecktürmodell«, erklärte ich ihm, »kaum Platz auf dem Rücksitz und null Kofferraum.«

»Ich denke positiv. Vielleicht gibt es einen Dachgepäckträger.«

Mungo wurde erhört. Gott sei Dank gab es einen. Dean und Kristijan, unsere Autovermittler, erwarteten uns. Die beiden schienen richtig nette Typen zu sein. Sie zeigten uns den Wagen – er war gedrungen, was ich ja gewusst hatte, aber wirklich gut in Schuss –, halfen uns, unser Gepäck zu verladen, und luden uns dann ein, bei ihnen in Motovun zu bleiben, einer etwa 80 Kilometer entfernten, am Hang gelegenen Stadt. Wir stiegen in den Yugo, und es dauerte nicht lange, bis ich den ersten Gang fand. Schon bald zuckelten wir dahin, hatten viel Spaß und folgten unseren Gastgebern in die Berge, während im Radio gute altmodische kroatische Musik lief.

Ich deutete aus dem Fenster: »Unglaublich, wie sauber hier alles ist. Keine Spur von Abfall; richtig hübsch.«

Keiner von uns hatte gewusst, was uns erwartete. Weder Russ noch ich kannten den Balkan. Mungo war mit der britischen Armee für kurze Zeit in Split gewesen, hatte aber nicht viel vom Land gesehen. Wir würden den Abend in den Bergen verbringen und am nächsten Tag nach Zagreb fahren.

»Von wo wir mit einem Bus weiterfahren. Irgendwo anders hin«, sagte Russ. »Ich kann mich nicht erinnern, wohin, aber darüber denken wir morgen nach.« Er lachte. »So ist das nun mal. Wir können nur von einem Tag zum anderen denken. Mehr würde uns überfordern.«

Er hatte recht. Wir legten große Entfernungen zurück und hatten eine Reise durch rund dreißig Länder geplant. Zu diesem Zeitpunkt für mehr als einen Tag vorauszudenken, war einfach zu viel. Und wer wollte das auch? Mir gefiel, dass es bei dieser Reise Raum für Spontaneität gab. Auf einer reinen Motorradtour, wie ich sie mit Ewan unternommen hatte, muss man sich meistens aufs Fahren konzentrieren. Jetzt konnte ich auch mal relaxen und viel leichter Menschen kennenlernen.

»Wahnsinn, dieser Fischhändler heute Morgen, oder?«, meldete sich Mungo vom Rücksitz aus. »Hey, *Charles Boorman*: Keiner nennt dich Charles, Charley, oder?«

»Die Venezianer schon«, sagte ich.

Wir übernachteten in einem kleinen Haus in einer am Hang gelegenen Stadt mit holprigen Pflasterstraßen. Als wir die Hauptstraße verließen und einen Fluss überquerten, folgte uns das Quaken von Ochsenfröschen den Berg hinauf. Wir hielten vor einem Geschäft, in dem man uns Wein, Käse und Schnaps servierte. Natürlich schlugen wir die Einladung nicht aus. Das zu tun, wäre unhöflich gewesen. Dann aßen wir zu Abend und ließen uns mit Dean und Kristijan, die uns von ihrem Land erzählten, ein paar Bierchen schmecken. Sie sagten, dass dieser Teil des Landes mit Ausnahme weniger Orte glücklicherweise im Krieg kaum zerstört worden sei und dass vor allem die jungen Leute es vorziehen, nach vorne zu schauen und nicht zurück.

Die beiden brachten uns drei in einem Zimmer unter, in dem nur zwei Betten standen. Einen Moment lang starrten wir die Betten an. Wir drei waren zwar befreundet, aber nicht so eng.

»Also, Mungo«, sagte ich und legte ihm die Hand auf die Schulter. »Russ und ich werden auf keinen Fall ...«

Mungo kratzte sich seinen Stoppelbart. »Keine Sorge. Ihr zwei sollt euren Schönheitsschlaf kriegen – ihr braucht ihn. Ich bin schön genug – ich hab kein Problem damit, auf dem Fußboden zu schlafen.«

Am nächsten Morgen wurden wir von einem wolkenlosen Himmel und Kuckucksrufen begrüßt. Von unserem Haus konnte man in ein saftig grünes Tal blicken, das mich an die Toskana erinnerte: sanfte Hügel, Fichtenwäldchen und Olivenhaine. Russ kam nach draußen und blieb einen Moment stehen, um die Aussicht zu genießen.

»Schön, Charley, oder?«

Ich nickte und gähnte. Sehr schön.

Wir tuckerten sechs Stunden lang mit unserem Yugo auf leeren Straßen direkt durch die Berge. Wir überquerten Flüsse, fuhren durch riesige Kiefernwälder und durch offene Landschaften mit alten Bauernhöfen und scheckigen Rindern. Mit dem Yugo herumzugondeln war ziemlich cool. Das Getriebe war nicht schlechter als das anderer Kleinwagen, und im Unterschied zum Citroën funktionierte die Tankanzeige. Mungo fuhr einen Teil der Strecke vorne mit, während Russ in Wachphasen auf dem Rücksitz Fliegen fing. So langsam dachten wir schon, er neige zu Narkolepsie: Auto, Boot, Zug … es dauerte kaum fünf Minuten, und schon schlief er ein.

Es war schon nach halb eins, als wir Zagreb erreichten, später als erhofft. Der Bus nach Vukovar ging um halb zwei, aber wir mussten um eins parat stehen, sodass keine Zeit blieb, uns in der Stadt umzusehen. Wir schafften es lediglich, die Straßenbahnschienen zu überqueren, uns von unseren Gastgebern zu verabschieden, ihnen ihr Auto zurückzugeben und schnell eine Postkarte nach Hause zu schreiben. Dann stiegen wir in den Bus.

Fünf Stunden später erreichten wir Vukovar, das eher dem Bild kroatischer Städte entsprach, das ich von den Nachrichten her kannte. Die meisten Gebäude hatten verräterische Einschusslöcher; durch den Beschuss mit Granaten oder Minenwerfern fehlten oft ganze Teile der Bauten. Das Mauerwerk war oft von einem Kugelhagel durchsiebt worden. Über der Stadt lag eine unverwechselbare Stimmung: Sie vermittelte ein Gefühl von Unbehagen und sogar Gefahr. 1991 hatte die ehemalige jugoslawische Armee Vukovar umzingelt. Es gab keine kroatische Armee, und rund 2000 selbsternannte Verteidiger griffen zu den Waffen und schafften es, sich gegen Panzer, Minenwerfer und ausgebildete Soldaten zu behaupten. Schlussendlich wurden sie jedoch niedergemetzelt, die Stadt fiel. 800 Menschen wurden seitdem vermisst, 22 000 dazu gezwungen, ins Exil zu gehen. Die Ereignisse in Vukovar erinnerten an das, was nach Titos Tod passiert war. Wie in dieser Region wieder der Krieg aufgeflammt war, der jahrhundertelang getobt hatte.

Dennoch war sie schön, diese Stadt am Zusammenfluss von Vuka und Donau. Das Wasser war spiegelglatt. Ich stand am Fenster meines Hotelzimmers und schaute zum gegenüberliegenden Ufer eines Flussarms, das mit Nadelbäumen bewaldet war.

Am nächsten Morgen waren wir bereits um halb acht aus den Federn. Es war richtig warm, so, als hätte schon der Sommer Einzug gehalten. Das tat den alten Knochen gut nach zehn Tagen auf der Straße. Unser nächstes Ziel lautete Serbien, aber zuerst wollten wir noch mit einer Frau sprechen, die die Belagerung von Vukovar in einem Versteck im Keller überlebt hatte.

»Der Fluss schließt beinahe die ganze Stadt ein«, klärte Russ mich auf. »Man könnte fast sagen, er umzingelt sie, so wie es die Serben 1991 taten. Es ist schwer, sich vorzustellen, dass diese Stadt mit Panzern angegriffen wurde.«

Ich starrte die Hoteltür an, die braunen Metallrahmen um das Glas. »Sieh mal«, sagte ich. »Der Türrahmen ist voller Einschusslöcher. Selbst dieses kleine Hotel. Gott, nichts blieb verschont.«

Russ schüttelte den Kopf. »Die ganze Stadt wurde zerstört. Als Tito starb, haben sich die Staaten wieder getrennt. Kroatien wollte die Unabhängigkeit und damit das Stück Land, wie es ihm unter Tito zugesprochen worden war. Die Serben sagten, die Kroaten könnten ihre Unabhängigkeit gerne haben, aber nicht so viel Land. Die Serben wollten nämlich Zugang zur Küste.«

»Also ließen sie Panzer auffahren.«

Nach dem Frühstück trafen wir uns mit Natalia, der Frau, die drei Monate in ihrem Keller verbracht hatte. So wie Dean und Kristijan erzählte auch sie uns, dass die jüngeren Leute in Vukovar seit dem Ende des Konflikts im Jahr 1995 lieber nach vorne schauen würden. Das galt jedoch nicht unbedingt für die ältere Generation. An ihnen nagt dieser Krieg, denn einige ihrer serbischen Unterdrücker waren vorher ihre Nachbarn gewesen, andere hatten schlimme Gräueltaten begangen, und wieder andere hatten nun auf lokaler Ebene Machtpositionen inne, vor allem bei der Polizei.

Natalia zeigte auf einen Wasserturm, den wir schon von unserem Hotel aus gesehen hatten. Er ist von vielen Aussichtspunkten in der Gegend von Vukovar zu sehen und gilt als Symbol der kroatischen Einheit. Als die Serben die Verteidiger der Stadt mit Granaten beschossen, wurde der Wasserturm 600 Mal getroffen, blieb aber trotzdem stehen. Jedes Gebäude in seiner Umgebung wurde dem Erdboden gleichgemacht, doch gerade so, als würde er der Brutalität trotzen, weigerte der Turm sich hartnäckig einzustürzen. Die Kroaten bezeichnen 1991 als die »Zeit des Hasses«, in der einzelne Menschen, Dorfgemeinden, ganze Stadtbevölkerungen wie durch ein Krebsgeschwür vernichtet wurden. Als die Kämpfe vorbei und Vukovar von den Serben überrannt worden war, zerrten diese 261 verwundete Verteidiger und Zivilisten aus dem Krankenhaus und brachten sie zu einem alten Gebäude, das heute ein Museum beherbergt. Davor steht ein riesiges Kreuz, geschmückt mit brennenden Kerzen und Rosenkränzen. In jener ersten Nacht wurden vier Menschen zu Tode geprügelt und im Lauf der nächsten Tage je zwanzig Menschen auf einen Anhänger geladen und von einem Traktor zum Feld eines Bauern gezogen. Dort erschoss man sie und warf sie in ein Massengrab, alle 261. Der jüngste war siebzehn, drei von ihnen waren Frauen.

Natalia erzählte uns, dass man inzwischen 200 Opfer identifizieren konnte, die übrigen jedoch 17 Jahre später noch immer namenlos seien.

In einer ruhigen Vorortstraße gegenüber einer Tankstelle steht eine Reihe hoher gelber Tore, die die Stätte kennzeichnen, an der sich eines der Lager befand, in denen die Kroaten von den Serben gefangen gehalten wurden. Natalia wohnt nur ein Stück weiter die

Straße hoch in einem kleinen Haus mit Rauputzwänden und einem braunen Ziegeldach. Sie erzählte uns, dass sie und ihre Mutter sich drei Monate lang im Keller versteckt und nur rohe Kartoffeln zu essen gehabt hätten.

»Es war schrecklich«, erinnerte sie sich. »Wir hatten große Angst: Jeden Tag kamen Soldaten und warfen Bomben in die Keller.«

Russ war entsetzt. »Du meinst Granaten? Sie haben Granaten in die Häuser der Menschen geworfen?«

Sie nickte. »Jeden Tag dachten wir, sie würden unser Haus treffen, jeden Tag.« Natalia war damals noch ein Kind. Ihr Vater hatte nicht als Verteidiger gekämpft, war aber trotzdem in ein Konzentrationslager gebracht worden. Er war fest davon überzeugt, dass seine Frau und seine Tochter überleben würden. Doch er wusste nicht, ob man ihn erschießen würde oder nicht. Im Lager gefangen, konnte er nichts für seine Familie tun – nur hoffen und beten. Schließlich hatte ein serbischer Nachbar Mutter und Tochter aus dem Keller geholt und in Sicherheit gebracht.

Nachdenklich und traurig verließen wir Vukovar. Ein Wartungsboot nahm uns mit die Donau hinab zur Stadt Ilok. Vom Deck aus konnten wir den Wasserturm sehen, der immer an die Ereignisse in Vukovar erinnern würde. Bei Ilok wollten wir die Grenze nach Serbien überqueren.

Die Bootsmannschaft bestand aus jungen Typen, die auf der kroatischen Seite den Fluss hinauf- und hinunterfuhren und Bojen oder Schilder mit wichtigen Informationen für die Schifffahrt reparierten. Das Ufer ist voller Bäume, und es gehört zu den Aufgaben der Crew, totes oder in den Fluss hineinragendes Holz zu beseitigen. Mit Helm, Brille und Ohrenschutz ausgerüstet, versuchte ich, mich nützlich zu machen und Bäume zu fällen, aber meine Kettensäge fraß sich immer wieder fest. Als ich schließlich damit umgehen konnte, wäre beinahe ein Baum auf Russ und Mungo gekippt. Der

Typ, der mich beim Sägen beaufsichtigte, erzählte mir, dass die Donau im Schwarzwald entspringe und ins Schwarze Meer münde, 2834 Kilometer lang sei und schon seit vorrömischer Zeit als Handels- und Versorgungsroute diene.

Flussabwärts kamen wir zu einer kaputten Boje, deren Spitze von einem vorbeifahrenden Boot eingedellt worden war. Die Crew zog sie mit einem Kran an Bord, ersetzte die Spitze und befreite die Boje von Seepocken. Danach wurde sie neu gestrichen: Auf der kroatischen Seite des Flusses sind die Bojen rot, auf der serbischen Seite blau.

Wir legten in Ilok an und überquerten die Grenze nach Serbien in einem Taxi, dessen Fahrer richtig gut englisch sprach und äußerst mitteilsam war. Er fuhr uns über die Brücke, die den Fluss zwischen den beiden Ländern überspannt, und nahm alles in die Hand. Wir brauchten nichts zu tun: Er brachte den Beamten unsere Pässe, während wir im Wagen blieben, fuhr uns dann zur Stadt Bačka Palanka und setzte uns vor einer Teppichfabrik ab. Ich sollte einen firmeneigenen Lieferwagen bis nach Novi Sad fahren, von wo aus wir eine 24-stündige Zugfahrt nach Istanbul unternehmen wollten. Dort würde noch eine besondere Aufgabe auf uns warten: Wir hatten noch das Problem zu lösen, wie wir das Schwarze Meer überqueren konnten. Ein Schiff zu bekommen war offenbar schwierig – wir hatten Kontakt mit Containerschiffen, Tankern, Tendern aufgenommen … aber bis jetzt keinen Erfolg gehabt.

»Vielleicht muss man vor Ort sein, statt die Sache von London aus zu organisieren«, mutmaßte Russ, während wir darauf warteten, dass der Teppich ins Auto verladen wurde. »Wir müssen einfach abwarten. Wenn wir kein Schiff bekommen, müssen wir halt durch die Türkei fahren.«

Und dann kam er, der Teppich, eine gewaltig dicke Rolle, die sich langsam auf uns zubewegte. Nicht ganz in der Horizontalen hüpfte sie, als hätte sie ein Eigenleben, auf der Zinke eines Gabelstaplers auf und ab. Einen Moment lang starrten wir das Ding nur an. Dann schüttelten wir uns vor Lachen.

»Willkommen in Serbien«, sagte ich. »Nicht so groß wie meiner, Jungs, aber beinahe.«

5

Kein Schiff in Sicht

Etwa 15 Minuten von Novi Sad entfernt lebt eine Gruppe vertriebener Zigeuner in einem Lager, das in der Gegend als »Bangladesch« bezeichnet wird. Anna und Danka, zwei junge Frauen, die dort mit den Zigeunern arbeiten, führten uns durch die Siedlung.

Es war ein elender Ort; er glich eher einer alten, verlassenen Kaserne als einem Heim für eine Familie. Die Gebäude waren einstöckig und in terrassierten Blöcken gebaut, jeweils mit einer tristen Gasse dazwischen. Die Hauswände aus Beton waren mit einem schmutzigweißen Kalkanstrich versehen, die Dächer aus Wellblech gefertigt. Als wir auf einen Feldweg einbogen, stießen wir auf einen Müllcontainer; dahinter erhoben sich Berge von Schrott, defekte Autos und Alteisen. Die Häuser schienen keine Türen zu haben; in den meisten waren die Fensterscheiben durch Plastikplatten ersetzt, und es sah nicht danach aus, als ob es irgendwo Strom gäbe. Zerzauste Kinder rannten barfuß durch die Betongassen. Wir sahen einen Mann mit einem genialen Gerät Marke Eigenbau den Weg entlangfahren. Es war aus einem Motorrad und einem Anhänger zusammengeschweißt, in dem der Mann seine Frau und seine Tochter transportierte.

Ich konnte mir keinen schlimmeren Ort zum Leben vorstellen. Überall lag Müll herum: alte Kühlschränke, kaputte Gefriertruhen, versiffte Matratzen. Eine Menge von dem Zeug sah aus, als hätte es jemand aus der Stadt mitgebracht und dann einfach liegen lassen, wo er es abgeladen hatte. Ich bewunderte Danka. Sie glaubte, dass es für diese Siedlungen (und die Leute, die dort wohnten) trotz ihrer scheinbar hoffnungslosen Verwahrlosung Entwicklungsmöglichkeiten gab. Das Problem war nur, dass die Regierung dies nicht sehen konnte.

Danka machte uns mit Tomas bekannt, einem Mann mittleren Alters, der mit einem selbst gebauten Karren Schrott sammelte. Der Karren wurde von einem ausgemergelten Pferd gezogen, das in einem improvisierten Stall untergebracht war. Das Geschirr des Pferdes hatte er selbst aus alten Lederstücken und Stöcken gebastelt, die er aus dem Wald geholt hatte. Er spannte den Klepper ein, legte eine Decke auf den Kutschersitz, und wir fuhren Richtung Stadt. Tomas sagte nicht viel, aber er wirkte besorgt. Angehörige seiner Familie hatten an diesem Tag eine Gerichtsverhandlung in Novi Sad, aus einem Grund, den ich nicht herausfinden konnte.

Wir verabschiedeten uns von Tomas, als wir die Hauptstraße erreicht hatten, und nahmen einen Bus von Novi Sad in die serbische Hauptstadt Belgrad. Wir hatten zunächst mit dem Zug fahren wollen, aber Anna hatte uns erklärt, dass der Bus viel schneller sei; außerdem dachten wir, dass wir auf der Busfahrt mehr von der Landschaft sehen würden. Wir zeigten unsere Fahrkarten dem Fahrer, der sie einmal durchriss und mir die größeren Hälften zurückgab. Das war ein Fehler. Irgendwo zwischen dem Fahrer und den Sitzen hinten im Bus schaffte ich es, die Fahrkarten zu verlieren, was wir erst bemerkten, als wir bereits in der Nähe von Belgrad waren und der Kontrolleur sie sehen wollte. Wir suchten sie überall, ohne Erfolg. Unter meinem Sitz war ein Loch im Boden, durch das man die Straße vorbeisausen sah, und es war sehr gut möglich, dass die Fahrkarten schon längst nicht mehr im Bus waren. Gott sei Dank bestätigte eine junge Frau, die weiter vorne im Bus saß, dass wir Karten gekauft hatten, und als der Bus hielt, bezeugte es selbst der Fahrer. Mit diesen zwei Aussagen zu unseren Gunsten gab sich der Kontrolleur schließlich zufrieden. Ich beschloss, die »Logistik« künftig Russ zu überlassen ...

Nach dieser kleinen Krise stiegen wir aus dem Bus und fanden uns in einer Großstadt mit verstopften Straßen und hektischer Betriebsamkeit wieder – Lichtjahre von dem Slum entfernt, wo wir gerade noch gewesen waren.

Da wir genau zur Mittagessenszeit angekommen waren, machten wir uns auf die Suche nach einem Lokal. Schnell fanden wir ein Café mit einer Veranda an der Straße. Ein kniehohes Glasgeländer trennte den Gastbereich von den Passanten, und gewaltige rote Sonnenschirme spannten sich über die Tische. Ich genoss es, draußen zu sitzen und die Leute zu beobachten. Es war warm, einige Wolken zogen auf, und man konnte eine Spur Regen in der Luft riechen.

»Also, was wollen wir essen?«, fragte Russ.

Wir hatten keine Chance zu antworten. Ein Kellner kam sofort herbeigerannt und sagte, wir sollten schnell hereinkommen.

»Hereinkommen?« Ich starrte ihn erstaunt an.

Der Kellner nickte heftig und sagte: »Es kommt ein Sturm.«

Noch bevor wir eine Bewegung machen konnten, raste schon eine Windbö die Straße hinunter, heftig wie ein Hurrikan, sodass sie fast die Bäume samt Wurzeln ausriss. Ich konnte spüren, wie sie an meinen Haaren zerrte. Unser Tisch kippte um und wir eilten auf die Tür des Restaurants zu. Als wir uns umdrehten, sahen wir, wie die Sonnenschirme vom Sturm erfasst wurden und auf ihren Betonständern über die Straße schlitterten.

Ich hatte noch nie etwas Vergleichbares erlebt – so mächtig und so schnell. Fast wie eine Explosion. Gerade noch ist alles ruhig, und dann bricht das Chaos los. Die Glasplatte der Veranda zersplitterte, ihr Metallrahmen verbog sich, und die Tische flogen davon. Einer der Schirme krachte in ein nahegelegenes Haltestellenhäuschen, ein anderer trieb Richtung Straße und wäre mit einem vorbeifahrenden Auto kollidiert, wenn er nicht in die Seite eines leeren Busses gedonnert wäre.

Als die Böen ein bisschen nachließen, rannten wir auf die Straße hinaus und halfen den Kellnern, einzusammeln, was sie greifen konnten. Der Wind war immer noch unglaublich stark: Er peitschte uns, zerrte uns an den Haaren und brannte in den Augen, als wir uns an einen der Schirme hängten, der vom Sturm so aufgebläht wurde, dass wir ihn nur auf diese Weise schließen konnten. Als wir ihn endlich zu hatten, kümmerten wir uns um den, der im Haltestellenhäuschen gelandet war. Überall lagen Glasscherben herum, und wir mussten fürchterlich aufpassen, dass wir nicht ausrutschten und uns schnitten.

Kaum hatte sich der Sturm einigermaßen gelegt, goss es in Strömen. Die Hände in die Hüften gestemmt, musterte ich den Schaden: Wie durch ein Wunder war niemand verletzt, reiner Sachschaden. Schließlich setzten wir uns (diesmal drinnen) wieder an einen Tisch und aßen eine Kleinigkeit. Erst als der Regen etwas nachließ, brachen wir auf und erkundeten die Stadt.

Es dauerte nicht lange und wir hatten die Straßenbahn gefunden, die um die Stadt herumfuhr – eine großartige Möglichkeit, sich zu orientieren und diese geschichtsträchtige Stadt kennenzulernen. Die Tatsache, dass Belgrad an der Flussmündung von Donau und Save liegt, macht die Stadt zu einem idealen Handelszentrum und zu einer der ältesten Städte Europas. Archäologen haben Erdwälle gefunden, die bereits aus der Zeit der Kelten und Römer stammen, die Slawen haben sich in der Region im 7. Jahrhundert angesiedelt. Die bedeutende strategische und politische Lage der Stadt führte im Lauf der Jahrhunderte zu einer Reihe blutiger Belagerungen, Besetzungen und Straßenkämpfe, und wir konnten nur hoffen, dass diese Zeiten endgültig vorbei waren.

Am Morgen des folgenden Tages kamen Mungo und ich um 7.45 Uhr zum Bahnhof, einem großen langgestreckten Gebäude mit einem einzigen großen, runden Tor. Wir wollten nach Istanbul fahren. Russ empfing uns. Er war vorausgegangen, um Herrn Popovic, den Mann mit unseren Fahrkarten, zu suchen. »Ich konnte ihn nicht finden«, sagte Russ. »Aber dafür habe ich einen ausgesprochen freundlichen Beamten gefunden, der mir wirklich gern helfen wollte, mich aber ständig an falsche Orte führte.«

Ich hatte meine Erfahrung vom Vortag mit den verlorenen Fahrkarten noch lebhaft in Erinnerung und beschloss, mich nicht einzumischen. Er würde das schon meistern. Mungo und ich setzten uns stattdessen in ein Café auf dem Bahnsteig, und zehn Minuten später kam auch Russ schon mit den Fahrkarten zurück.

»Das ist unser Zug«, sagte er und zeigte triumphierend auf einen blauen Wagen, der an eine Reihe schmuddelig roter Wagen angekoppelt war. Die grüne Lokomotive sah ziemlich rostig aus, und die Gleise waren mit Unkraut überwuchert. »Der blaue Wagen ist der Schlafwagen. Wir haben ein Bett für die Nacht, aber der Zug hält etwa achtzehnmal an.« Er lächelte. »Mir gefällt das. Wir sind jetzt wirklich unterwegs, was?«

»Aber es ist wesentlich leichter, in der EU herumzukommen«, sagte ich. »Vergiss nicht, nach der Türkei kommen noch Georgien und Aserbaidschan.«

»Vom Iran ganz zu schweigen«, fügte Mungo hinzu. »Das wird ein ganz spezielles Abenteuer. Wir haben über das Land seit Jahren nichts Positives gehört.«

Ich dachte an die Länder, die uns noch bevorstanden: Iran, Indien, Nepal – jedes einzelne auf seine Art eine Herausforderung. Danach würde es heißen, in China klarzukommen. »Ich versuche, noch nicht so weit über die Türkei hinauszudenken«, sagte ich. »Obwohl ich sagen muss, dass ich mich wirklich freue, auf einem Motorrad mit Beiwagen durch Georgien zu düsen. Schiffe und Züge sind nicht schlecht, aber das wird richtig geil.«

Russ ließ seinen Blick durch den Bahnhof schweifen. »Der Ort hat seinen ganz eigenen Charme«, begann er zu philosophieren. »Zugegeben, es ist ein wenig heruntergekommen, aber er wirkt exotisch und stimmungsvoll. Allein schon der Name »Balkan-Express« beschwört alle Arten von Bildern und Gefühlen herauf, nicht?«

»Ich kann es nicht glauben, dass wir erst zwölf Tage unterwegs sind«, sagte ich kopfschüttelnd. »Wir haben erst den 23. April.«

»Zwölf Tage, seit wir das Haus deines Dads verlassen haben«, pflichtete Mungo bei. »Wenn wir in der Türkei ankommen, sind wir schon durch acht Länder gereist. Und wir müssen mit zwanzig verschiedenen Transportmitteln gefahren sein, mindestens. Ein richtiger Kurztrip durch Europa.«

Die Abteile im Balkan-Express waren vielleicht stimmungsvoll, aber sie waren auch sehr klein und auf pure Funktionalität hin konzipiert. Außer dem Bett gab es einen Tisch mit einem Waschbecken darunter, ein Schränkchen mit einem Rasierspiegel und ein selbstschließendes Fenster. Ich blockierte meines mit einem Deoroller.

So konnte man gut mit einem Kater reisen, fand ich. Wir hatten am Abend zuvor anlässlich unserer Ankunft in Belgrad einen über den Durst getrunken und waren allesamt ein bisschen matschig in der Birne. Die Stimmung hätte jedoch nicht besser sein können; wir hingen wie ungezogene Schuljungen aus den Fenstern. Russ kriegte das Grinsen nicht aus seinem Gesicht. »Ich liebe diesen Zug, Charley. Er hat so einen verblassten Charme.«

»Schäbig«, sagte ich und sah mich um. »Er ist schäbig, Russ.«

»Aber er ist realer als der Orient-Express«, meinte Mungo draußen auf dem Gang. »Man kann Jeans tragen, und es gibt …«

»Kein Klavier, keinen Champagner, keinen Speisewagen.«

»Wir kriegen schon noch was zum Essen heute Abend«, beruhigte mich Russ. »Wir halten eine Weile in Sofia, wenn die Lokomotiven gewechselt werden, und dort können wir uns was holen.«

Wir ratterten den ganzen Tag durch Dörfer mit Holzhütten und durch Städte mit riesigen grauen Mietskasernen. Backsteingebäude säumten die Strecke, deren Fenster mit Brettern vernagelt waren. Der Zug folgte dem Fluss durch steile Schluchten und in Laubwälder hinein; er erklomm Berge, wo niedrige Felsen über große grasige Hochplateaus verstreut lagen, die mich an die Mongolei erinnerten.

Ich hatte jetzt die Türkei im Kopf, und je näher wir ihr kamen, umso dringender wurde unser Problem mit dem Schwarzen Meer. Wir hatten immer noch keine Überfahrt buchen können. Vielleicht sollten wir gar kein Containerschiff, sondern lieber ein kleineres Schiff nehmen, das die Küste entlangfuhr. Das würde wahrscheinlich viel Spaß machen, besonders wenn wir ab und zu anhielten. Wir könnten uns sogar ein paar Küstenstädte ansehen. Als ich, eingelullt von der gleichförmigen Bewegung des Zuges, einschlief, war es mir ziemlich gleichgültig, wie wir weiterkommen würden. Wir würden die Sache klären, wenn wir nach Istanbul kamen.

Ich war putzmunter, als wir um zwei Uhr morgens die Grenze zur Türkei überquerten; ein wunderschöner, heller Mond hing am Himmel über uns. Ich hatte schon seit ungefähr zwanzig Jahren davon geträumt, Istanbul zu besuchen; nur noch ein paar Stunden, dann würden wir in die Stadt einfahren. Ich konnte es kaum erwarten: die Stadt, die früher Byzanz geheißen hatte, dann Konstantinopel ... allein schon diese Namen weckten ein Gefühl von Romantik und die Erinnerung an antike Geschichte in mir. Um sechs Uhr konnte ich vor Aufregung nicht mehr schlafen, stand auf, lehnte mich aus dem Fenster und sah zu, wie die Welt an mir vorbeirauschte.

Drei Stunden später, endlich, erreichten wir die Stadt. Vom Zug aus wirkte Istanbul modern, ja reich; an mir zogen großflächig zersiedelte Vorstädte vorbei, mit breiten, blitzblanken Straßen und kleinen Bäumen, die wie grüne Lutscher aussahen.

Lucy wollte uns in Istanbul treffen. Das Team in London hatte drei Monate lang versucht, uns ein Schiff für den nächsten Abschnitt der Reise zu besorgen, aber offenbar steuerten alle Schiffe in die falsche Richtung. Istanbul wird vom Bosporus durchschnitten, einer etwa einen Kilometer breiten Wasserstraße, die das Schwarze Meer mit dem Marmarameer verbindet. Die meisten Schiffe fuhren an Gallipoli vorbei aus dem Mittelmeer ins Marmarameer. Von dort aus folgten sie ihrem Kurs durch den Bosporus ins Schwarze Meer und weiter in die Ukraine oder nach Russland, nicht aber nach Georgien.

»Wir haben einen großen Tag vor uns«, verkündete Russ, als wir uns im Zug auf dem Gang begegneten. »Wir treffen uns mit ein paar Typen, die uns hoffentlich das heiß ersehnte Schiff besorgen können.«

»Hoffentlich«, grummelte ich vor mich hin.

Durch das Zugfenster konnten wir Dutzende von Schiffen an der Küste vor Anker liegen sehen. Bestimmt würde eines von ihnen nach Osten fahren statt nach Norden.

Am Bahnhof wurden wir von Cenk und Jarus begrüßt, zwei jungen Kerlen aus Istanbul, mit denen wir Verbindung aufgenommen hatten, damit sie unser Transportproblem lösten. Doch die Nachrichten an Ort und Stelle waren nicht besser. Jarus sagte gleich zu Anfang, dass unsere Chancen, ein Boot zu bekommen, ziemlich schlecht stünden. »Wir haben bei 740 Schiffen angefragt«, resümierte er, »und keines will euch mitnehmen.«

Lucy traf uns in einem Hotel, wo wir bei einem dicken türkischen Kaffee saßen und berieten, was wir tun sollten. Ich hatte mich auf Istanbul mehr als auf alles andere gefreut, aber wie Russ zu Recht sagte, bestand die Gefahr, dass es zu unserer Nemesis wurde. Unsere Reise würde hier zum Stillstand kommen, falls wir kein Transportmittel fanden, das uns nach Georgien übersetzte.

Jarus machte eine hilflose Geste. »Ich habe die ganze Woche daran gearbeitet, und die Chancen gehen gegen null. Täglich fahren Schiffe, aber nach den türkischen und den internationalen Vorschriften darf niemand an Bord, der nicht zur Besatzung gehört.«

Russ lehnte sich zurück. »Okay«, sagte er, »im Moment kommen wir mit den Schiffen nicht vorwärts, aber hast du nicht erwähnt, dass wir auch mit einem Lastwagen nach Osten fahren könnten, zumindest bis zu den Teeplantagen?«

Cenk, der jüngere der beiden Türken, lenkte ein: »Ihr wisst doch, dass es in der Türkei diese Busse gibt, die *dolmuş* heißen. Der Fahrer schreibt den Bestimmungsort vorne drauf, dann kurvt er herum und sammelt Leute auf, bis der Bus voll ist. Und dann fährt er mit ihnen zu dem Ort, wohin er von Anfang an wollte. Er verteilt auf der Fahrt Kölnisch Wasser, damit sich die Fahrgäste erfrischen und sich die Hände waschen können, und manchmal hat er auch Süßigkeiten dabei, die er ...«

»Das ist es«, unterbrach ich ihn. »Wir kaufen einen alten Bus, schreiben ›Georgien‹ vorne drauf und besorgen obendrein noch etwas Süßes. Und dann fahren wir 1500 Kilometer nach Osten und nehmen unterwegs Leute mit. Wir tun es einfach! Warum nicht? Wir können ihn *Love Bus* taufen.«

Cenk nickte ernst. »Das ginge«, sagte er. »Das könnte wirklich klappen.«

Russ ignorierte uns beide und fuhr fort: »Es gibt doch auch eine Fähre durch den Bosporus, Jarus, nicht wahr?«

Jarus nickte. »Das macht dreißig Kilometer aus.«

»Und wir können dort den Lastwagen finden, der uns zu der Teeplantage bringt?«

Wieder nickte Jarus.

Wir beschlossen, uns die Sache durch den Kopf gehen zu lassen. Ich hatte die Hoffnung auf ein Schiff noch nicht ganz aufgegeben, also ließen wir Cenk und Jarus noch ein bisschen weitersuchen. Ich hatte keine Ahnung, ob Cenk das mit dem Buskauf ernst gemeint hatte, aber die Idee war beileibe nicht schlecht. Wir machten uns auf in die Altstadt, um in der Zwischenzeit die Süßigkeiten zu besorgen. Schon auf dem Weg war klar: Die Stadt erfüllte meine kühnsten Erwartungen. Wir überquerten eine Brücke, auf der Männer angelten. Wir schlenderten schmale Pflasterstraßen entlang, auf denen leuchtend rote Straßenbahnen fuhren. An einem der Wagen sah ich einen Jungen hängen, der offensichtlich umsonst mitfuhr.

Von meinem Hotelzimmer aus sollte ich später auf eine bunte Vielzahl von Gebäuden herabblicken; die Skyline war eine seltsam schöne Mischung von Alt und Neu, die Minarette ragten in den Himmel wie Mondraketen. Selbst die zahllosen Satellitenschüsseln schmiegten sich sanft in das Stadtbild.

Auf unserer Suche nach Süßem stießen wir auf den alteingesessenen Lokum-Laden Haci Bekir, das von einer Frau namens Hande geführt wird. Lokum ist in der Türkei der Renner, und Haci Bekir besitzt sogar eine Fabrik in Asien, aber zu einem guten Teil wird die Süßigkeit immer noch im Laden selbst hergestellt. Dort begann bereits Handes Urgroßvater mit der Produktion, den ursprünglichen Ofen kann man immer noch besichtigen. Hande ließ uns von allem probieren: Rosengeschmack, Pistazie, Walnuss ... Sie erklärte, Süßigkeiten seien schon immer ein wichtiger Bestandteil der türkischen Kultur gewesen, aber Lokum, wie wir es kennen, sei erst im 19. Jahrhundert entwickelt worden, als erstmals Maisstärke und raffinierter Zucker erhältlich gewesen seien. Alles, woraus Lokum bestehe, sei Maisstärke, Zucker, Wasser und, natürlich, die Geschmacksstoffe. Die Osmanen, so dozierte Hande, haben ihre Süßigkeiten nur mit Honig und Rosinen gesüßt. Sie selbst stelle immer noch ein paar von diesen alten Sorten her. Wer kann da schon widerstehen? Wir jedenfalls kauften tütenweise Lokum und drangen dann tiefer in die Innenstadt vor.

Als wir durch das alte Stadttor kamen, fanden wir einen alten, überdachten Bazar, in dem die Luft schwer vom Geruch starker Gewürze war. Die Türkei ist berühmt für Süßigkeiten, Tabak und Kaffee, aber auch ihr Tee wird sehr geschätzt, und so kaufte ich »Liebestee« und »Zitronentee« von einem Ladenbesitzer namens Turgut.

Wir verließen den Bazar und kamen auf einen Platz, auf dem alte Frauen mit Kopftüchern an Holztischen saßen und farbenprächtige Tücher verkauften. Ich genoss den Anblick in vollen Zügen, doch etwas wurmte mich: unsere ungelösten Transportprobleme. Wie zum Teufel sollten wir nach Georgien kommen?

»Wie wär's mit einer türkischen Massage?«, fragte Russ. »Das wird uns mit Sicherheit entspannen.«

»Glaubst du?«, sagte ich skeptisch. »Wir werden mit den Fäusten bearbeitet, bis wir grün und blau sind, und dann sagen sie uns, es sei wunderbar gewesen.«

»Diesmal wird es anders«, prophezeite Russ, und er sollte recht behalten.

Wir suchten ein traditionelles türkisches Dampfbad auf, das Tahiri Galatasaray Hamami, eines der ältesten Hamami der Stadt. Die Fassade des Bades war zwar 1962 renoviert worden, aber das Innere wurde seit 1481 als Dampfbad genutzt. Seit etwa siebzig Jahren wird es von ein und derselben Familie geführt.

Der Anblick war überwältigend: dicke Marmorwände, Marmorbecken, Marmorsitze und ein Podium in der Mitte, wo wir, mit einem heißen Handtuch bedeckt, im Dampf auf dem Bauch lagen, während uns der Masseur, ein fetter leutseliger Glatzkopf, leidenschaftlich bearbeitete. Wir wurden eingeseift, sanft geklopft, gedehnt und dann mit Flanellhandschuhen abgerieben.

»Das könnte ich jeden Tag vertragen«, schwärmte Russ.

Der Raum hatte eine wundervolle Atmosphäre, und hin und wieder änderte sich die Beleuchtung, was ihm eine immer neue Stimmung verlieh. Ich lag da und stellte mir vor, wie viele Menschen seit 1481 hier gewesen sein mussten. Als mein Masseur mich sanft abrieb, dachte ich schwelgerisch, wie angenehm dies alles sei. Dann übergoss er mich mit einer Schüssel eiskaltem Wasser.

6

Unterwegs im Love Bus

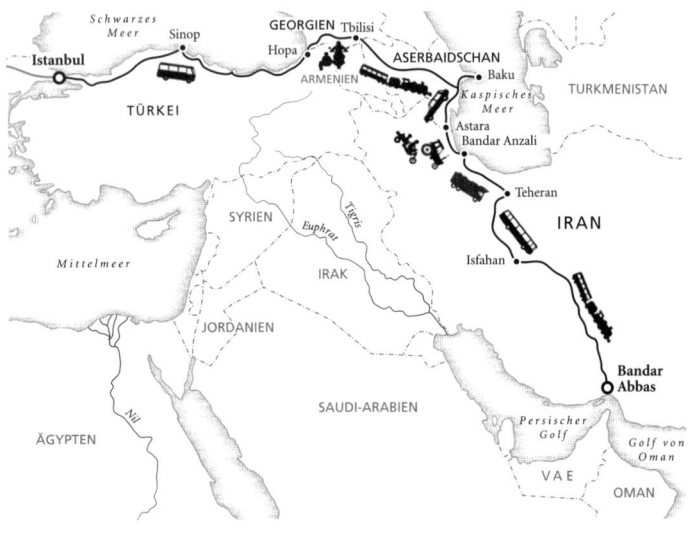

Cenk hatte doch recht. Da sich ums Verrecken kein Schiff für uns auftreiben ließ, stellte ein Bus wirklich die einzige Möglichkeit dar, nach Georgien zu gelangen. Cenk überredete einen Bekannten, uns sein Gefährt auszuleihen, und am Freitagabend stand fest, dass wir damit unsere Reise fortsetzen würden.

Ein *dolmuş* ist kein großer Reisebus, sondern ein Minibus. Entlang der Straßen finden sich immer wieder rote Schilder – Haltestellen für *dolmuş* . Im Grunde handelt es sich bei diesem Bussystem um einen Fahrdienst mit Privatfahrzeugen, der Leute über Kurzstrecken transportiert. Maximal zehn Kilometer, meinte Cenk. Unser Bestimmungsort Hopa jedoch lag ganze 1500 Kilometer weit entfernt, und stellte somit garantiert das entlegenste Ziel dar, das ein *dolmuş* je angesteuert hat.

Als ich am Sonntag erwachte, war ich völlig durch den Wind vor Aufregung. Hoffentlich würden wir unterwegs ein paar Leute aufgabeln, ihnen Lokum anbieten, und ein Ambiente schaffen können, das dem Namen unseres *Love Bus* gerecht werden würde.

Selbst der Regen, der wie ein grauer Schleier über der Stadt hing, konnte meiner guten Laune nichts anhaben. Angeblich war es am Tag vor unserer Ankunft 30 Grad heiß gewesen, aber seither zeigte sich der Himmel bewölkt und nun schüttete es. Es war eindeutig Mungos Schuld: Er hatte Geburtstag, und an seinem Geburtstag regnet es immer. Wir schenkten ihm ein Exemplar des *Worst Case Scenario Almanac*.

»Danke Jungs«, sagte er, als wir an Bord der Fähre gingen. »Bleibt an meiner Seite, und es geht euch gut.«

Wir fuhren zwischen den beiden Kontinenten den Bosporus hinauf Richtung Schwarzes Meer und sahen zu, wie der Ostteil der Stadt an uns vorüberglitt. Wir lehnten über der Reling mit Blick auf einen Abhang, an dem die Gebäude übereinanderzuklettern schienen.

»Eine fertige alte Schrottkiste wird es sein«, sagte Russ. »Und Charley fährt damit auf Straßen, wo jedes Jahr 700 000 Leute in Unfälle verwickelt sind.« Er schüttelte grimmig den Kopf. »Kein sehr angenehmer Gedanke.«

»Es sind nur 1500 Kilometer«, entgegnete ich. »Es wird einen Heidenspaß machen, und auf diese Art treffen wir mehr Einheimische.«

»Es sind ja auch nicht die Leute, die mir Sorgen machen.«

Wir starrten gedankenverloren ins Wasser. Uns war klar, dass die Überquerung des Bosporus ein entscheidender Moment unserer Reise war: Wir verließen Europa, kamen in weniger vertraute Gefilde.

»Von West nach Ost«, sagte ich zu Russ. »Von Europa nach Asien, von den Christen zu den Muslimen ...«

»In Belgrad sind Unruhen ausgebrochen, nachdem wir es verlassen haben«, gab Russ zu bedenken, »und gestern haben die Amerikaner ein paar Schüsse von einem Schiff im Golf abgegeben – kleine Auseinandersetzung mit dem Iran. Ich hoffe, das hat nichts zu bedeuten, Charley.«

Wieder blickte ich nachdenklich ins Wasser. Bevor wir aufgebrochen waren, hatte ich mit Lewis Gordon Pugh, der am Nordpol einen Kilometer weit geschwommen war und all seine Finger und Zehen gerettet hatte, überlegt, ob wir nicht über die Meerenge schwimmen sollten. Er hatte mir gesagt, dass bei allem, was ich vorhatte, mein Schutzengel mich schon vor Gefahren schützen würde. Ich erkannte jetzt, dass ich nie über den Bosporus hätte schwimmen können – die Strömungen waren zu stark, und der Verkehr war schlimmer als auf dem Canale Grande.

Unser *dolmuş* war ein großer Minibus – weiß lackiert natürlich, was sonst, wenn Boorman ihn fuhr. GB-Aufkleber schmückten die Rückseiten der Sitzlehnen. Sie standen in lebhaftem Kontrast zu den traditionellen Decken, die der Besitzer auf die Sitze gelegt hatte. Vorn auf den Bus hatten wir *By Any Means* geschrieben. Der Besitzer fuhr uns aus der Stadt; sobald wir die Vorstädte hinter uns hatten, würde ich das Steuer übernehmen.

»Charley«, sagte Cenk, »einen *dolmuş* fährt man mit einem bestimmten Stil, einer Haltung. Verstehst du? *Jeder Fahrer* hat seinen eigenen Stil.«

Abschied von meinem Vater in Annamoe, County Wicklow

Drei Amigos – Russ und Mungo leisteten unschätzbar wertvolle Unterstützung.

Ich fahre neben John McGuinness, dem Rekordhalter und mehrfachen Gewinner der Tourist Trophy auf der Isle of Man – ein großartiger Auftakt der Reise.

Mit dem Muschelkutter
Q-Varl. Nicht all unsere
Schiffsreisen machten
so viel Spaß ...

Die Motorradkolonne auf der M40. Wir hatten gehofft, dass 20 Fahrer auf-
kreuzen würden.

Auf dem phantastischen Routemaster, kurz bevor ich meine Familie von London nach Shoreham-by-Sea fuhr.

Wasserung mit dem Seenotrettungsboot – eine tolle Erfahrung.

Russ und ich segeln mit einer vier Meter langen Jolle über den Kanal. Nicht zu empfehlen.

Der klassische Citroën DS, die perfekte Art, in Paris anzukommen.

Paris hat ein großartiges Leihsystem für Fahrräder.

Der Orient-Express beim Wechsel der Lokomotive in Innsbruck. Definitiv das glamouröseste Transportmittel, mit dem wir fuhren.

Mungo, Russ und ich mit dem Yugo in Kroatien. Nicht ganz so glamourös wie der Orient-Express.

Besuch in einer Roma-Gemeinde in Serbien.

Auf dem Rückweg nach Novi Sad mit einem weiteren Transportmittel.

Gut gewickelt im Hamami in Istanbul.

Alle Mann an Bord im *Love Bus*.

Unsere Fahrt durch die Türkei mit dem *dolmuş* war nicht geplant, aber ganz entschieden ein Highlight. Der Mann mit dem tollen »Borat-Schnurrbart« ist Cenk.

Auf der Fahrt durch Georgien zum Ural. Wir hatten großes Glück, dass der bewaffnete Konflikt erst ein paar Monate später ausbrach.

Ein Ölfeld in Baku, der Hauptstadt von Aserbaidschan. Anwohner kippen das Öl, das sie mit Eimern aus den Ölseen schöpfen, über die Motoren ihrer Autos.

»Du meinst, ich muss auf eine bestimmte Art fahren?«, fragte ich. »Schreien und fluchen und die Leute anbrüllen, damit sie mir das Geld geben und so weiter?«

Er nickte.

»Kein Problem, Cenk. Ich bin Berufsschauspieler. Ich kann *dolmuş*.«

»Okay. Dann mach mir den *dolmuş*-Fahrer.«

Ich maß ihn mit einem langen Blick, dann schrie ich mit verzerrtem Gesicht: »Du Arsch! Hast du von deiner Mutter das Fahren gelernt, he?«

»Phantastisch.« Cenk grinste. »Du kriegst es hin.«

Wir brachen zu einem Ort namens Bolu ins Landesinnere auf. Vorsorglich befestigte ich eine Landkarte über der Windschutzscheibe, auf der wir unseren Weg verfolgen konnten, und prüfte, ob das rote Bremslicht in unserer Heckscheibe ging. Als ich mit dem Fahren an die Reihe kam, hatte ich den *dolmuş*-Fahrer schon voll drauf.

Cenk trug lange Haare und einen Schnurrbart wie Borat, es machte Spaß, mit ihm zu reisen. Er sang (schlecht) und spielte Gitarre (nicht ganz so schlecht), aber so blieb ich wenigstens wach und hatte Live-Unterhaltung, als wir durch Weide- und Buschland auf die schneebedeckten Berge in der Ferne zurollten. Russ saß hinten mit geschlossenen Augen, die er nur aufmachte, wenn wir Fahrgäste aufladen. Es waren nicht viele: lediglich eine Gruppe Schulkinder, die kein Geld hatten. Ich musterte sie mit meinem finstersten *dolmuş*-Blick, während Cenk mit ihnen auf Türkisch plauderte und sie fragte, was sie werden wollten, wenn sie groß wären. Keiner von ihnen wusste es. Sie sollten sich bald entscheiden, riet ich ihnen, bevor jemand anderes für sie entschied.

Ich verstand nicht, warum nicht mehr Leute mit uns fahren wollten. Es gab viele Haltestellen an der Straße, wir hatten zwar kein

Kölnisch Wasser, aber jede Menge Lokum. Dann fiel es mir wie Schuppen von den Augen: Es war Samstag. Niemand reiste an diesem Tag irgendwohin. Gott und die Welt blieb zu Hause. Und morgen war Sonntag, da würde es noch schlimmer sein.

Wir kamen gegen 16 Uhr in Bolu an und hielten für ein spätes Mittagessen bei einem Café, in dem viele berühmte türkische Köche gelernt hatten. Bolu ist eine friedliche, an einen Berghang geschmiegte Stadt, die von einem großen Minarett dominiert wird. Auf den weißen Häusern mit runden Fensterbögen thronen rote Ziegeldächer. Cenk mochte die Gegend sehr. Er erzählte, dass die Leute hier gerne Ski fahren und auf die Jagd gehen würden. Wildwasser-Rafting sei hier ein anderes großes Thema. Während der Schneeschmelze haben die Bäche Hochwasser, und es gebe mehr Stromschnellen, als man überhaupt bewältigen könne.

Auch ohne Fahrgäste fand ich großen Gefallen an der Busfahrt. Die Straßen waren breit und sauber, und es gab fast keinen Verkehr. Wir brummten jetzt nach Nordosten, wieder auf die Küste zu, bis wir nach Safranbolu, einer Stadt an der alten Seidenstraße, gelangten. Dort wollten wir übernachten. Es war schwierig, so spät noch ein Zimmer zu bekommen, aber schließlich schickte man uns zu einem altgedienten Hotel in der Altstadt: Von außen glich es einer Festung, mit fensterlosen Mauern und einem eigenen Schornsteinaufsatz für jedes Zimmer. Die Zimmer schlossen einen Innenhof ein, im ersten Stock führte ein Balkon um den ganzen Hof herum. Zweifellos, das Hotel hatte Charme, insbesondere dann, wenn von einem benachbarten Minarett der Gebetsruf ertönte. Das Einzige, was mir Sorgen bereitete, war, dass die Tür meines Zimmers direkt in den Innenhof öffnete. Es war Samstagabend, und ich hatte das dumpfe Gefühl, dass es dort in dem Hotel noch sehr lebendig werden würde.

Gegenüber des Hotels befand sich ein großer Bazar, wo man so ziemlich alles kaufen konnte: Essen, Uhren, T-Shirts, Leder, Kupferwaren … An der Straßenecke verkaufte eine von Kopf bis Fuß verhüllte Frau Obst aus Balsaholzkisten, die auf einem alten Teppich standen.

Es kam, wie es kommen musste: Als wir vom Abendessen ins Hotel zurückkamen, vibrierte die Bude, nicht nur vor lärmenden Speisegästen, sondern auch vor traditioneller türkischer Musik. Ich war total erschöpft, musste aber trotzdem lachen, als ich mich aufs Bett legte. Selbst in meinem Waschraum im Keller bebten noch die Wände. Was war das bloß für eine Reise! Eine Straßenkapelle in Nordirland, das Ding-Dong des Bahnhofslautsprechers vor meinem Hotel in Calais, und jetzt wurde ich an der Seidenstraße von einem türkischen Folksänger geplagt.

Am folgenden Morgen war ich ziemlich schlechter Laune, weil ich kein Auge zugetan hatte. Doch Cenk war so witzig, dass niemand in seiner Umgebung lang Trübsal blasen konnte: Mungo brauchte Cenk nur anzusehen, und schon musste er losprusten. Cenk hatte indessen das Schild mit den Bestimmungsorten unseres *dolmuş* schon fertig gebastelt. Wir würden über Mengen, Yeniçağa und Gerede nach Trabzon fahren. Und so ließen wir das laute, 400 Jahre alte Hotel hinter uns und fuhren die Küste hinauf.

Ich fischte die Karte über der Windschutzscheibe herunter und zeichnete mit einem schwarzen Filzstift unsere neue Route ein. Cenk saß neben mir auf dem Beifahrersitz, und Russ lümmelte hinten im Bus und zupfte auf Cenks Gitarre herum.

»Okay«, sagte ich. »Pass auf, dass wir uns nicht verirren, Cenk. Wir müssen unseren Terminplan einhalten.«

»Ich verspreche es, Charley. Ich verspreche, dass wir uns nicht verirren.«

»Aber gestern haben wir uns mehr als einmal verirrt.«

»Heute nicht«, sagte er.

Ich scherzte. Wir hatten am Tag zuvor die eine oder andere falsche Abzweigung genommen, hatten uns aber nie komplett verfranst. An diesem Tag jedoch wollten wir keine Zeit verlieren, schließlich lagen 450 Kilometer vor uns. Doch leider erkannten wir ziemlich schnell, dass wir einen Großteil der Strecke auf ungeteerten Straßen zurücklegen und beträchtlich langsamer fahren müssten. Es herrschte nicht viel Verkehr, aber die Straßen waren eng und kurvenreich. Sie führten zwischen sanften Hügeln hindurch, deren Hänge Holzhäuser mit rostigen Blechdächern zierten. Russ packte von hinten die Lehne des Fahrersitzes.

»Wir müssen pünktlich in Hopa sein, um Hari, den Österreicher, zu treffen und das Motorrad über die Grenze zu bringen. Georgien und Aserbaidschan sind weniger stabil als die Türkei; du weißt, wie es an ihren Grenzen zugehen kann. Wir werden vielleicht Stunden aufgehalten.«

»Ich weiß, ich weiß«, sagte ich. »Wir schauen, dass wir heute so weit wie möglich kommen, und brechen morgen wirklich früh auf.«

Es ging jetzt die ganze Zeit bergauf, immer höher in die nebelverhüllten Berge. In einem Dorf stand ein alter Mann am Straßenrand, er hatte einen dünnen Pullover und eine Sportjacke an, auf dem Kopf trug er eine flache Mütze.

»Unser erster Kunde, Cenk«, strahlte ich. »Halte das Kölnisch Wasser bereit.« Ja, wir waren inzwischen auch mit Kölnisch Wasser ausgerüstet; ich vermutete nämlich, dass wir am Tag zuvor so wenig Fahrgäste gehabt hatten, weil wir nicht den vollen dolmuş-Service hatten bieten können. Aber vielleicht, das war auch nicht auszuschließen, hatte der schlechte blonde Fahrer die Leute abgeschreckt.

Der alte Mann stieg also in den Bus, und er sollte es nicht bereuen. Cenk bot ihm sofort Kölnisch Wasser und Lokum an. Der Alte wusch sich die Hände und lehnte sich entspannt zurück, ohne dass ihn Russ' Kameras gestört hätten. Er sagte, er wolle auf den

Straßenmarkt im nächsten Dorf, nur ein paar Kilometer weiter. Er war ein netter alter Kerl, der munter aus seinem Leben erzählte. Im Sommer lasse es sich in seinem Dorf gut aushalten, meinte er, aber im Winter sei es einfach zu kalt. »Jetzt ist es übrigens auch schon zu kalt für die Jahreszeit, eigentlich müsste es viel wärmer sein. Aber was soll's, im Winter bin ich eh bei meiner Tochter in Istanbul.«

Als wir das nächste Dorf erreichten, wollte er für die Fahrt bezahlen, aber wir nahmen das Geld natürlich nicht an. Als Dank bestand er darauf, uns zu einem Tee einzuladen. Also setzte ich mich mit Russ an einen Tisch vor einem Café, und wir hörten zu, wie er seinen Freunden von uns erzählte.

Zurück im Bus, sagte Cenk, dass wir Geld verlangen müssten; sonst wären wir nicht wirklich im *dolmuş*-Geschäft.

»Ich weiß nicht«, entgegnete ich. »Ich kann die Liebe förmlich spüren, Cenk. Der *Love Bus,* verstehst du: umsonst von A nach B.«

Wir setzten unsere Fahrt in die Berge fort, der Nebel wurde jetzt dichter. Die schmalen Straßen hatten keine Ausweichstellen, auf der Bergseite stiegen steile Felswände empor.

»Scheiße, ich kann überhaupt nichts sehen.« Ich drehte mich kurz zu Russ um.

»Bleib einfach auf der Straße, Charley.«

Schließlich erreichten wir den höchsten Punkt, kamen wieder aus dem Nebel heraus und fuhren durch fruchtbare Felder und über dicht mit Tannen bewachsene Hügel. Etwa eine Stunde später stießen wir auf den zweiten Fahrgast des Tages, ein junger schwarzhaariger Mann in den Zwanzigern. Er hatte eine Einkaufstasche dabei und wollte in unsere Richtung. Von dem Moment an, als Farti, so hieß unser Gast, im Bus saß und Russ ihm eine Schachtel Lokum in die Hand gedrückt hatte, wirkte er wie ein Kaninchen vor der Schlange. Er wusch sich verlegen die Hände, roch an ihnen und rutschte unruhig auf seinem Sitz hin und her. Vielleicht war ihm unbehaglich, weil die Fahrt umsonst war, oder weil ein verrückter Engländer den Wagen fuhr und über Liebe redete. Vielleicht störte ihn auch Russ an der Gitarre oder die Art, wie ich einen Lastwagen überholte, oder dass ich an einer Gruppe trampender Mädchen vorbeifuhr. Das wäre keinem echten *dolmuş*-Fahrer passiert. Vielleicht hatte Farti auch Angst, er würde gekidnappt, weil Mungo ihm eine schrecklich große Kamera vors Gesicht hielt. Auf jeden Fall konnte es der arme Kerl gar nicht erwarten, endlich wieder auszusteigen. Sobald wir die nächste Stadt erreicht hatten, stürzte er Hals über Kopf zur Tür.

»Kann ich die Tür öffnen?«, stotterte er. »Ich will die Tür aufmachen.«

Wir waren gerade erst in den Außenbezirken angekommen und hatten noch nicht einmal gebremst. Ihm zuliebe fuhr ich an den Straßenrand und hielt an. Und Farti schoss davon wie der Blitz.

»Haben wir etwas Falsches gesagt?«, fragte Russ.

Ich hatte ein schlechtes Gewissen, aber, wie ich zugebe, erst nachdem wir aufgehört hatten zu lachen. Farti, wenn du das liest, bitte verzeih uns, wir haben es nicht böse gemeint. Mir würde es auch nicht gefallen, mit Borat und einem Haufen kameraschwenkender Briten in einem *dolmuş* festzusitzen.

»Wir machen den Job nicht gut, oder?«, überlegte Russ. »Der springende Punkt bei der Sache ist doch, Leute kennenzulernen, und wir verschrecken sie nur.

»Wir sollten Geld verlangen«, sagte Cenk. »Es geht ihnen besser, wenn wir ihr Geld nehmen.«

Am Abend waren wir zwar längst nicht so weit gekommen wie geplant, dafür aber hatten wir eine Menge erlebt. Nicht zu vergessen die seltsame Suppe mit Käse und Reis, die wir irgendwo in der Pampa zu Mittag gegessen hatten und die wie flüssige Pizza schmeckte. Ich hatte es genossen, im Auto am Schwarzen Meer entlangzufahren, anstatt mit der Bahn unterwegs zu sein. Zwölf Stunden waren wir an diesem Tag auf Achse gewesen, bis wir in einem Hotel eincheckten. Am nächsten Morgen hieß es früh starten, um an der Grenze Hari, den Österreicher, zu treffen. Er würde uns das Motorrad mit Seitenwagen bringen, mit dem wir Georgien durchqueren wollten.

An unserem letzten Morgen in der Türkei diskutierten wir beim Frühstück, welche Strecke wir genau nehmen würden.

»Heute sollten wir ordentlich auf die Tube drücken und ein bisschen Land gewinnen«, sagte Russ.

Ich nickte. »Aber die Türkei hat mir sehr gut gefallen, dir nicht?«

»Oh ja, es war wunderbar. Unser *dolmuş*-Service war eine geniale Idee. Und Cenk ist unglaublich witzig.«

Ich lehnte mich einen Moment zurück. »Gestern Abend hab ich Olly vermisst. Das ist der einzige Wermutstropfen bei einer so langen Reise. Mir wurde plötzlich klar, wie gewaltig das alles ist, weißt du, wie viele Kilometer wir fressen müssen.«

»Es ist wirklich verdammt weit«, gab Russ zu. »Aber bis jetzt haben wir es ganz ansehnlich gemeistert. Und wenn wir heute bis Hopa kommen, sind wir gut in der Zeit. Jetzt hängt alles von Dubai ab. Wenn wir dort dieses Containerschiff verpassen, müssen wir eine Woche warten. Das können wir uns keinesfalls leisten. Wenn wir eine Woche verlieren, haut alles nicht mehr hin, was wir arrangiert haben.«

Ich seufzte. »Und wir müssen immer noch einen Weg finden, wie wir nach China kommen.«

»Vergiss China. Erst müssen wir uns um den Iran kümmern und dann um die Dau nach Dubai.«

»Daus werden von Piraten angegriffen«, gab ich zu bedenken.

»Manche sind sogar selbst Piratenschiffe. Es wäre schon ein starkes

Stück, wenn man einen halben Tag aufs Meer hinausfährt, nur damit einem irgendein Kerl das Messer an die Kehle setzt, einen bis aufs Hemd ausraubt und dann über Bord wirft.«

In unserem Rücken lief ein Fernseher. Die Nachrichten meldeten, dass es in Istanbul bei einem Fußballspiel zu Ausschreitungen gekommen war. Die Bilder zeigten Polizisten in Kampfausrüstung, die mit Tränengas und Knüppeleinsatz versuchten, die kämpfenden Fans auseinanderzutreiben.

»Eigenartig«, sagte Mungo, als er zu uns an den Tisch kam. »Die letzten zwei Großstädte, in denen wir waren, sind Belgrad und Istanbul, und in beiden gibt es einen Tag später Unruhen.« Er schüttelte den Kopf. »Wenn das so weitergeht, lässt uns kein Land mehr einreisen.«

Wir klebten ein neues Schild hinter die Windschutzscheibe unseres *dolmuş*: Ordu, Trabzon und das Endziel: Hopa. Unser erster Fahrgast des Tages stieg zu. Er hieß Amin und war erst fünfzehn Jahre alt. Als er sich setzte, ließ ich meinen Blick besorgt durch den Bus schweifen.

»Geht es dir gut«, fragte ich. »Geht es ihm gut, Cenk? Ist er entspannt? Ich will, dass er sich wohlfühlt.«

Cenk hatte darauf verzichtet, ihm Kölnisch Wasser und Lokum anzubieten. Stattdessen suchte er das Gespräch.

»Er hatte ein bisschen Angst, als er dich sah, Charley«, scherzte er. »Aber jetzt ist er okay.«

Amin erzählte, dass er Koranschüler sei und eines Tages ein Imam werden wolle.

»Deine Mutter muss sehr stolz auf dich sein«, sagte ich zu Amin. Wir hatten im ganzen Land die Gebetsrufe gehört, fünfmal am Tag, der erste vor Sonnenaufgang und der letzte nach Sonnenuntergang. Besonders stimmungsvoll fand ich die Rufe, wenn sie in der Dunkelheit erklangen.

Wir erreichten Amins Ziel und wünschten ihm alles Gute. Er stieg aus, und das war's. Wir beförderten sage und schreibe vier Fahrgäste in drei Tagen auf dem langen Weg nach Hopa.

Hari, ein großer Österreicher mit kurzen Haaren und Jeansjacke, wartete am Meer auf uns. Riesige Mietskasernen säumten eine zweispurige Fahrbahn mit einem grasbewachsenen Mittelstreifen: Dahinter lag ein steiniger Strand. Als wir nahe genug herankamen, erkannten wir, dass auf dem Schwarzen Meer einige Ölflecken schwammen. Hari war ein Mitarbeiter von Ural, einem russischen Unternehmen, das seit den Vierzigerjahren sagenhafte Motorräder mit Beiwagen produzierte. Unglaublich robuste Maschinen, die so gut waren, dass die Deutschen nach ihrem Einmarsch in Russland davon ihre eigene Version hergestellt hatten.

Hari hatte für uns ein solches Motorrad auf einem Anhänger den ganzen Weg von Österreich nach Hopa transportiert. Es war olivgrün lackiert und sah äußerst funktionell aus – mit einem klobigen Vorderrad und Schutzblech, einem übergroßen Treibstofftank und zwei einzelnen Sitzen, wobei der hintere einen Griff für den Sozius hatte. Das Motorrad besaß einen Kickstarter auf der linken Seite und einen Zweiradantrieb für schroffes Gelände. Auf dem Seitenwagen war ein Ersatzkanister befestigt; der Sitz war mit verschlissenem Leder überzogen, und über dem Ersatzreifen befand sich ein Gepäckträger. So sah unser Transportmittel für Georgien und vielleicht auch für Aserbaidschan aus.

Während ich das Motorrad von allen Seiten unter die Lupe nahm, erledigte Russ eine Reihe von Telefonaten. Als er fertig war, sah er besorgt aus.

»Was ist los?«, fragte ich.

»Zwei Probleme. Erstens können wir in London keine Visa für den Iran bekommen. Wir dachten, das ginge, aber es geht nicht. Wir müssen versuchen, sie in Georgien zu kriegen, aber ob es klappt, das steht in den Sternen.«

»Und was tun wir, wenn nicht?«

Er zuckte mit den Schultern. »Wenn nötig, versuchen wir ohne Kameraausrüstung als Touristen ins Land zu kommen; wir lassen unsere Pässe an der Grenze abstempeln und nehmen einen Zug.«

Das zweite Problem war leichter zu lösen. Offenbar gab es in Georgien keine Sturzhelme zu kaufen. Wir würden hier in Hopa welche besorgen müssen. Nichts leichter als das, dachte ich, als wir in die Berge zu der Teeplantage fuhren, die wir unbedingt noch besichtigen wollten, bevor wir die Grenze überquerten.

Es war eine abenteuerliche Fahrt; die Straße in die Berge war teuflisch eng, und eine Haarnadelkurve jagte die andere. Die Gegend schien sehr fruchtbar und wasserreich zu sein. Der Tee, den die Bauern gemeinsam unter dem Markennamen Caykur vermarkteten, wurde auf kleinen terrassierten Grundstücken angebaut. Wir hielten neben einer Buckelbrücke und wurden mit einem der Pflanzer bekannt gemacht, der uns erklärte, dass die Saison für den Teeanbau in der Türkei nur sechs Monate dauere, während die Pflanzer in Kenia, Indien und Sri Lanka volle zwölf Monate Zeit hätten. In der halben Zeit könnten die türkischen Bauern somit lediglich drei Ernten einbringen. Sie würden nur die Knospe und zwei Blätter von jeder Pflanze abschneiden, wobei sie ein spezielles Gerät verwendeten, das die Blätter gleichzeitig in den Sack reiße. Die Ernte sei sehr arbeitsintensiv und der einzige Vorteil, den die Türken gegenüber der Konkurrenz mit zwölfmonatiger Saison besäßen, bestehe darin, dass sie biologisch anbauen könnten, weil die Insekten, die andernorts mit Pestiziden bekämpft werden müssten, vom Schnee getötet oder von Käfern gefressen würden. Früher, so endete der Teebauer seinen Crashkurs in türkischem Teeanbau, sei es ein großes Problem gewesen, die Säcke mit dem frisch gepflückten Tee die steilen Abhänge hinunter zur Straße zu bringen. Aber dann habe jemand die geniale Idee gehabt, von jedem Haus ein Drahtseil hinunter zur Straße zu spannen. Die Teesäcke würden seitdem an dem Seil eingehängt und glitten zu den unten wartenden Lastwagen hinunter.

Zurück in Hopa, bekam Russ einen weiteren Anruf aus London. Es hieß nun, wir sollten erst in Aserbaidschan versuchen, die Visa zu bekommen. In Baku könnten wir die Sache todsicher regeln. Ich war nicht überzeugt, dass es klappen würde. Aber wir würden ja sehen.

7

Born to ride

Am folgenden Morgen standen wir um 6.30 Uhr auf. Es war der 29. April. Wir hatten Wicklow vor genau 18 Tagen verlassen. Nach all dem, was wir bisher erlebt hatten, kam uns die Zeit viel länger vor. Wir verabschiedeten uns schweren Herzens von Cenk, doch nun wartete bereits Hari mit der Ural-Maschine auf der georgischen Seite der Grenze.

Als wir um 8.30 Uhr an der Grenze ankamen, empfing uns schon eine lange LKW-Schlange. Die diensthabenden Beamten ließen uns eiskalt abblitzen und behaupteten, dass sie keine Zeit hätten; wir sollten einfach gehen und später wiederkommen.

»Auf keinen Fall«, protestierte Russ. »Wir haben schon öfter solche Erfahrungen beim Grenzübertritt gemacht. Wir halten die Stellung und warten.«

Also blieben wir und warteten in einer Autoschlange, die sich stundenlang keinen Millimeter vom Fleck rührte. Schließlich bewegte sie sich doch, und, wer wollte daran noch glauben, gegen Mittag waren wir dran – oder besser gesagt, eine Masse Fahrzeuge stand wild durcheinander, und als die Grenze endlich aufmachte, fuhren sie ohne jede Ordnung aus allen Richtungen vor. Am Kontrollpunkt wurden wir dann plötzlich von fünf Frauen überholt, die die Warteschlange völlig ignorierten und sich kurzerhand nach vorne durchdrängten. Die Grenzbeamten kannten sie offensichtlich und winkten sie durch. Vermutlich kamen sie jeden Tag hier vorbei.

Schließlich hatten auch wir die Einreise geschafft und kamen nach Batumi, wo die Ural bereitstand. Ich konnte es kaum erwarten, mit der Maschine zu fahren. Denn, ehrlich gesagt, wenn ich zwischen verschiedenen Transportmitteln die Wahl habe, ziehe ich ein Motorrad allemal vor.

Russ sprach mit Nick, einem jungen Mann aus Baku, der uns durch Georgien begleiten und uns als Führer und Übersetzer zur Seite stehen würde.

»Nick hat mir gerade erzählt, dass ein Spionageflugzeug abgeschossen worden sei«, sagte Russ. »Ein Teil des georgischen Territoriums ist umstritten. Offenbar sollte das Flugzeug die Russen überwachen, und sie haben es abgeschossen. Die Lage ist ziemlich gespannt. Ich hatte schon befürchtet, dass es so wäre. Wir müssen vorsichtig sein.«

Bis Tiflis, der Hauptstadt Georgiens, waren es gute 450 Kilometer. Wir hatten gehofft, die Etappe an einem Tag zu schaffen, aber wegen der Wartezeit an der Grenze und weil wir durch die neue Zeitzone eine Stunde verloren hatten, war es bereits früher Nachmittag. Ursprünglich hatte unser Plan gelautet, bis Baku, der Hauptstadt von Aserbaidschan, mit dem Motorrad zu fahren, aber das lehrreiche Studium der Karten und Zugfahrpläne ergab, dass das niemals hinhauen würde, wenn wir unsere Visa für den Iran rechtzeitig bekommen wollten. Deshalb beschlossen wir, nur bis Tiflis mit dem Motorrad zu fahren und dann den Nachtzug nach Baku zu nehmen, um vor der iranischen Botschaft zu kampieren.

Russ saß bereits im Seitenwagen, als ich auf das Motorrad stieg, um ein Gefühl für die Maschine zu bekommen. Sie startete gleich beim ersten Versuch, was immer ein gutes Zeichen ist. Hari hatte uns gesagt, dass sie extrem zuverlässig sei. Die Schaltung funktionierte: ein Gang nach unten und drei nach oben, und die Bremsen gingen einwandfrei. Ich hatte einmal für einen halben Tag eine Royal Enfield mit Seitenwagen gefahren, aber das war meine einzige Erfahrung mit einem solchen Gefährt. Die Kurven, insbesondere die Rechtskurven, konnten deshalb recht interessant werden.

»Ich bin noch nie mit so einem Ding gefahren«, sagte Russ. Es regnete, und er hatte sich die Plane unters Kinn gezogen. »Ich vermute, man muss einfach dem Fahrer vertrauen.« Er sah mit einem gespielten nervösen Grinsen zu mir herauf.

»Dir passiert schon nichts, Russ Malkin. Das ist meine Welt – *I'm born to ride*, das weißt du doch.«

Mit meinem alten Koffer auf dem Gepäckträger und Russ' Tasche in dem kleinen Koffer fuhren wir aus der Stadt hinaus, vorbei an rosaroten, ziemlich heruntergekommenen Wohnblocks, die mich an Russland erinnerten.

Die Straßen waren mit Schlaglöchern übersät, und das Wetter war furchtbar, ein peitschender Regen. Ich konnte kaum etwas sehen und hätte um ein Haar einen Fußgänger überfahren, der plötzlich hinter einem Lastwagen hervorkam. Wir ließen die Häuser hinter uns und fuhren hinaus in das graue, nasse Land.

Die Ural war nicht gerade berühmt für ihre Geschwindigkeit. Schon bald wurden wir von Lastwagen überholt, die so dicht an uns vorbeifuhren, dass sie uns fast in die Bäume drängten.

Schwarze Wolken hingen niedrig und trostlos über den Bergen, von den Bäumen tropfte der Regen, und die Schlaglöcher füllten sich mit Wasser. Mein Koffer hüpfte auf dem Gepäckständer, Russ ließ mich wissen, dass der Seitenwagen keine Federung hatte.

Georgien war völlig anders als die Türkei. Ich wusste, dass sich nach jeder Grenzüberquerung die Atmosphäre verändert und man Zeit braucht, um sich zu akklimatisieren. Hier erinnerte mich alles an das Russland, das ich mit Ewan auf unserer *Long-Way-Round*-Tour gesehen hatte, und konnte es kaum glauben.

Als es bergauf ging, überholten wir endlich den langsamen Verkehr, während ich versuchte, mit der Lenkung des Motorrads zurechtzukommen. Die Maschine flatterte ein bisschen beim Bremsen, und einmal übersteuerte ich eine Rechtskurve. Der Regen kam uns jetzt fast horizontal entgegen, und die Sicht war minimal. Ich verriss den Lenker, und das Motorrad brach massiv nach links aus.

»He!«, schrie Russ im Seitenwagen.

»Tut mir leid, Kumpel.« Ich brachte die Maschine wieder auf die richtige Straßenseite und schüttelte den Kopf. »Mist gebaut! Gott sei Dank kam keiner entgegen, sonst wären wir jetzt Matsch.«

Wir hielten an, um ein paar von Nicks Freunden kennenzulernen. Sie wohnten in einem kleinen Haus mit schmalen Türen, die in einen geräumigen Wohnraum führten. Ihre Gastfreundschaft beeindruckte uns tief. Sie servierten uns Fleisch, Käse und eine Art Gemüse-Curry und löcherten uns dabei mit vielen Fragen über unsere Reise, bei denen Nick als Dolmetscher fungierte.

Nachdem wir uns verabschiedet hatten, startete ich das Motorrad, während Russ mit London telefonierte.

»Alles in Ordnung?«, fragte ich, als er fertig war.

»Das wissen wir erst sicher, wenn wir in Baku sind. Die erzählen jedes Mal eine andere Geschichte. Am Donnerstagmorgen müssen wir direkt zur Botschaft gehen. Es wird ein Fiasko, das weiß ich jetzt schon.«

»Hab ein bisschen Vertrauen.«

»Vertrauen. Na klar. Ich will dir mal was sagen, Charley. Ich habe erst dann Vertrauen, wenn ich das Visum habe und den Stempel in meinem Pass sehe.«

An Abend hielten wir in einer Stadt namens Kutaisi. Während ich duschte, machte Russ einen Spaziergang den Rioni hinunter. Diesen Fluss sollen Jason und die Argonauten auf der Suche nach dem Goldenen Vlies hinaufgesegelt sein. Als Russ auf der steinernen Brücke stand, dachte er, die Strömung des Flusses sei dafür viel zu stark. Der Sage nach jedoch segelte Jason von Griechenland aus durch den Bosporus und über das Schwarze Meer nach Georgien. Es ist natürlich nur eine Sage, aber die meisten Sagen haben einen wahren Kern. Und bis heute verwenden die Goldgräber Schaffelle, um das Gold aus ihren Pfannen zu bekommen, ein Verfahren, in dem die Idee vom Goldenen Vlies vielleicht ihren Ursprung haben könnte.

Am folgenden Morgen war der Himmel immer noch bedeckt, und der Regen sammelte sich in Pfützen, was die ewig gleichen grauen Mietskasernen auch nicht gerade attraktiver machte. Wir brachen früh auf, weil wir am Spätnachmittag in Tiflis den Zug erwischen mussten. Als wir die Stadt verließen, fuhr eine Zeit lang ein Polizeiauto in der Straßenmitte neben uns her. Die beiden Polizisten schienen sich sehr für die zwei Kerle auf der russischen Militärmaschine zu interessieren.

Wir passierten Gori, den trübselig wirkenden Ort, in dem Stalin geboren wurde. Nach Lenins Tod hatte er systematisch jeden vernichtet, der nicht seiner Meinung war, darunter zahlreiche Wissenschaftler, Schriftsteller, Maler und Dichter. Während der großen »Säuberungen« in den Dreißigerjahren brachte er sechs Millionen Menschen um und schickte weitere Millionen in todbringende Straflager, die Gulags. Es ist manchmal seltsam, wie sich die Geburtsstadt einer berühmten Person an ihren Spross erinnert, insbesondere, wenn es sich um einen brutalen Diktator wie Stalin handelt. In Gori steht eine gewaltige Statue des Diktators vor dem Rathaus, und sein alter Eisenbahnwagen (grün mit schwarzem Dach) ist als Teil des Stalin-Museums hinter einem dekorativen Eisengeländer ausgestellt. Statt der üblichen fünf Tonnen wiegt der Waggon etwa achtzehn, weil Stalin ihn panzern ließ, damit ihn niemand erschießen oder in die Luft sprengen konnte, wenn er darin durchs Land fuhr.

Da wir gut in der Zeit lagen, stiegen wir zur Besichtigung sogar in den Wagen. Es war ein seltsamer Gedanke, dass der Mann, der so viel Leid verursacht hatte, in diesem Gefährt gegessen, geschlafen und Wodka getrunken hatte. Am einen Ende des Wagens befand sich eine kleine Küche mit einer elektrischen Herdplatte und einem Waschbecken. Der Gang war holzgetäfelt, was mich an den Orient-Express erinnerte.

Das alte Backsteinhaus, in dem Stalin geboren wurde, ist ebenfalls noch erhalten. Es hatte wohl einmal zu einer Häuserreihe gehört, aber das war schwer zu sagen, weil es so aussah, als seien alle anderen Häuser abgerissen worden, um für das Museum Platz zu schaffen. Das Haus war von einer Art Mausoleum aus Beton umschlossen, damit es, so gut es geht, vor schädigenden Einflüssen geschützt blieb.

Wir hörten seit einiger Zeit Sprengstoffdetonationen, schon auf dem Motorrad und dann auch in Stalins Eisenbahnwagen und erneut vor seinem Haus. Wir konnten nur annehmen, dass sich die georgische Armee im Alarmzustand befand und irgendwo mit schweren Geschützen übte. Das Bild der Stadt passte irgendwie zu dem kriegerischen Lärm: Sie ist von einer mittelalterlichen Zitadelle beherrscht, einer alten Festung mit Löchern in der Mauer, die von vergangenen Schlachten, aber auch von Verfall künden.

»Hör dir das mal an«, sagte Russ. Er hatte gerade eine Nachricht von Lucy bekommen. »Spannungen zwischen Georgien und Russland: Russland behauptet, dass Georgien heute in der abtrünnigen Region Truppen zusammenziehe. Es warnt, dass es zurückschlagen werde, falls Georgien gewaltsam vorgeht, und Georgien hat auf diese Erklärung zornig reagiert. Die EU fordert dazu auf, in der Region vorsichtig zu sein.«

Wieder hörten wir Geschützfeuer in der Ferne.

Wir hatten genug von Stalin und legten mit der Ural schnell die letzten achtzig Kilometer bis zur Hauptstadt zurück. Ich mochte das Motorrad sehr; es fuhr sich wunderbar, und ich hatte das mit den Rechtskurven jetzt raus. Das Land wurde flacher und weniger felsig, und die Straße sehr viel besser. Der Regen ließ nach, und wir kamen schneller als erwartet in Tiflis an. Es war nicht nötig, sofort zum Bahnhof zu fahren, also stiegen wir zur Metechi-Kirche hinauf, die oben auf dem Steilufer der Kura steht und einen hervorragenden Blick auf die Altstadt bietet. Auf dem Aussichtsplateau stand eine gewaltige Reiterstatue von Wachtang Gorgassali, einem georgischen König aus dem 5. Jahrhundert. Sie überblickte mit uns eine malerische Stadtkulisse: der schlammige braune Fluss floss unter einer alten Steinbrücke hindurch, und dahinter lag die Altstadt mit ihren von Bäumen gesäumten Straßen und alten Kirchen. Nach den Minaretten und Mullahs der Türkei war es faszinierend, wieder in einem christlichen Land zu sein.

Der Abschied von der Ural fiel mir schwer. Ich würde den Fahrtwind im Gesicht vermissen. Doch jetzt mussten wir den Zug nehmen. Ich ließ also das Motorrad vor dem Bahnhof stehen und telefonierte noch schnell mit Olly und den Kindern, bevor es Zeit zum Einsteigen war. Meiner Familie schien es gut zu gehen, und ich versprach Olly, sie von Baku aus anzurufen, damit wir länger miteinander sprechen könnten.

Es war unser dritter Zug, und ich muss sagen, es war der bis dahin schäbigste: zuerst der Glanz des Orient-Express, dann die verblasste Grandeur des Balkan-Express und jetzt der »Baku–Tiflis«, was für ein Abstieg! Der Zug war hässlich und stand an einem Bahnsteig aus Beton, der die Wärme eines russischen Diktators verströmte. Die Wagen waren vor Urzeiten grün und blau gestrichen worden, doch inzwischen war die Farbe schon stark abgeblättert. Der Zugkorridor sah annehmbar aus, und es gab ein paar Nylonvorhänge an den Fenstern, aber insgesamt machte das Ganze einen sehr schmuddeligen Eindruck, und in unseren Abteilen miefte es ungeheuerlich.

»Alles wird gut«, tröstete Russ. »Wenn wir erst unterwegs sind und der Wind hereinbläst, wird der Modergeruch schon verschwinden.« Er machte die Klotür auf. »Verdammte Scheiße.« Das Pissoir bestand aus einem Loch im Boden, durch das man den Bahndamm sehen konnte. Die Toilette war aus fleckigem Aluminium, ohne Klobrille, und Klopapier war auch nirgends vorhanden. Immerhin gab es ein Pedal für die Spülung, aber wenn man darauf trat, öffnete sich lediglich eine Klappe in der Schüssel, und man durfte wieder den Bahndamm bewundern.

»Einfach raus damit in die Landschaft. Sauber!«, konstatierte Russ.

»Ich dachte, ich muss mal«, sagte ich. »Aber ich glaube, ich halte es bis Baku aus.«

Wir kamen in der Nacht zur Grenze nach Aserbaidschan, wo uns die Pässe zur Kontrolle abgenommen wurden. Ich hasse es, wenn das passiert, besonders in einem Zug. Der Pass ist dein Leben, deine Identität, alles, was du hast. Ich musste immer denken: Was ist, wenn der Zug losfährt und ich meinen Pass noch nicht wiederhabe?

Wir durften aussteigen und uns die Beine vertreten, mussten aber in der Nähe unseres Wagens bleiben. Georgische Beamte in Militäruniformen gingen mit sauertöpfischen Mienen, wie sie nur Grenzwächter haben können, auf und ab. In Aserbaidschan trugen ihre Kollegen diese großen Uniformmützen mit breitem Schirm, der bis auf den Nasenrücken reicht. Sie kamen durch den Gang stolziert und durchsuchten jeden Zentimeter meines Abteils, wobei sie zunächst eine Kamera an einer langen Stange benutzten, bevor sie mein Gepäck von Hand durchwühlten.

Schließlich bekam ich meinen Pass zurück und ging zu Russ auf den Korridor.

»So was habe ich ja noch nie erlebt«, sagte ich.

»Na, wart mal ab, bis wir in den Iran kommen. Das wird erst spannend.«

8

Ölfelder und Passstempel

Im Nachtzug konnte ich kein bisschen schlafen. Neben dem Lärm des Zuges hielten mich die Gedanken an die Probleme wach, die wir wegen unseres Visums in Baku bekommen konnten.

Russ kam in mein Abteil und wirkte ebenfalls angespannt. Vom Zugfenster aus machte Aserbaidschan einen trostlosen Eindruck – grau und flach. Es schien da draußen nichts anderes zu geben als Telefonleitungen, die sich unter dem verhangenen Himmel dahinzogen.

»Es ist wie in der russischen Steppe«, sagte ich.

»Hab ich auch gedacht«; Russ schob meinen Koffer beiseite und hockte sich auf den Platz neben mir. »Genau wie Russland.«

So viel zu meiner Theorie, dass sich nach einer Grenze immer die Landschaft ändert.

Nach etwa einer Stunde hatten wir die Steppe hinter uns gebracht und fuhren an der Küste einer Halbinsel entlang. Auf der anderen Seite der Bucht lag eine Stadt aus hübschen Sandsteingebäuden, von der wir hofften, dass sie Baku wäre, der Ort, an dem man vor über 150 Jahren erstmals nach Öl gebohrt hatte.

Zaur, unser lokaler Führer, erwartete uns auf dem Bahnsteig. Er war ein junger, gut aussehender Busche mit einem wilden schwarzen Haarschopf. Er arbeitete nicht nur als Fremdenführer, sondern war auch schon Model gewesen; wir durften sein Antlitz später auf der Heckscheibe eines Buses bewundern.

Zaur verschwendete keine Zeit und machte mich sofort mit dem olivgrünen UAZ-469-Jeep bekannt, mit dem ich zur nächsten Grenze fahren sollte. Der Geländewagen war in Russland gebaut und stammte noch aus der Sowjetzeit. Er sah ziemlich robust aus, und ich denke, er hatte seinen ganz eigenen Charme. Die Russen sind bekannt dafür, gute Panzer und Waffen zu bauen – aber Autos?

Der Jeep war mit Frontschutzbügeln von Mercedes ausgestattet und hatte ein Leinwanddach, das sich teilweise gelöst hatte und über die Windschutzscheibe hing. Der Schalthebel war extra lang und mit einer Schnur umwickelt, das Armaturenbrett bestand aus einer Anzahl separater Ziffernblätter. Darunter schienen die gesamten elektrischen Innereien des Fahrzeugs zu hängen.

Ich setzte mich ans Steuer und versuchte, den ersten Gang einzulegen; wie bei dem alten Land Rover aus Brighton musste ich mit Zwischengas schalten. »Gruß vom Getriebe«, murmelte ich, als der Jeep mit einem unangenehmen Knirschen gegen mein Ungeschick protestierte.

Wir fuhren nach Baku hinein. Die Sandsteinhäuser, die wir vom Zug aus gesehen hatten, waren verschwunden. Dieser Teil der Stadt wurde von Hochhäusern dominiert, Bürogebäuden und Wohnblöcken, von denen viele noch im Bau waren. Zaur erzählte, dass die Stadt im Wesentlichen aus einem Geschäftsviertel und einer sogenannten Innenstadt, der Altstadt mit historischen Palästen und Moscheen, bestehe. Wir hofften, dass wir sie später besichtigen könnten, wenn wir die Visa in der Tasche hatten.

Zaur saß auf dem Beifahrersitz und wies mir den schnellsten Weg zur Botschaft. Der Verkehr war mörderisch, mit allen Arten von Fahrzeugen. Die Bandbreite reichte vom klapprigen Lada über rostige Tanklaster bis hin zum feudalsten Mercedes. Die Bremsen meines UAZ reagierten schlecht – unangenehm, wenn man zum ersten Mal durch eine Zwei-Millionen-Stadt fährt. Sie griffen erst, wenn man das Pedal fast bis zum Wagenboden durchtrat. Außerdem hatte das Lenkrad enorm Spiel: Man musste es um fast 90 Grad drehen, bis sich überhaupt was tat.

Ich sah Zaur von der Seite an. »Wie weit ist es denn von hier bis zur Grenze?«

»Sechs, vielleicht acht Stunden.«

»Und die Straße? Ist die Straße gut?«

Er schüttelte den Kopf: »Größtenteils schlecht.«

Russ saß mehr als nachdenklich auf der Rückbank. Die Grenze der Belastbarkeit war offensichtlich erreicht. In wenigen Stunden würden wir wissen, ob wir die ominösen Visumsstempel bekämen. Diesmal hatten wir keinen Plan B parat, und ich musste nach einer schlaflosen Nacht im Zug mit dem UAZ klarkommen.

Wir schafften es zu der Botschaft, ohne dass ich jemanden totfuhr, und hielten neben einem maroden Gebäude in einer kleinen Nebenstraße. Die Botschaft bestand im Grunde aus einem einzigen Zimmer mit einer Glasscheibe und einem Loch in der Glasscheibe. Die Beamten saßen hinter dieser Scheibe und blickten hinaus. Es ging hektisch und chaotisch zu (ohne das typisch britische Schlangestehen), und alle versuchten, ihre Anträge zur selben Zeit durch das kleine Loch in der Scheibe zu stopfen.

Zaur fand heraus, dass nach elf Uhr keine Anträge mehr bearbeitet wurden, und es war bereits 10.20 Uhr. Außerdem erfuhr er, dass wir bei einer bestimmten Bank am anderen Ende der Stadt die Gebühr für die Visa bezahlen müssten, wenn wir die Unterlagen eingereicht hätten. Ohne die Quittung werde der Antrag erst gar nicht bearbeitet werden.

»Ach du lieber Gott«, murmelte ich. »Wie weit ist denn das?«

Aus Zaurs Antwort schloss ich, dass es keine Zeit zu verlieren galt. Wir ließen ihn kurzerhand bei der Botschaft zurück und nahmen ein Taxi.

Der Verkehr war grässlich. Blockierte Fahrstreifen, Lieferwagen, Taxis und Busse überall, eine gefühlte Million Fahrzeuge auf den Straßen. Der Fahrer gab zwar sein Bestes, aber die Uhr zeigte bereits

10.30 Uhr, und wir wussten schon jetzt, dass wir es auf keinen Fall rechtzeitig schaffen konnten.

»Das ist doch Wahnsinn«, platzte Russ auf dem Rücksitz heraus. »Er soll anhalten«, befahl er. »Hör zu, Charley, geh du zur Bank. Ich gehe zurück und schaue, ob Zaur das Botschaftspersonal überreden kann, die Schalter länger offen zu halten. Ich bezweifle, dass sie es tun, aber man kann ja nie wissen.« Er sprang aus dem Wagen und rannte mit dem Handy in der Hand zurück durch die überfüllten Straßen.

Kurz darauf hielten wir vor der Bank. Mungo und ich baten den Fahrer zu warten, stiegen aus, gingen hinein und füllten all die erforderlichen Formulare aus. Ich schaute immer wieder auf die Uhr und dachte nur, das schaffen wir in einer Million Jahren nicht. Selbst wenn Russ seine ganze Überredungskunst aufwenden würde, würde kein Bürokrat länger arbeiten, als er muss. Das ist Gesetz.

Um 10.55 Uhr saßen wir wieder im Taxi und kurvten zurück zur Botschaft. Ich rief Russ an.

»Gebt verdammt noch mal Gas«, sagte er. »Wir haben hier das Problem erklärt und mit London telefoniert. Sie haben unsere Kontaktpersonen im Iran und die Offiziellen hier im Land angerufen. Es gibt noch eine Chance, also kommt so schnell wie möglich her.«

Kurz nach elf Uhr blieben wir in einem Stau stecken. Ich konnte nur dasitzen und auf das Treiben im Geschäftsviertel starren. An jeder Straßenecke wurden neue Gebäude hochgezogen. Es herrschte ein hektisches Durcheinander, Autos hupten, schwere Pressluftbohrer rasselten, und vom Hafen her hörte man Nebelhörner tuten. Schließlich ging es doch noch weiter, aber erst um 11.25 Uhr schlug ich wieder in der Botschaft auf. Erstaunlicherweise war das Loch in der Glasscheibe immer noch offen, und Russ stand davor. Wir drückten den Beamten all unsere Dokumente zusammen mit den

Bankquittungen in die Hände. Dann blieb uns nichts anderes übrig, als draußen zu warten. Sie hatten nicht gesagt, ob sie alles rechtzeitig fertig machen könnten.

Auf der Straße besprachen wir unterdessen, was wir als Nächstes tun sollten. Es hatte keinen Sinn, wenn wir uns alle gemeinsam die Beine in den Bauch standen, also blieben Russ und Mungo bei der Botschaft, während ich loszog, um meinen eigenen Papierkram zu erledigen.

Damit ich den UAZ zur Grenze fahren durfte, musste ich notariell bei der Versicherung des Fahrers angemeldet werden. Zaur telefonierte mit dem Besitzer, einem Kerl namens Edabar, um ein Treffen zu vereinbaren. Als wir bei ihm aufkreuzten, sprang der Typ sofort auf die Kühlerhaube und begann das Stück Leinwand abzureißen, das vor der Windschutzscheibe baumelte. Ich konnte es nicht glauben: Da stand ich nun neben einer belebten Straße in Baku und schaute zu, wie dieser Aserbaidschaner auf der Haube eines russischen UAZ herumsprang und das Dach des Fahrzeugs zerfetzte.

Schließlich war Edabar mit seinem Werk zufrieden und fuhr mich zu dem Amt, wo das Dokument ausgestellt werden sollte. Er sagte mir, er habe den alten Jeep immer für die Jagd benutzt. Nachdem wir durch die halbe Stadt gefahren waren, drohten die Bremsen, endgültig den Geist aufzugeben, und wir mussten anhalten.

Edabar war an solche Dinge gewöhnt. Mit einem Schulterzucken nahm er eine Zange, kniete sich vor die Pedale und fummelte an den vielen herunterbaumelnden Kabeln herum.

Ich hatte keine klare Vorstellung, was er da tat, und konnte nur annehmen, dass die Bremsen mit irgendeiner elektrischen Hydraulik funktionierten, denn nach ein paar Minuten saß er wieder am Steuer, und die Bremsen griffen wieder. Wir fuhren am Hafen entlang, wo das Kaspische Meer gegen Steinmauern brandete und mit riesigen Ladebäumen Containerschiffe entladen wurden. Es stank nach Öl. Erst später erfuhr ich, dass im Lauf der Jahrzehnte eine verdammt große Menge Öl in den Boden Bakus gesickert war und die Stadt zu einer der giftigsten der Welt gemacht hatte.

Mich plagten ernsthafte Bedenken, ob wir mit dem alten Jeep wirklich weit genug kommen würden. Also rief ich Russ an, und er war damit einverstanden, dass wir uns nur für den Notfall nach einem anderen Fahrzeug umsahen.

»Was Neues wegen der Visa?«, fragte ich ihn.

»Nein, ich warte immer noch.«

Eine halbe Stunde später, als wir in der Führerscheinstelle waren, klingelte mein Handy.

»Russ.«

»Hallo Kumpel.«

»Na?«

»Wir haben sie!«

»Großartig!« Ich stieß einen riesigen Seufzer der Erleichterung aus. »Ich kann es, verdammt noch mal, kaum glauben.«

Als wir endlich den Papierkram auf der Reihe hatten, war Freizeit angesagt. Wir baten Zaur, uns in die Altstadt Itscheri Scheher zu fahren, eine Festung, die von hohen Mauern mit kunstvoll gepflasterten Wehrgängen umgeben ist. Zaur zeigte uns den Schirwanschah-Palast, ein separates Bauwerk mit einer Moschee und einem Familienmausoleum. Die Schirwanschah-Dynastie soll den Palast im 15. Jahrhundert als Grabmal für den Sufi-Mystiker Seyid Yahya Bakuvi errichtet haben.

»Bakuvi«, sagte Russ. »Davon muss der Name der Stadt abgeleitet sein. Du weißt doch, Aserbaidschan ist eines der ältesten Länder der Welt. Jedes Stadium der Menschheitsentwicklung müsste in diesem Land vertreten sein.«

Ich warf Mungo hinter der Kamera einen Blick zu. »Und einige sind offenbar weiter entwickelt als andere, nicht wahr?«

»Es ist das Land des Feuers«, wusste Zaur. »*Aser* bedeutet Feuer, und das Feuer wurde verehrt, bevor die Leute islamisch wurden. Kommt, ich zeige es euch.«

Er führte uns auf einen Hügel über der Stadt, an dessen Hang ein Feuer über eine Fläche von zwanzig Meter Durchmesser brannte. Die Flammen schlugen aus Felsspalten empor. Sie werden von Erdgas gespeist und brennen schon seit Jahrhunderten. Kein Wunder, dass die Einheimischen das Feuer verehren – in früheren Zeiten muss ein solches Phänomen übernatürlich gewirkt haben.

Zum Glück schlief ich in dieser Nacht gut, und am nächsten Morgen, dem 2. Mai, waren wir in aller Frühe abmarschbereit. Wir hatten für den Notfall ein Ersatzauto für den UAZ gefunden, aber ich würde erst mal mit dem Jeep losfahren und sehen, wie es lief.

Russ und ich breiteten die Karte auf meinem Koffer aus und studierten sie.

»Ehrlich gesagt, der UAZ macht mir Sorgen«, sagte ich. »Er fährt sich tierisch schlecht, die Bremsen sind scheiße, und wenn man stehen bleibt, muss man den Fuß auf der Kupplung lassen und Gas geben, sonst stirbt der Motor ab.«

»Probier das Ding halt aus und fahr wenigstens bis an den Stadtrand damit«, schlug er vor.

Ich verfolgte auf der Karte den Weg von Baku nach Süden bis Astara, wo wir die iranische Grenze überqueren wollten. »Das Schiff nach Indien geht am 12. Mai, nicht wahr?«, fragte ich.

»Ja, in Dubai. Es ist das einzige, das wir kriegen konnten, und wir dürfen es keinesfalls verpassen.« Er lachte erleichtert. »Wir haben immerhin fünf Tage, um durch den Iran zu kommen und dann überqueren wir den Golf.«

»Super«, sagte ich. »Vielleicht können wir uns ein bisschen erholen.«

Ich hatte jetzt Bilal dabei, einen Mann mittleren Alters, der in Baku und Umgebung als Fahrer für eine Ölgesellschaft arbeitete. Er konnte den UAZ reparieren, wenn etwas schiefging. Er erzählte mir, er hätte sein ganzes Leben in Baku gelebt, aber seit ein paar Jahren wäre es sehr schwer geworden, Arbeit zu bekommen.

»Ich habe jetzt wieder einen Job«, sagte er. »Aber es ist hart; nichts ist stabil. Als die Sowjets hier waren, hatten alle Arbeit, und alle bekamen eine Ausbildung. Alle wurden medizinisch versorgt. Die meisten Leute, die ich kenne, fanden das Leben damals besser.«

Das war interessant. Zu leicht nimmt man an, dass nach dem Zusammenbruch des Kommunismus alle Menschen glücklicher waren, auch wenn es wirtschaftliche Probleme gab. Erst am vergangenen Tag hatte ich eine Gedenkstätte besucht: 137 Marmorgräber, die in einer steinernen Pagode nebeneinanderlagen. Am Abend des 19. Januar 1990 hatten 26 000 sowjetische Soldaten nach einer Reihe von aserbaidschanischen Unabhängigkeitsdemonstrationen die Stadt besetzt und in die Menge geschossen. Die Gefechte, die daraufhin ausgebrochen waren, hatten drei Tage gedauert, und die Gräber gehörten den 137 Märtyrern, die damals starben.

Es wurde sehr schnell klar, dass der UAZ es nicht bis zur Grenze schaffen würde. Bereits als wir das Hotel verließen, bemerkte ich, dass aus der Nabe des Hinterrads auf der Beifahrerseite Öl sickerte, und die Bremsen gaben kurz darauf endgültig den Geist auf. Schade war es schon, denn eigentlich mochte ich den Jeep ganz gut leiden. Aber spätestens als ich meinem Vordermann beinahe in den Kofferraum gerumpelt wäre, hatte ich genug.

Unser Ersatzwagen war ein instand gesetzter Wolga Baujahr 1964, eine richtige viertürige Luxuslimousine, deren Prototyp 1956 gebaut und danach vielfach abgeändert wurde. Der Wolga wurde von der Gorki-Autofabrik (GAZ) in Nischni Nowgorod hergestellt. Unser Modell war aus vielen Teilen zusammengebaut, die sein Besitzer, ein begeisterter Wolgafan namens Telman, gesammelt hatte. Er hatte das Auto seit etwa drei Jahren. Nicht alle Teile seines Schmuckstücks waren original. Das Armaturenbrett zum Beispiel stammte von einem BMW der 3er Serie. Doch mir war das egal. Hauptsache war, dass die Bremsen funktionierten und die Sitze bequem waren. Schließlich mussten wir mit dem Wagen, auf dessen Haube ein springender Hirsch thronte, weit fahren.

Als wir Baku hinter uns gelassen hatten, hielten wir am ältesten und wahrscheinlich am schlimmsten heruntergekommenen Ölfeld der Welt. Es lag an der Küste und bestach durch seine Hässlichkeit. Der Boden war ein einziger Brei aus Steinen, Sand und ausgeflossenem Öl, das ganze Gelände übersät mit rostigen Ladebäumen und alten Ölpumpen. Russ vermutete, dass das erste Öl hier um 1846 gefördert worden war, und einige der Pumpen holten immer noch die Reste aus der Tiefe an die Oberfläche. Rein zufällig trafen wir auf einen Engländer, Robert Ashford, der im Ölgeschäft arbeitete. Er erklärte uns, dass die Pumpen höchstens 20 Barrel pro Tag fördern würden, nicht mehr. Aber bei den heutigen Ölpreisen seien das immer noch ein paar Hundert Dollar.

Dann kamen wir an einen richtigen Ölsee, eine riesige Öllache inmitten der Ölpumpen und der vor sich hin rostenden Gerätschaft. Zwei Arbeiter mit Schiebermützen und schweren Mänteln bedienten eine alte Pumpe. Der eine, ein vergnügter Mensch mit lückenhaften Goldzähnen, hieß Tahir. Er erzählte uns, dass das Rohöl, das direkt aus den Ölbrunnen gepumpt werde, diesen See bilde und dann von dort irgendwohin anders gepumpt werde. Offenbar wusste er nicht genau wohin, aber sein Job bestand eben nur darin, die Pumpe in Betrieb zu halten. Dafür bekam er 200 Dollar im Monat. Ich glaube, der Rohölpreis betrug zu diesem Zeitpunkt 115 oder 118 Dollar pro Barrel, sehr viel Geld im Vergleich zu dem kärglichen Lohn, den Tahir von der staatlichen Ölgesellschaft erhielt.

Während wir mit Tahir sprachen, fuhren ein paar Autos neben dem Ölsee vor. Die Fahrer sprangen heraus und öffneten ihre Motorhauben. Jeder nahm eine Ölkanne, kletterte hinunter zum Rand des Sees, schöpfte Öl und goss es direkt in den Motor. Dann knallten sie die Motorhauben wieder zu, wendeten und zischten ab zurück in die Stadt.

Weiter im Süden folgten wir der Küste, auf der einen Seite erstreckte sich das Kaspische Meer und auf der anderen eine Landschaft, die, abgesehen von riesigen brennenden Öltürmen in der Ferne, völlig flach und konturlos war. Russ arrangierte in der Zwischenzeit per Telefon das Treffen mit unserem iranischen Führer Mahmud, den wir in der Grenzstadt Astara treffen wollten. Ich freute mich richtig auf den Iran und war gespannt, was er uns zu bieten hätte.

Wir kamen kurz vor 18 Uhr an der iranischen Grenze an und beschlossen, den Übergang gleich zu versuchen. Also ließen wir unser Auto stehen, schulterten unser Gepäck und gingen zu der aserbaidschanischen Grenzstation. Es war einer der verrückteren Grenzposten. Wir mussten durch ein Labyrinth aus engen Durchgängen gehen, das sich im Freien befand. Mungo konnte sich den Kommentar nicht verkneifen, dass ihm die Grenzstation wie ein eigenwilliger Toilettenkomplex vorkomme. Ein gewagter Vergleich, aber irgendwie konnte ich ihn nachvollziehen. Schließlich kamen wir zu zwei auf Ziegelsteinen aufgebockten alten Bussen, die den Grenzern als Büros dienten. Wir legten unsere Pässe vor – die mit dem iranischen Visumsstempel, und nicht die, mit denen wir eingereist waren. Das haute sie von ihren Stühlen.

»Da haben wir's«, sagte Russ. »Jetzt bricht doch wieder Chaos aus.«

Wie ich schon gesagt habe, ich hasse Grenzüberquerungen. Man ist in der Gewalt von Leuten, die einem die Papiere wegnehmen oder einen einsperren und den Schlüssel wegwerfen können. Ich habe da schon ganz abgedrehte Dinge erlebt. Just an dieser Grenze gab es eine Frau, die schluchzte und schrie, weil sie ihr die Schmuggelware wegnahmen. In der Türkei sahen wir, wie ein Fahrer und ein Polizist einander wüst beschimpften; an einer anderen Grenze wurde einem Auto die Stoßstange abgerissen, nachdem sein Fahrer sich auf einen Streit mit dem Fahrer eines Sattelschleppers eingelassen hatte.

Kurzum, die verschiedenen Pässe kamen bei den Zollbeamten in den alten Bussen wirklich nicht gut an. Wir erklärten alles, so gut wir konnten, und dann hielten sie eine Art Konferenz ab. Zum Glück wirkte sich unsere späte Ankunft dieses eine Mal zu unseren Gunsten aus: Am Ende wollten die Jungs, glaube ich, einfach Feierabend machen und stempelten wortlos unsere Pässe ab. Wir verließen Aserbaidschan und überquerten den Grenzfluss nach Iran.

Dort wartete in einiger Entfernung ein Grenzwächter mit einer Kalaschnikow über der Schulter, der uns keine Sekunde aus den Augen ließ. Russ ging neben mir, und Mungo kam hinter uns. »Jetzt geht's los«, murmelte Mungo. »Macht euch bereit für den Iran.«

Aber als wir vor dem Soldaten standen, begrüßte der uns mit einem breiten Lächeln. »Wo kommen Sie her?«

»London«, sagten wir. »England.«

Er nickte. »Sie sind hier willkommen. Willkommen im Iran.« Er trat beiseite und lud uns mit einer freundlichen Geste in sein Land ein.

9
Lauter Widersprüche

Wir konnten es kaum glauben. Das sollte es gewesen sein? Nach all den Schwierigkeiten, den Änderungen in unserem Plan, dem Herumgehetze in Baku war der Grenzübergang in den Iran ein Kinderspiel: ein paar Minuten beim Zoll und der Einwanderungsbehörde, und wir waren drin. Drin im Iran.

Wir standen am Rande der Grenzstadt Astara und schickten uns an, über eine mit Pfützen übersäte Straße ein neues Land zu erkunden. Ich konnte zunächst nur daran denken, dass wir uns nun in dem Land eines religiösen Regimes befanden, und hatte keine Ahnung, was uns erwartete. Aber je tiefer wir in die Stadt hineinkamen, desto deutlicher spürten wir sie, diese unglaublich positive Energie. Die Leute lächelten und nickten uns zu. Ganz anders als im finsteren Baku.

Wir trafen Mahmud, unseren Führer, einen kleinen, etwas rundlichen, freundlichen Kerl Ende vierzig mit funkelnden Augen. Er winkte den Fahrer eines *lajvar,* einer Art Motorradriksccha, herbei. Das Gefährt besteht aus einem Motorrad vorn und einem Anhänger hinten, nur dass man vorne nebeneinandersitzt und das Fahrzeug keine Lenkstange, sondern ein Steuerrad besitzt. Der Fahrer, ein junger, sympathischer Mann namens Ahmed, ließ mich neben sich Platz nehmen. Es waren keine zwei Minuten im Iran vergangen, und ich fuhr schon mit einem urtypischen Vehikel, mit dem die Einheimischen Waren zwischen den Grenzkontrollpunkten hin und her transportierten.

Ahmed zeigte mir, wie man das Ding fuhr, und riet mir, vorsichtig zu lenken, weil man das Steuer leicht verreißen und das Fahrzeug dann umstürzen würde. Ich fragte ihn beiläufig, was er denn so mache, wenn er nicht mit dem *lajvar* unterwegs wäre, und er erzählte, dass er Ringer gewesen sei, aber mit sehr mäßigem Erfolg. Ringer haben im Iran ein hohes Sozialprestige, und dieser Mann hatte seinen Lebenstraum als erfolgreicher Sportler knapp verfehlt. Er hatte eine Frau und einen kleinen fünfjährigen Jungen zu ernähren und war arbeitslos gewesen, bevor er mit dem *lajvar*-Fahren angefangen hatte. Dazu musste er 2000 Dollar zusammenkratzen, um sich das Fahrzeug zu kaufen.

Nachdem wir uns von Ahmed verabschiedet hatten, verließen wir Astara auf dem Traktor eines Reisbauern und fuhren durch Reisfelder nach Süden Richtung Bandar Anzali. Wie ich zu meiner Schande gestehen muss, hatte ich keinen blassen Schimmer, dass im Iran Reis angebaut wird und dieser Teil des Landes so umwerfend grün und schön ist. Das Meer von Reisfeldern vor den grauen, dunstverhangenen Bergen widersprach in seiner Anmut allem, was ich mir naiverweise unter dem Iran vorgestellt hatte.

Wir waren jetzt 21 Tage unterwegs. Ich wollte unbedingt meine Familie anrufen, aber die Telefone spielten verrückt, sodass ich mich noch gedulden musste, bis wir in Bandar Anzali ein Hotel fanden. Dort aßen wir zu Abend und unterhielten uns über Vorurteile, die durch selektive Berichterstattungen in den Medien entstehen. Unsere Nachrichten sind wohl oder übel vom Kommerz geprägt und Mahmuds vom Staat. Darum passiert es oft allzu schnell, dass man ein Land verurteilt, ohne es selbst gesehen und mit den Leuten vor Ort gesprochen zu haben.

Mahmud stimmte zu. »Nehmen wir zum Beispiel die Kämpfe im Irak«, sagte er. »Ich glaube, wir haben davon ein anderes Bild als ihr in eurem Land. Wir glauben, dass die Briten und Amerikaner den Irak nie verlassen werden. Er wird für immer ein Schlachtfeld bleiben, und dieses Schlachtfeld wird immer in unserer Nähe sein.«

»Warum sagst du das?«, fragte Russ.

»Weil es für sie besser ist, den Feind hier zu bekämpfen. Sie wissen, dass er ihnen nur folgt, wenn sie abziehen. Ihnen ist es lieber, wenn das Schlachtfeld im Irak liegt und nicht in Großbritannien oder Amerika.«

Bandar Anzali ist eine geschäftige Hafenstadt an der Südküste des Kaspischen Meers. Mehrere Länder sind seit Jahren in einen Streit um das Meer verwickelt, und der Iran und Aserbaidschan beanspruchen dabei gleichermaßen bestimmte Ölfelder in dem Gewässer. Es geht noch verwirrender: Die Iraner definieren das Kaspische Meer als einen See, während die Aserbaidschaner es als ein Meer ansehen, ein grundlegender Unterschied, der weitreichende Konsequenzen für die Fischereirechte und die Schifffahrt hätte. Ich konnte mich des Eindrucks nicht erwehren, dass das Problem nicht über Nacht gelöst werden würde. Wieder mal ein Grenzproblem, nicht wahr? Nicht gerade mein Lieblingsthema!

Vergessen wir also die Querelen um das Kaspische Meer. Ich konnte mich ja nicht einmal an den Gedanken gewöhnen, dass ich überhaupt im Iran war.

Der Iran ist ein großes und stark zentralisiertes Land: 70 Millionen Einwohner, von denen etwa 15 Millionen in Teheran leben. Sein Präsident Ahmadinedschad lag mal wieder in einem wüsten Streit mit George W. Bush darüber, ob der Iran ein eigenes Atomprogramm entwickeln dürfe. Doch die höchste Macht im Iran liegt beim obersten religiösen Führer Ali Chamenei; er regiert im Grunde das Land und ist das, was Mahmud einen »Geistlichen« nennt.

Ich war mir sehr wohl bewusst, dass wir durch ein streng religiös geprägtes Land reisten, trotzdem spürte ich bereits seit den ersten Stunden meiner Ankunft, dass der Iran mitten im Aufschwung begriffen und in mancher Hinsicht überraschend modern war.

Am nächsten Morgen breiteten Russ und ich vor dem Hotel die Karte aus, was inzwischen zu einer Art täglichem Ritual geworden war. Heute führen wir in den Süden, nach Teheran.

Wir starteten so früh wie möglich mit Mahmuds Lieferwagen, und hofften, später auf einen Lastwagen aufspringen zu können. Unser erster Halt war ein Dorf, das aussah, als sei es direkt aus dem Berg gemeißelt worden. Es lag an einem steilen Hang, hinter Bäumen versteckt. Die Häuser waren durch Treppen und alte Steinbrücken miteinander verbunden, die über unzählige Bäche und Wasserfälle führten. Der Stein hatte eine sandgraue Farbe, genau wie der Berg, was aus einiger Entfernung so wirkte, als hätte man die Gebäude getarnt.

Ewan und ich hatten schon vor langer Zeit herausgefunden, dass es auf Reisen meist dort das beste Essen gibt, wo Lastwagenfahrer einkehren, und da wir heute sowieso nach einem Lastwagen suchten, konnten wir zwei Fliegen mit einer Klappe schlagen. In der Stadt Rasht sahen wir ein paar alte Mercedes-Lastwagen vor einem Café parken. In dem Café saßen zwei Männer auf einem Teppich und aßen zu Mittag. Kein Tisch, keine Stühle, nur ein Stück Teppich, auf dem Teller und Erfrischungsgetränke standen.

Das Essen sah durchaus lecker aus – eine Kombination aus Reis und Fleisch, mit starken Gewürzen gekocht. Wir setzten uns auf unser eigenes Stück Teppich und bestellten das Gleiche. Mahmud machte uns mit den beiden Männern bekannt und erklärte, dass wir aus England kämen. Der jüngere wirkte ein bisschen schüchtern, aber der ältere, ein schlanker drahtiger Kerl mit pechschwarzen Haaren und einem dicken Schnurrbart, plauderte gern mit uns. Er hieß Asadollah und war seit 17 Jahren Lastwagenfahrer. Ich fragte ihn, ob wir mit ihm nach Teheran fahren könnten. Er grinste breit und sagte, er wäre glücklich uns an Bord zu haben.

Uns erwartete ein phantastischer alter Lastwagen, ein Mercedes Baujahr 1973 mit runder Haube, weißem Führerhaus und iranischer

Flagge auf beiden Kotflügeln. Asadollah hatte Zement geladen, aber meinte, er nehme so ziemlich jede Ladung an und bringe sie an so ziemlich jeden Ort. Erst neulich sei er in der Türkei und in Syrien gewesen. Manchmal sei er drei Wochen am Stück unterwegs, dann aber wechsle er sich mit seinem Kollegen beim Fahren ab. Das Führerhaus mit seiner blauen Innenverkleidung hatte Asadollah sehr persönlich dekoriert, überall waren Bilder seiner Familie geheftet, und am Rückspiegel baumelte eine Gebetskette. Er gestand, dass er den alten Mercedes heiß und innig liebe und fast eine Million Kilometer damit gefahren sei.

Als ich auf dem hohen Sitz im Führerhaus durch die Berge rollte, fühlte ich mich wie ein Junge in einem Bonbonladen. Asadollah war ein liebenswürdiger, entspannter Mensch, ganz im Einklang mit seinem Fahrzeug und der Fahrt, die er gerade machte. Er fuhr halb auf der Straße und halb auf dem Randstreifen, damit andere überholen konnten, und erzählte dabei von seiner Familie und seinem Leben als Fernfahrer und davon, wie sehr ihm das alles behagte. Vielleicht, wenn aus meiner Karriere als Jakobsmuschelfischer in Irland nichts werden würde, könnte ich ja …

Weiter im Süden wechselten wir von der unbefestigten Straße auf eine Autobahn, die Landschaft wurde karger, und die Täler schienen nun wasserärmer zu sein. Wir fuhren durch einen langen Tunnel, der durch eine Bergkette gebohrt worden war, und als wir wieder herauskamen, umgab uns eine komplett andere Welt.

Mir blieb die Spucke weg. Das Gras war futsch, ebenso die feuchte Luft, die üppige Pflanzenwelt. Wir befanden uns plötzlich in einer wüstengleichen Gegend, Sand säumte den Straßenrand, in der Ferne zeichneten sich hohe Berge ab. Nichts. Es gab keine Laubbäume mehr, überhaupt kein Grün. Asadollah klärte uns auf: »Der Iran ist in drei sehr verschiedene Landschaften gegliedert: die Gebiete im Norden, wo es nass und kalt ist und wo Reis angebaut wird, das Gebiet, in dem wir jetzt sind, wo die Wüste beginnt und es wärmer wird, und schließlich das Gebiet südlich von Teheran, wo es glühend heiß werden kann.«

Wir verbrachten die Nacht in der Hauptstadt mit 15 Millionen Einwohnern und mindestens 15 Millionen Autos. Wir hatten schon Baku hektisch gefunden, aber Teheran war der Wahnsinn.

Hier herrschte eine andere Atmosphäre als in Astara und Rasht, das spürten wir alle. Teheran war das Zentrum der Theokratie. Es waren insgesamt viel weniger Frauen auf den Straßen, und als wir zum Abendessen gingen, saßen nur Männer in den Cafés. Die Frauen, die wir sahen, waren von Kopf bis Fuß in traditionelle Kleider gehüllt und hatten ihr Haar unter einem Schal verborgen. Es gab sogar besondere Polizeiautos mit weiblichen Polizisten, die kontrollierten, ob sich die Frauen ordentlich bedeckt hielten. Am meisten schockierte mich vielleicht, dass Frauen ausschließlich im hinteren Teil der öffentlichen Busse sitzen mussten. Solche Dinge entsprachen mehr dem Iran, den ich erwartet hatte. Mahmud erklärte uns, dass nur wenige Frauen einen Job hätten. Sie dürften auch keinen Mann außer ihren Ehemann berühren, nicht einmal einem anderen die Hand geben.

Am folgenden Tag suchten wir einen Weg vom Hotel zum Busbahnhof, der sich am anderen Ende der Stadt befand. Wir würden mit der U-Bahn zu dem Busbahnhof fahren (wir hatten erst gemerkt, dass es in Teheran ein U-Bahn-System gab, als wir die Schilder sahen), mussten aber zuvor ein Taxi zur U-Bahn-Station nehmen. Ich wollte unbedingt mit einer Taxifahrerin fahren, aber in dieser Stadt mit Gott weiß wie vielen Taxis gab es nur eine Handvoll Taxifahrerinnen.

Während Russ sich ein Exemplar der *Iran Daily*, einer englischsprachigen iranischen Zeitung, kaufte, organisierte Mahmud ein Taxi mit einer Fahrerin. Ich war wirklich froh, dass das klappte, weil dies meine erste und vermutlich einzige Gelegenheit sein würde, eine iranische Frau kennenzulernen. Ich konnte nicht wissen, ob sie sich gesprächig zeigen würde. Aber es gibt nichts Besseres als in einer Großstadt Taxi zu fahren, wenn man etwas vom dortigen Leben erfahren will, und ich sah absolut keinen Grund, warum das in Teheran anders sein sollte.

Die Taxifahrerin hieß Fariba. Sie war ganz in Schwarz gekleidet, trug aber eine Designersonnenbrille und war offenbar eine clevere, selbstbewusste Frau. Ich bat Mahmud, sie zu fragen, wie viele Frauen in Teheran Taxi führen. Sie sagte, dass nur vier oder fünf für eine reguläre Taxizentrale arbeiten würden.

»Aber viele Frauen fahren Taxis, die nur für Frauen bestimmt sind«, sagte sie. »Private Taxis. Ich selbst fahre seit zwei Jahren ein reguläres Taxi. Vorher war ich Fahrlehrerin für Frauen. Meine Familie glaubt immer noch, dass ich als Fahrlehrerin arbeite. Ich kann ihnen nicht erzählen, dass ich Taxi fahre, sie würden es nicht verstehen.« Weiter erzählte sie, dass sie noch nie Schwierigkeiten mit ihren männlichen Fahrgästen gehabt hätte und das Geschäft sehr gut laufe, weil die Männer selbst sich auch wohler fühlten, wenn ihre Frauen von Frauen gefahren werden.

Fariba erklärte, dass sie noch unverheiratet sei, weil es so schwierig wäre, einen guten Mann zu finden. Ich wunderte mich ein wenig darüber, da sie bestimmt schon über dreißig war. »Unsinn. Das war ein Witz. Nein, in Wirklichkeit ist mein Vater alt und mittellos, meine Mutter pflegt ihn, und ich muss das Geld für die Familie verdienen.«

»Ist es schwer, im Iran eine Frau zu sein?«, fragte ich.

Sie dachte einen Augenblick nach. »Ich glaube, Frauen haben hier die gleichen Probleme wie Frauen anderswo«, sagte sie dann. »Am meisten leiden wir hier im Iran unter der schlechten Wirtschaft.«

Wir waren jetzt tief im Herzen der Stadt, auf einer vierspurigen Straße, und die Autos krochen Stoßstange an Stoßstange vorwärts.

Es war zehnmal schlimmer als in Baku. Die Leute wechselten die Spur und hupten wild. Mopeds mit hoch aufgetürmten Lasten schossen zwischen den Autos hindurch.

»Besonders gefährlich sind die Motorräder, müssen Sie wissen. Ihre Fahrer schlängeln sich zwischen den Autos hindurch, schneiden ihnen den Weg ab und stoßen sich sogar mit den Füßen ab, um weiterzufahren.«

»Stören Sie die Sitten hier?«, fragte ich. Ich wusste, dass meine Fragen unangenehm sein könnten, aber es war meine einzige Gelegenheit, sie zu stellen. Fariba wirkte modern und offen, und sie hatte bestimmt eine eigene Meinung. Ob sie allerdings Lust hatte, sie zu äußern, stand auf einem anderen Blatt. »Finden Sie es schwierig, dass Sie immer traditionelle Kleidung tragen müssen?«

Sie sah mich durch den Rückspiegel an. »Sitten sind keine Beschränkungen«, antwortete sie. »Eine Gesellschaft hat bestimmte Sitten, und wir leben mit ihnen. Wenn Sie zum Beispiel nach Indien fahren, tragen die Frauen auch andere Kleider. Wir versuchen, damit zu leben. Es ist nicht schwer.«

Mahmud deutete auf ein Backsteingebäude mit grünen Türen, die den Eingang zur U-Bahn markierten. Wir hielten an, stiegen aus, und ich hievte meinen Koffer aus dem Kofferraum.

Wir fuhren mit dem Aufzug in den Untergrund. Die Station sah sehr gepflegt aus, in der Halle befanden sich Cafés und Zeitungsstände. Über dem Bahnsteig lief auf einem Großbildschirm *Mr. Bean*.

»Ich bin heute ein bisschen schlapp«, sagte Russ, als wir uns in der U-Bahn an den Halteschlaufen festhielten. »Teheran liegt ziemlich hoch, etwa 1200 Meter. Und wir rasen seit Tagen nur in der Gegend rum.«

»Wir können uns im Bus ausruhen«, sagte ich. »Es sind sechs Stunden bis Isfahan.«

Während wir durch die U-Bahn-Röhren ratterten, ließ ich meinen Blick durchs Abteil schweifen: fast alles Männer und ein paar Frauen in Grüppchen. Es wurde nicht viel gesprochen. Genau wie in der U-Bahn in London oder Paris, dachte ich. Still freute ich mich, dass ich Gelegenheit gehabt hatte, mit Fariba zu sprechen. Was für eine phantastische Frau – so freundlich und lebensfroh, trotz all der Einschränkungen in ihrem Land.

Der Bus nach Isfahan war so ausgestattet, wie Busse in reicheren Ländern in der Regel beschaffen sind: sehr modern, mit Klimaanlage, Fernsehen und verstellbaren Sitzen. Ich lehnte mich zurück, entspannte mich und hing meinen Gedanken nach. Im Süden von Teheran änderte sich die Landschaft dramatisch. Wie Asadollah prophezeit hatte, tauchten wir ein in eine Welt aus Fels und Sand: keine Bäume, keine Sträucher, nur hin und wieder ein kümmerlicher Busch am Straßenrand. Eine riesige rote Ödnis. Gelegentlich kamen wir an einem Dorf oder einer Fernfahrerkneipe vorbei.

In dem Bus lernten wir eine junge Frau kennen, die aus Indien in den Iran gekommen war, um ihren Vater zu besuchen. Sie erzählte uns in sehr gutem Englisch, dass sie mit ihrer Mutter in Mumbai lebe und dort ihre Ausbildung zu Ende bringe. Wir würden etwa eine Woche in Mumbai sein und bombardierten sie deshalb mit Fragen. Offenbar war es dort zurzeit über 40 Grad heiß und unglaublich feucht – schwer vorstellbar in der trockenen Hitze des Iran.

Die sechsstündige Fahrt verlief sehr angenehm, besser als alle Busfahrten, die ich in Großbritannien erlebt hatte. Sobald wir uns gesetzt hatten, brachte uns ein Kellner einen Drink und ein kleines Stück Biskuitkuchen. Es gab Wasser, wann immer man danach fragte, und man konnte Nüsse und andere Snacks kaufen. Vielleicht hätten wir den *dolmuş* mit diesen Dingen ausrüsten sollen statt mit Lokum und Kölnisch Wasser ...

Dann war es so weit. Der Bus spuckte uns in Isfahan aus, der zweitgrößten Stadt im Iran. Die Stadt breitet sich unter den Hängen eines Berges über den Wüstenboden aus, Hochhäuser waren keine zu sehen. Soviel ich wusste, wurde sie vor über 1500 Jahren gegründet. Der breite Fluss, der mitten durch sie hindurchfließt, heißt Zayandeh Rud oder »lebensspendender Fluss«. Isfahan ist eine Stadt der Bäume, Blumengärten und Brücken und bildet einen unglaublichen Kontrast zu der roten Wüste, durch die wir zuvor gefahren waren. Isfahan ist schlichtweg sensationell schön.

Wir tranken auf einem riesigen halbmondförmigen Platz einen Tee. Die Reihenhäuser, die den Platz säumten, waren zweistöckig, im Erdgeschoss reihten sich zahlreiche Geschäfte aneinander. Uns gegenüber lag eine eindrucksvolle Moschee mit blauen Kuppeln.

Wir schlenderten durch einen langgestreckten Bazar mit offenen Läden, in denen Kleidungsstücke, Gebrauchtwaren, Kessel und Kürbisflaschen, Lederplatten und Perserteppiche angepriesen wurden. In einem Laden standen eine riesige Doppelaxt und ein Kettenhemd zum Verkauf. »Ewan würde es hier gefallen«, sagte ich. »Er würde alles aufkaufen.«

Wir gönnten uns einen zweiten Tee in einem schmalen Café mit Glastischen und mit Teppichen bedeckten Sitzbänken. Die Wände waren mit zahllosen Streitäxten geschmückt, von der Decke hingen massenhaft Lampen und Laternen. Neben den Tischen standen Wasserpfeifen griffbereit, eine Männerrunde hatte sich in einer Ecke zusammengefunden und rauchte.

Der Tee wurde in einem Glas serviert, mit Zucker zum Süßen und einem Teller kristallisiertem Honig, den wir wie Kekse aßen. Ich konnte nicht widerstehen und bestellte eine Wasserpfeife. Nach ein paar Zügen brach ich das Experiment genussvoll, aber bestimmt ab, da meines Wissens eine Shisha-Füllung einer ganzen Packung Zigaretten entspricht. Mein Tabak hatte übrigens Apfelgeschmack.

Wir übernachteten in Schahr-e Kord, einer kleinen Stadt aus Sandsteingebäuden inmitten der Wüste. Am nächsten Morgen standen wir früh auf, um uns mit einer Gruppe Nomaden in der Wüste zu treffen. Das Wetter war genauso wechselhaft wie das Land selbst. Am Tag zuvor war es noch glühend heiß gewesen, aber an diesem Morgen regnete es in Strömen und mich fröstelte unter meiner Jacke.

Die Wüste bestand aus rotem Fels und Sand. Hier und da wucherte Buschwerk, das trotz der Dürre an manchen Stellen grünte. Unser Führer, ein alter Mann, machte uns unterwegs auf das Geschehen am Wegesrand aufmerksam, unter anderem auf Schafe, die einen Bergkamm entlanggetrieben wurden. Er erklärte uns, seine Leute seien Belutschen, ein allgemeiner Begriff, der auf eine ganze Reihe nomadischer Stämme zutrifft, die alle den westiranischen Dialekt *Belutschi* sprechen. Wir erreichten das Lager seines Clans hinter einer Anhöhe – eine Handvoll Zelte, die im natürlichen Schutz einer Schlucht aufgebaut waren. Es schienen keine Männer da zu sein, nur Frauen und kleine Kinder, größtenteils Mädchen. Ein Esel stand in einem Pferch aus Holzstangen und Drahtgeflecht, andere waren an Pfähle gebunden.

Eine Frau saß im Schneidersitz auf einer Matte vor ihrem Zelt. Sie trug ein schwarzes Kopftuch und ein schwarzes Umhängetuch über ihren Kleidern. Ihre zwei Töchter kauerten hinter ihr. Das Zelt war groß und viereckig mit einem abfallenden Dach, und als wir näher kamen, sah ich, dass es aus vielen Tuchfetzen bestand, die wie bei einem Quilt zusammengenäht waren.

Das Lager erinnerte mich an die Mongolei; Zelte, Schafe und Ziegen, kleine Kinder, die herumrannten. Die Wüstennomaden waren sehr arme Leute, aber die Frau hatte ein unglaublich ausdrucksstarkes Gesicht. Sie wirkte stolz, ja erhaben, und sprach ausgesprochen gerne mit mir. Ich fragte sie nach dem Leben der Nomaden, und ob es sich in den letzten Jahren sehr verändert hätte.

»Es ist sehr hart«, sagte sie. »Früher war es besser. Unsere Leute hielten mehr zusammen. Heute regnet es nicht mehr, wann es sollte, und viele gehen weg und ziehen in die Stadt.«

»Wo ist Ihr Mann heute?«

»Bei den Schafen – er sucht nach Wasser.« Sie deutete auf eine kleine Küche, die man aus Pfosten und einer Plane gezimmert hatte. Ein großer Kessel hing an einem Stück Schnur, gelbe Kanister standen unter einer Arbeitsplatte, bestehend aus ein paar schmalen Brettern. Mahmud erzählte uns, dass es in den letzten zwei Jahren nicht mehr richtig geregnet habe und die Leute ihre Schafe verkaufen und in die Stadt ziehen müssten, wenn es so weitergeht. Die Frau hatte acht Söhne, die mit ihrem Vater unterwegs waren und ihm bei der Arbeit halfen. Sie schliefen zu zehnt in einem Zelt.

Diese Leute hatten in der Tat ein knochenhartes Leben in dieser dürren Gegend. Aber sie waren trotz der Entbehrungen stolz. Mit täte es leid, wenn sie ihre Lebensform aufgeben müssten, mit der sie sich derart identifizieren und zufrieden sind. Zum Abschied tobte ich mit den Kindern herum, ließ sie auf mir herumkrabbeln und jagte sie dann davon, indem ich ein Ungeheuer spielte, die Art von Spiel, wie es Kinder auf der ganzen Welt gernhaben.

Zurück in Isfahan, warteten wir am Bahnhof auf unsere nächste Zugreise. Auf dem Bahnsteig inspizierte Russ den Zug. »Das ist unser vierter Zug«, gab er bekannt. »Der fünfte, wenn man den von Liverpool mitzählt. Der Orient-Express war der beste und der von Tiflis nach Baku der schlimmste. Gleich werden wir sehen, wo wir den hier einordnen können.«

Ich musterte die olivgrüne Lokomotive und die pink und blau gestrichenen Waggons. Die Abteile wirkten recht klein. Zu allem Überfluss war der Zug gesteckt voll, und wir mussten uns alle vier (Mahmud fuhr auch mit) samt Gepäck in ein einziges Abteil drängen.

Es ruckte, und der Zug fuhr an. Wir sahen eine Weile zu, wie die Landschaft an uns vorüberzog – sandig, flach, und die Berge waren schemenhaft in der Ferne zu erkennen. Der Blick in die Weite änderte jedoch nichts an unserer Situation: Die Kabine war, um es gelinde auszudrücken, kompakt. Auf der einen Seite hatte Mungo die Pritsche über der Sitzbank, auf der Mahmud schlief, belegt. Russ räkelte sich mit etwa sechzig Zentimeter Abstand auf der Bank gegenüber von Mahmud, und ich hatte die Liege über Russ in Beschlag genommen. Unser Gepäck stapelte sich auf einer dritten Liege oberhalb von mir. Es war zwar verdammt eng in diesem Zug, aber er besaß eine Klimaanlage, und der Service war phantastisch, viel besser als in Großbritannien. Sie servierten das Essen auf Metalltellern mit echten Messern und Gabeln: Hühnerkebab mit Reis und Joghurt und Limonen. Überhaupt war das Essen im Iran ausnahmslos ausgezeichnet gewesen, wobei die Mahlzeit mit Asadollah in der Fernfahrerkneipe ungeschlagen blieb.

Im Wagen vor uns reisten vier sehr attraktive Schwestern mit einem ihrer Söhne nach Süden. Sie schauten immer wieder bei uns im Abteil vorbei, vermutlich weil wir Ausländer waren und eine Kamera hatten. Sie trugen eine Menge Make-up und extrem knappe Kopftücher, um der Vorschrift Genüge zu tun. Mir fiel sofort auf, dass sie Humor hatten, eine von ihnen war regelrecht in Russ' Kamera verliebt.

Die Mädchen stammten aus Isfahan und waren unterwegs nach Bandar Abbas, um eine Woche Urlaub zu machen. Sie wollten wissen, ob wir verheiratet wären. Mahmud sagte sofort, wir seien alle ledig, aber ich legte Wert auf Korrektheit und erklärte ihnen, dass ich verheiratet sei und Russ eine feste Beziehung habe; nur Mungo wäre noch zu haben. Das störte sie nicht weiter. Sie wollten wissen, ob wir etwas gegen Zweitfrauen hätten. »Heiratet uns«, sagten sie schelmisch, »und bringt uns weg von hier«. Immer wieder wurden die jungen Rebellinnen wegen ihres Kleidungsstils von vorbeigehenden Fahrgästen geschimpft.

Nach dem Abendessen redeten wir noch eine Weile mit anderen Leuten, die vom Gang aus zu uns stießen. Aber am Ende hatte sogar der energiegeladene Mahmud keine Kraft mehr zu übersetzen und verfiel in Schweigen.

Ich machte meine Koje fertig, wobei ich die Leintücher und Kissenbezüge verwendete, die der Steward uns gegeben hatte. Dann rollte ich zusätzlich meinen Hüttenschlafsack aus.

»Du hast doch Leintücher, Charley«, sagte Mungo.

»Ich weiß, aber es kommt darauf an, was unter den Leintüchern ist, nicht wahr?«

»Unter den Leintüchern, klar ... Ein Nicken genügt, und ich komm rüber und nehme dich in den Arm.«

Ich zog meine drei Tage alte Socke aus und pfefferte sie ihm ins Gesicht.

10

Schmuggler und Unterseeboote

Russ wirkte noch ganz verpennt, als ich von meinem Bett rutschte und es wegklappte.

»Morgen, Russ. Hast du gut geschlafen?«

»Ja, ich glaub' schon. Der Zug hier ist ziemlich komfortabel. Nicht wie der eine aus Tiflis, hm?« Er gähnte und sah aus dem Fenster. »Wir sind immer noch in der Wüste«, sagte er. »Die ganze Nacht lang sind wir schon durch die Wüste gefahren.«

Missmutig schüttelte ich den Kopf. »Wir sind in der Wüste, seit wir Teheran verlassen haben, Russ.«

Wir schlenderten zum Speisewagen und frühstückten. Es gab Tee und knuspriges Naan-Brot mit klebriger, grauer Erdnussbutter. Das Frühstück war in Ordnung, aber kein Vergleich zu dem Abendessen, das man uns am Vortag serviert hatte. Ich träumte gerade von einer sahnigen Latte Macchiato und einem Speckbrötchen, als ein alter Mann hereinkam, der sich sein Essen von zu Hause mitgebracht hatte. Er nahm Platz und schlug ein Stück Stoff auseinander, in dem sich Walnüsse befanden. Ohne zu zögern, bot er uns welche davon an. Es war eine typische, großzügige Geste: Er kannte uns zwar überhaupt nicht und schien selbst nicht viel zu besitzen, doch das Wenige, das er hatte, teilte er gerne mit uns.

Wieder zurück im Abteil, falteten wir die Karte auseinander, um unsere Pläne noch einmal durchzugehen. Ich kramte nach dem Filzstift. Wenn wir in Bandar Abbas waren, wollten wir zum Hafen gehen und von dort aus mit einer Dau nach Dubai segeln.

Russ nickte. »Sobald alles geregelt ist, werde ich mit Lucy klären, wie es mit dem Containerschiff aussieht, das wir von Dubai aus nehmen wollen. Außerdem müssen wir von jetzt an mit den Nachrichten immer auf dem Laufenden bleiben. Die Situation zwischen China und Tibet kann sich jeden Augenblick ändern.«

Wir hatten die Sanddünen hinter uns gelassen, und vor dem Fenster wurde die Landschaft nun wieder bergig. Die Gipfel waren weiß, als hätte man sie mit Salz bestreut. Am Fuße der Berge breiteten sich überall schlammfarbene Siedlungen aus. Der Iran war ein riesiges Land, das dünn besiedelt zu sein schien. Auf unserem Weg nach Süden hatten uns die Menschen stets freundlich empfangen. Was die religiösen Führer sagten oder welcher politische Streit zwischen der iranischen Regierung und unserer gerade tobte, hatte keine Rolle gespielt.

Russ spreizte seine Finger, um auf der Karte die Entfernung zu messen. »Nach der Karte zu urteilen, haben wir bereits ein Drittel der Reise hinter uns«, sagte er.

Ich überprüfte das GPS. Russ hatte vorgeschlagen, die Meerenge mit einem Dinghi zu überqueren, falls wir keine Dau bekämen. Ich war mir da nicht ganz sicher. »Okay, bis nach Dubai direkt sind es etwa 240 Kilometer. Ich schätze, wir starten vielleicht rund sechzig von Bandar entfernt. Dann müssen wir also mindestens 170 Kilometer auf dem Meer zurücklegen.«

Russ war gedanklich schon einen Schritt weiter. »Unser Hauptproblem ist immer noch China«, grübelte er. »Jemand sagte mir, wir könnten auch nach Birma gehen und dort ein Flugzeug nehmen, das uns nach Laos bringt.«

»Was für ein Flugzeug?«

»Eine Cessna.«

»Klasse. Ich kann dann starten und landen.« Ich demonstrierte, wie man den Steuerknüppel langsam zurückzieht.

»Der Thailand Cessna Club meinte, sie könnten uns mitnehmen, wenn wir wollen. Sie würden uns dann über Birma nach Laos fliegen. Damit brechen wir auch nicht unseren Vorsatz, kein kommerzielles Verkehrsflugzeug zu nehmen. Eine Cessna ist ja nur ein kleiner Flieger. Wir müssen eben schauen, wie die Lage ist, wenn wir dort sind. Aber wenn wir am Ende eine Cessna nehmen, soll mir das auch recht sein«, erklärte Russ.

Es war gerade neun Uhr, als wir in Bandar Abbas eintrafen, doch es war bereits drückend heiß. Wir verabschiedeten uns von den vier Mädchen aus dem benachbarten Waggon und traten hinaus ins Freie. Die Sonne knallte auf den Gehweg, und an dem strahlend blauen Himmel war kein Wölkchen zu sehen. Entlang der breiten, staubigen Straße des Geschäftsviertels wartete eine Reihe gelber Taxis. Ich sehnte mich nach einer Dusche. Im Zug zu schlafen ist gut und schön, und speziell dieser Zug war recht komfortabel gewesen, aber Duschen hatte es dort keine gegeben.

Im Hotel wusch ich meine Socken und meine Unterhosen. Meine Frau wäre stolz auf mich gewesen. Es war schon nach zehn, und wir mussten uns langsam um unsere Dau kümmern. Mahmud sagte, es sei hier unten so heiß, dass zwischen 12 und 16 Uhr alles geschlossen sei.

Mungo kam herein. Er wirkte aufgeregt: »Habt ihr die Nachrichten gesehen?«, fragte er. »In Birma hat es einen Zyklon gegeben. Sie schätzen, dass dabei etwa 15 000 Menschen ums Leben gekommen sind.«

Ich schaltete den Fernseher ein. Wir setzten uns und schauten die Bilder an, die von einem BBC-Reporter aus Thailand kamen. Der Journalist berichtete, dass die Katastrophe in einer Stadt im Süden bislang offenbar die meisten Opfer gefordert habe. Häuser waren eingestürzt, Bäume entwurzelt und Straßen versperrt worden. Zudem fürchtete man um die Reisernte, da durch den Zyklon eine riesige Welle entstanden war, die das Irrawaddy-Delta überflutet hatte.

Als wir uns draußen trafen, um ein Taxi zu rufen, war keinem von uns nach Reden zumute. Auch Russ hatte die Nachrichten gesehen.

»Ich hoffe inständig, dass das Militär fremde Hilfe ins Land lässt«, sagte er. »Und zwar schnell. Sie werden sie wirklich brauchen.«

Ich nickte. Die Sache war grauenhaft, und es hörte sich so an, als würde die Zahl der Opfer sogar noch steigen. Schon seltsam, wenn man sich vorstellte, dass wir vor Kurzem noch davon gesprochen hatten, über Birma zu reisen. Ich musste ständig an das entsetzliche Leid all dieser Menschen denken. Freilich konnte das Ganze auch gewaltige Auswirkungen auf unsere Pläne haben, denn dazu kam schließlich noch die Krise, die sich zwischen China und Tibet hochschaukelte. Es wurde also immer schwieriger für uns, nach Laos zu gelangen. Doch angesichts einer solchen Tragödie, wie sie sich in Birma abspielte, erschien dies als ein kleines, unbedeutendes Problemchen.

Als wir uns den Docks näherten, gewannen wir neue Zuversicht. Es wirkte alles viel besser organisiert als wir erwartet hatten: große weiße Gebäude, viele Baustellen und jede Menge Sicherheitspersonal.

Russ schüttelte den Kopf. »Ich hatte gehofft, einen alten Kai mit ein paar Booten vorzufinden, aber das hier sieht alles ziemlich offiziell aus, oder?«

Mahmud brachte uns zum Reedereibüro und begann sofort eine Unterhaltung mit einem der Angestellten. Nach der Hitze in den Straßen war es drinnen wohltuend kühl. Mahmud unterbrach sein Gespräch und wandte sich an uns.

»Es gibt nur einen Schalter, eine einzige Reederei, die nach Dubai fährt.« Er zeigte auf eine Glaskabine. Hinter der Scheibe war niemand. »Alle paar Tage geht ein Schiff, aber sie nehmen keine Passagiere mit. Es tut ihm sehr leid, aber so sind die Bestimmungen.«

Inzwischen waren einige Hafenbeamte und Angestellte verschiedener Reedereien hereingekommen. Ihr Schwatzen hallte in dem leeren Raum wider. Mahmud versuchte es auch bei ihnen, aber ohne Erfolg. »Es tut ihnen leid«, sagte er. »Die Auflagen sind hart, und es ist ihnen nicht gestattet, Passagiere an Bord zu nehmen. Ich habe sie wieder und wieder gefragt, aber da kann man wohl nichts machen.«

Wir beschlossen, einen kleinen Spaziergang zu machen und auf eigene Faust zu versuchen, mit einem Kapitän einen Deal auszuhandeln. Wir schlenderten hinunter zum Wasser. Dort warteten gewaltige Liegeplätze aus Beton darauf, große Schiffe wie das in der Sonne gleißende Kreuzfahrtschiff aufzunehmen, welches wir in der Ferne vor Anker liegen sahen. Wir überquerten einen freien Platz und stießen auf einen Drahtzaun und ein Tor. Dahinter lag eine ramponierte alte Dau vertäut – genau das, was wir suchten. Sie lag flach im Wasser und war mit einem schmutzigen Blau angestrichen. Das Vorderdeck war offen, und das Heck war mit einem Oberdeck überbaut, dessen abgestoßene Balustrade an ein Piratenschiff erinnerte.

Wir schickten Mahmud vor. Er sollte die Mannschaft fragen, ob sie uns nach Dubai mitnehmen würde.

Sie lachten.

»Sie nehmen keine Passagiere mit«, brummte ich vor mich hin.

Mahmud nickte. »Nein«, sagte er. »Sie können es auf gar keinen Fall machen.«

Plötzlich tauchte ein Sicherheitstyp in einem weißen Hemd mit Epauletten und einer Baseballmütze auf. Er wirkte ziemlich verärgert.

»Was machen Sie hier?«, wollte er wissen. »Sie dürfen sich hier nicht aufhalten.«

Ich entschuldigte mich, und Mahmud erklärte rasch, wer wir waren, woher wir stammten und was wir vorhatten. Da beruhigte sich der Sicherheitsbedienstete wieder. Er legte uns förmlich dar, dass vor zwei Jahren ein Gesetz erlassen worden sei, das die Beförderung von Passagieren nicht nur für Daus, sondern für alle Frachtschiffe generell untersagt. Es hatte alles mit der Schmuggelei zu tun – sowohl von Waren als auch von Menschen. Die iranische Regierung hatte offenbar rigoros durchgegriffen. Er empfahl uns, zum Regierungsbüro zu gehen und mit dem Sicherheitschef zu sprechen; vielleicht könne der uns weiterhelfen.

Wir trafen den Sicherheitschef in seinem Büro in der Nähe der Reederei an. Er war so hilfsbereit, wie es die Umstände eben zuließen. Fast entschuldigend blickte er uns an. »Es tut mir leid«, sagte er. »Aber das geht nicht. Auf einer Dau kann man nirgends schlafen.«

»Wir brauchen kein Bett«, erwiderte ich.

»Das spielt keine Rolle. Sie nehmen keine Passagiere auf.«

Wir fragten, ob es denn außer der regulären Fähre nicht noch andere, traditionelle Verkehrsmittel gebe, die wir nehmen könnten.

Er schüttelte nur den Kopf. »Nein, nichts. Es ist unmöglich. Wegen der illegalen Schleuserei nimmt nur die Fähre Passagiere auf. Daus laufen nicht im Zollbereich ein, sondern woanders. Sie können an Bord keine Pässe stempeln, entladen nur ihre Güter und nehmen dann wieder neue an Bord. Selbst wenn Sie jemand mitnehmen würde, bekämen Sie wahrscheinlich keinen Einreisestempel. Und dann könnte es sein, dass man Sie nicht ins Land lässt.«

Wir begriffen, dass es keinen Zweck hatte. Das war richtig schade, denn es wäre ein besonderes Erlebnis gewesen, die Straße von Hormus in einer Dau zu überqueren. Stattdessen mussten wir nun zum Fährbüro hetzen, in der Hoffnung, dass es noch ein paar freie Plätze gab. Wir hatten großes Glück: Es gelang uns, vier Tickets für die nächste Fähre zu bekommen, die am Donnerstagmorgen auslief, also in zwei Tagen.

Am nächsten Morgen – unserem endgültig letzten Tag in Iran – schlenderte ich mit Mungo zu den Docks. Dort nahmen wir ein Boot nach Queshm, einer kleinen Insel ein Stück südlich von Bandar, wo die Iraner gern Urlaub machen. Wir wollten uns dort einfach ein wenig umsehen.

Wir nahmen ein Schnellboot – ein großer, alter, billiger Kahn mit einem Leinwanddach gegen die Sonne. Das Gebiet war eine der umstrittensten Wasserstraßen der Welt. Die Ereignisse im Irak und in Afghanistan riefen die Briten hier ebenso auf den Plan wie die Amerikaner. Es war offenkundig, worum es ging: Der Anblick der Tanker, Ölbohrplattformen und Kriegsschiffe sprach eine eigene Sprache. Nicht alle Kriegsschiffe waren iranischer Nationalität. Als ich so dasaß und mir den Wind um die Nase wehen ließ, sah ich auf einmal ein Periskop aus dem Wasser auftauchen. Ich konnte es kaum glauben. »Scheiße, Mungo«, sagte ich. »Sieh mal da, ein Periskop!«

Wir sahen zu, wie es auftauchte, bis drei metallene Stäbe aus dem Wasser ragten. Es war eindeutig keine Boje, weil es sich bewegte. Dann verschwand es einfach wieder. »Mein Gott, das war ein U-Boot«, sagte ich. »Da wird einem endgültig klar, wo man sich befindet. Wahrscheinlich ist es ein amerikanisches Boot. Oder vielleicht sogar eines von uns, wer weiß.«

»Es könnte auch ein Russe gewesen sein«, sagte Mungo. »Mahmud erzählte mir, er nehme an, dass auch Russen hier seien.«

Offen gesagt, waren weder Mungo noch ich sonderlich beeindruckt von der Ferieninsel. Es gab dort nichts außer einem schmutzigen Strand mit ein paar Hütten im Pagodenstil. Alles wirkte ziemlich heruntergewirtschaftet, und man erzählte uns, dass Schmuggler in Schnellbooten hier an Land gingen, um Waren aufzunehmen, die sie dann aufs Festland zu bringen versuchten.

Keiner von uns machte ein Hehl aus seiner Enttäuschung, nur Mahmud war ein wenig still geworden. Später erzählte er, wie sehr er Queshm liebe und dass er hier Ferien mit seiner Familie verbringen wolle. Mungo und mir war es entsetzlich peinlich, dass wir mit unserer Meinung nicht hinterm Berg gehalten hatten. Wir fühlten uns richtig elend, denn es ließ die Kluft zwischen unseren Kulturen klar hervortreten. Wir waren einen unglaublich hohen Lebensstandard gewohnt und hatten hochgesteckte Erwartungen. Die Realität sieht jedoch so aus, dass die Iraner gar nicht erst die Wahl haben, was sie tun oder wohin sie gehen sollen. Für einen Mann wie Mahmud war Queshm ziemlich cool. Manchmal vergaß ich, dass wir uns in einem streng regierten Land bewegten, wo die Auswahl an Freizeitgestaltung ziemlich begrenzt ist. Es gibt jede Menge junger Leute im Iran: Etwa siebzig Prozent der Bevölkerung sind unter dreißig, und sie können nirgendwo hingehen. Anscheinend setzen sich die Leute aus Mangel an Angeboten oft einfach in ihre Autos und fahren in der Gegend herum. Mungo und ich waren uns einig, dass wir von nun an mit unseren Meinungsäußerungen viel vorsichtiger sein mussten, und zwar nicht nur im Iran, sondern in jedem Land. Es war verdammt unhöflich. Hätten wir gehört, wie sich jemand über unser eigenes Land lustig machte, hätten wir ihm wahrscheinlich ordentlich den Marsch geblasen.

Schließlich gelang es uns doch noch, einen Ausflug mit einer Dau zu unternehmen, wenn auch nur von der Insel zurück zum Festland. Im Hafen lagen ein paar alte Boote vertäut. Einige waren reine Lastkähne, die anderen für Passagiere geeignet – also exakt das, womit wir eigentlich nach Dubai hatten segeln wollen. Der Passagierbereich war mit Holzplanken begrenzt, um sicherzustellen, dass niemand über Bord ging. Unter dem niedrigen Dach waren roh gezimmerte Holztische am Boden befestigt. Dort saßen die unterschiedlichsten Leute: Männer in langen Hemden und weiten Hosen, viele, viele Kinder und Frauen mit Kopftüchern. Einige davon trugen rote Masken, die ihre Gesichter vollständig bedeckten.

Ich spazierte zum Ruderhaus und fragte den Kapitän in Zeichensprache, ob er mich auch einmal ans Ruder ließe.

Es war ein richtiges Schiff, wie es die Perser seit Jahrhunderten benutzten. Zugegeben, dieses fuhr nicht unter Segeln, sondern wurde von einem Dieselmotor angetrieben. Das Ruderhaus war eng, mit einer langen gepolsterten Bank. Statt des Joysticks, an dessen Anblick ich mich im Verlauf der Reise schon gewöhnt hatte, hatte die Dau ein massives, altes, hölzernes Steuerruder. Ich hockte mich neben den Kapitän. Er war barfuß und steuerte mit seinen Zehen. Wir konnten nicht viel zueinander sagen, da er kein Englisch und ich kein Persisch verstand, also konzentrierte er sich auf sein Boot. Auf dem Armaturenbrett gab es einen Radar und ein Funkgerät, aber abgesehen von einem alten Schiffskompass, der lose in einer Holzkiste lag, war es das auch schon. Ich nahm meine Verantwortung ernst, denn immerhin waren 120 Menschen an Bord. Gekonnt umschiffte ich die Bojen und eine riesige Ölplattform, nicht zu vergessen die Tanker und Kriegsschiffe. Na schön, das stimmt jetzt nicht ganz. Ich durfte den Kurs halten, als uns die Strömung nach Steuerbord trieb, aber der Kapitän hatte die ganze Zeit über seine Zehen an den Speichen des Steuerruders.

Zurück an Deck, lehnte ich gerade an der Reling, als ein Schnellboot vorbeisauste. Es hüpfte förmlich über die Wellen. Jedes Mal, wenn die Schiffsschraube aus dem Wasser gehoben wurde, kreischte der Motor auf. Zwei junge Kerle hielten ihre Schmuggelware fest, ein Dritter steuerte. Ich winkte ihm zu. Mit einem boshaften Grinsen winkte er zurück. Das Schnellboot war vielleicht vier oder fünf Meter lang. Im Hafen von Queshm hatten wir bereits einige dieser Boote gesehen. Höchstwahrscheinlich würden sie es mit der Marine zu tun bekommen, wenn sie sich Bandar Abbas näherten, wo uns jede Menge Militärschnellboote aufgefallen waren. Das sei Teil des Berufsrisikos, erklärte uns Mahmud. Wenn jemand auf die Schmuggler zusteuert, würden sie einfach die gesamte Ladung über Bord werfen und ihre Unschuld beteuern.

11

Kühlcontainer und piratenverseuchte Gewässer

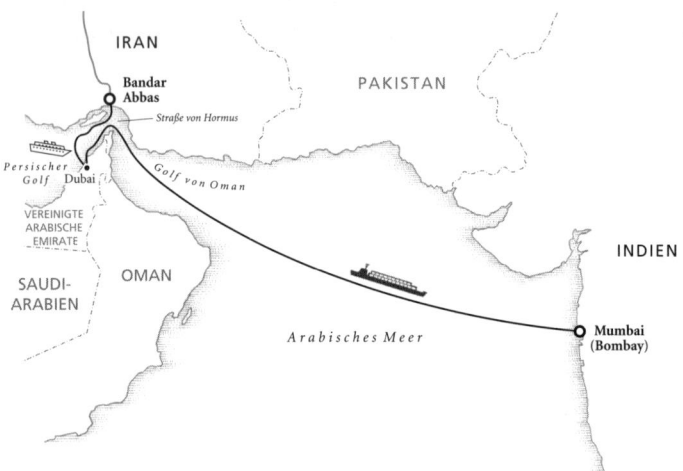

Am 8. Mai verließen wir den Iran und gingen an Bord einer Fähre nach Dubai. Ich war schon einmal dort gewesen, als ich mich auf die Rallye Dakar vorbereitete. Damals hatte ich eigentlich zwei Wochen lang mit einer Honda auf Sand trainieren wollen, aber nach nur wenigen Tagen hatte ich einen Unfall und brach mir das Schlüsselbein.

Diesmal hingegen war es klasse in Dubai, wie ein paar Tage im Paradies: großes Zimmer, toller Pool; eben alles, was man so braucht, wenn man vollkommen erledigt ist. Meine kühnste Unternehmung war ein Ausflug zum Einkaufszentrum. Ich wollte ein paar DVDs für die Überfahrt nach Indien, neue Unterhosen und vielleicht noch T-Shirts zum Wechseln kaufen. Am Ende erstand ich einen Leatherman und ein Kleid, das ich meiner Frau nach Hause schickte. Ach ja, und einen Gummiball.

Am Sonntagnachmittag scharrte ich längst schon wieder mit den Hufen, weil ich weiterreisen wollte. Ein fremdes Land lockte, in dem ich noch nie zuvor gewesen war. Per Containerschiff dorthin zu gelangen versprach außerdem ein ganz besonderes Erlebnis zu werden. Wir hatten erfahren, dass Indien während unserer Überfahrt nach Dubai eine atomare Testrakete gezündet hatte, aber ich versuchte, diese Nachricht abzutun, so gut es ging: In einem politisch ohnehin angespannten Gebiet war es halt zu weiterem politischen Aufruhr gekommen.

Russ musste geschäftlich wieder nach London fliegen, sodass nur Mungo und ich zurückblieben. Das Schiff legte erst am Montagmorgen ab, doch der Zoll funktionierte hier anders. Der ganze Papierkrieg musste lange im Voraus erledigt werden. Sie wollten jedenfalls, dass wir bereits heute an Bord gingen. Wir trafen also überpünktlich im Hafen von Dschabal Ali ein.

Es war eine völlig neue Erfahrung für mich. In der Meerenge hatten wir schon viele Containerschiffe gesehen – riesige, schwimmende Metallmonster, die von Hunderten von Containern ins Wasser gedrückt wurden –, aber ich war noch nie auf einem gewesen und musste mich erst zurechtfinden. Wir reisten mit Maersk auf der *Nedlloyd Tasman,* einem in London registrierten Schiff von gigantischen Ausmaßen. Sein schwarzer Rumpf ragte hoch aus dem Wasser, und das Deck schien Kilometer über unseren Köpfen zu sein. Einen Augenblick lang blieben wir einfach stehen und staunten – nicht nur wegen der enormen Größe des Schiffs, sondern auch wegen des geschäftigen Treibens um uns herum. Ein Laster nach dem anderen rollte an, alle beladen mit Containern. Dann schwenkten große Hafenkräne hinab, sogenannte Containergreifer. Sie hoben einen Container hoch, hievten ihn an Bord und setzten ihn dort millimetergenau ab. Es war wie in einem Film: Alles war hoch technisiert und so modern, dass es beinahe computergeneriert wirkte. Dies war vermutlich das abgefahrenste Transportmittel, mit dem wir bis zu diesem Zeitpunkt gereist waren.

Ich kletterte den Landungssteg hinauf, der zu beiden Seiten mit Seilen gesichert war. Mein Koffer erschien mir immer noch tonnenschwer. An Deck begrüßte uns Dave, der Bootsmann oder dritte Maat. Er brachte uns zum Büro des Schiffs, wo wir uns einschrieben. Ich war von dem Lärm und dem Betrieb an den Docks schon ganz kribbelig. Dave stellte uns Kevin, dem Kapitän, vor. Der war ein richtig netter Typ und so gelassen und entspannt, dass er fast umfiel. Er sagte, wir könnten uns auf seinem Schiff frei bewegen und überall filmen, solange wir uns an die Regeln halten und die vorgeschriebene Kleidung tragen würden: hellblaue Overalls, Helme und Sicherheitsschuhe.

Unsere Kabinen waren im vierten Geschoss des Deckhauses, wo auch die Offiziere und Auszubildenden schliefen. Nachdem ich meinen Koffer die vier Treppen hinaufgeschleppt hatte, war ich zwar außer Atem, aber der Anblick der Kabine verschlug ihn mir endgültig: Sie war geräumig, hatte immerhin eine Klimaanlage, einen Fernseher und einen DVD-Spieler. Die Geräte waren festgeschraubt, damit sie bei rauer See an ihrem Platz blieben. David entschuldigte sich für den Blick aus meinem Fenster, wo außer einer Wand aus Containern kaum etwas zu sehen war. Aber etwas anderes konnte ich auf einem Schiff, das 5000 von den Dingern transportierte, wohl auch kaum erwarten. Positiv hingegen war, dass David sagte, die Wettervorhersage sei gut und das Meer würde wahrscheinlich den ganzen Weg bis nach Mumbai ruhig bleiben.

Danach wurden wir dem schottischen ersten Maschinisten Alistair McLean vorgestellt. Der teilte uns mit, dass sie ein Problem mit der Maschine hatten. Das fing ja gut an! Kaum an Bord und schon gab es einen Maschinenschaden, bevor wir überhaupt in See gestochen waren.

Wir folgten ihm hinunter in den Maschinenbereich, wo es offensichtlich keine Klimaanlage gab. Die Luft war unerträglich und die Treppe so heiß, dass man das metallene Geländer nicht mit bloßer Hand berühren konnte. Alistair erklärte uns, dass die Schmierölpumpe, die wahrscheinlich wichtigste Pumpe der gesamten Maschine, einen elektrischen Defekt hatte. Einer der Stecker war explodiert und hatte einen Kurzschluss verursacht. Drei Techniker arbeiteten daran, die Schalttafel wieder sicher zu machen, während sie darauf warteten, dass Teile aus Irland und Dänemark eingeflogen wurden.

Ich tat eine Bemerkung über die Hitze – ich schwitzte, und die Luftfeuchtigkeit im Kontrollraum war so hoch, dass es schon beinahe nebelig war. Aber Alistair lächelte nur milde: »Wenn du glaubst, das hier ist heiß, Charley, dann warte erst mal, bis du in den Maschinenraum selbst kommst. Da drin hat es 57 Grad.«

Er erläuterte uns, dass das Schiff riesige Mengen Elektrizität benötige und seinen Eigenbedarf selbst erzeuge. Die an der Wand befestigte Schalttafel sah relativ verständlich aus. Die einzelnen Abschnitte waren mit schwarzen Linien verbunden. Grüne Lämpchen leuchteten, wenn alles in Ordnung war, und rote, wenn es ein Problem gab. Sie brauchten Energie, um die Druckdüsen am Bug zu speisen, die zum Wenden des Schiffs benötigt wurden. Bei den gigantischen Maßen des Schiffes – es war vierzig Meter breit und 276 Meter lang – reichte das Ruder allein nicht aus, um ein Wendemanöver durchzuführen.

Alistair führte uns zum Maschinenraum. 57 Grad sind verdammt heiß, glauben Sie mir. Wir trieften vor Schweiß, während wir uns einen Weg durch ein kilometerlanges Gewirr isolierter Rohrleitungen bahnten, um einen Blick auf die riesigen Maschinengehäuse zu werfen. Die Maschine lief mit Schweröl, einem Abfallprodukt, das entsteht, wenn dem Rohöl die Bestandteile für Benzin und Diesel entzogen werden. Es ist wesentlich billiger als Diesel, muss aber zuerst erhitzt werden, damit es flüssig genug ist, um effizient zu verbrennen. Bei voller Fahrt verbrauchte das Schiff zwischen 760 und 770 Tonnen Treibstoff pro Tag.

Die Hitze war viel zu groß, um noch länger dort unten zu bleiben, also gingen wir zurück nach oben auf die Brücke. Ich hatte ein Reich voller Knöpfe und Drehdinger erwartet (das ist ein technischer Begriff, wie Sie sicher wissen), aber stattdessen führte die Treppe hinauf zu einem verglasten Gang, der die volle Breite des Schiffs überspannte. Er ragte sogar über die Seiten des Schiffs hinaus, sodass die Offiziere durch Fenster im Boden zwanzig Meter hinab zum Wasser sehen konnten. Es gab zwei Konsolen und zwei Steuerruder, auf jeder Seite eins. Das Ruder war ein separater Block, ein Pult mit einem richtigen Steuerrad. Jim erklärte uns, dass das Schiff über einen der modernsten Autopiloten der Welt verfüge und es den Kurs millimetergenau nach Plan halten könne. Das Problem dabei sei allerdings, dass sich das Ruder die ganze Zeit bewegen würde und dadurch riesige Mengen an Treibstoff verbraucht würden. Auf der Brücke befanden sich zudem Kartentische mit Zirkeln und Linealen, ein computergestütztes Seekartengerät, zwei unabhängige Radarsysteme und – am allerwichtigsten – ein Küchenbereich mit einem Wasserkocher und einer Kaffeemaschine.

Das Schiff erzeugte nicht nur seine eigene Elektrizität (die unter anderem auch dazu genutzt wurde, die rund 500 Kühlcontainer zu betreiben), sondern auch frisches Wasser. Es verfügte über ein komplettes Klärsystem, das die ganzen Exkremente verquirlte und entsorgte. Auf See war das Schiff somit vollkommen autark; ein schwimmendes Dorf, ein kleines Stückchen Großbritannien mit allem drum und dran inklusive Marmite, HP-Soße und Pickles von Branston.

Das Steuerrad hatte es mir angetan. Ich spekulierte darauf, das Schiff einmal steuern zu dürfen, wenn wir erst einmal alles hinter uns gelassen hatten, womit wir zusammenstoßen konnten. Jim sagte, nach nur zehn Stunden Übung sei ich wohl in der Lage, das Schiff sicher in einen Hafen zu bringen.

Bis wir endlich losfuhren, vergingen über 24 Stunden. Die planmäßige Abfahrtszeit am frühen Montagmorgen rückte heran und verstrich. Danach folgte eine Terminverschiebung nach der anderen. Wenn man bedachte, dass das Schiff eigentlich bis China weiterfahren sollte und Zeit schließlich Geld war … Aber man konnte einfach nichts machen. Erst hatte es einen elektrischen Defekt gegeben, dann traten verschiedene andere Probleme auf. Gegen Abend stellte man zum Beispiel fest, dass ein mit 27 Tonnen Gewicht bezeichneter Container in Wahrheit an die vierzig Tonnen wog. Er ließ sich mit einem Containergreifer nicht anheben, also musste ein zweiter hinzugeholt werden. Sie verluden nicht nur Container, sondern auch Deckelemente. Man kann nämlich nur soundso viele Container aufeinanderstapeln, dann muss eine neue Deckschicht aufgelegt werden. Es fügte sich alles zusammen wie ein riesiges Puzzle. Alles wurde per Computer überwacht. Die Kühlcontainer wurden angeschlossen und überprüft. Von Tiefkühlkost bis hin zu Arznei oder sogar Blutkonserven konnte in ihnen alles Mögliche transportiert werden. Manchmal hatte schon der Inhalt eines einzigen Containers einen astronomischen Wert. Wir gingen den Gang auf der Steuerbordseite entlang, da stach mir der Name der Firma ins Auge, die die Deckelemente herstellte: Macgregor. Ich zeigte Mungo die Aufschrift. »Siehst du«, sagte ich. »Irgendwie ist Ewan immer bei uns.«

Der Frachtbereich machte den Hauptteil des Schiffes aus. Dahinter erhob sich am Heck das achtgeschossige Deckhaus. Die Brücke und das Ruderhaus waren ganz oben, darunter lag der Instrumentenraum. Der fünfte Stock beherbergte das Büro des Schiffes und die Kabinen der höheren Offiziere. Wir schliefen im vierten. Im dritten Stock befanden sich ein Freizeitraum und die Wäscherei. Der Rest der Mannschaft pennte im zweiten Stock, darunter befanden sich noch die Messe und die Kombüse.

Auf dem tieferen Deck begrüßte uns ein Plakat, auf dem Messer schwingende Bösewichter abgebildet waren, die gerade über eine Reling kletterten. »Seid wachsam in Piratengewässern« stand darunter.

Man war in der Tat sehr wachsam: Nachts wurde alles verriegelt. Für den Fall, dass uns irgendwelche Piraten aufs Geratewohl von einem Schnellboot aus beschossen, war es niemandem gestattet, nach draußen zu gehen. Das Horn und die Straße von Hormus waren ein besonders gefährliches Gebiet, und heute Nacht würden wir mittendurch fahren.

Bislang allerdings hatten wir noch nicht einmal abgelegt. Eine weitere Stunde verging, dann konnten wir vom Deck aus endlich beobachten, wie die Schlepper seitlich an das Schiff heranfuhren. Ich war verblüfft, wie alle ganz genau wussten, was sie zu tun hatten und wann, und zwar nicht nur auf dem Schiff, sondern auch die Kranführer und Lastwagenfahrer auf dem Hafenterminal. Es funktionierte wie ein Schweizer Uhrwerk. An Bord arbeiteten einige Leute bei Tag und andere bei Nacht, was feste Verhaltensregeln erforderte: Ruhe auf den Gängen und kein Türenknallen. Es gab hier zwar eine Hierarchie, aber jeder kannte seinen Platz, und jede Aufgabe wurde respektiert.

Es wurde nun langsam dunkel. Das Wasser war schwarz und das Dock von orangefarbenen Lampen erhellt. Mungo und ich gingen etwa einen Viertelkilometer weit durch einen an den Seiten geöffneten Gang aus Stahlbögen bis vor zum Bug und sahen der Mannschaft dabei zu, wie sie das Einholen der Bugleine vorbereitete. Das

Tau war so dick wie mein Oberschenkel. Man brauchte zwei Männer, um es loszumachen, dann erst konnte es eingeholt werden. Es hatte eine Belastbarkeit von 120 Tonnen und kostete 1200 Dollar. Es konnte nur dann reißen, wenn eine Seilwinde nicht richtig lief oder komplett blockierte und das gesamte Gewicht des Schiffs plötzlich an diesem Tau hing.

Um Viertel nach acht waren die Schleppkähne bereit. Verglichen mit unserem Riesenkahn waren sie winzig klein, aber trotzdem sehr kräftig. Der Hafen von Dschabal Ali dehnt sich über eine Fläche von 135 Quadratkilometern aus. Über 100 verschiedene Reedereien sind dort ansässig. Es gibt einen über zwanzig Kilometer langen Kanal, der extra für die Schiffe mit großem Tiefgang angelegt wurde. Diese werden bei der gesamten Fahrt durch den Kanal von Lotsen begleitet.

Einer dieser Lotsen kam an Bord unseres Schiffes und gab dem Mann am Ruder knappe Anweisungen, ohne das Steuer selbst zu übernehmen. Der Kapitän behielt die Oberaufsicht, denn das Schiff unterlag letztendlich seiner Verantwortung. Kevin erzählte uns, dass man nur im Panamakanal alles komplett übergebe: Dort steuern die Lotsen persönlich, und wenn sie es verkorksen, sei es ihre Sache. Er hatte schon gesehen, wie ein Lotse mit einem Schiff geschlossene Schleusentore durchbrochen hatte. Ein anderes Mal hatte jemand ein Schiff gegen die Seitenwände des Kanals gefahren. »Ich war damals Maat auf jenem Unglückskahn. Der Kapitän wollte schon herbeispringen und das Ruder selbst übernehmen, aber ich konnte ihn gerade noch davon abhalten. Jeder Eingriff in die Tätigkeit des Lotsen hätte, zumindest was die Versicherungsgesellschaft anbelangte, dazu geführt, dass wir den Unfall selbst zu verantworten gehabt hätten.«

Solch große Schiffe haben keine Gangschaltung. Wenn die Maschine anläuft, dreht sich die Schiffsschraube, also startet man die

Maschinen erst, wenn das Schiff aus dem Kanal heraus ist und der Lotse wieder von Bord geht.

Wir standen am Bug und sahen zu, wie die Schleppkähne das Schiff aufs offene Meer zogen. Wir hatten die Lichter von Dschabal Ali hinter uns gelassen und fuhren nun in die dunkle Nacht hinaus, es war immer noch 35 Grad warm. Als der Hafen in der Ferne verschwand, geriet ich kurz ins Träumen: Unsere nächste Station war Indien und Mumbai. Die Reise war so aufregend, dass mir immer noch manchmal der Atem stockte.

Auf der Brücke war nun der Lotse mit seiner Arbeit fertig. Durch den Glasboden beobachteten wir, wie die Gischt spritzte, als sein Boot schaukelnd seitlich herankam und sich gegen das Schiff presste. Der Lotse kletterte eine Leiter hinab und sprang aufs Deck. Dann löste sich der Schleppkahn von unserem Schiff, und wir warfen die Maschinen an. Vor uns lag die Straße von Hormus, wo uns vielleicht Piraten oder sogar Terroristen erwarteten.

Ich hatte großen Spaß daran, mich mit der Mannschaft zu unterhalten und Leute wie Dave, Jim oder Chris kennenzulernen. Mit letzterem bildete ich bei der Feuerlöschübung an jenem Morgen ein Team. Wir meldeten uns im Kommandoraum, wo uns der erste Maat mitteilte, dass wir ein imaginäres Feuer auf Deck löschen müssten. Wir positionierten uns in vier Ecken, in jeder zwei Jungs. Ich hielt die Spritzdüse, und Chris half mir, mit dem Gewicht des Schlauchs fertig zu werden. Dieser bockte und zuckte unter meinen Händen, aber wir überschwemmten die paar Kisten mit so viel Wasser, dass es gereicht hätte, das ganze Schiff zu versenken.

Wenn in einem hochempfindlichen Bereich des Schiffs, etwa im Maschinenraum, ein Feuer ausbricht, könne der jeweilige Schiffsteil hermetisch abgeriegelt und mit CO_2 vollgepumpt werden, erzählte mir Chris. So würden weitere Schäden durch Wasser oder Löschpulver vermieden. Wir führten anschließend noch eine kleine

Übung auf dem Poopdeck durch, bei der ich einen Feuerlöscher bedienen musste. Dann zwängten wir uns alle in das verdeckte Rettungsboot am Heck, das stets bereit zum Wassern war. Es war für dreißig Personen ausgelegt, aber notfalls hätten sich noch ein paar mehr an der Reling festklammern können. Wenn sie es zu Wasser lassen müssten, würden sie auch gleich die Schlauchboote hinauswerfen und das Ganze miteinander vertäuen, damit es besser zu sehen wäre. An Bord waren Nahrungsmittelrationen, Wasser und Treibstoff, um das Rettungsboot 24 Stunden lang bei sechs Knoten in Bewegung zu halten. Dave sagte mir jedoch, dass durch die Boote schon mehr Leute ums Leben gekommen seien als gerettet wurden, was ich nicht besonders beruhigend fand. Auf manchen Schiffen hielt man sie entweder nicht sorgfältig genug in Schuss, oder die Haken wurden zu früh gelöst. Manchmal öffneten sie sich unter der »Schocklast«, wie er es nannte, auch selbst. Dann prallte das Boot aus großer Höhe auf die Wasseroberfläche, wodurch es leicht zerschellen konnte. Zum Glück war bislang noch kein Mitglied der Mannschaft tatsächlich auf ein Rettungsboot angewiesen gewesen, und dieses hier wurde ordentlich gewartet.

Ich begleitete Jim, den ersten Maat, auf seiner Runde vom einen Ende des Schiffes zum anderen. Es war sein üblicher Gang, um zu sehen, wo etwas nachgebessert werden musste. Vom Heck aus arbeiteten wir uns langsam nach vorne, durch kilometerlange, enge Gänge, an deren Wänden und Decken Röhren verliefen. Es sah aus wie in *Alien*. Jim sagte uns, dass wir gerade über einer Reihe Treibstoff- und Ballastwassertanks entlangmarschierten. Er erklärte, er werde die Tanks heute Abend mit Meerwasser füllen und sie dann nach und nach wieder leeren; wenn das Wasser ausläuft, ziehe es frische Luft an. Am nächsten Morgen wollten wir dann Sauerstoffmessgeräte in die Dunkelheit hinablassen, um das zu überprüfen. Falls das Schiff Container verlor oder aus der Balance geriet, konnten diese Tanks teilweise mit Meerwasser gefüllt werden. Dadurch ließ sich die gewichtsmäßige Veränderung der Ladung wieder ausgleichen.

Es gab viel zu entdecken. Am Bug befanden sich keine Maschinen oder Lüftungsventilatoren, und so standen wir in dieser relativen Halbstille und lauschten, wie die See gegen den Schiffsrumpf brandete. Jim erklärte, was mit dem Schiff bei schlechtem Wetter passiere, und zeigte uns Stellen mit abgeblätterter Farbe und verbeulten Oberflächen, wo die tosenden Wellen ihren Tribut gefordert hatten. Auch so eine Sache, die Jim im Auge behalten musste.

Oben auf der Brücke trafen wir uns zu einem Plausch mit Kevin, dem Kapitän, und nahmen im »Big-Boss-Sessel« Platz. Zwischen uns war eine Konsole mit Anzeigen und Schaltern, in deren Mitte sich ein Knopf befand, mit dem man das Schiff steuern konnte. Man brauchte das Steuerrad eigentlich gar nicht, man konnte sich auch ganz bequem hierhin setzen und die Füße hochlegen. Wir erwähnten die kleinen Schäden, die wir am Bug gesehen hatten. Wenn man bei richtig schlechtem Wetter das Schiff entlangblickte, meinte Kevin, könne man beobachten, wie sich die Aufbauten biegen und bewegen würden. »Es ist alles so konstruiert, dass es flexibel bleibt und ein wenig der Bewegung des Wassers folgen kann«, sagte er, »so wie hohe Gebäude oft konstruiert sind, damit sie bei starkem Wind ein bisschen in der Statik nachgeben können.«

Ich fragte ihn, wie lange er schon zur See fahre.

»Fast einundvierzig Jahre«, sagte er. »Am fünften November 1967 habe ich angefangen.«

»Bei diesem Job trägt man eine ganz schön große Verantwortung, oder?«

Er nickte. »Zuallererst natürlich für die Mannschaft, aber man muss sich auch klar sein, welch immensen Wert die Ladung oft hat, ganz zu schweigen von den Kosten für das Schiff selbst.«

Ich fragte ihn nach dem Leben an Bord. Die meisten Reisen dauerten zehn Wochen, und ich war neugierig, wie seine Frau damit zurechtkam. Es war eine Frage, die ich mir ebenso gut selbst hätte stellen können, denn schließlich konnte ich es gut nachvollziehen, so lange von zu Hause weg zu sein. Er erzählte mir, er sei nun seit 32 Jahren verheiratet und habe zwei erwachsene Kinder. Er habe immer schon diesen Job gemacht, und seine Familie sei inzwischen daran gewöhnt.

»Meine Frau sagt, es ist eine nette Abwechslung, wenn ich nach Hause komme«, sagte er.

»Wolltest du immer schon Kapitän werden?«, fragte ich.

»Aber nein«, witzelte er. »Ich wollte Admiral werden.«

»Könntest du den Beruf weiterempfehlen?«

»Um es diplomatisch auszudrücken: Er ist nicht mehr das, was er einmal war. Die Schiffe waren früher nur etwa ein Viertel so groß wie heute, aber mit der doppelten Besatzung an Bord. Die Reisen dauerten drei bis vier Monate, und man verbrachte jeweils drei oder vier Tage in einem Hafen. Man konnte an Land gehen und sich die Sehenswürdigkeiten anschauen. Heute muss alles immer schneller gehen. Aber für einen jungen Mann ist die Bezahlung nicht schlecht, und man erwirbt Qualifikationen, die man später auch an Land gebrauchen kann. Wenn man einmal zur See gefahren ist, bieten sich einem in der Branche vielfältige Möglichkeiten.«

Ich fragte ihn nach den Piraten.

»Wir sind jetzt aus diesem Gebiet heraus. Am schlimmsten ist es in der Straße von Malakka, Teilen von China und vor der somalischen Küste. Einmal wurde ein Passagierschiff geentert, als es der Küste Somalias ein wenig zu nahe kam. Auch der Jemen oder die indonesischen Inseln können ziemlich übel sein.«

Ich bekam ein flaues Gefühl im Magen: Wir würden später genau dort entlangfahren, nämlich von Singapur nach Borneo und Ost-

Timor. Ich erzählte ihm davon, und er sog seinen Atem ein wie ein Automechaniker, der einem gleich sagen will, dass der Motor im Arsch ist.

»Tanker sind ein beliebtes Ziel«, sagte er. »Sie kommen im Vergleich zu uns nur langsam voran. In der Straße von Malakka, dem schmalen Wasserweg zwischen der Malaiischen Halbinsel und Sumatra, werden häufig Schleppkähne überfallen. Es ist die am meisten befahrene Schifffahrtsroute zwischen dem Indischen Ozean und dem Pazifik. Die Schlepper schieben Frachtkähne vor sich her. Du musst dort vorsichtig sein, Charley.«

»Die sind nicht wie Jack Sparrow, oder?«

Er schüttelte den Kopf. »Nein, mehr wie bewaffnete Räuber. In Wirklichkeit ist die ganze Piraterie ja auch nichts anderes als ein bewaffneter Raubüberfall.«

Nach dem Abendessen ging ich nach draußen zu der kleinen Signalbrücke vor der Hauptbrücke. Bis nach Mumbai waren es noch über 1200 Kilometer. Der Seitenwind blies mit 25 km/h, und ich konnte sehen, wie sich die Wellen im Kielwasser des Schiffs brachen. Der Himmel war pechschwarz und wolkenlos. Hoch über mir funkelten die Sterne. Die Brücke war dunkel. Durch die Fensterscheiben sah man nur den sanften Lichtschein der Computer, Radarschirme und Anzeigen. Ich kam mir vor wie in *Star Wars*.

Am nächsten Morgen inspizierten wir die Ballasttanks. Bei geöffneter Einstiegsluke konnte man ein ovales Loch sehen, das in die Dunkelheit hinabführte. Jim überprüfte die Atmosphäre auf alle Sauerstoff/Brennstoff-Gemische, die möglicherweise explosiv sein könnten. Als er zufrieden war, kletterten wir die senkrechte Leiter hinab in den feuchten, extrem heißen und pechschwarzen Tank, um unsere Inspektion durchzuführen. Mit Hochleistungstaschenlampen suchten wir die Wände, den Boden und die Decke nach

Roststellen oder Lecks ab. In dem Tank war es sehr eng und sauerstoffarm, und wenn man auch nur ein ganz kleines bisschen Klaustrophobie hatte, hielt man es dort unten bestimmt nicht lange aus.

Ich hatte die Seereise in vollen Zügen genossen. Es war wie ein Miniabenteuer innerhalb eines großen Abenteuers gewesen. Besonders gern machte ich einen kleinen Spaziergang zum vorderen Teil des Schiffes und sah zu, wie der Bug die Wellen durchbrach. Die Container waren so hoch aufgetürmt, dass sie beinahe den ganzen Wind abhielten, und ohne den Lärm der Maschinen und Ventilatoren herrschte dort fast friedliche Stille. Die Aussicht war fabelhaft. Das matte Blau des Meeres erstreckte sich in alle Richtungen. Ich dachte, dass mir dieser Job sicher Spaß machen würde, eine Weile lang zumindest – zehn Wochen Arbeit und zehn Wochen frei, dann ist man wenigstens richtig zu Hause, wenn man zu Hause ist. Auf dem Schiff vergeht die Zeit nur langsam, aber das Essen ist gut und die Kameradschaft der Seeleute untereinander ebenfalls, egal, ob es nun Briten oder Filipinos sind. Ja, ich könnte diese Arbeit definitiv machen. Jedenfalls, nachdem ich mich nun eine Weile lang als irischer Muschelfischer und iranischer Lastwagenfahrer betätigt habe. Es sah so aus, als ob ich auf dieser Reise einen ganz schön bunten Lebenslauf zusammenbrächte.

Einen Augenblick lang dachte ich wieder an den 12. April zurück, als ich das Haus meines Vaters verließ und nach Kilkeel fuhr. Danach kam das Fischerboot, die Isle of Man, die Fähre. Mein Gott, ich war mit einem Rettungsboot und einem Land Rover gefahren. Wir waren auf einer Jolle gesegelt. Ich hatte einen Citroën gelenkt, dem plötzlich das Benzin ausging, war neben dem Zugführer des Orient-Express gesessen und hatte die Strecke von Venedig nach Kroatien auf der Brücke eines Tragflächenbootes zurückgelegt. Wir bereisten die Welt wirklich mit allen nur erdenklichen Verkehrsmitteln. Mit einem Yugo, einem Nachtzug aus Serbien, dann quer durch die Türkei mit dem *Love Bus,* über den Ural und durch Stalins Geburtsstadt, wo die Russen und die Georgier immer noch die Muskeln spielen lassen. Dann wieder ein Zug und die wilde Jagd nach Visa in Baku. In der giftigsten Stadt der Welt kurvten wir mit einem UAZ ohne Bremsen und halb kaputter Lenkung herum. Ich dachte an Asadollah und seinen Mercedes im Iran, und jetzt waren wir hier auf diesem gigantischen Schiff, wo die Generatoren, die die Kühlcontainer speisten, größer waren als ein Doppeldeckerbus. Ach ja – der Doppeldeckerbus. So einen hatte ich auch gefahren. Ich fühlte mich wie auserwählt, dass ich diese Reise unternehmen durfte, und konnte es kaum erwarten, bis es endlich wieder weiterging. Indien zog mich magisch an, und besonders von Mumbai versprach ich mir einiges. Es war bestimmt eine der aufregendsten Städte der Welt.

12

Notruf 1298

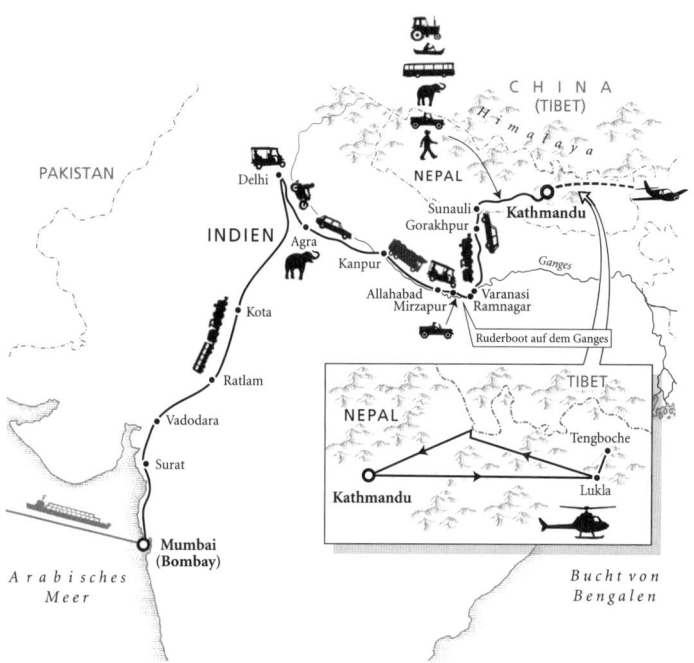

Am nächsten Morgen warteten wir auf den Lotsen, der uns in den Hafen geleiten sollte. Es war ein wunderschöner Tag, und die Skyline von Mumbai erstreckte sich entlang der Küste wie Manhattan in Miniaturausführung.

Der Lotse sollte um acht Uhr eintreffen. Inzwischen war es zehn und immer noch nichts von ihm zu sehen. Mumbai ist ein Gezeitenhafen, und mittags ist Flut. Wenn wir bis dahin nicht anlegten, müssten wir bis Mitternacht warten. Diese Aussicht frustrierte mich. Die Stadt lag zum Greifen nahe vor uns, aber nun sah ich mich schon bis in die frühen Morgenstunden herumsitzen und Däumchen drehen.

Endlich fuhr der Schleppkahn heran und machte schaukelnd am Schiffsrumpf fest. Sobald die Leiter gesichert war, kletterte der Lotse an Bord, ein kleiner Typ mit Schnurrbart.

Nach Mumbai hineinzufahren, war eine unglaubliche Erfahrung. Man sagt, der Smog ist so schlimm, dass man dafür auch zweieinhalb Päckchen Zigaretten täglich rauchen könnte. Wir holperten über Straßen, die von baufälligen Geschäften mit offenen Ladenfronten gesäumt waren, wo es Früchte und Gemüse zu kaufen gab. Dahinter erhoben sich Wohnblöcke und Mietskasernen bis in den Himmel. Menschenmassen drängten sich auf den Gehsteigen, und die Straßen waren mit Lastwagen, Taxis, Autos und sogar Ochsenkarren völlig verstopft. Ich sah eine komplette Familie auf einem Motorrad: Zwei kleine Mädchen saßen auf dem Tank, Mama und Papa auf dem Sitz. Es war genau so, wie ich es mir vorgestellt hatte, hektisch und pulsierend, ein gewaltiger Kontrast zu der Ruhe auf dem Containerschiff.

Einige der neueren Gebäude schienen erst halb fertig, andere wiederum waren alt und elegant: Reihen von Apartmenthäusern aus den Tagen des Radscha und schöne Steinbalkone mit Balustraden, an denen Wäscheleinen befestigt waren.

Ich konnte nicht aufhören zu grinsen. Vor uns lag das gesamte Land und mit ihm eine Vielzahl geplanter Verkehrsmittel: Von Krankenwagen und Motorrädern über Lastwagen und Züge bis hin zu Booten und vielleicht sogar Elefanten.

Als wir zum Hotel fuhren, schaute ich aus dem Fenster und sog die Szenerie in mich auf: die alten, verwitterten Gebäude, die fremdartigen Geräusche und Gerüche dieser riesigen Stadt. Mumbai ist die Hauptstadt des Staates Maharashtra. Die Einwohnerzahl liegt zwischen zwölf und dreizehn Millionen Menschen. Zählt man die Vororte dazu, kommt man auf über 19 Millionen. Damit stellt Mumbai den fünftgrößten städtischen Ballungsraum der Welt dar. Während der Fahrt hielten wir einmal neben einem der berühmten gelb-schwarzen Taxis. Drei Erwachsene und zehn Kinder hatten sich in den kleinen Fiat gezwängt.

In meinem Hotelzimmer schaltete ich den Fernseher ein und informierte mich darüber, was auf der Welt sonst noch passierte. Auf dem Schiff hatten wir *Ocean News* empfangen, ein täglich aktualisierter Computerdienst, doch erst jetzt konnte ich sehen, mit welch verheerender Wirkung der Zyklon in Birma getobt hatte. Tausende Menschen waren ums Leben gekommen und weitere Tausende ohne Obdach. Offenbar war es ziemlich schwierig, Hilfslieferungen ins Land zu bekommen. Ausländische Hilfskräfte wurden überhaupt nicht zugelassen. Es war herzzerreißend.

Am nächsten Morgen erwachte ich voller Vorfreude und eilte nach unten an die Rezeption des Hotels. Dort erwartete mich Rina, die uns einen der Slums von Mumbai zeigen wollte. Ich hatte schon in Swaziland Slums gesehen und auch in Brasilien, als wir dort einen Film über den Amazonas drehten.

Der Slum hingegen, den wir heute besuchten, war anders als alle, die ich zuvor erlebt hatte. Es gab keine offenen Abwasserkanäle, und die Luft war ziemlich frisch. Eigentlich wirkte alles insgesamt recht sauber, und man konnte sehen, dass die Bewohner stolz auf ihre Häuser und ihre Arbeit waren. Sie gingen der Töpferei nach, einem Handwerk, das in diesem Teil Mumbais seit Generationen fest verwurzelt ist. Das Auto hielt in einer belebten Straße, und ich hüpfte zwischen Lastwagen und Taxis hindurch zur anderen Seite. Im letzten Moment konnte ich dabei einem Typ auf einem Fahrrad ausweichen, der einen Riesenstapel Eierkartons auf dem Kopf balancierte.

Zwischen zwei baufälligen Läden, vor denen sich Töpferwaren stapelten, bog ich in eine enge Seitengasse. An mir vorbei ging eine Frau, die eine riesige Schale voll Ton auf dem Kopf trug. Sie war in einen wunderschön gefärbten Sari gehüllt und hatte sich Stoffbahnen um den Kopf gewickelt, die eine flache Standfläche für die schwere Schale bildeten. Der kräftige Geruch von gebranntem Ton erfüllte die Luft.

Ich befand mich mitten im Herzen einer kunterbunten Enklave. Weitere Gassen zweigten wie kleine Seitenarme von der Hauptgasse, die ich entlangschlenderte, ab. Überall waren Blumentöpfe und Schalen zu Stapeln aufgetürmt und warteten darauf, dass man sie abholte. Rauchschwaden hingen in der Luft. Ich spürte den Qualm im Hals und versuchte mir vorzustellen, wie es wohl war, wenn man dauerhaft hier lebte. Die Häuser bildeten ein bunt zusammengewürfeltes Durcheinander. Einige Wände waren aus Blech, andere aus Stein, einige Eingänge hatten richtige Türen, vor anderen wiederum hing nur ein Laken, das über eine Schnur gespannt war. Mein erster Eindruck bestätigte sich: Es war sauber hier, und obwohl die Menschen zweifellos arm waren, so spürte man doch, dass sie ein echtes Gemeinschaftsgefühl verband.

Die Gasse mündete in eine Reihe breiterer Plätze, wo die Gebäude nicht so erdrückend eng beieinanderstanden und überall gewaltige Brennöfen standen, große Kästen, die vor sich hin dampften. Der Brennmeister erklärte uns, dass man die handgetöpferten Tonwaren unten im Ofen staple. Dann werde ein großer Haufen zerkleinerter Baumwolle darauf geworfen und angezündet. Die Baumwolle schwele und brenne sehr langsam, sodass die Hitze beständig bleibt und der Ton gebrannt wird. Diese traditionelle Brennmethode ist ebenso billig wie genial.

Rina erklärte, dass die Gemeinde hier seit mindestens hundert Jahren ansässig sei. Jede Generation hatte Tontöpfe hergestellt, die für vierzig oder fünfzig Rupien verkauft wurden, also für etwa siebzig Cent. Andere glaubten, die Töpfer wären schon seit tausend Jahren hier. Wie dem auch sei – es war jedenfalls ein Slum, dessen Einwohner sich ihren eigenen Lebensstil geschaffen hatten.

Die Hitze drückte, und – verzeihen Sie mir den Ausdruck – ich bekam einen verschwitzten Hintern. Ich trug meine hellgrüne Lieblingskampfhose. Sie ist sehr bequem, aber leider ändert sich die Farbe, wenn sie nass wird. Um meine Gesäßfalte herum zeichnete sich ein feuchter Fleck ab.

»Geht's dir nicht gut, Charley?«, fragte Rina. »Stimmt hinten was nicht, hm, ich meine, mit deinem Po?«

Es war sehr peinlich: Da war ich nun in den Slums von Mumbai, und eine Frau, die ich kaum kannte, fragte mich, ob etwas mit meinem Hintern nicht in Ordnung sei. Mit hochrotem Kopf erklärte ich ihr, dass alles okay sei. Ich sei nur ein wenig erhitzt und verschwitzt.

Rasch ging ich weiter, die Hände hinten über Kreuz. Ich trat zur Seite, damit ein Mann sein Fahrrad vorbeischieben konnte. Daran hingen zwei riesige Milchkannen. Kinder holten Wasser in Kanistern, ein paar spielten mit Fußbällen oder Cricket-Schlägern. Es sah nicht danach aus, als ginge eines von ihnen zur Schule, obwohl man sich freilich nicht sicher sein konnte. Weißhaarige Frauen knieten in Grüppchen zusammen und verarbeiteten den Ton zu Gefäßen verschiedener Formen und Größen.

Wir betraten ein Haus voller Töpfe, die zum Brennen bereitstanden, und haufenweise verarbeitungsfertigem Ton. Auf einem Stuhl saß ein Mann mit einem handbetriebenen Rad zwischen den Beinen: Er kleidete eine Form mit Ton aus, den zwei neben ihm arbeitende Frauen für ihn vorbereitet hatten.

»Wow!«, sagte ich. »Das ist ja echt klasse. Sagen Sie, wie lange arbeiten Sie schon so?«

»Seit heute Morgen«, platzte eine der beiden Frauen heraus.

Ich lachte mich schief.

Sie lächelte schüchtern, setzte sich auf die Fersen und musterte mich. Es war ihr Geschäft. Sie betrieb es zusammen mit ihrem Ehemann, der im angrenzenden Raum kleinere Töpfe mit Deckeln herstellte. Ich erfuhr, dass er davon bis zu 35 Stück am Tag schaffe und dass der Mann mit dem Handrad 15 von den größeren herstellen könne. Sie betrieben das Geschäft seit 15 Jahren, und der Typ, mit dem ich gesprochen hatte, arbeitete für sie. Wie schon sein Vater und sein Großvater hatte auch er sein ganzes Leben lang als Töpfer geschuftet. Er stand damit in einer alten Familientradition, die bis zu seinem Urgroßvater zurückreichte.

In diesem Teil der Stadt herrschte geschäftiges Treiben, und die Menschen waren gut gelaunt. Sie waren stolz auf ihre Häuser, man sah überall Blumen und ordentlich aufgehängte Wäsche. Einige Straßenzüge wirkten ein bisschen bürgerlicher als andere, als hätten die Leute dort etwas mehr Geld. Besonders eine Gasse stach heraus: Dort gab es Vordächer über den Eingängen und sogar den einen oder anderen von niederen Mauern eingefassten Hof. In anderen Bezirken reihten sich unzählige Hütten aus Stoffresten und Bananenblättern aneinander. Die elektrische Versorgung über den Dächern war ein unübersichtlicher Wirrwarr aus Draht und Plastik. Wenn es hier einen Kurzschluss gäbe, würde alles in Flammen aufgehen.

Am meisten beeindruckten mich das Gemeinschaftsgefühl und der gegenseitige Respekt. Ich ging aus dem Weg, als eine Frau, die eine Schale Ton trug, diese an eine andere, welche ihr auf halbem Wege in der Gasse entgegenkam, weiterreichte. Ein Stückchen weiter übergab die zweite Frau den Ton an eine dritte. Teamwork, wie wir es überall beobachten konnten.

Gleichzeitig war die Kluft zwischen Arm und Reich hier wahrscheinlich krasser, als ich es je zuvor erlebt hatte. Ich sprach mit einem jungen Mann, der gemeinsam mit seinem Bruder, dessen

Frau, seiner Schwester und seiner Mutter ein paar winzige Zimmer bewohnte. Die Familie stellte Töpferwaren her; er arbeitete in einem Einkaufszentrum und verkaufte Luxusgüter, die er sich selbst nicht leisten konnte. Wenn sein Arbeitstag zu Ende war, kam er hierher nach Hause.

Wir verließen den Slum und machten uns auf den Rückweg ins Hotel, wo ein Treffen mit der Besatzung eines Rettungswagens vereinbart war. Bis vor etwa fünf Jahren hatte es in Mumbai keinen notärztlichen Rettungsdienst gegeben – eine erstaunliche Tatsache, wenn man bedenkt, dass es sich um eine Stadt mit zwölf Millionen Einwohnern handelt. Es ist trotzdem wahr. Wenn man einen Unfall hatte oder aus irgendeinem Grund zusammenbrach, konnte man niemanden rufen.

Das änderte sich schlagartig, als die Mutter eines wohlhabenden Mannes mit einem Herzinfarkt umfiel. Der Mann hatte keine Ahnung, was er tun sollte. Da er dies für einen unerträglichen Zustand hielt, gründete er zusammen mit ein paar Freunden einen Rettungsdienst. Anfänglich betrieben sie den Dienst mit nur fünf Fahrzeugen selbst. Dann konnten sie den London Ambulance Service (den angeblich besten Rettungsdienst der Welt) dafür gewinnen, ihnen bei der Organisation der Logistik zu helfen. Ziel war eine stadtweite Versorgung. Da sie früh erkannten, dass sie bei den Regierungsstellen ein Leben lang erfolglos um Zuschüsse betteln konnten, beschlossen sie, alles selbst zu finanzieren. Mit Unterstützung einer amerikanischen NGO und ein paar großzügigen Geldgebern aus der Industrie wurde *Dial 1298 for Ambulance* (Den Notarzt erreichen Sie unter der Telefonnummer 1298) ins Leben gerufen.

Diese gemeinnützige Organisation wird von einer energischen und enthusiastischen Geschäftsführerin namens Sweta geleitet. Sie erklärte uns, dass sie dreißig kleine Lieferwagen zu Krankenwagen umgebaut hätten, von denen viele für die Erstversorgung vorgesehen seien. Daneben verfügt die Organisation über zwanzig wesentlich größere und voll ausgestattete Mercedes-Krankenwagen, jeweils bemannt mit einem Fahrer, einem Sanitäter und einem Arzt. Die Rettungswagen können von überall in der Stadt aus gerufen werden. Kosten entstehen nur denjenigen, die es sich leisten können.

Sweta erzählte, dass es allein auf der Schiene pro Monat über 500 Unfälle gebe. Ich war baff. Sie erklärte, die indische Eisenbahn sei die älteste in ganz Asien. Es gebe drei große Gesellschaften, die von den Leuten »Einheimische Bahn« genannt würden. Sie sagte, die Leute begäben sich einfach viel zu leichtfertig in Lebensgefahr. Die Züge seien massiv überbelegt, die Türen stets offen, und hinauslehnende Menschen würden häufig von vorbeifahrenden Zügen gestreift. Ich hatte immer noch Mühe, mir die Zahlen zu vergegenwärtigen: sechs Millionen Zugreisende täglich und 500 schwere Unfälle pro Monat. Sweta sagte, dass jeder in der Stadt tätige Zugführer im Laufe seines Berufslebens an die siebzig Todesopfer zu verzeichnen habe.

Als Nächstes stellte Sweta uns Dr. Rujuta vor, der uns den Mercedes-Krankenwagen vorführte, mit dem wir fahren würden. Er war so gut ausgestattet wie jeder andere Krankenwagen auf der Welt auch: Herzmonitoren, Sauerstoff, Defibrillator, Saugvorrichtungen und alle nur erdenklichen Arzneimittel. Die Bahre war zusammenklappbar, der hintere Teil des Krankenwagens schalldicht und steril versiegelt – etwas, worüber ich mir noch keinerlei Gedanken gemacht hatte. Allerdings war ich auch noch nie zuvor hinten in einem Krankenwagen gewesen. Jedes Mal, wenn ich einen Motorradunfall gehabt habe, ist es irgendwo in der Wüste passiert, und ich habe mich selbst ins Krankenhaus einliefern müssen.

Wir stiegen hinten ein und fuhren zum nächsten Bahnhof. Wir parkten ganz in der Nähe der Bahnsteige. Nach der schalldichten

Fahrt war ich wieder einmal von den Socken, wie quirlig und voll diese Stadt doch war. Auf der Hauptstraße herrschte dichtester Verkehr. Menschen liefen auf der Fahrbahn herum und wichen den fahrenden Autos aus. Der Lärm der Autohupen war ohrenbetäubend. Alles war voller Tauben, und zwar so vielen, dass der Markusplatz in Venedig wie eine vogelfreie Zone wirkte. Sie waren überall, wie eine wabernde graue Wolke, die sich über die Straße gelegt hatte. Die Läden drängten sich dicht an dicht. Zu kaufen gab es praktisch alles, und die Vielfalt an Gerüchen war einfach unglaublich.

Vor den Ladengeschäften hatten einzelne Händler ihre Waren auf der Straße ausgelegt: alles von Zeitschriften und Büchern über Blumen bis hin zu Gewürzen und Düften. Es war der helle Wahnsinn, und es gefiel mir ungemein.

Plötzlich fiel mir etwas auf, und als ich genauer hinsah, erblickte ich einen alten Mann, der mit nach oben gerichteten Armen auf der Straße lag. Es sah aus, als wäre er tot und die Totenstarre hätte schon eingesetzt.

»Ist das die Art von Leuten, mit denen Sie zu tun haben?«, fragte ich die Ärztin.

Sie nickte. »Ob reich oder arm ist für uns dasselbe: Wir behandeln den Patienten. Da spielt es keine Rolle, wer sie sind.«

Während sie zu ihm hinüberging, um zu sehen, ob er Hilfe brauchte, machten Mungo und ich uns zum Bahnhof auf. Wir bahnten uns unseren Weg über die Straße, dann nahmen wir eine Unterführung, die uns zu einer wackeligen alten Fußgängerbrücke führte. Ich stellte fest, dass wir in Mumbai noch nicht viele Tuk-Tuks gesehen hatten, und Rina sagte mir später, dass die Regierung versuche, sie wegen der Umweltverschmutzung auslaufen zu lassen. Auch die alten Fiat-Taxis hätten einen hohen CO_2-Ausstoß, daher sollten auch sie im Laufe der nächsten fünf Jahre ersetzt werden. Als wir von der Brücke hinunterblickten, konnten wir erkennen, dass die Straßen voller Müll waren. Auch die Bahndämme waren derart übersät, dass der Unrat schon auf die Gleise schwappte. Es war nicht nur Papier und irgendwelches Zeug, das die Leute weggeworfen hatten, sondern ganze Geröllhaufen, als wären Gebäude eingestürzt und der Schutt einfach zur Seite geschoben worden.

Von der Brücke aus konnten wir auch den Bahnhof sehen, und nun begriff ich auch, warum es zu so vielen Unfällen kam. Die Bahnsteige waren ziemlich eng und gerammelt voll mit Menschen. Andauernd fuhren Züge ein und aus. Ich zählte einen alle drei Minuten. Während sie einfuhren, liefen immer noch Leute über die Gleise. Damit meine ich: viele Leute, Menschenmassen, gut gekleidete Leute, arme Leute, alte Leute mit Stöcken und Frauen mit Babys auf dem Arm. Es war Wahnsinn. In den Zügen selbst hingen so viele Fahrgäste aus den offenen Waggontüren, dass es kein Wunder war, wenn sie verunglückten. Das eigentlich Erschreckende waren jedoch die Züge, die nicht anhielten, sondern mit hoher Geschwindigkeit durchrasten. Man konnte sich leicht vorstellen, was mit jemand geschah, der dann noch arglos auf den Gleisen herumschlenderte. Morgen wollten wir mit einem solchen Zug zur Mumbai Central Station fahren und von dort aus den Nachtzug nach Delhi nehmen.

Am nächsten Tag stieß Russ, der gerade aus London zurückgekehrt war, wieder zu uns. Er freute sich schon auf Delhi und auf die Royal Enfields, die wir dort übernehmen wollten. Unser Zug ging erst um 16 Uhr, also verbrachten wir einen ziemlich luxuriösen Morgen am Swimmingpool des Hotels. Wir fanden, dass wir einen erholsamen Vormittag verdient hätten. Vor uns lag eine entbehrungsreiche Reise.

Bevor wir abreisten, warf ich einen letzten Blick auf die Skyline von Mumbai, auf diese besondere Mischung aus Alt und Neu, Stadt und Meer. Im Zentrum dominierten Wolkenkratzer, die Wohnviertel hingegen waren älter, mit schrägen Ziegeldächern und geschwungenen Balkonen, um die noch immer ein Hauch vergangener Zeiten wehte. Direkt am Wasser lag das *Gateway to India,* ein riesiger, monumentaler Bogen. Es war das Erste gewesen, das wir gesehen hatten, als unser Schiff einlief, ein Überbleibsel des Britischen Weltreichs. Ein paar alte Frauen mit Strohbesen kehrten darum den Müll zusammen.

Wir packten unsere Sachen, dann nahmen wir um 13.30 Uhr einen Vorortzug, den Russ beinahe verpasst hätte. Ich war mit Mungo schon eingestiegen und redete darüber, wie heiß es doch war und dass ich mich fühlte, als würde ich unter der Dusche stehen. Russ filmte immer noch auf dem Bahnsteig, als sich der Zug in Bewegung setzte. Ich drehte mich um und sah, wie er rennend die Griffstange des Waggons packte. »Mein Gott«, keuchte er. »Beinahe hätte ich es nicht gemerkt.«

Jetzt, wo ich an der Tür stand und Russ hereinhalf, wurde mir erst richtig klar, wie leicht man von einem Gegenzug erwischt werden konnte. Sie rauschten mit minimaler Distanz vorbei, und man hörte sie nicht kommen, weil der Zug, mit dem man selbst fuhr, einen Höllenlärm machte. Es konnte also leicht passieren, dass man woanders hinschaute oder mit jemandem redete und dann unversehens unter die Räder geriet und zu Hackfleisch verarbeitet wurde.

Mumbai Central war ein altmodisch wirkender Bahnhof. Die Fahrpläne wurden wie in der alten Zeit auf Papier geschrieben und dann an Wandtafeln befestigt. Leute lümmelten auf Stühlen herum oder schliefen auf dem gefliesten Fußboden. Überall rannten Kinder umher. Ich fühlte mich nicht besonders wohl. Es war sehr heiß, was mir offenbar die Kräfte raubte.

Der Zug nach Delhi war sauber, aber sehr voll. Die Waggons waren offen angelegt, mit C-förmig angeordneten Sitzen und Liegen auf der einen Seite des Zwischengangs und einzelnen Klappsitzen auf der anderen. Jeder Bereich ließ sich zwar mit einem Vorhang abtrennen, aber man klebte eng aufeinander. Außerdem herrschte in den Waggons eine etwas sterile Atmosphäre wie in einem Krankenhaus. Rina reiste mit uns. Sie hockte sich im Schneidersitz auf die Einzelsitze, die sie bereits ausgeklappt hatte.

Es war einfach nicht mein Tag – Russ meinte sogar, ich hätte selbst meinen Sinn für Humor verloren. Ich lag auf der obersten Pritsche, direkt unter dem Ventilator. Es war so kühl, dass mich beinahe fröstelte.

Mit dem Lastwagen durch den Norden des Iran, ein Land, das ganz anders war, als wir erwartet hatten.

Ich fahre mit einer Mischung aus Motorrad und Anhänger, der Besitzer sieht aus irgendeinem Grund nervös aus ...

Mit Fariba, einer der wenigen Taxifahrerinnen in Teheran.

Besuch bei einer
Nomadengruppe
in der Wüste bei
Schahr-e-Kord,
Iran.

Eine herrliche
Woche auf dem
Containerschiff
Nedlloyd Tasman
nach Mumbai.

Gut festhalten! Zugfahrt in Mumbai.

Das unvermeidliche Tuk-Tuk in Delhi.

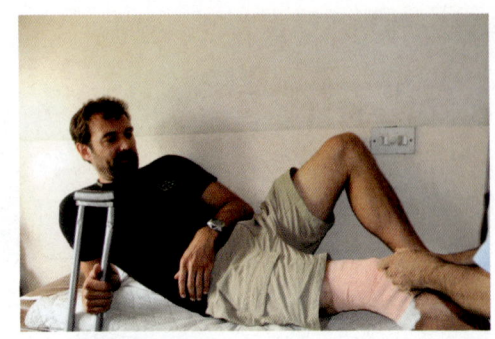

Der gute alte Mungo
bekommt die
schlechte Nachricht.

In Agra, mit einem
der sieben Weltwun-
der (dem Taj Mahal,
nicht mir).

Mit dem Tata-Laster
auf dem Weg
nach Ramnagar.

Unterwegs auf dem Ganges.

Das geschäftige Flussufer in Varanasi – ich habe mich auf Anhieb in diesen Ort verliebt.

Hin und wieder musste ich sogar laufen.

Der Ambassador, das indische Bilderbuchauto.

Mit dem Traktor in Nepal. Tatsächlich eines meiner liebsten Transportmittel der Reise.

Auf Betty, der Elefantendame.

Am Fuße des Himalaya. Schon wieder laufen! Leider durfte ich nicht auf dem Yak reiten.

Mütter warten in dem abgelegenen Dorf Chaubas in Nepal auf die nächste Impfung ihrer Kinder.

In Chaubas über-
bringe ich für
UNICEF Impfstoffe

13

Zu viel Öl und ein kaputtes Knie

Wieder erwachte ich in einem Zug. Zugfahren ist eine gute Möglichkeit, große Entfernungen zurückzulegen, aber ich bin nicht gerade ein Freund davon. Man schläft nie richtig gut, und am nächsten Morgen fühlt man sich, als hätte man einen Jetlag.

Bis Delhi waren es noch ein paar Stunden. Ein Blick aus dem Fenster verriet, dass es hier wesentlich trockener war. Die Erde war staubig, und die Gebäude sahen ärmlich und heruntergekommen aus. Die Menschen warteten auf die Regenfälle, da auf jedem Zentimeter urbarem Land die Saat ausgebracht war.

Während draußen die Landschaft vorbeiraste, fragte ich mich, wie es nach unserem Treffen mit UNICEF in Nepal wohl weitergehen würde. Unsere ursprüngliche Route war in direkter Linie von der Ostküste des Schwarzen Meeres über Turkmenistan, Afghanistan und Pakistan verlaufen, aber die politischen Unruhen in diesen Ländern hatten uns dazu gezwungen, einen weiter südlich gelegenen Weg einzuschlagen. Nun kam es auch nicht mehr infrage, mit einer Cessna von Birma nach Laos zu fliegen. Und da die tibetische Grenze immer noch geschlossen war und sich mittlerweile auch noch das tragische Erdbeben in der Provinz Sichuan ereignet hatte, konnte es gut sein, dass wir uns geschlagen geben und von Kathmandu nach Hongkong einen Linienflug nehmen mussten. Das widersprach zwar dem Grundgedanken der Reise, doch an jenem Morgen sah ich keine andere Möglichkeit.

In Delhi kam ein Träger herbei und nahm unser Gepäck. Er hatte eine Stoffbahn um seinen Kopf gewickelt, ganz ähnlich, wie ich es bei der Frau in Mumbai gesehen hatte. Problemlos wuchtete er nicht nur meinen schweren Koffer, sondern auch noch Russ' Tasche auf sein Haupt. Mit seiner wohl ausbalancierten Last geleitete er uns den Bahnsteig entlang über eine Fußgängerbrücke zu einer belebten Straße, wo die Tuk-Tuks warteten. Plötzlich jagte ein Adrenalinstoß durch meinen Körper. Ich war noch nie mit einem Tuk-Tuk gefahren, und nach der Enge des Zuges war das genau das Richtige, um meine Lebensgeister wiederzubeleben.

Auf den Straßen herrschte ein reines Chaos. Der Verkehr war sogar noch dichter als in Mumbai, und die Fahrer liebten ihre Hupen heiß und innig. Sie betätigten sie so oft und so laut, dass man kaum denken konnte. Mungo und ich nahmen zusammen ein Tuk-Tuk, Russ bestieg ein anderes, und ab ging's in Richtung Imperial Hotel, zuerst auf engen Seitenstraßen, dann auf einer dreispurigen Asphaltpiste, wo unsere Fahrer richtig aufs Gas drückten. Sie fuhren wie Wahnsinnige. Plötzlich mussten wir wegen eines Motorrads scharf bremsen. Der Typ vorn trug einen Sturzhelm, aber das Mädchen, das sich an seinen Rücken klammerte, hatte keinen auf, was völliger Unsinn war. Das erinnerte mich daran, dass wir am nächsten Tag mit Royal Enfields fahren wollten. Wir mussten uns unbedingt Sturzhelme besorgen.

Wir rasten durch die Stadt, überholten einander und fielen wieder zurück. Erst lagen wir in Führung, dann Russ. Es fehlte nur noch der Kommentar von Murray Walker. Russ' Fahrer war so begeistert von der Rallye, dass er zu bremsen vergaß und hinten auf ein anderes Tuk-Tuk auffuhr, sodass Russ mit der Brust aufs Armaturenbrett knallte.

Delhi ist die zweitgrößte Stadt Indiens und liegt an den Ufern des Flusses Yamuna, der einstigen Handelsroute nach Rajasthan. Die Bevölkerung beträgt etwa 17 Millionen Einwohner, und an jenem Tag schien es, als wären so gut wie alle auf den Beinen. In einem Park, wo ein riesiges Kriegerdenkmal für die indischen Soldaten des Ersten Weltkriegs stand, drängten sich Hunderte.

Unsere Tuk-Tuks erreichten das Imperial Hotel fast gleichzeitig, und sofort entbrannte eine Diskussion darüber, wer tatsächlich als Erster eingetroffen war. Während wir stritten, bemerkte ich, wie der Sicherheitsbedienstete unter den vorfahrenden Wagen nach Sprengstoff suchte.

Nach einer schnellen Dusche im Hotel sprangen wir in das nächste Tuk-Tuk. Die Segeltuchwände waren seitlich hochgeklappt. Ich saß hinten und ließ mir den Wind ins Gesicht wehen. Dieses Beförderungsmittel gefiel mir bis dahin am besten. In der Stadt war das Tuk-Tuk eine prima Sache. Ich freute mich darauf, mehr über Delhi zu erfahren.

Wir hielten an einem gewaltigen roten Fort namens Lal Qila, was wundersamerweise »rotes Fort« bedeutet. Dort wimmelte es von Touristen, doch zum Glück lief uns ein Führer namens Raijpal über den Weg, der uns bereitwillig alles zeigte. Das Fort war von dem Mogulherrscher Shah Jahan nach nur zehn Jahren Bauzeit 1648 fertig gestellt worden – angesichts der enormen Größe nicht schlecht. Shah Jahan baute aber nicht nur das Fort, sondern auch das heutige Alt-Delhi, welches er Shahjahanabad nannte. Von 1649 bis 1857 diente es als Hauptstadt des Mogulreichs.

Der rote Sandstein war per Schiff auf dem Yamuna von Agra herangeschafft worden. Shah Jahan baute das Fort als Palast, gestaltete es jedoch wie eine Festung. Die vier Außenwände besitzen einen Umfang von fast zweieinhalb Kilometern. Ihre Höhe variiert zwischen etwa zwanzig Metern am Flussufer und über dreißig auf der zur Stadt hin gelegenen Seite. Die Verzierungen bestehen zum großen Teil aus Marmor, und das Herzstück, der sogenannte Pfauenthron, wurde einst mit hundert Kilo Gold geschmückt. Raijpal erzählte uns, die Perser hätten ihn 1739 mitgenommen.

Auf dem Gelände gibt es eine Moschee und einen separaten Palast, den Shah Jahan ausschließlich während des Monsuns bewohnte, sowie ein Gebäude am Flussufer, wo er gerne angelte. Er hatte Tausende und Abertausende von Dienern, mehrere Hektar große ornamentale Gärten und 120 handbetriebene Springbrunnen.

In dem Raum, wo sich einst der Pfauenthron befand, steht an einer Wand folgendes Gedicht geschrieben: »Wenn es einen Himmel auf Erden gibt, dann ist er hier, ist er hier, ist er hier.«

Nach der Pracht von Lal Qila machten wir uns auf die Suche nach ein paar brauchbaren Sturzhelmen, doch wir hatten kein Glück. Ich hatte zuvor schon bei einem Straßenhändler angehalten, aber die Helme waren von derart schlechter Qualität, dass man sie verbiegen konnte. Auf den hiesigen Straßen wären sie völlig nutzlos.

Am nächsten Morgen wurde ich um 6.15 Uhr von plärrender Musik geweckt. Bei meinem Glück mit Hotels fragte ich mich langsam, ob ich mir künftig nicht lieber einen hübschen Park zum Schlafen suchen sollte.

Es war Montag, der 19. Mai, der 38. Tag unserer Reise, und die Regenfälle hatten Delhi nun erreicht. Die Royal Enfields waren bereits eingetroffen und standen draußen im Regen neben dem wunderschönen alten Jaguar des Besitzers. Es waren altmodische Bullets mit silbernem Tank und schwarzem Rahmen, und eines von ihnen hatte zwei Löcher im Sitz. Es regnete sehr stark, und ich wusste, dass durch diese beiden Löcher über kurz oder lang Wasser eindringen würde und das Sitzpolster bald vollgesogen wäre. Es würde also keinen Spaß machen, sich in Jeans darauf zu setzen. Als Russ, der irgendwo Helme kaufen gegangen war, mit ein paar Kopfdeckeln wiederkam, suchte ich mir einen schwarzen aus, stülpte ihn über den Rückspiegel und sicherte mir so das Motorrad ohne Löcher. Tut mir leid, Russ.

Die Motorräder wurden in Indien hergestellt. Ein paar Jahre zuvor hatte Russ eine Fabrik in Chennai besucht. Er sagte, sie würden ausschließlich von Hand gefertigt, und es sei dort weit und breit kein Computer zu sehen. Ohne computergestützte Technik würden die alten Drehmaschinen von Hand betrieben, und die Arbeiter liefen barfuß. Die Royal Enfield war eine Kultmaschine, eine britische Marke, die auf dem Subkontinent produziert und dann wieder nach Großbritannien verkauft wurde.

Es wurde Mittag bis wir endlich loskamen. Es regnete immer noch in Strömen, und am Tor erinnerte ich Russ daran, dass wir vorsichtig sein mussten. Die Straßen waren stark befahren, und da nun der erste Regen seit Monaten fiel, waren sie zudem spiegelglatt.

Wie ich vorhergesagt hatte, war der Verkehr zum Fürchten: Die Autos drängten sich Stoßstange an Stoßstange; Lastwagen, Busse, Tuk-Tuks. Einmal fuhr ein Typ auf einem Motorroller seitlich an uns heran. Er lenkte das Ding mit einer Hand, während er mit der anderen eine SMS schrieb. Auf einem anderen Motorroller saßen drei Kinder. Das jüngste davon lag auf dem Benzintank und machte große Augen.

Von beiden Seiten kamen Fahrzeuge, die vor Russ und mir einscherten und sich wieder zurückfallen ließen. Die Straße war von Gebäuden begrenzt, und unablässig überquerten Fußgänger die Fahrbahn. Den ganzen Weg bis nach Agra gab es nicht eine einzige Verschnaufpause. Es schien, als hätte jeder Fahrer eine Hand konstant an der Hupe. Außerdem machte der Regen den Straßenbelag tückisch. Ich musste lachen – es hatte geregnet, als wir die Wicklow Mountains überquerten, es hatte in Georgien geregnet, als ich auf der Ural fuhr, und nun saß ich in Indien auf einer Enfield, und es regnete schon wieder. Jedes Mal, wenn ich Gelegenheit hatte, Motorrad zu fahren, schiffte es.

Als wir Delhi erst einmal verlassen hatten, wurde das Land weitläufiger, und hin und wieder gab es sogar ein Fleckchen Grün. Doch die gesamte Straße war von Wohnhäusern und Geschäften gesäumt, einfachen Märkten, die sich bis auf die Straße ausbreiteten.

Ich sah Pferde- und Ochsenkarren und sogar ein Kamel, das ganz allein eine zentnerschwere Last hinter sich in einem Karren herzog.

Besonders verrückt waren die Ampeln: Wenn sie auf Rot schalteten, fuhren die Fahrzeuge eng auf und quetschten sich in jede nur erdenkliche Lücke. Sobald es wieder grün wurde, preschten sie alle drauflos. Es herrschte pures Chaos, aber irgendwie funktionierte es doch. Wenn man dort lebt und jeden Tag auf diesen Straßen fährt, gewöhnt man sich vermutlich einfach daran.

Zum Glück hörte es auf zu regnen, aber um etwa 14 Uhr war es dafür sengend heiß. Also fuhren wir auf einen Parkplatz voller Motorräder und machten uns auf die Suche nach einer Gelegenheit zum Mittagessen. Es gab erst ein kleineres Drama, da Russ seinen Schlüssel nicht finden konnte. Er fluchte herum, wühlte in den Taschen und machte uns alle kirre, bis er ihn schließlich fand – in seiner Gesäßtasche. Ich konnte es ihm kaum verübeln, da das Fahren auf diesen Straßen früher oder später jedem zu Kopf steigen musste – selbst wenn man ein so gut organisiertes Hirn wie Russ hatte.

Als wir etwa zwei Drittel des Weges nach Agra zurückgelegt hatten, legten wir erneut eine Pause ein, um Wasser zu kaufen und für einen Augenblick der Hitze zu entfliehen. Mungo, der zum Filmen auf einem Pick-up-Taxi mitfuhr, wo er auf der Ladefläche abwechselnd stand oder hinten an der Ladeklappe kniete, schulterte die Kamera und sprang aus der Hocke herunter, als wir hielten. Mit der Landung stieß er einen Schrei aus.

Es klang nicht gut. Es klang überhaupt nicht gut. Wir liefen sofort zu ihm hin. »Alles in Ordnung, Kumpel?«, fragte ich ihn.

Mungo antwortete nicht. Er schnaufte nur kurz und ließ sich auf die Erde sinken.

»Ich weiß nicht so recht«, sagte er dann. »Ich glaube, ich habe mir was am Knie getan.« Er versuchte, sein rechtes Bein zu strecken. Schweiß trat ihm auf die Stirn. »Scheiße, tut das weh«, stöhnte er.

»Vielleicht hast du es dir geprellt oder so was.«

»Ich glaube nicht. Ich habe gespürt, wie sich etwas gelöst hat. Es tut verdammt weh.« Er versuchte, ein wenig Gewicht darauf zu verlagern, und zuckte vor Schmerz zusammen. »Oh Gott, das fühlt sich ja so an, als ob mir jemand mit dem Messer hineinsticht.«

Das war schlecht. Er konnte sein Bein überhaupt nicht belasten, geschweige denn gehen. Er legte die Kamera weg und griff nach dem Stativ, das auf der Ladefläche lag. Er benutzte es als Krücke, um sich fortzubewegen. Ich sah mir sein Knie genau an. Das Gelenk begann bereits anzuschwellen.

»Das ist kein gutes Zeichen«, sagte ich. »Tut mir leid, Mungo, aber wenn es so schnell so stark anschwillt, dann bedeutet das, dass das Gelenk versucht, sich selbst zu schützen.«

»Du kannst auf keinen Fall mehr filmen«, fügte Russ besorgt hinzu. »Du musst jetzt vorn sitzen, Kumpel. Versuch, es nicht zu belasten.«

»Scheiße«, zischte Mungo. »Tut mir leid. Ich habe mich schon öfter verletzt, hatte Bänderrisse und so weiter, und das hier fühlt sich echt übel an. Tut mir wirklich leid, Leute, ich bin am Arsch.«

Wir versuchten, ihn aufzumuntern, und sagten, wir würden uns um das Knie kümmern, sobald wir Agra erreichen. Ich sagte, vielleicht sei ja alles wieder okay, wenn man es eine Weile ruhigstellt, aber Mungo schien davon nicht sonderlich überzeugt zu sein. Aus eigener Erfahrung wusste ich, dass man es selbst am ehesten spürte, wenn man sich einmal richtig übel verletzt hatte.

»Mein Schwager ist orthopädischer Chirurg in Newcastle«, erklärte Mungo. »Ich werde versuchen, ihn zu erreichen, und sehen, was er dazu meint.«

»Gute Idee«, sagte Russ. Gemeinsam halfen wir ihm ins Taxi.

Russ fuhr schon mal auf seinem Bike voraus, was nie besonders klug ist, wenn man als Gruppe unterwegs ist. Dann sollte man zusammenbleiben und so schnell wie der Langsamste fahren, das ist ein ungeschriebenes Gesetz. Russ war jedoch fest entschlossen, sich das Taj Mahal bei Sonnenuntergang anzusehen, und durch Mungos Verletzung war die Pause länger ausgefallen als geplant. Ich blieb also bei dem Pick-up zurück, während sich Russ zwischen den Autos hindurchschlängelte und vorpreschte. Das war das Letzte, was ich von ihm sah, bis wir uns später am Abend wieder trafen.

Etwa eine Stunde später spürte ich, dass sich am Hinterrad meines Motorrades etwas bewegte. Ich blickte hinab und bemerkte, dass Öl auf dem Auspuff war. Das bedeutete, dass auch auf dem Hinterreifen Öl war. Ich fuhr sofort an den Straßenrand, nahm meinen Helm ab und sah mir die Sache genauer an. Das Motorrad verlor definitiv Öl. Ich dachte, die einfachste Erklärung dafür wäre, dass die Mechaniker bei Enfield zu viel eingefüllt hatten. Ich nahm den Ansaugschalldämpfer ab und sah, dass der Filter schwarz war.

Ich beschloss, bis zur nächsten Tankstelle weiterzufahren, damit ich herausfinden könnte, was zu tun war. Meine Vermutung lautete: Als ich Gas gegeben hatte, musste das Öl aufgekocht sein und den Filter durchtränkt haben. Dann war es aus dem Auspuff und auf den Hinterreifen gespritzt. Wahrscheinlich war der kleine Überlauftank ebenfalls verstopft.

An der Tankstelle versammelte sich eine kleine Zuschauermenge um mich, als ich den Filter herausnahm und ihn zu reinigen versuchte. Ein großer Kerl in einem braunen Hemd redete wie ein Wasserfall auf mich ein. Ich erklärte ihm, so gut ich konnte, dass zu viel Öl im Motor sei. Er ließ sich jedoch nicht abbringen und zeigte immer wieder auf das Motorrad, dann die Straße hinunter. Schließlich kam Rina hinzu.

»Er will dir sagen, dass es hundert Meter weiter eine Royal-Enfield-Vertretung gibt, Charley«, übersetzte sie.

Es war nicht zu fassen. Mein Motorrad verlor Öl, und ich stand hier herum, wo es doch buchstäblich an der nächsten Ecke einen Händler gab. Ich dankte dem großen Kerl und fuhr davon. Und tatsächlich, keine hundert Meter auf der rechten Seite sahen wir einen Laden mit einem schwarz-roten Schild, auf dem stand: »Choudhary Motors, Royal-Enfield-Vertretung«. Neben der Ladenfront verlief ein umfriedeter Weg, wo ich ein paar Motorräder stehen sah. Ich fuhr die Bullet direkt hinein und stoppte neben einem lächelnden, bärtigen Mann in einem grünen Hemd, dem ich mein Problem erläuterte.

»Kein Problem. Wird sofort erledigt.« Zusammen mit einem anderen Typen baute er den Filter aus und reinigte ihn; dann reinigten sie auch den Ansaugschalldämpfer und den Überlauftank. Die Rechnung belief sich auf knapp zwei Euro. Sicherheitshalber zogen sie auch noch die Kette nach.

In der Zwischenzeit versuchte ich, Russ zu erreichen. Erst rief ich ihn vom Laden aus an, dann ging ich hinaus an die Straße und versuchte es noch einmal. Es meldete sich aber immer nur der Anrufbeantworter.

»Hör zu, Russ«, sagte ich. »Wenn du diese Nachricht bekommst, musst du dich manuell in ein anderes Netz einschalten. Mein Motorrad verliert Öl, und wir versuchen, das Problem zu beheben.«

Mungo hinkte nicht mehr, er hüpfte. Es sah ziemlich böse aus: Er konnte nicht einmal mehr den Fuß auf den Boden setzen. Ich legte seinen Arm um meine Schultern und half ihm auf die Toilette.

»Ich habe mit meinem Schwager Steve gesprochen«, sagte er. »Er vermutet, es handelt sich um einen klassischen Bänderriss. Du weißt schon – wenn man lange Zeit gekniet ist und dann ruckartig aufsteht. Das Band bleibt zwischen zwei Knochen hängen, und wenn man dann plötzlich zu stehen versucht, reißt es.«

Das war exakt, was ich befürchtet hatte. Ein Bänderriss wäre nicht so leicht zu reparieren wie ein Motor mit zu viel Öl, und wenn

Mungo außer Gefecht wäre, hätten wir ein echtes Problem. »Was hat er dir geraten?«, fragte ich ihn.

»Dem Knie einen Tag Ruhe zu gönnen und entzündungshemmende Tabletten zu nehmen. Wenn es dann immer noch nicht besser ist, muss ich zum Arzt.«

»Was bedeutet das?«

»Es ist halb so wild: Steve schätzt, das ich mit Schlüssellochchirurgie in ein paar Tagen wieder auf dem Damm bin.«

»Dazu müsstest du aber nach London zurückfliegen.«

Er schüttelte den Kopf. »Nicht unbedingt. Er kennt in Delhi einen richtig guten Chirurgen, an den er mich vermitteln könnte.«

Wir fuhren weiter, obwohl wir Russ nirgends erreicht hatten. Die Verkehrslage besserte sich nicht, und die Fahrerei wurde immer schlimmer. Ich überholte ein Tuk-Tuk mit vielleicht zehn Leuten, bei einem anderen fuhren Menschen auf dem Dach mit. Als ich auf den äußeren Fahrstreifen ausscherte, um ein paar Motorräder zu überholen, wurde ich beinahe von einem riesigen Laster niedergemäht, der mir in der falschen Richtung entgegenkam. Ich wich ihm aus, und er donnerte weiter unsere Außenspur entlang, ohne seine Geschwindigkeit zu drosseln oder sich noch einmal umzusehen.

Als wir endlich nach Agra gelangten, war es dunkel. Wir hatten das Taj Mahal bei Sonnenuntergang verpasst, aber wenn wir früh genug aufstanden, schafften wir es vielleicht bei Sonnenaufgang. Im Hotel angekommen, ging es Mungo ziemlich schlecht, und er war sehr niedergeschlagen. Mir tat der arme Kerl leid, denn es gibt nichts Schlimmeres, als sich auf einer Reise wie dieser zu verletzen. Man fühlt sich scheiße, weil man Schmerzen hat. Obendrein denkt man, dass man seine Kameraden hängen lässt, was alles noch viel schlimmer macht. Als er sich auf einen Stuhl setzte, hatte er entsetzliche Schmerzen und war unglaublich schlechter Laune. Da wusste ich, dass er um eine Operation wahrscheinlich nicht herumkam.

Das bedeutete, dass ich nun über Alternativen nachdenken musste. Vielleicht Anne, eine sehr gute freischaffende Kamerafrau aus Dänemark. Wenn Mungo ausfiel, könnte sie vielleicht nach Kathmandu fliegen.

Im Hotel trafen wir endlich Russ wieder. Mit einem Grinsen im Gesicht kam er in die Lobby geschwebt. »Das war eine tolle Fahrt«, sagte er. »Schnell und ein bisschen Furcht einflößend, aber toll.«

»Du hättest warten sollen«, sagte ich.

»Warum?«

»Mein Motorrad verlor Öl. Wir mussten es reparieren lassen.«

»Ich habe mich an einen Krankenwagen mit Blaulicht gehängt. Er hat die Bahn frei gemacht und ich bin drangeblieben. Ich dachte, ihr braucht sicherlich länger, also hatte es keinen Sinn, anzuhalten. Ich hätte mindestens eine halbe Stunde warten müssen. Deshalb fand ich, es wäre das Beste, wenn ich einfach hierher fahre.«

Ich sah ihn ein wenig säuerlich an. »Du dachtest also nicht, dass vielleicht etwas passiert sein könnte?«

»Wo?«

»Na, hinter dir.«

Er zuckte mit den Achseln. »Ihr wart ja alle da und konntet euch zusammen darum kümmern. Ich dagegen hätte nur unnötig auf euch gewartet. Und überhaupt, wenn wirklich irgendetwas passiert wäre, wärt ihr ja nicht aufgetaucht und ...«

»Du hättest warten sollen«, wiederholte ich. »Wir sollten zusammenbleiben.«

»In Ordnung«, gab er genervt nach. »Dann machen wir es eben in Zukunft so.«

Weitaus wichtiger als diese Meinungsverschiedenheit war jedoch Mungos Verletzung: Wir beschlossen, ihn ins Bett zu stecken, damit er sich ausruhe. Wenn bis zum Mittag des nächsten Tages keine Besserung einträte, müssten wir einen Arzt finden.

Es war ein langer Tag gewesen. Als wir um sechs Uhr am nächsten Morgen aufstanden, sah Mungos Knie nicht besser aus. Anstatt zurückzugehen, war die Schwellung nur noch größer geworden. Der arme Kerl war nun komplett am Boden zerstört. Er fürchtete, dass er die Abenteuerreise seines Lebens vorzeitig abbrechen müsste. Wir fragten Rina, ob sie versuchen könne, einen Termin bei einem Arzt zu vereinbaren. Derweil wollten Russ und ich zum Taj Mahal fahren. Der Gedanke, ohne Mungo weitermachen zu müssen, machte mich nervös. Ich war schon mit Bauchgrummeln aufgewacht, und es ging mir immer noch nicht besser. Ich versuchte, trotz allem optimistisch zu bleiben.

Seltsamerweise war die Stadt beinahe menschenleer. Um diese Tageszeit konnte man hier vermutlich Motorrad fahren, ohne ständig am Rande eines Herzinfarkts zu sein. Außer ein paar Fahrrädern, Rikschas, Pferdekarren und einer Handvoll Fußgänger war niemand unterwegs. Während ich durch die leeren Straßen von Agra fuhr, versuchte ich, mich ein wenig zu beruhigen. Abgesehen davon, wie sich die Sache mit Mungo weiter entwickelte, hatten wir einen anstrengenden Tag vor uns: Wir mussten heute weitere 300 Kilometer zurücklegen, um einen Lastwagen zu erwischen, der uns bis nach Varanasi mitnehmen würde.

Alte, verwitterte rosafarbene Gebäude prägten das Stadtbild von Agra. Einige davon sahen so aus, als hätte man sie so angestrichen, andere waren aus demselben Sandstein erbaut wie das Fort in Delhi. Die Fahrt dauerte etwa eine halbe Stunde, die wenigen Fahrzeuge überholten wir. Dann bogen wir in den Parkplatz des Taj Mahal ein. Weiter konnte man nicht fahren, da um die vom Verfall bedrohten Gebäude eine abgasfreie Zone eingerichtet worden war. Man kann sich der Anlage nur mit einem elektrischen Tuk-Tuk nähern. Ein Einheimischer sagte uns jedoch, wir könnten auch den Fluss überqueren und uns das Taj Mahal von der anderen Seite aus ansehen.

Wir hatten beide Lust, noch ein Stückchen zu fahren, also bestiegen wir wieder unsere Bullets und fuhren in Richtung Fluss. Es war derselbe Yamuna, der am Roten Fort in Delhi vorbeifloss.

Wir durchquerten ein armes Wohngebiet, wo Hunde herumrannten und die Häuser kaum mehr als Hütten waren. Ich konnte Menschen lachen hören und sah kleine Kinder in Wasserzubern sitzen, während ihre Eltern ihnen vorsichtig Wasser über den Kopf schütteten.

Wir fuhren immer weiter zwischen den Gebäuden hindurch. Die Straße schien nirgendwohin zu führen. Dann bogen wir einmal rechts und einmal links ab und kamen an eine schmale, zweistöckige Brücke. Es war eine plumpe alte Brücke mit löchrigem Asphaltbelag. Das wundervolle Chaos war zurückgekehrt: Rikschas, Pferdekarren, Tuk-Tuks ... und jedes Mal, wenn ein Fahrzeug vorbeikam, mussten wir an die Seite fahren.

Wir verließen die Brücke und bogen in eine weiß gepflasterte Straße ein. Da war es endlich: Im Nebel vor uns erhob sich das Taj Mahal. Mit seinen herrlichen weißen Kuppeln und Minaretten erschien es wie ein Trugbild am Horizont. Es war schöner, als ich es mir je ausgemalt hatte.

Wir fuhren so nahe wie möglich heran, dann parkten wir die Motorräder in einer Ausschwemmung, von der aus man die flachen, staubigen Ufer des Yamuna überblickte. Kaum zu glauben: Ich war von meiner Heimatstadt Annamoe bis zum Taj Mahal gereist, ohne zu fliegen. Die Mauern waren in milden Morgennebel gehüllt. Abgesehen von den fernen Kinderstimmen unten am Wasser war es vollkommen still. Das Taj Mahal ist ein Mogulgrab, die Grabstätte von Shah Jahan und seiner Lieblingsfrau Mumtaz Mahal, erbaut auf einem Sockel, unter dem sich ein Labyrinth aus Kellerkammern erstreckt. Ein einheimischer Mann erklärte, dass diese auf Hartholzstützen im Wasser errichtet worden seien, was an die Gebäude in

Venedig erinnerte. Er sagte, der Architekt habe es so konstruiert, weil sich im Falle eines Erdbebens in der Region das Wasser eher bewege als die Erde und das Gebäude so vor dem Einsturz bewahrt werde.

Während der Bauzeit von 1631 bis 1653 arbeiteten 20 000 Mann Tag und Nacht an seiner Fertigstellung. Das Taj Mahal ist mit Edelsteinen und Halbedelsteinen verziert. Zu verschiedenen Tageszeiten ändert sich die Stimmung vollkommen. Nachts erglüht das Monument im Mondlicht rot, in den frühen Morgenstunden ist es in eine Art Himmelblau getaucht. Bei Sonnenschein erstrahlt das Taj Mahal milchweiß. Der Legende nach ließ Shah Jahan nach Abschluss der Bauarbeiten seinen 20 000 Arbeitern die Daumen abschneiden, um zu verhindern, dass sie jemals ein zweites Taj Mahal errichteten. Das ist wahre Dankbarkeit.

Wir waren uns des Problems der Luftverschmutzung zwar durchaus bewusst, wollten jedoch so nahe wie möglich mit den Motorrädern herankommen. Ewan und ich waren damals direkt bis zu den großen Pyramiden gefahren, ein phantastisches Erlebnis. Hier kam man bis zu einer alten Ziegelstraße, wo eine Gruppe Polizisten versammelt war. Als wir ihnen erklärten, warum wir hier waren, ließen sie uns bis fast ans Wasser fahren. Der Blick war atemberaubend: auf der einen Seite die von einem Zaun mit spitzen Pfosten begrenzte Straße, auf der anderen ein Dach aus Bäumen. Dazwischen, auf der gegenüberliegenden Uferseite des Yamuna, lag eines der großen Weltwunder. Doch kaum dass wir dort standen und das Panorama genossen, brauten sich Wolken zusammen. In der Ferne konnten wir bereits Donnergrollen hören.

Russ trat neben mich. »Die Bullen auf dem Feld legen sich nieder«, sagte er. »Das bedeutet, dass der Monsunregen kommt.«

Unter uns trieb eine Frau in einem langen Rock ein halbes Dutzend Kühe über den schlammigen Fluss.

Wir bestiegen die Motorräder und fuhren zurück zum Hotel. Die Hauptstraße war wieder ein einziges Gewühl, und wir zuckelten zwischen den Tuk-Tuks und Taxis dahin, bis wir auf dem Gehsteig einen Elefanten erblickten. Er stand dort mit seinem Treiber und sabberte auf einen Haufen frischer Wassermelonen, die ein anderer Mann am Straßenrand verkaufte.

Es musste sein: Die ganze Zeit hatten wir die verschiedensten Transportmittel benutzt. Dies könnte vielleicht meine einzige Chance sein. Wir parkten die Bikes ein Stück weiter an der Straße und gingen zurück zu dem jungen Mann und seinem Elefanten.

»Hallo«, sagte ich. »Ich heiße Charley und würde gerne auf Ihrem Elefanten reiten.«

Er sah mich nur an.

Russ zeigte dorthin, wo wir die Enfields abgestellt hatte. »Es muss nicht besonders weit sein. Nur von hier bis zu diesen Motorrädern. Geht das?«

Der junge Mann streckte die Hand aus. »Fünfhundert Rupien.«

Er zeigte mir, wie man den Elefanten bei den Ohren packt und auf seinen Rüssel klettert. Dann hob mich der Elefant empor, und ich klammerte mich an ein paar Decken, die auf seinem Kopf zu einer Art Geschirr zusammengebunden waren.

Der Treiber führte das Tier, und Russ sah zu. So ritt ich etwa dreißig Meter weit bis zu dem Platz, wo wir die Motorräder geparkt hatten. Nicht die längste Reise meines Lebens, aber definitiv die exotischste. Ich wäre gerne noch ein wenig weiter geritten, doch wir mussten Mungo zum Arzt bringen. Am Ziel angekommen, kletterte ich also wieder hinab, über das erhobene Vorderbein des Elefanten.

Als wir beim Hotel vorfuhren, hoppelte uns Mungo auf einer Krücke entgegen. Rina hatte inzwischen einen orthopädischen Chirurgen ausfindig gemacht, also nahmen wir rasch ein Taxi. Mungo saß vorn. Sein Gesicht war grau vor Schmerzen.

Wir fuhren zur Klinik und halfen ihm aus dem Wagen. Ein paar Stufen führten hinauf zur Pforte des LIC Medical Examiner. Die Praxis lag in einem schmutzigen weißen Gebäude in der Stadtmitte von Agra. Davor stand ein Wachmann mit einer doppelläufigen Schrotflinte.

Im Wartezimmer tummelten sich schon einige Leute: eine Handvoll Frauen, die uns etwas misstrauisch beäugten, und ein Haufen Kinder, für die drei Engländer mit einer Kamera die Attraktion des Tages waren. Die Sprechstundenhilfe geleitete uns einen schmalen Gang entlang zum Sprechzimmer von Dr. Arun Kapoor. Die Tür stand offen, aber er war nicht da. Mungo ließ sich auf der Untersuchungsliege nieder.

»Sieht aus, als wären wir hier richtig«, sagte ich und deutete auf eine Vitrine mit Plastikknochen. »Er hat jede Menge Kniegelenke und solches Zeug.«

Mungo war nicht gerade zu Späßen aufgelegt, aber irgendwer musste die Stimmung ein bisschen heben.

»Ich glaube, am besten wäre es, das Bein abzuhacken«, fuhr ich fort. »Ich nehme meinen Leatherman, der lässt einen selten im Stich. Er hat eine Säge, und die Sehnen kann ich damit auch zerschneiden.«

»Besser, du sprengst es weg«, schlug Russ vor. »Mit Dynamit.«

Ich schüttelte den Kopf. »Nein, das gäbe eine Sauerei.«

Zum Glück kam in diesem Augenblick der echte Doktor herein. Mungo erklärte, was ihm passiert war, und der Doktor untersuchte das Knie. Er bewegte es in verschiedene Richtungen und fragte Mungo, wann es wehtat. Hin und her ging es ganz gut, aber wenn er das Knie durchdrückte und das Bein zu strecken versuchte, waren die Schmerzen fürchterlich.

»Ich glaube, Sie haben Ihre Patella ausgerenkt«, sagte der Doktor. »Aber wir sollten lieber ein Röntgenbild machen, um ganz sicher zu gehen.«

Das klang eigentlich recht positiv, denn ein ausgerenktes Knie war halb so wild. Wir begleiteten Mungo den Gang hinunter zum Röntgenraum, wo man ihn auf einen Tisch legte und sein Knie röntgte. Ein paar Minuten später waren wir wieder in Dr. Kapoors Sprechzimmer und sahen uns die Bilder an.

Die Sehnen auf beiden Seiten des Knies schienen so weit in Ordnung zu sein, und es war auch nichts gebrochen oder angebrochen, aber Dr. Kapoor konnte die Bänder nicht sehen.

»Auf dem Röntgenbild sieht man sie nicht«, erklärte er. »Dazu muss man eine Magnetresonanztomografie machen.«

»Geht das gleich hier?«, fragte ihn Russ.

»Hier nicht. Sie müssen etwa drei …« Ich dachte schon, er würde sagen, »drei Stunden in diese Richtung fahren«, und mir wurde auf einmal ganz anders. Tatsächlich sagte er dann aber drei Kilometer. Gott sei Dank. Er setzte den Vermerk »dringend« auf die Überweisung, und sagte, wir könnten den Scan sofort machen lassen.

Als wir wieder im Taxi saßen, diskutierten wir unsere Optionen. »Je nachdem, was es ist, könnten wir zwei heute weiterfahren, wenn wir wollen«, sagte Russ zu mir. »Wenn es nur eine Prellung ist, könnte Mungo später nachkommen.«

Ich schüttelte den Kopf. »Nein, das möchte ich nicht. Ich finde, wir sollten jetzt auf jeden Fall als Gruppe zusammenbleiben. Insbesondere nach dem, was gestern passiert ist, als du vorausgerast bist.« Ich hob den Kopf und sah ihm direkt ins Gesicht. »Was wäre gewesen, wenn du einen Unfall gehabt hättest, hm?«

Er zuckte nur mit den Achseln. »Mir hätte nicht viel passieren können, ich bin ja hinter einem Krankenwagen hergefahren. Aber klar, du hast recht«, fügte er dann mit ernsterem Ton hinzu. »Wir sollten zusammenbleiben.«

Noch aus einem anderen Grund schien dies die richtige Entscheidung zu sein: Bis wir hier loskämen, wäre es schon spät. Es waren mehrere Stunden Fahrt bis zu unserem Treffpunkt, und die Straßen waren größtenteils Mist. In der Dunkelheit zu fahren war einfach viel zu gefährlich. Am nächsten Morgen um drei Uhr in der Frühe wollten wir uns mit einem Lastwagenfahrer treffen, der uns nach Varanasi bringen sollte. Wenn wir nicht bei ihm mitfahren konnten, mussten wir uns eine andere Möglichkeit ausdenken, dorthin zu gelangen. Langfristig mussten wir uns auch Gedanken darüber machen, was wir in Sachen Filmen unternehmen wollten, falls sich herausstellte, dass Mungo nicht mehr einsatzfähig war. Russ hatte sich bereits ans Telefon geklemmt und in London angerufen, um einen anderen Kameramann aufzutreiben, der später zu uns stoßen könnte. Notfalls könnte er die Aufgabe zwischenzeitlich auch selbst übernehmen.

Mungo ließ seinen MRT-Scan machen. Er dauerte 35 Minuten und wurde einmal von einem Stromausfall unterbrochen. Russ und ich warteten auf ihn in einem Zimmer voller bandagierter Menschen. Wir mussten 3500 Rupien bezahlen – etwa 56 Euro. Als die Aufnahme fertig war, galt es, noch einmal rund eine Stunde auf das Ergebnis zu warten. Dann ging es zurück zu Dr. Kapoor, damit er endlich seine Diagnose stellen konnte.

Russ und ich nutzen die Zeit und planten unsere nächste Touretappe Varanasi. Wir hatten schon mit dem Büro telefoniert, und Robin, ein anderes Mitglied des Teams, war auf dem Weg hierher zu uns. Ihm so schnell ein Visum zu besorgen konnte möglicherweise ein Problem darstellen, doch Lucy hatte bereits die Botschaft verständigt und versuchte, alle Hindernisse aus dem Weg zu räumen.

In seinem Sprechzimmer nahm Dr. Kapoor erst einmal Platz. Russ saß ihm gegenüber, ich stand bei der Tür, und Mungo hockte auf der Untersuchungsliege und machte ein langes Gesicht. Man hörte nur das Surren der Klimaanlage.

Dr. Kapoor wartete einen Augenblick, dann überflog er das Dokument. »Nun«, sagte er langsam. »Hier scheint doch ein kleiner Riss zu sein.«

»Riss?«, sagte ich.

»Ja.«

Mungo war den Tränen nahe.

»Und da können Sie gar nichts machen?«, fragte Russ den Doktor.

Er schüttelte den Kopf. »Drei Wochen Ruhe, und er ist wiederhergestellt. Alles andere – eine Operation etwa – müssten die Ärzte in Großbritannien vornehmen.« Er blickte Mungo mitfühlend an. »Es tut mir leid«, sagte er. »Ich sage Ihnen das nur ungern, da sie auf einer ganz wunderbaren Reise sind. Aber es ist mir viel lieber, wenn Sie in Sydney wieder richtig gehen können.«

»Ein kleiner Riss«, wiederholte ich.

Er nickte.

Das waren schlechte Nachrichten. Schlechter ging es gar nicht. Russ sah Mungo an. »Also gut«, sagte er. »Das Beste ist, Mungo nach Hause zu verfrachten, anstatt zu versuchen, dich mitzuschleifen, Kumpel.«

»Du kannst in Hanoi wieder zu uns stoßen«, sagte ich. »Du kannst nicht gehen, Mungo, und in Nepal werden wir kaum etwas anderes tun.« Ich tat mein Bestes, um es ihm leichter zu machen. »Nach China müssen wir sowieso fliegen, also verpasst du gar nicht so viel und ...«

»Was meinst du?« Russ blickte Mungo an.

Der schwieg. Was er fühlte, konnte man in seinem Gesicht ablesen. »Da sind zwei Sachen«, stotterte er. »Ich will, dass es ordentlich verheilt, denn sonst wird es zu einem dauerhaften Problem. Das andere ist ...« Plötzlich versagte ihm die Stimme. Er senkte den Kopf. »Jetzt kann ich meinen Großvater beerdigen.«

Es war einfach zu viel: Erst hatte er mit seinen Gefühlen hinterm Berg gehalten, und nun auch noch das.

Russ sprang auf. »Mensch, Mungo.« Er legte Mungo einen Arm um den Hals, und Mungo hielt sich an ihm fest. »Für den Fall, dass du nach Hause fliegen musst – wann ist die Beerdigung?«

Mungo holte tief Luft. »Freitag in einer Woche.«

»Danach kannst du wiederkommen«, sagte ich. »Geh zu der Beerdigung und kurier dich aus. Dann kommst du wieder.«

Tränen flossen Mungo übers Gesicht. »Ich wollte ja hin«, sagte er. »Seit ich davon erfahren habe, natürlich, aber ...«

»Mach es so«, sagte Russ zu ihm. »Das ist ohnehin das einzig Richtige.«

»Ja, mach das«, sagte ich. »Geh heim und erhol dich, dann kannst du später wieder herfliegen und dich uns anschließen. Das Schicksal hat es so gewollt, Mungo. Ich glaube fest an solche Sachen. Nichts geschieht ohne Grund.«

»Er hat recht«, fügte Russ hinzu. »Diese Verletzung bedeutet, dass du zu der Beerdigung gehen sollst. Das ist doch ein Silberstreif an diesem grauen Horizont! Geh nach Hause und lass dein Knie ausheilen. Wir werden schon über die Runden kommen. Später auf der Reise stößt du dann wieder zu uns.«

14

Der längste Tag

Für seinen Rückflug nach London buchten wir Mungo einen Platz in der Business Class, damit er sein Bein ausstrecken konnte. Sobald er zu Hause war, wollte er seinen Schwager besuchen. Er versprach, uns auf dem Laufenden zu halten.

Es fiel uns schwer, Mungo in Agra zurückzulassen. Ich konnte mir gut vorstellen, wie er sich fühlte. Wir dagegen legten noch etwa 270 Kilometer bis zu einer Kleinstadt zurück, wo ich gegen 23 Uhr endlich ins Bett fiel. Vier Stunden später, kurz bevor der Wecker klingelte, war ich schon wieder auf den Beinen. Unser Ziel war ein Lastwagenrasthof. Rina ging davon aus, dass wir dort eine Mitfahrgelegenheit finden würden. Wir hatten bereits ein Boot gebucht, mit dem wir heute Nachmittag um vier Uhr von Ramnagar aus über den Ganges setzen wollten. Das war durchaus noch zu schaffen.

Es ist offenbar schwer, mit Lastwagenfahrern etwas im Voraus zu vereinbaren. Ich hatte gedacht, es würde einer auf uns warten, doch dies erwies sich als Fehlannahme. Stattdessen gingen wir aufs Geratewohl dorthin, um zu sehen, was wir kriegen konnten. Normalerweise fuhren sie frühmorgens ab, also war dies die beste Zeit, wenn man eine Mitfahrgelegenheit ergattern wollte.

Der Rasthof – eine Ansammlung von Gebäuden am Straßenrand – lag ein wenig außerhalb der Stadt. Ein paar Männer saßen an Tischen und sahen sich ein altes B-Movie im Fernsehen an, andere schliefen draußen auf grob gezimmerten Pritschen entlang der Hauswand. Es war immer noch stockdunkel. Vergangene Nacht hatte es einen gewaltigen Sturm gegeben, und selbst jetzt noch erhellten hin und wieder Blitze den Himmel. Der sandige Boden hatte sich in ein schwarzes Pfützenmeer verwandelt. Drinnen im Café wurden die Fahrer, das Essen und die Teekannen von Fliegen umschwärmt. Niemand wirkte besonders kommunikativ. Ich begann daran zu zweifeln, dass uns hier jemand mitnehmen würde.

Nach einigen negativen Antworten jedoch fand sich ein junger Mann in Baseballmütze und Weste namens Raj. Er sagte, er könne uns bis zu einer Stadt in der Nähe von Ramnagar mitnehmen, wobei er gleichgültig die Fliegen verscheuchte. Den Rest der Strecke könnten wir mit dem Bus zurücklegen.

Raj zeigte auf seinen Tata-Laster, ein Riesenmonster mit einer großen Fahrerkabine, und bestellte uns um 4.45 Uhr zur Abfahrt. Als es so weit war, lag sein zweiter Fahrer immer noch draußen auf einer der Holzpritschen und schlief. Raj stieß ihn an, doch er drehte sich nur um. Als er ihn mit seinem Namen anrief, wälzte er sich auf die andere Seite. Da nahm Raj ein Glas Wasser und kippte es ihm ins Gesicht. Prustend setzte sich der arme Kerl auf. Es war Rajs Partner Lallan. Raj sagte ihm, dass es nun Zeit zur Weiterfahrt sei.

Sie fuhren quer durch Indien und legten dabei oft sehr lange Strecken zurück, indem sie sich am Lenkrad abwechselten. Heute transportierten sie Gemüse. Mit von der Partie war noch ein dritter Typ namens Kamar, dessen Vater der Lastwagen gehörte.

Es war genau das, was wir uns erhofft hatten: Eine uralte Kiste mit flacher Front und einer zweigeteilten Windschutzscheibe, in deren Mitte eine Strebe verlief. Die Kabine war doppelt so groß wie normal. Ganz hinten war eine Sitzbank, und zwischen Passagier und Fahrer gab es einen zusätzlichen Platz, wo sich jemand mit dem Rücken zur Windschutzscheibe hinhocken konnte. Wir stiegen alle ein, und Raj startete den Motor. Der Wagen hatte eine altmodische Gangschaltung an der Lenksäule. Die Lenkung selbst war vom jahrelangen Betrieb ausgeleiert. Wir warteten noch ein paar Minuten, bis der Motor warm war, dann ließen wir den Fernseher, die Fliegen und das halbe Dutzend schlafender Fahrer hinter uns und fuhren zwischen den parkenden Lastwagen davon.

Es war ebenso seltsam wie aufregend, mitten in der Nacht auf diese Art weiterzureisen. Die letzten paar Tage waren sehr anstrengend gewesen, aber das hier machte einfach nur Spaß. Ich saß zwischen Raj und Kamar, Russ und Rina hockten mit Lallan hinten, der mit geschlossenen Augen gegen das Fenster lehnte. Wir hatten schon viele solcher Laster gesehen: Sie waren uns bisweilen auf der falschen Fahrbahnseite entgegengedonnert und hatten sich keinen Deut um den Verkehr geschert. Nun endlich bekamen wir Gelegenheit, diese Erfahrung einmal selbst zu machen.

Die Sonne ging auf und strahlte über eine flache, trockene Landschaft mit dürren Bäumen und abgewirtschafteten Gebäuden. Die Straße war ein schmaler Streifen Asphalt in einer ansonsten sandigen Welt. Ich fragte mich, was wohl passierte, wenn es regnen würde.

Nach kurzer Fahrt machten wir Pause, um auf einem landestypischen Rastplatz Tee zu trinken. Wir manövrierten uns durch die Reihen parkender Laster hindurch und hielten schließlich auf einem Fleckchen von der Sonne festgebackener Erde an. Hier aßen und schliefen die Fahrer, trafen sich mit alten Freunden und plauderten über dieses und jenes. Im Café nebenan bereitete der Eigentümer in gusseisernen Pfannen würziges Naan-Brot zu. Er servierte uns Tee mit viel Milch. Ich beobachtete, wie einige seiner Gehilfen aus einer Ecke Wasser holten. Sie verwendeten es für den Tee und zum Spülen der Töpfe und Pfannen. Als ich hinschlenderte, sah ich, dass sie das Wasser aus einem Metalltank schöpften, an dessen Grund ein großer Katzenfisch schwamm.

Mit der Sonne kamen auch der Verkehr und die Kakophonie der Hupen zurück. Indien ist wirklich ein erstaunlich lebhaftes Land. Um mich herum passierte die ganze Zeit so viel, dass ich meistens nur ungläubig zuschauen konnte. Ich fühlte mich dabei übrigens immer sehr sicher, denn die Menschen waren stets freundlich. Obwohl wir kreuz und quer durchs Land reisten, hatten wir nie das Gefühl, auch nur im Geringsten bedroht zu sein.

Um 9.30 Uhr war es vierzig Grad heiß, und wir zerflossen buchstäblich. Wir beschlossen, eine Weile lang oben auf der Ladung mitzufahren, um ein wenig frische Luft zu schnappen. Oben auf dem Dach, weit weg vom Motor, war es sogar relativ ruhig. Der Fahrtwind brachte Erleichterung.

»Schön, sich den Wind ins Gesicht wehen zu lassen«, sagte Russ. »Ein phantastischer Platz hier oben, nicht wahr? Hast du bemerkt, dass die Kinder überall Kricket spielen?« Er deutete zu einem Stück Brachland hinüber, wo ein Haufen Jungs in Lumpen einen Ball in der Gegend herumschlugen. »Überall sonst würden sie Fußball spielen, aber in Indien ist es Kricket. Erst gestern Abend dachte ich, dass man an einigen Orten, durch die wir gekommen sind, den britischen Einfluss sehr deutlich sieht. Er hat gute und schlechte Auswirkungen.«

Raj setzte uns drei an einer Kreuzung am Rande einer kleinen Stadt ab und sagte, wir könnten nun nach Ramnagar den Bus nehmen. Wir hatten unser gesamtes Gepäck und Mungos Kameraausrüstung dabei und mussten um 16 Uhr unser Boot erwischen.

Meine Uhr zeigte 14 Uhr. Die Sache begann schiefzulaufen. Nervös sahen wir uns nach einer Möglichkeit um, wie wir zum Busbahnhof gelangen könnten. Vergebens. Wir befanden uns eindeutig zu weit außerhalb der Stadt, und die einzigen Transportmittel, die hier vorbeikamen, waren Motorräder und Ochsenkarren. Mir war heiß, ich schwitzte und war frustriert, weil ich befürchtete, wir könnten das Boot nicht mehr rechtzeitig erreichen. Schließlich kamen ein paar Tuk-Tuks vorbei, die wir anhielten. Sie brachten uns in die Stadt. Der Verkehr nahm stetig zu, bis wieder das übliche Chaos herrschte:

In den engen Straßen drängten sich Menschen, Karren, Fahrräder, Tuk-Tuks und Stadtbusse, die vor Fahrgästen aus allen Nähten platzten. Das alles wurde übertönt von einem nicht enden wollenden Hupkonzert.

Ich beobachtete die Busse, die nur im Schneckentempo vorankamen, weil sie alle zwei Minuten einen Halt einlegten. »Mit dem Bus schaffen wir es nie«, sagte ich. »Es sind über sechzig Kilometer. Wie wär's mit einem Jeep?« Als gerade einer vorbeiknatterte, zeigte ich darauf. »Die kann man mieten. Wenn uns der Typ hier an der Bushalte absetzt, können wir uns einen schnappen. Da stehen sicher ein paar herum.«

Doch weit gefehlt, da war kein einziges Auto. Das Tuk-Tuk fuhr stattdessen durch ein Tor und setzte uns in einem Hof mit gestampftem Lehmboden ab, der von alten, baufälligen Gebäuden umgeben war. Wir stiegen aus und luden unser Gepäck ab. Da stand ich nun, mit den Händen in den Hüften, tropfnass vor Schweiß. Es war kein Bus in Sicht, auch keine Jeeps, nur ein paar alte Tuk-Tuks und ab und zu eine Rikscha. Ich machte langsam Stress.

»Na ja«, meinte Russ. »Zumindest habe ich noch nie einen Busbahnhof ohne Busse gesehen.«

»Gebens wir's auf, das ist doch reine Zeitverschwendung.«

Wir gingen hinaus auf die Straße, um jemanden zu suchen, der uns nach Ramnagar bringen könnte. Wir kämpften uns durch Straßen, in denen es von Rikschas nur so wimmelte. Es gab kleine Märkte und abgedunkelte Geschäfte, in denen so ziemlich alles verkauft wurde, was man sich nur vorstellen kann. Schließlich fanden wir eine Reihe parkender Jeeps jenes Typs, der früher bei der US-Armee in Gebrauch gewesen war: mit zwei Sitzen vorne, Bänken zu beiden Seiten der Ladefläche und einem Dach aus Leinwand.

»Der tut's doch.« Ich deutete aufgeregt auf einen blauen Jeep, der in einem einigermaßen vernünftigen Zustand zu sein schien. Da der

Fahrer beteuerte, er könne es bis 16 Uhr nach Ramnagar schaffen, luden wir ein. Die Sitze waren unvorstellbar hart, und der Wagen hatte keine Federung. Als Hauptproblem erwies sich jedoch bald, dass der Jeep gar nicht ansprang. Mein Gott, schon wieder so ein Tag. Der Fahrer versuchte ein paar Minuten lang zu zünden, doch als sich nichts regte, stieg er aus.

»Da haben wir's«, sagte Russ. »Er öffnet die Motorhaube.«

Ich sprang hinaus und wollte dem Fahrer gerade sagen, dass wir uns einen anderen Jeep suchen würden, da erwachte der Motor blubbernd zum Leben. Russ zerrte mich zurück, und wir bahnten uns hupend einen Weg durch die Menschenmassen bis zu einer Tankstelle.

Seufzend lehnte ich mich zurück. Diese ganze Hektik, nur um neben einer Benzinpumpe zu sitzen. Lass es laufen, sagte ich zu mir selbst. Es ist heiß, und du hast Kopfweh. Wenn Ewan hier wäre, würde er zu dir sagen: Scheiß drauf, Charley. Es ist halt einer von diesen Tagen.

Den ganzen Weg nach Ramnagar über wurden wir durchgerüttelt. Jedes Mal, wenn wir über eine Unebenheit holperten, hob es Russ und mich aus den Sitzen, und wir knallten mit dem Kopf gegen das Metallgestänge, über welches das Leinendach gespannt war. Ich hatte von der Hitze und dem Schlafmangel bereits Kopfschmerzen, und dadurch wurde es nicht besser. Und dazu noch dieser Verkehr: Alles fuhr dicht an dicht, die Autos stockten, hupten, stanken. Einzig die schwache Brise, die durch das Verdeck wehte, brachte ein wenig Erleichterung. Zusammen mit zahllosen anderen Fahrzeugen hielten wir an einem Bahnübergang und warteten, während ein Güterzug Waggon um Waggon an uns vorbeidonnerte. Als sich die Schranke endlich hob, bewegte sich nichts. Auf beiden Seiten der Bahnlinie hatte sich inzwischen so viel Verkehr gestaut, dass niemand auch nur einen Meter fahren konnte.

Ich verschränkte die Arme, atmete tief durch, lehnte mich zurück und schloss die Augen.

Doch irgendwie bekamen es die Fahrer hier doch geregelt: Nach viel Geschrei und Gehupe bildeten sie zwei Reihen, die sich langsam über die Gleise zwängten, und weiter ging's. Unser Chauffeur hielt Wort, und trotz aller Behinderungen erreichten wir Ramnagar um kurz nach 16 Uhr. Wir hofften nur, dass unser Boot noch da war. Ich hievte die Ausrüstung aus dem Wagen und blickte um mich, auf der Suche nach dem Fluss.

Der über 2500 Kilometer lange Ganges ist der Inbegriff des spirituellen Indien. Wir konnten ihn nicht finden. Nach vergeblicher Suche schlug ich vor, zum alten Fort zu gehen. Alle anderen Forts, die wir bisher gesehen hatten, waren in Flussnähe erbaut worden. Bestimmt würde auch der Ganges gleich dahinter vorbeifließen. Ich sollte recht behalten. Vor einem Café trafen wir uns mit Supla, unserem Skipper, der uns eine unbefestigte Straße entlangführte. Auf der einen Seite standen verfallene Häuser, auf der anderen ein paar verwaist wirkende Geschäfte.

Aus irgendeinem Grund hatte ich mit einer Art Schnellboot gerechnet, aber was uns erwartete, war eine Nussschale – ein Ruderboot mit einem Ruderer am Bug und einem mürrisch dreinblickenden Typen an der Pinne. Es gab noch jede Menge anderer solcher Boote. Sie waren fest miteinander vertäut. Daneben schwammen kleine Kinder, lachten, scherzten, tauchten unter und bespritzten sich gegenseitig mit Wasser. Auf der anderen Seite des Flusses konnte ich Varanasi sehen. Supla versprach, uns vor Sonnenuntergang dorthin zu bringen.

Ich kletterte an Bord und streckte mich erstmal einen Augenblick lang unter dem Sonnendach aus, wo ein paar Teppiche als Sitzgelegenheit für uns ausgelegt waren. Nach der Affenhitze in dem Jeep war das ein Segen.

»Großartig, einen Tag so zu beenden«, sagte ich laut zu mir selbst. »Mit einem Ausflug auf dem Ganges.«

Der Typ im hinteren Teil des Bootes stieß uns vom Ufer ab. Ein paar Minuten später setzte ich mich neben den Ruderer. Wir nahmen jeder einen Riemen und ruderten zur Flussmitte.

»He, Russ«, sagte ich. »Ist das nicht unglaublich? Wir sind hier auf dem Ganges und rudern mit einem Boot nach Varanasi, einem der heiligsten Orte der Welt. Ich werde um Vergebung all meiner früheren, derzeitigen und zukünftigen Sünden bitten. Hoffentlich funktioniert das.«

»Übrigens, ich habe mit Mungo telefoniert«, fügte ich hinzu. »Er ist gerade auf dem Weg nach Newcastle, wo sie ihn morgen für eine OP eingetragen haben. Er sagte, dass er schon darauf brennt, wiederzukommen.«

»Er muss erst wieder ganz fit werden«, entgegnete Russ. »In seinem eigenen Interesse. Habe ich erwähnt, dass ich mittlerweile einen neuen Kameramann ausfindig gemacht habe? Ein Typ aus Indien namens Wency – ist wohl die Kurzform von Wenceslas. Er hat ziemlich viel Erfahrung. Wir treffen uns später mit ihm auf ein Bier. Und dann kommt noch ein anderer Typ aus Nepal hierher. Es sollte also alles hinhauen.«

Varanasi war anders als alles, was ich in Indien bislang gesehen hatte. Natürlich gab es hier dieselben verrückten Straßen mit ihren pittoresk baufälligen Häusern, den schmalen Gassen und Seitenstraßen, den offenen Eingängen und unzähligen Wäscheleinen. Es gab spielende Kinder und Hunde, die auf der Suche nach Speiseresten am Boden herumschnüffelten. Aber anders als in Delhi oder Mumbai erstickten die Straßen nicht im Autoverkehr. Haupttransportmittel schienen vielmehr die Rikscha und das Tuk-Tuk zu sein, sodass eine ganz andere Atmosphäre herrschte. Mumbai war der helle Wahnsinn gewesen, voller Menschen und geschäftigem Treiben. Delhi wirkte dagegen offener, mit mehr Autos und ernsteren Menschen, was der Stadt das Flair einer Hauptstadt verlieh. In Varanasi wiederum herrschte eine heitere Grundstimmung, obwohl immer noch unglaublich viel los war. Als ich am Morgen nach unserer Ankunft durch die Straßen schlenderte, fühlte ich mich jedenfalls erfrischt und entspannt. Ich kam an Geschäften vorbei, in denen es alle möglichen Nahrungsmittel gab, dazu Seide, Teppiche und jede Menge Messinggegenstände. Über der ganzen Stadt hing ein intensiver, charakteristischer Geruch: Gewürze, Weihrauch, der Fluss.

Russ und ich nahmen uns je eine Rikscha. Ich sagte meinem Fahrer, dass wir zum Fluss hinunter wollten. Er war ein drahtiger Mann von etwa vierzig Jahren mit öligem schwarzen Haar und abgesehen von einem wirklich schrecklichen Husten sehr still. Auf halbem Wege durch die Stadt hatte ich ein derart schlechtes Gewissen, dass ich den armen Kerl bat, anzuhalten. Er dachte, die Fahrt sei zu Ende und begann auszurechnen, was ich ihm schuldete, doch ich half ihm vom Sattel und sagte: »Sie sitzen jetzt hinten, und ich trete in die Pedale.«

Er wirkte verwirrt und blickte mich verständnislos mit großen Augen an.

»Setzen Sie sich«, sagte ich und zeigte dabei auf den bunten Sitz. »Ich fahre.«

Er begriff immer noch nicht ganz, was ich wollte, und starrte mich weiter entgeistert an. Er sprach zwar ein bisschen Englisch, aber vermutlich hatte man ihm noch nie zuvor angeboten, ihn zu kutschieren.

Ich brauchte ein wenig Bewegung, und eine Rikscha zu fahren würde schon nicht so schwer sein. Ich betätigte die kleine Klingel und stürzte mich ins Getümmel, während der kleine Kerl unsicher hinter mir saß. Die Straßen waren voll von anderen Rikschas und Tuk-Tuks, und ich war nun Teil der Gesellschaft, ein Rikschafahrer in Varanasi, der versuchte, Ladeninhabern, Budenbesitzern und Priestern in roten Röcken und Schärpen rechtzeitig auszuweichen. Ich fuhr mit Tuk-Tuks und Motorrädern um die Wette, Motorroller rasten an mir vorbei. Alle, die uns bemerkten, lachten: Ein Reisender, ein Tourist fährt eine Riksha, und der Besitzer sitzt hinten! Es war anstrengend und sehr heiß, ich konzentrierte mich darauf, niemanden anzufahren, vor allem die Kühe zu schonen.

Die Kuh ist den Hindus heilig. Rajiv, der Typ aus dem Ort, dem wir uns anvertraut hatten, hatte gesagt, die Kuh stelle die mütterliche Kraft dar, weil sie Milch gibt und ihre Jungen ernährt. Es gab jede Menge Mütter hier, schwarze und graue, die überall herumliefen. Unbeirrt vom Verkehr standen sie einfach herum oder legten sich nieder, wo es ihnen gerade passte. Die Fahrer mussten einen Bogen um sie machen. Ich fragte mich, was sie wohl fraßen und wo sie schliefen. Wohin gingen sie nachts?

Die Antwort war, dass sie nirgendwohin gingen. Sie legten sich einfach schlafen, wo sie wollten. Sie werden so verehrt, dass sie tun können, was ihnen beliebt. Sie ernähren sich von Gemüse, herumliegendem Essen, Samosas, Brotstücken, eben allem, was sie finden können. Das Problem dabei ist, dass das meiste Essen heute in Plastik verpackt wird. Ich sah eine Kuh, die versuchte, mit der Zunge Gemüse aus einer Tüte zu lecken und plötzlich das ganze Ding schluckte.

Trotz des Getümmels auf den Straßen war die Riksha genau das, was ich jetzt brauchte. Ich bekam ein Gefühl für ihr Gewicht und schlängelte mich durch den Verkehr zum Fluss. Ich hatte gerade einen ganz schönen Zahn drauf, als mich unvermittelt ein Tuk-Tuk ausbremste. Ich riss den Lenker herum und wäre beinahe mit zwei anderen Rikshas zusammengekracht. Mein Fahrgast verlor die Geduld. Ich versuchte, die anderen Fahrer zu besänftigen, »Tut mir leid, Jungs, mein Fehler«, sagte ich.

Sie vergaben mir, und wir hätten unsere Fahrt auch fortsetzen können, wenn mein Rikschabesitzer nicht Anstalten gemacht hätte, sein Gefährt zurückzufordern. Es war heiß und schwül, und als ich abstieg, hatte ich den unvermeidlichen feuchten Fleck am Hintern. Ich bezahlte den Fahrer und ließ ihn stehen, er war immer noch sichtlich verwirrt. Russ und ich tranken bei einem Straßenverkäufer nach all dem Aufruhr erst einmal eine Tasse Tee. Überall gab es solche Teeverkäufer. Sie rührten in großen Töpfen herum, die auf mit Holzkohle befeuerten Steinöfen warm gehalten wurden. Darin befand sich ein fertiges Gebräu aus Tee und Milch. Der Typ, der uns bediente, schöpfte den Tee mit einem kleinen Kochtopf heraus, dann ließ er ihn durch ein selbst gebasteltes Sieb in die Teekanne rinnen. Sobald die Teekanne voll war, schnappte er sich ein paar Gläser und goss den Tee wie ein spanischer Weinkellner aus großer Höhe ein.

»Riecht wie ganz gewöhnlicher englischer Tee«, bemerkte Russ.

»Der großteils aus Indien stammt«, erinnerte ich ihn.

In dieser Stadt herrschte wirklich eine entspannte Atmosphäre. Durch die wenigen Autos erschien alles näher – die winzigen Läden, die Marktstände. Das gefiel mir. Rajiv hatte gesagt, der Markt sei das Herz von Varanasi, und ich konnte sehen, was er damit meinte.

Während ich meinen Tee schlürfte, beobachtete ich graue Affen, die an Telefonmasten emporkletterten. Offenbar waren sie für einen guten Teil des Vandalismus in der Stadt verantwortlich. Wie eine Straßenbande von Raufbolden reißen sie Teile der Rikschas ab, zerkauen die Markisen der Läden und schnappen sich etwas zu essen, wo immer sie können. Sie dringen sogar in die Häuser der Menschen ein.

Überall klingelte es: die Rikschafahrer und die Priester, die bei ihren religiösen Zeremonien Handglocken einsetzten. Ich konnte sie sogar aus dem Getute der Tuk-Tuk-Hupen heraushören. Aus Straßen und engen Gassen rannten Hunderte halbnackter Kinder hinunter zum Wasser. Und doch herrschte in diesem ganzen Tohuwabohu ein gewisser Friede, ein Hauch von Ordnung und Behaglichkeit. Varanasi ist der Schmelztiegel Indiens. Pilger aus allen Teilen des Landes kommen dorthin, um im Fluss zu baden und sich von ihren Sünden zu reinigen. Es gibt eine Morgen- und eine Abendzeremonie, bei denen der jeweilige Priester dasselbe Ritual vollzieht. Es findet auf den *ghats,* den Stufen statt, die von praktisch jeder größeren Straße zum Ufer führen.

Wo wir auch hinkamen, hatten die Leute rote Lippen und rote Zähne vom Kauen der Betelnüsse. Ich hatte gestern im Lastwagen welche probiert und fand sie ekelhaft. Hier, so schien es, kaute sie jedermann. Vielleicht lag darin der Grund für die omnipräsente Gelassenheit.

Ich konnte den Fluss nun riechen. Obwohl er schmutzig und voller Abwässer war, schwammen und badeten die Menschen darin. Einige konnten darauf sogar gehen.

Ich sah zweimal hin. Am anderen Ende der Straße konnte ich zwischen den Gebäuden das braune Wasser sehen. Ich hätte schwören können, dass wenigstens zwei oder drei Menschen darüber gingen. Als wir näher kamen, stellte ich jedoch fest, dass es gar kein Wasser, sondern Schlamm war. Was ich gesehen hatte, war das gegenüberliegende Ufer. Ich drehte mich zu Russ um, schüttelte den Kopf und musste lachen: »Ich habe wirklich geglaubt, die Leute gehen auf dem Wasser. Was bin ich nur für ein Idiot!«

Rajiv brachte uns zum Boot eines Freundes, der uns auf den Fluss hinaus ruderte. Er war freundlich und gut gelaunt und erzählte mir, dass er schon sein ganzes Leben lang auf dem Fluss arbeite. Sein Vater und sein Großvater hatten es ebenso gehalten. Er beförderte Pilger und Touristen, und in der Regenzeit, wenn keine Touristen kamen, transportierte er Waren nach Ramnagar und zurück.

Langsam bewegten wir uns flussabwärts. Das Wasser war unglaublich schmutzig. Ein paar Arbeiter reparierten gerade eine Abwasserleitung, die aus dem sandigen Ufer hervorstand, und es sah so aus, als würde das Abwasser dort direkt in den Fluss geleitet. Die Arbeiter sagten zwar, es werde vorher gefiltert, aber ich konnte zwischen den Steinen menschliche Exkremente sehen. Was uns jedoch wirklich zu denken gab, war die Wasserversorgung – ein paar rosafarbene Steintürme, die Flusswasser ansaugten und es wieder in die Stadt leiteten. Irritierend daran war die simple Tatsache, dass sie weiter flussabwärts, also hinter der Abwasserzuleitung standen. Wir machten Rajiv auf das Detail aufmerksam, aber der zuckte nur mit den Achseln.

Sie brachten uns in die Nähe der Tempel und der großen Häuser mit ihren Türmen und Erkern; imposante Bauten, die von der alten Zeit und den Tagen der Provinzherrscher zeugten. Die Dämmerung war bereits hereingebrochen, und im Fluss schwammen Kinder. Man sah nur ihre Köpfe über der Oberfläche. Frauen in farbenfrohen Saris standen hüfttief im Wasser oder hockten auf den Stufen und schütteten sich Wasser über den Kopf. Ich kaufte eine Blumenkerze und schickte sie auf die Reise. Dabei sprach ich ein Gebet für meine Familie.

Nachts zeigte sich die Stadt von einer vollkommen anderen Seite: Ungefähr vierzig Priester versammelten sich auf den *ghats,* wo sie Hindu-Schreine und Altäre errichtet hatten. Während sie ihre Zeremonien vollzogen, standen sie auf Teppichstreifen, die in regelmäßigen Abständen auf der gepflasterten Promenade ausgelegt waren. Pilger versammelten sich zu Gesang und Andacht. Unterstützt von Gruppen junger Frauen, die Trompetenschnecken bliesen, vollzogen alle Priester exakt zur selben Zeit dieselben Rituale, sodass es schien, als sänge die ganze Stadt. Die Klänge hallten über das Wasser und erreichten unser Boot, als wir vorübertrieben.

Als wir übers Wasser blickten, sahen wir brennende Scheiterhaufen und die Leichen, die ohne Sarg, nur mit bedeckten Gesichtern, auf Holzstöße gelegt wurden. Dem hinduistischen Glauben nach wird man bei einer Verbrennung nicht wiedergeboren, sodass die Seele frei aufsteigen kann. Rajiv sagte uns, die Leute brächten aus ganz Indien und sogar aus dem Ausland die Leichen ihrer Angehörigen hierher, um sie am Ufer des Ganges zu verbrennen. Dann zeigte er auf ein blaues Gebäude mit zwei Steintigern, die das Wasser überblickten: Dort lag das Büro, in dem die Angehörigen der Toten die Gebühr für die Kremierung entrichteten. Für wohlhabende Familien war diese hoch, für arme gering. Niemandem wurde die Zeremonie verweigert, seine Lieben auf traditionelle Weise in den Himmel zu schicken.

Ich war gebannt von dieser Stadt, weil sie so reich an unterschiedlichen Gesichtern war: Die Menschen standen mitten im Leben und dachten doch ständig an den Tod, der ebenso Bestandteil ihres Lebens war wie die Teezubereitung oder das Fahren einer Rikscha. Die Häuser entlang der Uferpromenade waren herrschaftlich und alt, verwittert vom Flusswind und vom Monsunregen. Wir fragten Rajiv, ob die Möglichkeit bestehe, eines davon von innen zu besichtigen. Er dachte einen Moment lang darüber nach, dann sagte er, ja, vielleicht.

Wir banden das Boot fest, verließen das Geschäftsviertel und folgten Rajiv durch ein Labyrinth aus Durchgängen und Gassen, bis wir einige Stufen zu einem großen Haus emporstiegen, das sich vier Familien teilten. Er stellte uns einem kleinen weißhaarigen Mann vor, einem früheren Bankier, der Hindu-Priester geworden war. Der erklärte, er habe sein ganzes Leben lang bei der Bank gearbeitet, sei dann jedoch in den Vorruhestand getreten. Nun widmete er sich ganz der Andacht und der Meditation. Er führte uns im Haus herum und geleitete uns auf den Balkon. Von dort aus hatte man einen einzigartig schönen Ausblick über die Flusskrümmung und das schlammige Ufer auf der anderen Seite. Unser Gastgeber erzählte uns, dass sich diese hochherrschaftlichen Häuser früher alle im Besitz von Königen und Königinnen befunden hätten. Als ihnen per Verfügung das Grundeigentum entzogen worden sei, hätten ihre Angestellten die Häuser übernommen. Sie seien in Wohnungen aufgeteilt und von Generation zu Generation vererbt worden. Die Wohnung, in der wir nun standen, hatte ursprünglich seinem Onkel gehört, der hier fünfzig Jahre lang gelebt habe, bis der Neffe sie übernahm. Getragen von seiner Liebe für Bücher und Kunst, verbrachte er die meiste Zeit damit, zu meditieren oder Porträts zu malen. In seiner restlichen Zeit erteilte er Schullehrern Unterricht in Literatur, die dieses Wissen an die Kinder weitergaben.

In gewisser Weise war der Priester die vollkommene Verkörperung Varanasis: Er war ruhig, spirituell, hatte aber den Boden unter den Füßen nicht verloren. Als wir die Aussicht gebührend genossen hatten, dankten wir ihm dafür, dass er uns Einlass in sein Zuhause gewährt hatte, und überließen ihn wieder seiner Meditation.

15

Die Kühlkette

Morgen wollten wir nach Nepal aufbrechen. Wir hatten beschlossen, in Varanasi ein Tuk-Tuk zu kaufen, damit zum Bahnhof zu fahren und dort einen Zug nach Gorakhpur zu nehmen. Das Tuk-Tuk sollte zuvor noch nach London verschifft werden. Da in unserer Londoner Zentrale bereits Motorräder von *Long Way Round* und *Race to Dakar* sowie einer der Lastwagen aus *Long Way Down* lagerten, erschien es uns angebracht, auch ein entsprechendes Andenken an unser jüngstes Abenteuer zu haben. Außerdem konnte ich mir gut vorstellen, damit in London die Straßen unsicher zu machen.

Als wir Rajiv von unserem Vorhaben erzählten, sah er uns zunächst ein wenig seltsam an. Doch dann zuckte er mit den Achseln und sagte, alles sei möglich. Eine Stunde später tauchte ein Fahrer mit einem ziemlich zerbeulten Tuk-Tuk auf, das er uns verkaufen wollte. Es war inzwischen beinahe Mitternacht, also baten wir ihn, am nächsten Morgen wiederzukommen, damit wir es bei Tageslicht gründlich unter die Lupe nehmen konnten.

Als ich wieder in meinem Zimmer war, rief ich Mungo an.

»Charles.«

»Wie geht's dir, Mungo?«

»Ganz gut. Ich bin im Haus meiner Schwester Claire und habe das Bein aufs Sofa gelegt.«

»Wie ist es gelaufen?«

»Ziemlich gut, obwohl der Riss ernster war als man zunächst angenommen hatte: Sie nennen es einen ›Eimerhenkel‹.«

Mungo erklärte, sie hätten einen Großteil des Knorpels entfernen müssen – was wesentlich schwerwiegender klang als wir gedacht hatten. Er glaubte, es werde ihm mittelfristig keine Schwierigkeiten bereiten, doch wenn er älter sei, müsse er sich wahrscheinlich auf eine leichte Arthritis gefasst machen. Er schätzte, dass es noch zehn bis vierzehn Tage dauern könne, bis er fit genug sei, um wieder herzukommen. Seine volle Bewegungsfreiheit solle er jedoch bereits in drei bis vier Tagen wiedererlangt haben.

Es war kaum zu fassen: Es war buchstäblich nur ein paar Tage her, seit der Unfall passiert war, und er befand sich bereits auf dem besten Weg der Genesung nach einer Operation. Das einzige Problem, mit dem er sich nun herumschlagen musste, war, dass er für die Dauer der Reise sein Haus vermietet hatte und die nächsten paar Wochen bei anderen Leuten auf dem Fußboden pennen musste.

Am nächsten Morgen trudelte Rajiv wieder mit dem Typ und dessen Tuk-Tuk ein. Bei Tageslicht sah es noch mitgenommener aus als wir bereits vermuteten, doch als wir den Hebel links vom Fahrersitz zogen, sprang es gleich beim ersten Mal an. Eine wahre Besonderheit. Das einzige Manko war ein kaputtes Zündkabel, das man allerdings noch gebrauchen konnte. Den Auspuff hatte man provisorisch mit einem Stück Draht befestigt, und außerdem hatte Russ den Verdacht, dass ein Radlager ausgeschlagen war, doch zumindest die Bremsen funktionierten. Wir nahmen Rajiv zur Seite und sagten ihm, was uns das Ding wert war. Dann überließen wir ihm die Verhandlungen. Wenn er den Verkäufer beim Verkaufspreis so weit drücken konnte, dass er dabei selbst einen Profit machte, hätten wir nichts dagegen einzuwenden.

Als der Handel unter Dach und Fach war, waren wir stolze Besitzer eines eigenen Tuk-Tuk. Schnell verstauten wir darin unser Gepäck und düsten dann quer durch Varanasi zum Bahnhof. Auf halbem Wege jedoch gab das Tuk-Tuk den Geist auf und kam zum Stehen. Oh Wunder! Versiert klappte ich den Sitz hoch und konnte sofort erkennen, dass sich das Zündkabel gelöst hatte. Ich klemmte es wieder fest, und weiter ging's. Der Bahnhof war ein wundervolles altes Gebäude mit einem riesigen Rad auf dem Dach. Als wir dort eintrafen, hatten wir unser neues Gefährt trotz der Zicken ziemlich lieb gewonnen und konnten uns nur schweren Herzens davon trennen. Wir schrieben beste Wünsche auf die Frontseite, etwa »Durchhalten, wir sehen uns in London«.

Da der Zug eine halbe Stunde Verspätung hatte, lümmelten wir auf dem Bahnsteig herum und warteten. Es war stickig und feucht, der heißeste Tag, den wir bislang erlebt hatten. Entsprechend froh waren wir, in den klimatisierten Zug einsteigen zu können, als dieser endlich eingefahren war. Ich suchte mir einen Platz neben der offenen Tür, ließ mir den Fahrtwind ins Gesicht blasen und sah mir die Landschaft an, die an uns vorbeiflog: kleine Dörfer und flaches, ausgedorrtes Farmland. Später erhielten wir einen Anruf von Lucy, die unsere Befürchtung bestätigte und uns mitteilte, dass in Sachen China ein Direktflug von Kathmandu in das nördlich von Hongkong gelegene Guangzhou wohl die beste Reisemöglichkeit für uns sei.

An unserem letzten Tag in Indien wurde ich durch Donnergrollen und Regen geweckt, der gegen das Fenster meines Hotelzimmers prasselte. Es dämmerte gerade, und der Strom war noch abgeschaltet. Aber draußen es war schon hell genug, dass ich sehen konnte, wie die Bäume vom Wind geschüttelt wurden. Durch den Fensterrahmen drang Regen ein und sammelte sich in Pfützen auf der Fensterbank. Kurzum, wir hatten richtiges Sauwetter, das obendrein so aussah, als würde es den ganzen Tag lang anhalten.

Wir legten die Fahrt zur Grenze in einem Ambassador zurück, dem indischen Bilderbuchauto: 1800 Kubikzentimeter Hubraum und fünf Gänge. Unserer war cremeweiß lackiert und in ausgezeichnetem Zustand. Russ, unser Organisationstalent, hatte ihn irgendwo aufgetrieben, und ich hoffte, das Mietauto auch steuern zu dürfen. Doch der Besitzer war von der nervösen Sorte und stellte einen eigenen Fahrer. Zu dieser Tageszeit und bei diesem Wetter hatte es keinen Sinn zu streiten. Als wir aufbrachen, waren die Straßen bis auf ein paar einsame Fahrräder leer.

Wir fuhren tief ins Landesinnere, wo alles sehr grün und sehr, sehr, sehr nass war. Der Regen wurde so heftig, dass die Straße teilweise unbefahrbar war. Als wir ein Hindernis umfahren wollten, landeten wir auf einem unbefestigten Streckenabschnitt, der mit großen Steinbrocken übersät war. Es war eine ziemlich haarige Angelegenheit: Der linke Fahrbahnrand war weggebrochen, der rechte sah aus, als würde er ebenfalls jeden Augenblick nachgeben. Auf zwei Spuren zwängten sich die Autos vorsichtig aneinander vorbei. Ich überließ diese kniffelige Angelegenheit nun liebend gerne unserem Fahrer. Für was hatten wir ihn denn schließlich?

Der Grenzort auf der indischen Seite war einer der seltsamsten, die wir bisher gesehen hatten: Sunauli lag an einer unbefestigten Straße. In den Läden entlang der extrem schmalen und äußerst belebten Hauptstraße gab es dennoch alles, vom Sari bis zum Klempnerbedarf. Auf der einen Straßenseite befand sich die Grenzbehörde, auf der anderen der Zoll. Dahinter spannte sich ein Bogen über die Straße, auf dem »Auf Wiedersehen Indien« geschrieben stand. Fünfzig Meter weiter, und man betrat nepalesischen Boden. Die Einwanderungsbehörde war in einem Gebäude mit offener Veranda untergebracht. Wir erledigten an einem Tisch im Freien den ganzen Papierkram, um anschließend dem Zoll unsere Aufwartung zu machen. Dort lungerten ein paar gelangweilte Typen in Armeeuniformen herum, die deutlich machten, dass sie Geld wollten. Da wir ihnen nichts gaben, beschlossen sie, unsere Ausrüstung Stück für Stück zu filzen. Sie holten die Sachen aus dem Kofferraum und breiteten sie vor einem Sari-Geschäft auf der Straße aus. Russ saß

im Auto und filmte heimlich, während Rina und ich mit den Soldaten zu verhandeln versuchten. Rina hatte sich bei unserer Ankunft
für unsere Ausrüstung verbürgt. Ihr war also sehr daran gelegen,
dass wir keine Probleme bekamen. Allerdings hatte Mungo ein paar
Sachen mit nach Hause genommen, sodass ein Teil des auf dem
Zollbegleitschein aufgeführten Krams nicht mehr vorhanden war.
Das war das eine, die andere Sache hatte mit dem Begleitschein
selbst zu tun: Als er in London ausgedruckt wurde, hatte offensichtlich jemand von einer Seite aus Versehen eine Kopie gemacht. Nun
sah es so aus, als hätten wir mehr Ausrüstung als wir tatsächlich mit-
führten. Das Ganze zog sich in die Länge. Ein Schmiergeld hätte
sicher Wunder bewirkt, aber solche Methoden lagen uns nicht. Wir
ließen sie also unsere gesamte Ausrüstung durchwühlen und an den
Papieren herummäkeln. Solange warteten wir unter einem Schild,
das dazu anhielt, jede Schmiergeldforderung zu melden. Die Ein-
sicht kam, wenn auch spät. Die Beamten begriffen, dass bei uns
nichts zu holen war. Wir durften also wieder zusammenpacken und
endlich nach Nepal einreisen.

Von einem Augenblick auf den anderen änderte sich der Anblick:
Nepal wirkte sauberer, frischer. Die Gebäude waren teils im koloni-
alen, teils im orientalischen Stil mit Balkonen und Pagodendächern
erbaut. Auch die Menschen sahen anders aus, wesentlich asiatischer.

Wir wurden von einem Nepalesen namens Binot begrüßt, der
uns dabei helfen wollte, Kathmandu bis zum nächsten Abend zu erreichen. Er stellte uns seinem Namensvetter vor, der mit seinem
Traktor regelmäßig zur indisch-nepalesischen Grenze und wieder
zurück pendelte und glücklicherweise gerade in unsere Richtung
fuhr.

So tuckerten wir nun also mit dem wahrscheinlich langsamsten
Transportmittel unserer gesamten Reise, ausgenommen vielleicht
den Elefanten in Delhi, munter des Weges. Ich saß unter dem Stoff-

dach und ließ mir von Binot, einem kleinen Frechdachs Mitte zwanzig, von seinem Job als Lieferant erzählen, den er seit etwa zwei Jahren ausübte. Er ließ mich sogar den Traktor fahren, der ein wenig eierte und so langsam war, dass uns ein Fahrrad überholte. Ich glaube, irgendwann sah ich sogar eine Maus an uns vorbeihuschen.

Wir ließen Binot seine Ladung abliefern und bestiegen einen Bus, der uns, so hofften wir, zum Ufer des Rafti bringen sollte, dem drittgrößten Fluss in Nepal. Der Rafti grenzte an den Chitwan-Nationalpark, wo Robin sich uns anschließen wollte. Der war endlich aus London eingetroffen, um uns beim Filmen zu unterstützen, nachdem uns Wency bereits in Indien wieder verlassen hatte. Robin würde uns so lange begleiten, bis Anne, die dänische Kamerafrau, einflog. In der Kameraabteilung war alles ein bisschen kompliziert, aber seit Mungos Verletzung hieß es eben: improvisieren, die Ohren anlegen und durch.

Der Bus setzte uns in der Nähe des Flusses ab, wo ein paar Jungs mit Einbäumen warteten. Das letzte Mal, dass ich mit einem gefahren war, war ich vierzehn gewesen und entsprechend furchtlos. Nun jedoch war ich vierzig und fetter als mir lieb war – und diese Dinger sahen nicht gerade vertrauenerweckend aus. Der Fluss war breit und grün. Ich ließ mich jedoch nicht von seiner scheinbaren Trägheit täuschen: Ich schwöre, dass ich in der Ferne bereits das Gurgeln und Donnern von Stromschnellen hörte. Aber was blieb mir übrig – dies war der direkte Weg zur Lodge. Außerdem, tröstete ich mich, hatten seit Jahrtausenden Fischer und Händler den Fluss in solchen Kanus befahren. Wenn sie es geschafft hatten, würde ich es wohl auch überleben.

Zum Glück hatten wir einen Steuermann an Bord, der sich mit ausgestreckten Beinen und einem Paddel in der Hand ans hintere Ende setzte. Das Kanu war sehr lang, schmal und verdammt wackelig. Ich nahm ganz vorn Platz, Russ ein Stückchen hinter mir. Der

Einbaum schaukelte dabei so gefährlich, dass ich dachte, Russ würde sich einen Scherz erlauben.

»Halt still, Russ, okay?«

»Ich rühre mich doch gar nicht, Charley, glaub mir.«

Natürlich blieb der Fluss nicht so ruhig wie er zuerst aussah. Ziemlich bald wurde er kabbelig, dann noch kabbeliger, bis ein ganz schöner Wellengang herrschte. Bis zur Lodge dauerte es etwa eine Stunde, und da die Wellen seitlich gegen das schwankende Boot schlugen, versprach die Fahrt nicht gerade sehr entspannend zu werden. Wir schaukelten ständig hin und her und fürchteten, wir würden jeden Augenblick kentern. Aber wir bissen die Zähne zusammen und hielten durch. Das war vielleicht ein Willkommen in Nepal: ein Regentag, Papierkrieg, ein Kulturschock und nun das instabilste Transportmittel der Welt unterm Arsch. Und als ob das noch nicht genug gewesen wäre, stand für den nächsten Morgen ein schaukliger Elefantenritt an.

Ich nannte meinen Betty. Das war nicht ihr richtiger Name, aber ich konnte den Namen, den mir der Treiber genannt hatte, nicht aussprechen. Also eben Betty. Sie und ihre Freundin sollten uns zu dem Jeep bringen, der eine Wegstunde weiter auf uns wartete. Bevor wir jedoch aufbrechen konnten, war kurze Toilette für die beiden Elefantendamen angesagt. Wir führten sie zum Wasserloch.

Betty wollte zum Baden partout nicht in die Knie gehen. Um sie ein wenig zu ermuntern, watete ich ins Wasser. Die scharfen Steine unter meinen Füßen ließen mich zusammenzucken. Russ' Elefant trottete ohne Fisimatenten ins Wasser und legte sich auf die Seite. Der Treiber kletterte über ihre Schultern und hockte sich auf ihre Rippen. Von dort aus begann er, sie abzuwaschen. Als Betty sah, dass die Sache gar nicht so wild war, tat sie es schließlich ihrer Gefährtin gleich. Der Halter sagte uns, dass diese zwei Elefanten gut miteinander auskämen, und erklärte, dass Elefanten eine hohe Lebenserwartung hätten und berühmt für ihr gutes Gedächtnis seien: Wenn man einen misshandelt und ihm zwanzig Jahre später wieder begegnet, kann man sicher sein, dass er einen nicht vergessen hat.

Betty hatte rosa Tupfen auf ihren Ohren und einen leicht rosafarbenen Rüssel, in den sie einmal ein anderer Elefant gebissen hatte. Sie kniete sich hin. Ich hielt mich an ihrem Schwanz fest, trat auf ihren Fuß und kletterte so auf ihren Rücken. Dann saß ich breitbeinig auf einem Leinensattel hinter dem Treiber und wartete auf Russ, der noch ein wenig zögerte. Er sagte, er habe einfach kein gutes Gefühl dabei, auf den Fuß eines Elefanten zu treten. Schließlich gab er sich einen Ruck und stieg auf. Wir trampelten über offenes Weideland bis zu einer unbefestigten Straße, die sich durch einen lichten Waldbestand schlängelte. Es war eine sanfte, schaukelnde Fortbewegungsart – viel leichter und bequemer, als auf einem Pferd zu reiten. Die Aussicht war dabei hervorragend: Wir thronten so erhaben auf den Säugetieren, dass wir meilenweit sehen konnten. Die Landschaft war spektakulär. Die Dörfer wurden liebevoll in Schuss gehalten, die Häuser wirkten adrett und die Höfe sauber gefegt. Einige Behausungen waren traditionelle Schilfhütten, andere waren aus weißen Betonsteinen errichtet und hatten Blechdächer. Das Leben schien hier einen gemächlichen Gang zu gehen. Es war eine alte Welt, die sich der neuen trotzdem nicht verschloss. Wir kamen an einem traditionellen Haus mit ockerfarben verputzten Wänden und einem herrlichen alten Reetdach vorbei. Im Hof pickten Hühner nach Brosamen, während barfüßige Frauen in Mobiltelefone schnatterten. Danach ritten wir an einer kleinen Schule vorbei. Die Kinder rannten uns hinterher, riefen Hallo und baten um Kugelschreiber.

Als wir wieder sicheren Boden unter den Füßen hatten, stand für uns ein US-Army-Jeep bereit. Ein Traum in Grau. Innen hatte der Fahrer alles mit farbenfrohen Bildern berühmter indischer Schauspielerinnen gepflastert. Als wir das Gefährt höher ins Gebirge hinauf jagten, änderte sich das Wetter, und das strahlende Blau des Himmels wich einem bedrohlichen Purpur. Die nächste Ortschaft lag vierzig Kilometer entfernt, danach waren es noch einmal fünf Stunden bis Kathmandu.

Auf halbem Weg in die Hauptstadt hielt uns ein Polizist an. Er war unterwegs zu einem Unfall und wir sollten ihn doch bitte dorthin mitnehmen. Natürlich brachten wir ihn zu der Unglücksstelle, wo ein Bus am Straßenrand stand und ein Jugendlicher auf einem Motorrad saß. Die ganze Straße war voller Glasscherben, aber zum Glück sah es so aus, als wäre niemand verletzt worden. Der Polizist bedankte sich fürs Mitnehmen, und wir setzten unsere Fahrt fort.

In Hetauda, zwei Stunden südlich von Kathmandu, ließen wir den Jeep zurück. Es war ein verwahrloster Ort, ganz anders als die hübschen Dörfer, durch die wir gekommen waren. Überall lag Müll herum, und auf den Straßen drängten sich Rikschas und Tuk-Tuks. Der Kerl, dem der Jeep gehörte, sagte uns, es könne eine Kleinigkeit kosten, nach Kathmandu zu gelangen, weil gerade Treibstoffknappheit herrsche. Benzin und Diesel kämen aus Indien, und in letzter Zeit seien die Rechnungen nicht bezahlt worden, weshalb man die Lieferungen eingestellt habe.

Wir speicherten diese Information im Hinterkopf und machten uns auf die Suche nach einem Taxi oder etwas Ähnlichem. Private Taxis waren hier angeblich ein gängiges Transportmittel. In der Stadtmitte entdeckten wir eine ganze Horde wartender Fahrer, die um ein paar mehr oder weniger moderne Autos herumstanden. Unsere Wahl fiel auf einen Suzuki. Der Fahrer war ein junger Typ mit einem Hang zur Angeberei. Auf dem Dach hatte er ein seltsames Ding in der Größe meiner Hand angebracht, das sich drehte. Es sah aus wie die Miniaturausgabe eines Düsenmotors. Bestimmt eine Art Turbobeschleuniger.

Wir hatten es noch nicht einmal ganz aus dem Zentrum geschafft, da standen wir schon im ersten Stau. An einem sogenannten Verkehrsknotenpunkt hatte man einen Bus angehalten. Der Verkehr staute sich, und ein paar Polizisten versuchten, die Lage in den Griff zu bekommen. Ganze Schwärme von Jugendlichen rannten schreiend und gestikulierend herum. Es herrschte ein ziemlicher Aufruhr. Ich kurbelte das Fenster herunter, um zu sehen, was der Grund für diese ganze Aufregung war.

Ein Schuljunge kam auf uns zu, und ich ergriff die Gelegenheit, ihn zu fragen, was das Ganze zu bedeuten habe.

»Das ist eine Demonstration«, antwortete er trotzig. »Wir haben keine Schulbücher, und das steht uns bis obenhin.«

Eine Demonstration von Schulkindern, die nicht in den Genuss eines ordentlichen Unterrichts kamen. Das war echt famos! Wir sagten dem Jungen, wir hofften, dass sie bald ihre Bücher bekämen; denn sie hätten sie wirklich verdient.

Am Nachmittag hielten wir an einem Aussichtspunkt, der 1460 Meter über dem Meeresspiegel lag. Von dort aus konnte man Kathmandu sehen, eine große Ansammlung von Häusern, die sich großzügig über die Ebene verteilten.

»Nicht schlecht«, sagte Russ. »Über 1500 Kilometer auf die harte Tour, und wir kommen genau an dem Tag an, den wir mit UNICEF vereinbart haben.«

Am nächsten Morgen, dem 26. Mai, trafen wir uns mit Wendy Zych von UNICEF, einer alten Freundin. Wendy fuhr mit uns quer durch die Stadt zum Gesundheitszentrum, von wo aus wir Impfstoffe gegen TB, Masern und Diphtherie in entlegene Gebirgsdörfer bringen sollten. Wir arbeiteten nun schon seit langer Zeit mit UNICEF zusammen und fanden es im Hinblick auf die ganze Philosophie unserer Tour interessant, einmal zu sehen, wie die Impfstoffe transportiert wur-

den. Die UNICEF nennt es Kühlkette. In Indien hergestellte Impfstoffe werden auf Trockeneis zu den verschiedenen Regionalbüros
in Nepal gebracht. Insgesamt ist damit für über drei Millionen Kinder ein nachhaltiger Impfschutz gewährleistet. Das Land ist in Dis-
trikte mit jeweils 600 000 Kindern aufgeteilt. Wenn die Impfstoffe
eine regionale Zweigstelle erreicht haben, werden sie bei einer Temperatur von zwei bis acht Grad Celsius gelagert, bevor sie je nach
Bedarf auf die verschiedenen Gebiete verteilt werden. Heute wollten
wir den Gesundheitsbeauftragten eines Bezirks auf seiner Reise ins
Gebirge begleiten: mit dem Bus, dem Lieferwagen und schließlich
zu Fuß.

Wir mussten die gefrorenen Eisbeutel aus der Gefriertruhe holen
und sie etwa 20 Minuten lang bei Zimmertemperatur stehen lassen,
bevor wir die Impfstoffe verpacken konnten. Dazu kleideten wir eine
große Metallkiste mit den Eisbeuteln aus und platzierten die Gefäße
mit dem Impfstoff in der Mitte. Dann bedeckten wir sie mit noch
mehr Eisbeuteln, und das Ganze war fertig. Ich packte die Kiste an
einem Griff und der Bezirksbeauftragte nahm den anderen. Zusammen machten wir uns auf den Weg und gingen zu Fuß ein paar Kilometer durch die engen, gewundenen Straßen der Hauptstadt bis zu
einer Bushaltestelle. Eineinhalb Stunden lang saßen wir in einem
ganz gewöhnlichen, klapprigen, alten Bus. Wie alle UNICEF-Pro-
jekte musste auch das Impfprogramm nachhaltig gestaltet sein, und
der öffentliche Nahverkehr war ein Teil des Programms. So bezahlten wir wie alle anderen Fahrgäste auch unsere Fahrkarten.

Wir stiegen in einer sehr grünen, wilden Landschaft aus. Reisfelder bildeten wogende Muster auf Terrassen, die mit roten Lehm-
wällen eingefasst waren. Die stufenartig errichteten Häuser und Geschäfte des Ortes selbst schmiegten sich an einen Hang auf der
anderen Seite des Flusses, wohin eine Brücke mit Holzgeländer
führte. Es war eine beeindruckende Gegend mit atemberaubenden

Ausblicken. Ich hielt einen Augenblick inne, um das Panorama zu genießen. Dann trugen wir die Kiste mit dem Impfstoff zur Gesundheitsstation, einem winzigen Gebäude mit Blechdach, das an einer staubigen Straße versteckt lag. Dort verteilten wir den Inhalt auf mehrere Kühlschränke, die von einem Stapel Batterien betrieben wurden. Diese wiederum speisten sich aus dem Stromnetz und waren zur Sicherheit noch an Solarzellen angeschlossen.

Anschließend sollten wir einige Fläschchen in einer kleineren Kühlbox verstauen und dann mit einem Lieferwagen so weit zu unserem nächsten Zielort fahren, wie es die Straßenverhältnisse zuließen. Den Rest der Strecke würden wir wieder zu Fuß gehen. Bevor wir aber noch starten konnten, wurde die Straße von drei riesigen Lastwagen versperrt.

Wir fragten den Bezirksbeauftragten, was denn los sei.

»Die Fahrer sind im Streik«, erklärte er. »Die Straße ist schlecht, nur ein Streifen Dreck im Gebirge. Sie wird die ganze Zeit von Bussen und Lastwagen befahren. Wenn es regnet, kann das sehr, sehr gefährlich werden. Der Straßenrand rutscht ab, und dort geht es steil hinunter. Erst kürzlich ist ein Lastwagen über den Rand gekippt und der Fahrer dabei ums Leben gekommen.«

»Und das ist die Straße, die wir auch nehmen?«

Der Bezirksbeauftragte nickte.

Auf Umwegen gelangten wir schließlich doch noch aus der Stadt hinaus. Schmale, gewundene, bröckelige Lehmstraßen voller herabgestürzter Felsbrocken führten uns immer höher ins Gebirge hinauf. Nach etwa einer Stunde hielt der Fahrer an, und wir setzten unseren Weg zu Fuß fort. Der Pfad war steil und voller Geröll. Die Welt schien unter uns zurückzubleiben. Wir wanderten durch stark bewaldetes Gelände, bis sich vor uns ein Bergpanorama öffnete, das die tief hängenden Wolken gerade in diesem Augenblick preisgaben.

Schließlich erreichten wir ein Dorf. Ein paar Frauen standen mit ihren Kindern bereits an der Gesundheitsstation und warteten auf die nächste Impfung gegen Masern und TB oder auf die Kombi-Impfung gegen Diphtherie, Tetanus und Hepatitis B.

Der Gesundheitsbeauftragte der Gemeinde berichtete, dass die Durchimpfungsquote inzwischen bei nahezu 100 Prozent liege. Seit Beginn des Programms hätten die Menschen rasch begriffen, wie wichtig der Schutz war, insbesondere die Mütter. Nun wurde praktisch jedes Kind im Land kostenlos geimpft. Ich sah zu, wie ein paar Babys geimpft wurden: süße kleine rehäugige Knirpse in karierten Mäntelchen und kleinen Mützen. Sie schrien, dass die Wände wackelten.

Zurück im Lieferwagen brachen wir zum Dorf Chaubas auf, wo wir die Nacht verbringen wollten. Die Straße war voller Schlaglöcher und herumliegender Steinbrocken. Es war eine halsbrecherische Fahrt. Wir wurden derart durchgeschüttelt, dass unsere Zähne klapperten und wir uns kaum auf den Sitzen halten konnten. Um das Ganze noch schlimmer zu machen, begann es heftig zu regnen, und die Straße verwandelte sich in einen Morast. Im Dreck waren bereits tiefe Furchen zu sehen, die sich schnell mit Wasser füllten. Der Lieferwagen hatte nur einen Zweiradantrieb und wir schlitterten dahin, dicht gefolgt von einem Laster und einem öffentlichen Bus.

Der Regen nahm rasch zu und wurde zu einem unglaublichen Wolkenbruch. In dem Waldstück, das wir durchquerten, ergossen sich wahre Stürzbäche. In einer Kurve vor uns begannen die tiefen Straßengräben gerade überzulaufen. Der Fahrer wusste über den Straßenzustand bei solchem Wetter offenbar bestens Bescheid, denn er hielt an, und wir überlegten bei laufendem Motor, ob es überhaupt sinnvoll wäre, den nächsten Abschnitt zu befahren. Ich sprang hinaus, um mir ein Bild von der Regenmenge und der Tiefe des Schlamms zu machen. Als ich mir unseren Lieferwagen und das, was man Straße nannte, so ansah, hielt ich es für sehr wahrscheinlich, dass wir mit dem Auto auf dem hohen Grat in der Fahrbahnmitte aufsitzen würden. Unsere einzige Chance war es also, unser Gewicht zu verringern. Die anderen stiegen ebenfalls aus und standen mit mir im Regen, während der Fahrer den Wagen in die Kurve legte – mit zwei Rädern in der Fahrrinne und den anderen beiden auf dem Mittelgrat. Er hatte genügend Schwung drauf, und es sah schon fast so aus, als würde er es schaffen. Doch dann drehten die Räder plötzlich durch, und das Ding blieb hängen. Mit vereinten Kräften versuchten wir, es wieder anzuschieben. Die Räder fraßen sich in den Schlamm, griffen aber nicht, sondern verpassten uns eine Dusche aus Schlamm und Pfützenwasser. Schließlich fanden sie doch irgendwo Halt, und der Lieferwagen schob sich langsam vorwärts. Durchnässt bis auf die Knochen stiegen wir wieder ein und froren bis zum nächsten Fußmarsch.

Der Pfad führte steil bergauf. Wir transportierten die kostbaren Impfstoffe buchstäblich über Stock und Stein, kletterten über umgestürzte Bäume und tote Äste und mussten dabei ständig aufpassen, nicht in die mit rotem Lehm und Regenwasser gefüllten Furchen zu treten. Zum Trost bot sich uns nun überall eine wundervolle Aussicht. Wir sahen verstreute Reisfelder, einsame Behausungen und größere Ansiedlungen, deren mit Blech überdachte Steinhäuser sich zwischen den Bäumen aneinanderzuschmiegen schienen. Vögel zwitscherten, und Zikaden zirpten im Hintergrund.

In Chaubas hatten sich einige Dutzend Frauen und Kinder vor dem Kinderclub versammelt, einem prächtigen Steinbau mit einem Dach, das zum Teil aus Blech und zum Teil aus Erde bestand. Sie erwarteten uns bereits. Der Zwischenfall im Wald hatte uns eine ganze Weile aufgehalten, sodass wir später als geplant eintrafen. Die Frauen trugen alle Saris und hießen uns mit selbst gemachten Blumengirlanden willkommen. Auf die Stirn malten sie uns einen roten Punkt.

Es war fast peinlich. Alles, was wir getan hatten, war, die Arznei aus der Hauptstadt herbeizuschaffen, während diese Frauen das Wohlergehen sämtlicher Kinder in der Region sicherten: Sie achteten darauf, dass junge Mütter von dem Impfprogramm erfuhren, und führten Listen darüber, wer und wann geimpft wurde. Sie hatten ihr eigenes Programm voll im Griff.

Da wir am nächsten Morgen eine ganze Reihe Kinder immunisieren sollten, beschlossen wir, die Nacht gleich in der Gesundheitsstation auf dem Fußboden zu verbringen. Die Frauen indes wollten davon nichts hören und brachten uns stattdessen bei verschiedenen Dorfbewohnern unter. Russ und ich übernachteten bei der jungen Mutter der zehnjährigen Bheena Bandari und deren kleinem Bruder Parvan Kurran, dem Russ den Spitznamen »Frechdachs« gab. Die Kinder räumten ihre Zimmer und schliefen bei einer Tante, während wir unsere Schlafsäcke auf den rohen Planken ausbreiteten, die ihnen sonst als Bettstatt dienten.

Ich erwachte mit rasenden Kopfschmerzen. Das lag zum einen an der Höhe, zum anderen daran, dass ich viel zu wenig getrunken hatte. Wilde Gipfel ragten wie Haifischzähne am Horizont auf. Ich quälte mich aus dem Bett und ging in die Küche, wo über einem offenen Feuer Frühstück gemacht wurde. Es gab keine Elektrizität. Am Abend zuvor waren unsere Zimmer von Kerzen erleuchtet gewesen, und das einzige Licht in der Küche spendeten nun die Sonnenstrahlen, die durch die Ritzen in den hölzernen Wänden drangen.

Nach dem Frühstück begaben wir uns zur Klinik. Dort warteten 15 kleine Patienten auf uns. Das Impfprogramm lief erst seit sechs Jahren. Die Frauen erzählten uns, dass es zuvor kein Diskussionsforum gegeben habe, kein gemeinsames Ziel, das sie miteinander verband. Die Impfung ihrer Kinder hatte ihnen also nicht nur die Hoffnung auf eine gesündere Zukunft gegeben, das Programm bot auch eine Gelegenheit, über Probleme zu sprechen, die sie alle betrafen. Inzwischen hatten sie sowohl die Gesundheit ihrer Kinder in die Hand genommen als auch deren Erziehung. Sie führten Protokoll über die gesamte Gemeinde: Es gab Aufzeichnungen über die Einwohnerzahl, den Anteil von Frauen und Schulkindern und natürlich über die verabreichten und anstehenden Impfungen. Diese Daten wurden fast täglich aktualisiert.

Wir hatten vor unserer Ankunft nichts davon gewusst, doch der 28. Mai sollte als historischer Tag in die nepalesische Geschichte eingehen. Man sagte uns, dass am folgenden Tag die »verfassungsgebende Versammlung« zusammenkommen würde, die über die Abschaffung der Monarchie entscheiden sollte. Die Wahrscheinlichkeit, dass es dabei zu Schwierigkeiten kommen könnte, lag bei fünfzig Prozent. Nach 250-jähriger Herrschaft würde die königliche Familie ihre Entthronung nicht einfach so hinnehmen.

Ein Einheimischer erklärte uns, dass zehn Jahre zuvor die Maoisten versucht hätten, die Monarchie zugunsten einer kommunistischen Republik abzuschaffen. Im Jahre 2001 wurden der König, die Königin und die meisten Familienmitglieder ermordet, angeblich von ihrem Sohn Dipendra, der sich danach selbst erschoss. Das war die offizielle Version, doch im Volk, so meinte unser kundiger Freund, würden alle möglichen Verschwörungstheorien kursieren. Der damals neue König Gyanendra war der Bruder des ermordeten Königs. Seine erste Amtshandlung war es, das bestehende System einer parlamentarischen Monarchie abzuschaffen, ein Parlamentskonstrukt, mit dem man versuchen wollte, die Kommunisten zu beschwichtigen. Die Armee blieb zwar loyal, doch die Maoisten hatten ihre eigene Armee, und es kam zu schweren Gefechten. Im Jahre 2005 stimmten die Maoisten einem Waffenstillstand zu, unter der Bedingung, dass der König das Parlament wieder einsetzte, was er auch tat. Freilich führten die Parlamentarier sofort Wahlen durch, um die Machtbefugnisse, die sich der König selbst verliehen hatte, wieder zu beschneiden. Am 28. Mai stimmten nun die Abgeordneten darüber ab, ob sie die Monarchie nicht ganz abschaffen sollten.

Es versprach also ein interessanter Tag zu werden.

16

Abschied von einem König

Der große Tag war gekommen, und es stellte sich heraus, dass die Entscheidung, den König abzusetzen, eigentlich schon gefallen war – sie musste heute nur noch ratifiziert werden.

Wir wussten nicht ganz genau, welche Auswirkungen dies haben würde, sondern nur, dass die Sitzung um neun Uhr stattfand. Ich nahm ohnehin an, dass sich die wahre Tragweite des Beschlusses für die Bevölkerung erst später zeigen würde. Russ und ich saßen bei einer Tasse Kaffee im Freien und diskutierten das Ganze.

»Die Maoisten haben einen Ladenbesitzer getötet«, sagte er. »Und gestern sind ein paar Bomben hochgegangen. Gut, dass wir in den Bergen waren.«

»Das ist beängstigend, aber ich bin auch ganz froh, hier zu sein. Es ist ja auch irgendwie aufregend, dabei zu sein, wenn Geschichte geschrieben wird.«

Bedingt durch die brisante Lage war es in letzter Zeit häufig zu Stromausfällen gekommen, bis zu vierzig Stunden in der Woche. Geschäfte und Wohnungen waren dann in Dunkelheit getaucht, und auch das Straßenbahnsystem der Stadt war mehr oder weniger zum Erliegen gekommen.

Mittlerweile mussten wir uns mit eigenen Problemen politischer und technischer Natur herumschlagen. Am Abend zuvor hatte ich mit Mungo telefoniert. Sein Knie verheilte gut, und er meinte, er sei bereits fit genug, um sich uns in etwa einer Woche in Hanoi wieder anzuschließen. Bis dahin aber mussten wir in China irgendwie zurechtkommen. Wir hatten gehofft, dass uns Robin bei der Kameraarbeit helfen würde, aber die Zeit hatte nicht gereicht, um in London ein Visum zu organisieren. Wir hatten versucht, hier in Kathmandu eines zu bekommen, aber Robin ist ein Schotte chinesischer Abstammung, und die Chinesen waren misstrauisch, weil er angeblich einen tibetisch klingenden Familiennamen hat. Er hatte heute Morgen bei der Botschaft vorgesprochen, in der Hoffnung, doch noch mit einem hiesigen Visum durchzukommen, wurde jedoch abgewiesen. Sie sagten, Angehörige fremder Nationen müssten sich ihre Visa in ihrem eigenen Land besorgen. Vor einiger Zeit jedoch hatte man ihm in Hongkong einmal ein Visum für China ausgestellt, also bestand noch ein Fünkchen Hoffnung.

In der Zwischenzeit versuchte auch Anne, unsere dänische Kamerafrau, in London ein Visum zu bekommen, damit sie in Guangzhou zu uns stoßen konnte. Darüber hinaus hatte Russ noch ein weiteres Ass im Ärmel, nämlich einen Kumpel von Mungo namens Matt, der in China lebte. Wenn Anne ihr Visum bekam, brauchten wir Robin nicht, aber falls nicht ... dann brauchten wir ihn. Wir mussten allerdings sofort eine Entscheidung treffen, denn wenn er nach Hongkong fliegen sollte, müsste er jetzt abfliegen. Das Reisebüro rief an und fragte, ob wir das Ticket nun wollten oder nicht, und erinnerte uns daran, dass der Check-in für diesen Flug demnächst beginne. Russ entschied, dass wir es nicht riskieren konnten, am Ende auf alle beide verzichten zu müssen. Dann bliebe uns nur noch ein einziger Kameramann übrig, den wir nicht einmal kannten. Zehn Minuten später war Robin unterwegs zum Flughafen.

Um die Mittagszeit erfuhren wir, dass die Verfassungsänderung ratifiziert worden war. König Gyanendra hatte 15 Tage, um den Palast zu räumen. Die Straßen in der näheren Umgebung waren überraschend leer. Nur ein paar Kinder und einige Motorradfahrer waren zu sehen. Wahrscheinlich hatte die starke Polizeipräsenz etwas damit zu tun.

Da es nicht infrage kam, zum Palast zu gehen, schlenderte ich hinunter zu den Parlamentsgebäuden. Dort waren gewaltige Menschenmassen auf den Straßen zusammengelaufen. Als ich mich umsah, erblickte ich Hunderte rosafarbener Schirme, mit denen sich die Frauen vor der Sonne schützten. Die Leute musizierten, sangen und tanzten. Ein kleiner Hosenmatz hüpfte umher, als gäbe es kein Morgen. Eine Gruppe Männer in roten Schärpen mit der Aufschrift YCL halfen der Polizei. Sie waren Angehörige der Young Communist League (Bund junger Kommunisten). Ein Stück weiter marschierten Menschen, flankiert von Polizisten mit langen Schlagstöcken. Einige der Marschierenden trugen eine Puppe, die vermutlich den König darstellen sollte. Ich fragte einen Mann, was sie sangen.

»Der König ist weg«, sagte er.

»Richtig: Der König ist weg. Freuen Sie sich darüber?«

»Ja, sehr.«

Die Entscheidung war also gefallen und Nepal nun offiziell eine Republik, getragen von einer Partei, die nicht im engeren Sinne des Wortes maoistisch war: Tatsächlich hatten die Chinesen sie sogar gebeten, ihren Namen zu ändern, weil ihre Anhänger nicht die Lehren des Vorsitzenden Mao vertraten.

China war unser nächster Reiseabschnitt, doch bislang war allein der Versuch, einzureisen, mit Schwierigkeiten gepflastert gewesen. Morgen würden wir per Flugzeug Nepal verlassen. Da wir noch einen Tag übrig hatten, buchten wir kurzfristig einen Helikopterflug hinauf zum letzten Dorf auf dem Weg zum Mount Everest.

Ich fühlte mich nicht besonders wohl. Ich hatte schlecht geschlafen und vermisste meine Familie mehr als ich erwartet hatte. Zudem plagte mich ein nervöser Magen, und da wir eine Flughöhe von bis zu 3800 Metern erreichen würden, musste ich eine Tablette gegen die Höhenkrankheit nehmen.

Der Pilot des fünfsitzigen Helikopters war ein ziemlich cooler Typ, der schon seit 15 Jahren im Himalaja flog. Am hinteren Teil der Maschine entdeckte ich eine Aufschrift mit den Initialen AD. Es stellte sich heraus, dass der Helikopter zuvor Alain Delon gehört hatte, dem französischen Schauspieler, der in den Sechzigern ein großer Star gewesen war.

Ich liebe Helikopter. Mit ihnen fliege ich am liebsten. Unser Pilot war fabelhaft. Wir erhoben uns sanft über das mit Buschwerk bewachsene Tal, in dem die Hauptstadt lag, und flogen in Richtung Gebirge davon. Wir schwebten durch Schluchten mit dichten Urwäldern, Flüssen und Wasserfällen, bis wir schließlich über den Wolken waren. Aus der Ferne sahen die Gipfel, die sich vor uns auftürmten, purpurn und blau aus, doch je näher wir kamen, desto steiler und weißer, spitzer und zackiger wurden sie. Die gewaltigen Massive lagen nun klar vor uns und schienen zum Greifen nahe.

Der Pilot teilte uns mit, er müsse uns ein paar Stunden lang in Lukla absetzen. Er hatte einen Anruf bekommen und musste einen Umweg über den Mount Everest machen, um einen verletzten Bergsteiger abzuholen. Offenbar übernahm er solche Rettungsflüge öfter. Das Bergsteigen in extremen Höhen war mittlerweile derart populär, dass ständig Fälle von Erfrierungen und Höhenkrankheit gemeldet wurden. Er sagte, dass allerdings manche Leute einen Notfall nur vortäuschten, um sich so den zehntägigen Rückmarsch zu ersparen.

Wir hatten nichts dagegen, eine kleine Pause einzulegen, denn so konnten wir uns in aller Ruhe akklimatisieren. Lukla war ein hübsches Städtchen auf einem Bergplateau in 2834 Metern Höhe. Tengboche, das Dorf, von dem aus wir bald den Everest sehen könnten, lag noch einmal 1000 Meter höher.

Einige Stunden später war der Pilot wieder zurück, und wir setzten unsere Reise zum Dach der Welt fort. Die Schönheit der Landschaft verschlug mir den Atem: Bei kristallklarem Wetter konnten wir nun jede Kontur, jeden Baum und jeden Fels, die Stromschnellen im Fluss und vor uns die schneeweißen Gipfel von Lhotse, Nuptse und Everest ausmachen.

In Tengboche landeten wir auf einem winzigen Handtuch aus Pflastersteinen. Eine Gruppe Schaulustiger am Boden sah uns gebannt zu. In den Wiesen waren eine ganze Menge Zelte aufgestellt. Hinter ihnen führten lehmfarbene Pfade zu einem Waldstück, wo eine Yak-Karawane wartete.

Es ist schwer in Worte zu fassen, was genau ich empfand. Es war einer jener Augenblicke, wo man sich am liebsten kneifen würde, um ganz sicher zu sein, dass man auch wirklich da war. Die Eindrücke überschlugen sich: Ich sah das buddhistische Kloster, das über dem Tal thronte. Unzählige Menschen waren im Aufbruch oder kamen gerade von einer Expedition zurück. Es fand sogar ein Marathon statt: 42 Kilometer mit Rucksäcken in rund 4000 Metern Höhe. Wir wurden einem ortsansässigen Sherpa namens Sharab vorgestellt, der den Beruf des Bergführers ausübte, seit er erwachsen war. Er erklärte uns, dass heute, am 29. Mai, der 55. Jahrestag der Erstbesteigung des Mount Everest sei und Peter Hillary, der Sohn von Sir Edmund, im Dorf verweile.

Auch Russ hatte vor Ehrfurcht das Sprechen verlernt. Kein Superlativ könnte dieses Erlebnis je beschreiben. Es war ein wunderschöner Tag, und ich spürte dieselbe Gelassenheit, die ich auch schon in Varanasi empfunden hatte. Eine Weile lang blickten wir nur schweigend über das Tal und staunten, wie die Hügel ineinander verschachtelt waren und sich zu den Schultern, dem Kamm und dem weißen Gipfel des Mount Everest hin drängten.

Die Yak-Karawane setzte sich in Bewegung, und das gedämpfte Echo der Glocken verstärkte die friedvolle Stimmung der Landschaft. Die urtümlichen, zotteligen Tiere waren mit allem Möglichen beladen, von Decken über Lebensmittel bis hin zu großen Frischwasserbehältern. Sie wurden von Sherpas getrieben, die sie mit Stöcken und Pfiffen im Zaum hielten.

Russ machte sich Sorgen um die Auswirkungen der Höhe auf unseren Organismus. Wir waren beide ein wenig außer Atem und wussten, dass wir nicht allzu lange hierbleiben konnten, wenn wir nicht höhenkrank werden wollten. In solch dünner Luft ist es lebenswichtig, auf seinen Körper zu hören.

Wir saßen im Gras und genossen den Anblick: ein kleines Dorf, das sich an einen schmalen Pfad schmiegte, um uns herum die höchsten Berge der Welt.

Dann sprachen wir mit Peter Hillary, einem groß gewachsenen Neuseeländer. Als sein Vater den Everest bezwang, war er gerade ein Jahr alt, 1990 bestieg er ihn erstmals selbst. Seitdem hat er ihn noch einmal bestiegen, ebenso wie eine ganze Reihe anderer Gipfel. Außerdem ist er zusammen mit seinem Vater in einem Schnellboot den Ganges hinuntergerast.

Wir unterhielten uns eine Weile lang darüber, warum die Leute das Bergsteigen in extremer Höhe erst anfangen, ja, warum sie sich überhaupt solch großen Gefahren aussetzen – das galt in gewisser Hinsicht auch für mich, als ich mich an der Rallye Dakar versucht hatte. Peter sagte, er habe darüber mit einem Wirtschaftsprofessor aus Neu-Delhi gesprochen. Dieser habe die These vertreten, dass die Menschen ihr Leben einfach deshalb riskieren würden, weil das alte Sprichwort immer noch zutreffe: Je größer das Risiko, desto höher die Belohnung.

Zurück im Hubschrauber fragte Russ den Piloten, ob er uns zur »Brücke der Freundschaft« bringen könne, die über eine schmale Schlucht zwischen bewaldeten Hügeln führt. Ursprünglich hatten wir dort nach Tibet einreisen wollen. Der Pilot steuerte den Hubschrauber zu einer kleinen Stadt, die zwischen den Hügeln einge-

keilt war. Eine Reihe maroder Gebäude kennzeichnete die nepalesische Seite der Grenze, unbarmherzig wirkende Betonbauten die
chinesische. Wir schwebten über dem Grenzfluss, wobei uns der
geschickte Pilot gerade noch über nepalesischem Territorium hielt.
Wir flogen so tief über der Stadt, dass wir die Nummernschilder der
am Straßenrand parkenden Autos sehen konnten. Russ hatte die
Tür geöffnet, damit er die Stelle filmen konnte, wo wir den Grenzübergang geplant hatten, bevor Tibet von China abgeriegelt wurde.
Einige chinesische Soldaten gestikulierten wütend. Durchs Fern-
glas konnten wir sehen, wie sie zum Telefon griffen.

»Vielleicht sollten wir uns besser verziehen«, schrie Russ.

Dem Pilot blieb gar keine andere Wahl, als den Helikopter an
Ort und Stelle zu wenden. Wären wir einen Bogen geflogen, hätten
wir den chinesischen Luftraum verletzt. Unser Pilot meisterte das
schwierige Manöver, und wir stiegen so steil und so dicht an den
Bäumen auf, dass ich die Adern auf den Blättern erkennen konnte.

Der Rückflug dauerte viel länger als der Hinflug, weil die Wolken
in die Schluchten gezogen waren und wir diese daher meiden mussten. Um eine möglichst gute Sicht zu haben, flogen wir in einem
großen Bogen gen Süden.

17

Geschichten vom Flussufer

Nächste Station: China. Wir flogen über Nacht nach Guangzhou, nördlich von Hongkong. Wir waren uns schmerzlich bewusst, dass wir uns eigentlich geschworen hatten, keinen regulären Linienflug zu nehmen, doch die tibetische Grenze blieb weiterhin geschlossen und Birma kam natürlich erst gar nicht infrage. Es war eine herbe Enttäuschung, aber es blieb uns keine andere Wahl.

Der Flughafen war topmodern und vollkommen westlich ausgestattet, es gab sogar einen McDonald's und einen Starbucks. Man kam sich vor wie bei einer Landung in Amerika. Wir hatten erwartet, dass sich der Zoll als Albtraum erweisen würde, doch es hätte einfacher nicht sein können: Beladen mit unserer schweren Kameraausrüstung gingen wir einfach durch. Die Beamten stempelten unsere Pässe und winkten uns weiter. Sie fragten weder, was wir vorhätten, noch, was wir filmen wollten, noch sonst irgendetwas. Draußen war es heiß und schwül. Es regnete. Wir winkten ein Taxi herbei, und bald sausten wir auf einer modernen Autobahn durch eine noch modernere Stadt. Überall standen Bürohochhäuser und Wohnblocks. Es gab offensichtlich viel Industrie hier, insbesondere große Zementfabriken. Das wollten wir nutzen: Wir hatten uns im Vorfeld eine Fahrt auf einem Zementkahn flussabwärts bis Wuzhou organisiert.

Nach unserer Ankunft in Guangzhou trafen wir uns mit Shiyi und Taotao, zwei chinesischen Mädchen, die für uns dolmetschen sollten. Außerdem schloss sich uns Matt an, Mungos Kumpel, der zumindest bis Vietnam das Filmen übernehmen würde. Alles schien reibungslos zu verlaufen, das heißt: abgesehen von meinen Zahnschmerzen. Ein Aufenthalt in der Druckkabine war das Letzte gewesen, was ich gebraucht hatte, und so war aus einem gelegentlichen Ziehen ein scharfes, schneidendes Stechen geworden. Ich hatte gerade mal eine Stunde geschlafen, als ich wegen starker Schmerzen erwachte.

Es gibt nichts Unangenehmeres als Zahnschmerzen. Ich musste mir also einen Zahnarzt suchen. Shiyi brachte mich zu einer ultramodernen Klinik, wo man Englisch sprach. Es war phantastisch – soweit ein Zahnarztbesuch eben phantastisch sein kann. Alles blitzte makellos sauber und weiß, und das Haus war zweifellos auf dem letzten Stand medizintechnologischer Entwicklungen. Nach drei Spritzen und langem Bohren hatte ich eine kleine Wurzelbehandlung hinter mir. Da wir nicht lange genug in der Stadt blieben, war es nur ein Provisorium, aber der Zahnarzt sagte, es werde problemlos ein paar Monate halten. In diesem Augenblick war es mir ganz egal, wie lange es hielt – ich verließ die Klinik als völlig neuer Mensch.

Wir schlenderten durch schmale, pulsierende Sträßchen, wo in bunten Geschäften so gut wie alles feilgeboten wurde. Wäre da nicht die chinesische Schrift auf den Preisschildchen gewesen, hätte man glauben können, in irgendeiner modernen europäischen Großstadt zu sein. Unterwegs begegneten wir einem drahtigen Typen namens Mah, der auf einem Dreirad mit einer großen Transportkiste saß.

»Ich bin im Recyclinggeschäft, fahre durch die Straßen und kaufe den Ladenbesitzern ihren Müll ab: Papier, Pappkartons, Styropor, Aluminiumdosen ... so ziemlich alles, was sich wiederverwerten lässt.«

Die Ladenbesitzer bewahrten diese Abfälle auf, bis er vorbeikam. Dann handelten sie unter Zuhilfenahme von Mahs selbstgebastelter Waage einen Preis aus. Es machte Spaß, zuzusehen, wie sie mit Händen und Füßen wild gestikulierten. Er zahlte zwanzig Yuan für ein sechs Kilo schweres Paket, das er dann für dreißig Yuan an den Recyclinghof verkaufte. Es war ein interessantes Konzept, und ich fragte mich, ob es wohl auch in Großbritannien funktionieren würde.

Mah besaß noch ein zweites Fahrrad, das ich mir schnappte, um ihn auf seiner Runde zu begleiten. Die Straßen waren schmal, der Autoverkehr dicht, doch alles schien sehr ruhig und geordnet. Ohne großes Hupkonzert, an das wir uns in Indien gewöhnen mussten, zockelten die Leute vor sich hin. Wenn sie mich auf dem Fahrrad bemerkten, waren die Reaktionen jedoch dieselben: Die Menschen blieben stehen und starrten mich an, Kinder zeigten mit dem Finger auf mich und lachten. Ich versuchte mich am Feilschen um ein paar Pappkartons und stellte fest, dass die Ladenbesitzer, zumeist hartgesottene Frauen, mich nur allzu gerne schröpften. Sie sagten fünf Yuan, ich sagte zwei. Sie sagten fünf Yuan, ich drei, dann sagten sie fünf und ich vier. Es war zwecklos. Trotzdem bekam ich die Karre voll, indem ich einen Teil des Krams von meinem eigenen Geld bezahlte. Unterm Strich machte Mah also wenigstens einen höheren Profit.

An jenem Abend erhielt ich einen Anruf von Mungo, der mir mitteilte, dass sein Knie zwar verheile, jedoch nicht ganz so gut, wie er gehofft habe. An dem Tag, an dem er eigentlich nach Hanoi fliegen sollte, hatte er einen Termin beim Physiotherapeuten. Er nahm an, dass das Ganze noch eine Woche länger dauere. Ich sagte, es habe keinen Sinn, herzukommen, solange sein Knie nicht wieder voll beweglich sei. Das Letzte, was wir wollten, war, dass er einen Rückfall erlitt und abermals nach Hause fliegen musste.

Guangzhou war nicht überall modern. In der Nähe des Hotels befand sich ein Vorort aus kleineren, eng stehenden Gebäuden mit roten Ziegeldächern, der weitaus traditioneller aussah. Am nächsten Morgen gingen wir dort auf Erkundung, um etwas zu essen zu kaufen. Wir fanden eine tolle Markthalle, wo es nicht nur eine riesige Auswahl an Obst und Gemüse gab, sondern auch lebende Garnelen und Fische. Sie verkauften dort auch lebendige Hühner: Man zeigte einfach auf dasjenige, das man gerne wollte. Dann töteten und rupften sie es einem, und man nahm es mit nach Hause zum Abendessen.

Unsere Reiseroute führte uns nun südwestlich in Richtung Hanoi. Irgendwie war es Lucy gelungen, eine Familie mit einem Zementkahn ausfindig zu machen, der zugleich als Hausboot diente. Mit 500 Tonnen Zementstaub schipperte diese den Xun Jiang hinauf und hinunter. Wir waren um die Mittagszeit mit den Leuten verabredet, wenn sie ihre Ladung gelöscht hätten und sich bereits wieder auf ihre wöchentliche Reise gen Westen vorbereiten würden, um neue Fracht aufzunehmen. Shiyi wusste ungefähr, wo der Kahn lag. Wir fanden ihn neben ein paar anderen Kähnen in einem der älteren und baufälligeren Bezirke am Fluss. Um dorthin zu gelangen, mussten wir einen Weg durch ziemlich marode Seitenstraßen nehmen, durch enge Gassen zwischen alten Backsteinhäusern, von denen die meisten aussahen, als würden sie gleich einstürzen. Ich trug meinen Koffer auf dem Kopf und ging gerade zwischen den Häusern entlang, als aus einem Eingang hinter mir plötzlich ein Hund sprang. Bellend und knurrend stürzte er auf Russ zu. Einen schrecklichen Moment lang dachte er, er werde gebissen. Wir alle hatten Angst vor Tollwut. Zum Glück machte das Tier jedoch im letzten Moment kehrt. Hunde, die bellen, beißen eben nicht. Er verteidigte nur sein Revier.

Als wir an der Anlegestelle eintrafen, mussten wir erst von Deck zu Deck klettern, bis wir unser Boot erreicht hatten, ein Lastkahn mit schwarzem Rumpf und stumpfem Bug. Am Heck hinter dem Ladebereich befanden sich das Ruderhaus und die Kajüten. Taotao sagte uns, dass es in den nördlichen Provinzen (wohin wir unterwegs waren) in letzter Zeit schreckliche Unwetter gegeben habe – schwere Gewitter, Wolkenbrüche und orkanartige Stürme. »Das ist für die Jahreszeit äußerst ungewöhnlich. An die 100 000 Menschen sind nun obdachlos. Dreiundneunzig sind während der letzten paar

Monate bei Stürmen und im Hochwasser der Flüsse umgekommen. Erst gestern ist jemand ertrunken, eine andere Person wird noch vermisst.«

Der Gedanke an einen Hochwasser führenden Fluss war nicht gerade beruhigend, insbesondere dann nicht, als wir bemerkten, dass das Deck unseres Kahns keinerlei Reling hatte. Es gab nur das Ruderhaus und ein flaches, offenes Deck, also nichts, woran man sich bei schlechtem Wetter festhalten könnte.

Wir verließen den Anlegeplatz und dampften flussabwärts. Dort herrschte reger Verkehr. Zementkähne und Lastschiffe, die Haushaltsgüter transportierten oder bis zum Dollbord mit Bambus beladen waren, bahnten sich ihren Kurs. Chi-Chi, der älteste Sohn der Familie, war am Ruder. Er war vielleicht 22 Jahre alt. In Shorts und Unterhemd saß er lässig in einem Korbstuhl und steuerte ständig nach. Wir beherrschten die Sprache des anderen nicht. Er grinste jedoch breit, also tat ich dasselbe. Mehr war vermutlich auch nicht nötig.

Sieben Achtel des Kahns dienten der Güterbeförderung. An Wohnbereich und Ruderhaus schien man erst später gedacht zu haben. Die Brücke war kaum mehr als ein einfaches Podest mit ein paar Gartenstühlen, einem Kühlschrank und einem alten Fernseher. Die Wohnquartiere bestanden aus einigen Kajüten und einer primitiven Küche. Nicht, dass das etwas ausgemacht hätte: Die Atmosphäre war sehr angenehm, denn hier lebten nur Mama, Papa und ihre beiden Jungs. Es war ihr Zuhause, ihr kleines Reich, ihr Arbeitsplatz.

Mama trug den Namen Ayi. Sie war eine kleine, lächelnde Frau, die »das Haus« in Schuss hielt. Ihr Mann und ihr Sohn kümmerten sich derweil ums Geschäft. Während sie Gemüse wusch, plauderten wir ein wenig. Sie benutzte einen Schlauch, mit dem Wasser aus dem Fluss gepumpt wurde. Später sah ich mir das primitive Plumpsklo einmal genauer an und entdeckte, dass alles, was man dort kauernd hinterließ, direkt ins Wasser fiel.

Ayis Ehemann hieß Liang-Su. Er erklärte mir, jede Fahrt dauere zwei Wochen: Er nehme Zement auf, fahre ihn nach Guangzhou, lade ihn dort wieder ab und dann gehe es wieder zurück. Eine Pause gab es nur etwa alle zwei oder drei Monate, wenn Ayi ihre Mutter besuchte. Manchmal begleitete sie ihr jüngerer Sohn, um sich ein paar Tage lang mit seinen alten Schulfreunden zu treffen. Liang-Su blieb dagegen immer auf dem Schiff. Er hatte sein ganzes Leben auf dem Fluss zugebracht. Dabei war ihm nie etwas zugestoßen. Er hatte keine einzige Kollision gehabt, war nicht auf Grund gelaufen, und in dreißig Jahren waren wir seine ersten Passagiere.

Ayi hatte das Mittagessen bereitet. Es gab Fisch und Gemüse mit Knoblauch und Ingwer. Ich schmeckte noch etwas Menthol durch, was mir ein wenig seltsam vorkam.

»Was ist denn das?«, fragte ich mich selbst. »Das Essen schmeckt irgendwie nach Menthol.« Ich untersuchte meine Schale und versuchte herauszufinden, woher der Geschmack rührte ... Da spürte ich die Zahnfüllung in meinem Mund. Verdammt. Ich spuckte sie aus. Das Menthol, das ich geschmeckt hatte, war das Nelkenöl, das der Zahnarzt bei meiner Behandlung verwendet hatte.

Russ war draußen an Deck. Ich war nun wieder richtig beschissener Laune und erzählte ihm, was passiert war.

»Das ist schlecht«, sagte er. »Wir brauchen mindestens noch fünf Tage bis Hanoi, und vorher findest du wahrscheinlich keinen Zahnarzt. Wenn sich dein Zahn entzündet, haben wir ein echtes Problem.«

»Das ist doch alles Pfusch«, schimpfte ich kopfschüttelnd. »Offensichtlich hat der Kerl nicht sauber gearbeitet.«

Zum Glück tat der Zahn nicht weh, da der Zahnarzt den Nerv entfernt hatte.

»Pass auf, Charley, morgen legen wir wahrscheinlich in einer Stadt an. Dort wird sich schon jemand finden, der dir eine neue Füllung einsetzt, okay?«, versuchte Russ mich nun zu beruhigen.

Apropos Stadt: Wir waren jetzt zwar schon seit mehreren Stunden auf dem Kahn, doch es sah so aus, als hätten wir Guangzhou immer noch nicht verlassen. Das mit Beton befestigte Ufer war von Gebäuden gesäumt: Industriekomplexe, Wohnblöcke und ein altes Backsteinhaus, das wie aus einem Film wirkte. Es stand halb am Ufer und halb auf Pfählen. Ein unglaublich alter Kasten, kurz vor dem Zusammenbruch.

Es herrschte noch immer eine Menge Verkehr – Lastkähne, kleinere Boote und ein paar traditionelle chinesische Dschunken mit ovalen, schwarzen Segeln und Zeltdächern. Sie glichen Wasserkäfern, die über die Oberfläche glitten.

Wir fuhren unter einer Brücke hindurch und kamen Seite an Seite mit einem anderen Kahn, auf dem vorn einen Kranausleger montiert war, der wie das Schwert eines Fächerfischs herausstach. Als dann noch zwei weitere Kähne aus der Gegenrichtung kamen, teilten sich insgesamt vier Schiffe den Fluss, der an dieser Stelle bestimmt nicht breiter war als die Themse bei Westminster.

Die Zeit schlich dahin. Fünf Stunden, nachdem wir an Bord gegangen waren, befanden wir uns immer noch in bebautem Gebiet, zumindest steuerbord. Das andere Ufer war niedrig und üppig bewachsen, die Landschaft flach und grau. Bis ans Wasser grasten Büffel. Liang-Su sagte, dass hier in dieser Gegend fünfzehn Jahre zuvor gar nichts gewesen sei. Selbst vor zehn Jahren noch habe Guangzhou im Großen und Ganzen aus jener Ansammlung von Häusern bestanden, die wir in der Nähe des Hotels gesehen hatten. Jetzt hingegen schien sich die Industrie endlos auszubreiten.

Es hatte stark geregnet, doch am späteren Nachmittag kam die Sonne heraus. Es wurde so warm, dass ich mir Flip-Flops und kurze

Hosen anzog. Dann fing es wieder an zu regnen, also half ich Ayi drinnen in ihrer winzigen Küche. Irgendwie schaffte sie es, alles auf einer einzigen elektrischen Herdplatte zu kochen.

So einfach und schlicht ihr Lebensstil auch sein mochte, in dieser Familie herrschte ein freundliches und entspanntes Miteinander. Ich setzte mich einen Augenblick lang zu Liang-Su, der gerade eng an dem Betondeich entlangfuhr. Wir konnten nur kommunizieren, wenn Shiyi dolmetschte, aber eigentlich brauchten wir gar nichts zu sagen. Ich habe gelernt, dass man oftmals einen guten Eindruck vom Leben eines anderen bekommt, wenn man einfach Zeit mit ihm verbringt. Worte sind dabei nicht nötig.

Es dämmerte bereits, als wir endlich die letzten Gebäude hinter uns ließen. Nebel legte sich über die Ufer, und die untergehende Sonne tauchte das Wasser in ein sattes Rotbraun.

Obwohl das Schiff etwa fünfzig Meter lang war, war es unmöglich, dem Lärm der Maschine zu entkommen. Ich versuchte, im Ruderhaus auf dem Fußboden zu schlafen. Doch das Dröhnen des Motors und die Vibrationen der Stahlplatten waren dort so stark, dass an Schlaf überhaupt nicht zu denken war. Ungefähr um halb sechs setzte ich mich mit einer Decke draußen auf einen Stuhl, legte die Füße hoch und lehnte mich zurück. Als es wieder zu regnen begann, erhob ich mich völlig verschlafen und suchte unter dem Bambusdach Schutz, wo ich eine leere Hängematte fand. Ich warf mich hinein, schloss die Augen und döste vielleicht eine Stunde lang.

Trotz einer weiteren schlaflosen Nacht fand ich großen Gefallen an der Kahnfahrt. Fortbewegungsmittel und Geschwindigkeit waren ein herrlicher Ausgleich für die Enttäuschung darüber, dass wir – entgegen unserer Abmachung – einen Linienflug hatten nehmen müssen. Außerdem bewegte mich sehr, wie harmonisch die Familie zusammen lebte und arbeitete. Ayi war die Seele des Ganzen, Liang-Su und die beiden Jungs kümmerten sich um das Schiff. Chi-Chi, der in den vergangenen fünfzehn Jahren bereits auf dem einen oder anderen Kahn gefahren war, gestand mir, dass es ihm großen Spaß mache: Sie verdienten gutes Geld, und er genoss das Leben auf dem Fluss. Er kannte jede Landmarke, jedes Industriegebiet und jedes Zementwerk. Er wusste, wo die Fähren den Fluss kreuzten, und zeigte mir die Stellen, wo sich die Büffel gerne suhlten. Je weiter wir nach Westen fuhren, desto mehr veränderte sich die Landschaft. Es war mittlerweile bergig, und die dicht bewachsenen Hügel fielen direkt zum Wasser hin ab.

Ich fühlte mich sehr privilegiert. Nur wenige Leute lernen China von dieser Seite kennen. Liang-Su erklärte uns, dass es vor zehn Jahren noch etliche Passagierschiffe auf dem Fluss gegeben habe. »Doch dann ist die Wirtschaft stark gewachsen. Man hat große Straßen gebaut. Jetzt fahren alle mit dem Auto oder mit dem Bus.«

Die beiden Brüder schienen sich recht gut zu verstehen. Ständig machten sie Unsinn, rissen Witze und lachten. Lorau (oder »jüngerer Bruder«) war achtzehn und erst seit einem Jahr auf dem Kahn. Zuvor hatte er im Dorf seiner Mutter die Schule besucht und bei seiner Großmutter gelebt.

Wir wollten eigentlich um die Mittagszeit in Wuzhou von Bord gehen, doch der Fluss war so stark angeschwollen, dass wir am Abend zuvor kaum Fahrt gemacht hatten. Liang-Su sagte, wir hätten fünf Stunden Verspätung.

»Fünf Stunden!«, staunte Russ, als er es ihm mitteilte. »Wie kann es sein, dass wir fünf Stunden Verspätung haben?«

Ich erklärte ihm die Sache mit dem Fluss und dass der Kahn nur knapp fünf Stundenkilometer fahre. Was auch immer der Grund für die Verspätung war – es bedeutete jedenfalls, dass wir nicht rechtzeitig in Wuzhou eintreffen würden und unser Zeitplan dadurch ins Wanken geriet. Wenn es in dieser Geschwindigkeit weiterginge, wäre es bei unserer Ankunft bestimmt schon fünf oder sechs Uhr. Das hieße, dass wir den Bus nach Yangshuo verpassten.

»Es gibt noch eine andere Möglichkeit«, folgerte Russ.

»Was für eine?«

»Wir bitten Liang-Su, uns am nächsten Fährübergang abzusetzen. Taotao könnte uns dann auf der Straße aufgabeln und rechtzeitig nach Wuzhou bringen, damit wir den Bus noch erwischen.«

»Warum gehen wir dann nicht gleich in der nächsten Stadt von Bord?«, hielt ich dagegen. »Das dauert vielleicht ein bisschen länger, aber wenigstens ist es eine Stadt. Das ist doch sinnvoller, als irgendwo in der Pampa auszusteigen.«

Liang-Su sagte, die nächste Stadt, Fegkai, liege noch ein paar Stunden entfernt. Wir würden dort um etwa 15 Uhr eintreffen. Wenn Taotao uns dort abholte, blieben uns immer noch gut zwei Stunden bis zum Busbahnhof in Wuzhou.

Eineinhalb Stunden später drosselte Liang-Su die Maschine und steuerte den Kahn ans südliche Flussufer. Chi-Chi löste die Seile, mit denen das Gepäck vertäut war, und wir luden unsere Ausrüstung ab. Es war drückend heiß, und die Kleider klebten mir am Leib. Mit meinem alten Koffer auf dem Kopf watete ich durchs sumpfige Unterholz hinauf zur Straße.

Ich sagte nur ungern Lebewohl. Wir hatten mit dieser Familie nur anderthalb Tage verbracht, aber es war eine der größten Bereicherungen unserer bisherigen Reise gewesen. Wir hatten mit ihnen gemeinsam gegessen, geplaudert, gelebt und auf diese Weise eine Lebensart kennengelernt, von der wir keine Ahnung gehabt hatten. Nun jedoch waren wir wieder unterwegs. Die nächsten paar Hundert Kilometer würden wir per Bus und Eisenbahn zurücklegen, dann wollten wir mit russischen Motorrädern bis nach Hanoi fahren.

Wie versprochen, holte uns Taotao ab und brachte uns nach Wuzhou. Wir erreichten unseren Bus noch rechtzeitig und fuhren sieben schaukelnde Stunden lang über schlechte Straßen, die zudem noch mit Baustellen gesegnet waren. Als wir endlich in Yangshuo ankamen, war es schon spät. Völlig übermüdet ließen wir uns mit ein paar Motorradtaxis zu einem kleinen Hotel im ältesten Viertel der Stadt bringen.

18

Schweine auf Motorrädern

Wir beschlossen, uns in Yangshuo ein wenig auszuruhen. Die Stadt war durchaus sehenswürdig, zahlreiche Gebäude waren älter als viele, die wir bisher gesehen hatten, mit abblätternder Farbe und verschnörkelten Balkonen zur Straße hin. Es fuhren nur sehr wenige Autos, dafür Unmengen von Motorrädern, ich entdeckte sogar eine Art Fußgängerzone. Die Stadt liegt am Ufer des Flusses Li inmitten eines Tales voller Reisfelder. Imposante Berge prägen das Panorama: gigantische grüne Kuppeln, die als Ergebnis einer tektonischen Plattenverschiebung vor zwei Millionen Jahren aus einer ansonsten flachen Landschaft in den Himmel ragen.

Heute war der 53. Tag unserer Reise. Wir gingen an Bord eines Floßes und fuhren zu einer Stelle, wo felsige Klippen in den Fluss stürzten. »Ziemlich beeindruckend hier, oder?«, sagte Russ. »Der perfekte Ort, um sich ein bisschen auszuruhen und sich von den Strapazen der Reise zu erholen.«

Da konnte ich nur zustimmen. Der Anblick war in der Tat überwältigend. Es war bergig und doch tropisch, auf der einen Flussseite erstreckten sich Reis- und Bohnenfelder, und auf der anderen reihten sich einige malerische, auf Bambuspfählen gebaute Fischerhütten. Unser Führer erklärte, dass die Umgebung der Stadt ein beliebtes Urlaubsziel für viele Chinesen darstelle. Leuten aus dem Westen indes begegne man hier eher selten.

Unser Floß bestand aus langen, zusammengebundenen Plastikröhren. Früher wäre es aus Bambus gewesen, doch unser Steuermann erklärte, dass Bambus nicht stabil genug sei, um mehr als zwei oder drei Passagiere zu befördern, wohingegen unseres bis zu acht Personen aushalte. Es wurde mit einem Außenborder angetrieben, dessen Schraube sich am Ende einer langen metallenen Stange befand.

Weiter flussabwärts besuchten wir ein traditionelles Dorf, das vom Wasser aus wie ein buddhistischer Tempel aussah. Tatsächlich war es das Zuhause von Fischern und Bauern. Es gab dort keine Autos, nur Handkarren und Tiere. Die Gebäude, Bohnen- und Reisfelder waren durch gepflasterte Fußwege miteinander verbunden. Es wirkte freilich ein wenig künstlich, wie ein »Minderheitendorf«, das speziell für den boomenden Tourismus hier erhalten wurde. Trotzdem war es ein ruhiger Ort, wo sich Büffel genussvoll in einem Tümpel wälzten, Frauen mit Strohhüten den Reis pflückten und junge Männer mit Angeln und Fischfangnetzen auf Bambusflößen hockten.

Auf der Rückfahrt nach Yangshuo besichtigten wir in der Nähe der Stadt ein paar Unterwasserhöhlen und nahmen 300 Meter unter der Erde ein Schlammbad. Die Ortsansässigen behaupteten zwar, der Schlamm hätte heilende Wirkung, doch ich muss gestehen, dass ich das Erlebnis nicht besonders therapeutisch fand. Mit Helmen, Badehosen und Flip-Flops bekleidet stiegen wir ein wenig nervös in die Höhlen hinab. Es gab dort weder Führer noch Licht – wir mussten Fackeln tragen, um den Weg zu finden.

Wir zwängten uns durch ein paar schmale Spalten, wo kleinere Höhlen zu engen, gewundenen Kaminen führten. In einem Teilstück hatte man zur Sicherung eine schwere Kette montiert, an der wir uns beim Abstieg über die grob in den Fels gehauenen Stufen festhalten konnten. Es war Schwerstarbeit. Immer weiter drangen wir in die Tiefe vor, und ich bekam es doch ein wenig mit der Angst zu tun.

Im Schein der Fackel sah der Schlamm aus wie Karamell, aber von einer dünnen, schleimigen Konsistenz. Ich musste an die vielen

Körper denken, die sich schon in diesem Schlammbad geaalt hatten. Da der Brei so kalt war, dass mir die Puste wegblieb, lag ich nur wenige Minuten lang darin, dann duschte ich mich rasch ab. Auf unserem Rückweg im Halbdunkel blieb ich kurz stehen, weil ich aus meinen Flip-Flops herausgerutscht war. Die anderen gingen derweil voraus. Als ich ihnen folgen wollte, stieg ich hinab zu einer Stelle, wo ich den Tunnel vermutete. Doch stattdessen fand ich mich in einer dunklen Felsnische wieder, unter mir ein Wasserbecken. Ich wurde unruhig, da ich hätte schwören können, dass wir auf diesem Weg gekommen waren. Doch ich konnte die anderen nicht mehr hören. So begann ich mit meiner Fackel die Wände abzuleuchten, und langsam wurde mir klar, dass ich tatsächlich die falsche Abzweigung genommen hatte. Ich machte also kehrt und schielte in sämtliche Durchgänge, Risse und Felsspalten. Nur zu leicht konnte man sich hier unten verirren. In der Gegend gab es bestimmt Überschwemmungen und Erdbeben. Angesichts dessen, was sich in anderen Teilen des Landes ereignete, war es wahrscheinlich ohnehin keine so gute Idee, sich unter die Erdoberfläche zu begeben. Als ich es nach nervenaufreibenden Minuten doch endlich ins Freie geschafft hatte, war ich sehr erleichtert.

Später am selben Nachmittag gönnten wir uns ein Kontrastprogramm in Form einer Fahrt mit einem Heißluftballon. Wieder war der Ausblick sensationell: Gipfel erstreckten sich bis zum Horizont, und unter uns schnitt der glitzernde Fluss das Tal in zwei Teile. Leider gab es kaum Wind, was bedeutete, dass wir nicht sonderlich weit fahren konnten. Als der Fahrer den Brenner aufdrehte, um Höhe zu gewinnen, wurde es so heiß, dass ich dachte, meine Haare hätte Feuer gefangen.

Nach etwa einer Stunde stiegen wir wieder ab. Zuerst glaubte ich, wir würden mitten im Feld eines Bauern landen. Dann aber warf der Fahrer eine Leine in die Tiefe, welche drei Männer am Boden aufhoben, um uns daran über die Felder zu ziehen, bis wir auf der Straße landen konnten.

An jenem Abend sahen wir zu, wie die letzten goldenen Strahlen der Sonne die Berghänge streichelten. Ich erinnerte mich unweigerlich an einige Sonnenuntergänge im Sudan, die Ewan und ich auf unserer *Long-Way-Down*-Tour erleben durften. Und schon kreisten meine Gedanken wieder um Motorräder. Ich konnte es kaum erwarten, nach Vietnam zu kommen, wo wir erst mit Bikes und dann mit einem alten Jeep der US-Armee fahren würden.

Zurück in der Stadt, machten wir einen Spaziergang am Kai. Auf dem Wasser entdeckten wir ein paar Bambusflöße, deren Besitzer gerade mit Kormoranen fischten. Da ich unbedingt herausfinden wollte, wie es funktioniert, nahmen uns freundliche Fischer mit hinaus auf den Fluss. Vorn im Boot hockten ein halbes Dutzend Vögel. Als die Strömung stärker wurde, ließ man die Tiere ins Wasser. Die Männer leuchteten nun mit an langen Stangen befestigten Lampen die Wasseroberfläche ab, sodass die Fische vom Licht angezogen wurden und nach oben schwammen; sobald sie zu sehen waren, tauchten die Vögel nach ihnen.

Die Chinesen setzen seit etwa 300 Jahren Kormorane zum Fischfang ein, auch wenn das Kormoranfischen heutzutage mehr eine Touristenattraktion ist als professioneller Broterwerb. Die Japaner kennen diese Technik schon länger, mindestens seit dem 15. Jahrhundert. Die ältesten Belege jedoch stammen aus Peru und sind noch einmal 1000 Jahre älter. Ich habe keine Ahnung, wie der erste Kormoran gezähmt wurde, aber was ich weiß, ist, dass die Fischer dem Kormoran eine Schnur um das untere Ende des Halses banden, sodass dieser seinen Fang nicht vollständig verschlucken konnte. Das Tier tauchte also nach dem Fisch und schluckte ihn, soweit es konnte. Auf dem Floß würgte der Fischer dem Vogel seinen Fang dann wieder aus dem Hals.

Früh am nächsten Morgen machten wir uns zum Bahnhof auf. Ich war noch ein wenig wackelig auf den Beinen nach unserer durchzechten Nacht. Wie üblich befand sich unser Bahnsteig weit entfernt vom Eingang. Ich schien den Großteil des Gepäcks zu tragen, nämlich nicht nur meinen Koffer, sondern auch einen Laptop, das Stativ und die Kameratasche. Wir hatten mindestens sechs Treppen zu bewältigen, und weil ich nicht alles auf einmal tragen konnte, musste ich es etappenweise erledigen, hin und zurück, rauf und runter. Bis ich endlich alles am Bahnsteig hatte, war der Zug schon eingefahren, und ich schwitzte wie ein Ochse.

Der Doppeldeckerzug war zum Bersten voll, und hohe Kinderstimmen schnatterten unablässig in den Abteilen. Mir brummte der Schädel. Vor uns lag eine fünfstündige Fahrt nach Nanning. Wenigstens hatten wir etwas zu essen dabei – im Hotel hatten wir keine Zeit zum Frühstücken mehr gehabt, aber es war uns gelungen, auf dem Weg ein bisschen Tee und ein paar hart gekochte, in Sojasoße marinierte Eier zu erstehen. Mit einer Kleinigkeit im Magen fühlte ich mich schon viel besser. An jedem Bahnhof, wo wir anhielten, leerte sich glücklicherweise der Zug. Nach ein paar Stunden hatte ich sogar einen Doppelsitz für mich alleine und konnte mich hinlegen, wenn auch nur mit angezogenen Beinen. In dieser Position versuchte ich ein bisschen zu schlafen.

Es war der erste von zwei Zügen, die wir auf unserem Weg zur Grenze nehmen wollten. Doch als wir in Nanning ankamen, stellte sich heraus, dass an diesem Tag kein Zug mehr nach Pingxiang ging. Wir schnappten unser Gepäck, stiegen in ein paar Taxis und düsten zum Busbahnhof, in der Hoffnung, dort noch eine Fahrgelegenheit zu ergattern.

Während der Fahrt schaute ich aus dem Fenster und dachte, wie schön es doch war, hinten in einem Taxi zu sitzen. Der Fahrer war von uns durch ein Metallgitter getrennt; vermutlich sollte es ihn vor

Raubüberfällen schützen. Ich muss gestehen, dass mir angesichts des dichten Verkehrs, durch den wir uns bewegten, vor einer weiteren Busfahrt ziemlich graute. Die Busse hierzulande waren ziemlich klapprig, und die Fahrt nach Yangshuo hatte nun wirklich nicht besonders viel Spaß gemacht. Die Rückenlehnen waren andauernd ohne Vorwarnung zurückgeklappt; bestimmt zwanzig Mal hätten wir beinahe einen Unfall gebaut. Trotz meiner Begeisterung war mir gleichzeitig klar, dass wir ohne Zugverbindung nun mal auf den Bus angewiesen waren. Das heißt, bis mich Russ anrief. Er saß in dem anderen Taxi, und sie waren bereits am Busbahnhof eingetroffen.

»Hör zu, Kumpel«, sagte er. »Wir haben den Bus nach Pingxiang gerade verpasst.«

»Echt? Das ist aber praktisch.«

»Warum fragen wir nicht diese Taxifahrer, ob sie uns die ganze Strecke fahren?«

Eine hervorragende Idee, die sich bei fünf Personen auch finanziell als durchaus akzeptable Option erwies. Obendrein konnten wir auf der Stelle abfahren und hatten auf niemanden zu warten. Phantastisch! Ich war wieder gut drauf. Von meinem Kater war kaum noch etwas zu spüren, ich saß nicht im Bus, und morgen dürfte ich wieder Motorrad fahren. Juhu! Alles in allem war es doch noch ein guter Tag.

Als wir am Hotel vorfuhren, freute ich mich auf ein gutes Abendessen und ein Bett. Wir bezahlten die Fahrer, luden unser Gepäck aus und schlenderten in die Lobby. Es war, als beträten wir einen Austin-Powers-Film: Sämtliches Mobiliar stammte aus den Sechzigern, auf den Ledersofas lagen getupfte Kissen, geschmacklose abstrakte Bilder zierten die Wände, und um die Glastische standen durchgesessene Lehnstühle, die mit gestreiftem Wildleder oder Blumenmustern bezogen waren. *Yeah baby!* Die Tische im Restaurant waren durch lange Bahnen aus purpurnem Flor und rosa Nylon voneinander getrennt, wie eine Opiumhöhle im alten Schanghai. Alles, was wir nun noch brauchten, waren Austin Powers »Mini-Me« und ein paar Wasserpfeifen. Dann könnten wir uns ganz gemütlich hinsetzen, rauchen und einen Plan aushecken, um die Welt zu erpressen.

Als ich erwachte, hörte ich ein Prasseln, und ein prüfender Blick aus dem Fenster bestätigte: Mein 100-Prozent-Rekord blieb ungefährdet. Es hatte in Irland geregnet, dann wieder in Georgien, als wir die Urals abgeholt hatten. In Indien hatte es uns erwischt, als wir auf den Enfields aus Delhi herausgefahren waren, und nun schüttete es also auch hier. Was ist das nur mit mir, den Motorrädern und dem Regen? Na gut, dachte ich, wenigstens war es ja nicht kalt.

Wir hatten vier Tage gehabt, um China zu durchqueren. Obwohl wir nur einen winzigen Bruchteil dieses riesigen und vielfältigen Landes gesehen hatten, fand ich doch, dass wir unsere Sache ganz passabel gemeistert hatten – insbesondere mit Hinblick darauf, welche Schwierigkeiten uns die Einreise im Vorfeld bereitet hatte. Vielleicht hätte ich ja bei einer künftigen Reise Gelegenheit, das Land eingehender zu erkunden.

An der vietnamesischen Grenze gab es ein wenig Theater: Wegen der Sache mit Mungos Knie hatten wir Anne eingeflogen, aber wir benötigten zur Unterstützung auch Mungos Freund Matt. Der hatte für Vietnam nur ein gefaxtes Visum, und wir ahnten bereits, dass dies zu einem Problem werden könnte.

Bevor wir zu den Grenzkontrollen kamen, stiegen wir vom Taxi in ein regierungseigenes Tuk-Tuk um, das uns zum Zoll brachte. Die Chinesen inspizierten den Papierkram und stempelten unsere Pässe, aber als wir ihnen Matts Visum zeigten, wollten sie ihn nicht außer Landes lassen. Sie sagten, dies sei nur in seinem eigenen Interesse: Er lebe in Peking, und sein Visum für China müsse erneuert werden. Wenn sie ihm den Ausreisestempel erteilten, könne er nicht zurückkommen. Wenn dann die Vietnamesen sein Fax nicht akzeptierten – was sie für sehr wahrscheinlich hielten –, sitze er im Niemandsland fest. Das war ein gutes Argument. Sobald Russ deshalb mit seinem Papierkram fertig war, ging er hinüber auf die vietnamesische Seite, um dort nachzufragen. Die Chinesen hatten recht gehabt – die vietnamesischen Grenzbeamten würden ein gefaxtes Visum nicht anerkennen.

Zum Glück wurden wir auf vietnamesischer Seite von Leuten erwartet, die uns vielleicht helfen konnten – nicht nur von unserer Dolmetscherin Chi, sondern auch von einem Regierungsattaché. Die Behörden hatten darauf bestanden, dass er uns begleitete. Ich ging also rüber nach Vietnam, fand die Dolmetscherin und erklärte ihr die Situation. Ich weiß nicht genau, was tatsächlich passierte. Jedenfalls sprach sie mit dem Attaché, und nach ein bisschen Hin und Her richteten die vietnamesischen Beamten ihr Augenmerk auf Russ, der wieder zurück auf der chinesischen Seite bei Matt war. Sie sagten, sie hätten mit ihrem »Chef« gesprochen und würden eine Sondergenehmigung erteilen. Russ müsse jedoch ein Formular ausfüllen, damit sie Matt hier an der Grenze ein neues Visum ausstellen könnten. Gesagt, getan.

Schließlich standen wir alle auf vietnamesischem Boden. Die Motorräder warteten schon auf uns. Ich hatte sie längst entdeckt: Es waren zwei armeegrüne Maschinen der Marke Minsk. Ein Australier namens Digby, der in Hanoi ein Reiseunternehmen betrieb, hatte sie zur Grenze gebracht. Sie sahen aus wie zwei Kisten aus dem Zweiten Weltkrieg, mit knubbeligen Reifen, wuchtigen Rahmen und auf die Benzintanks aufgemalten Seriennummern. Die Motorräder waren nach der Stadt Minsk in Weißrussland benannt, wo sie hergestellt wurden. Die Firma fertigte seit 1945 Fahrräder und beschloss 1951, ihre Produktpalette um ein Motorradmodell zu erweitern. Die Maschinen waren simpel und zuverlässig und wurden kurze Zeit später in alle Welt exportiert.

Digby sagte uns, dass es eine gebührenfreie Autobahn gebe, die den Grenzübergang hier in Dong Dang mit der Hauptstadt verbindet. Wir hatten jedoch nicht die geringste Lust, uns auf irgendeine irre Autobahn in den Stau zu stellen. Also schlug er uns alternativ eine Route durch die Berge im Norden vor.

Es war großartig, endlich wieder auf einem Motorrad zu sitzen und das eigene Schicksal selbst in der Hand zu haben. Die in den Fünfziger-jahren gebauten Maschinen hatten einen Hubraum von 125 Kubikzentimetern. Da es sich um Zweitakter handelte, hatten sie keine Motorbremse. Eigentlich schienen sie überhaupt keine nennenswerten Bremsen zu haben. Sie verfügten über diese altmodischen Trommelbremsen, die Leute wie Geoff Duke früher verwendet hatten. Als ich die Bremsen ausprobierte, passierte nicht sonderlich viel. Andererseits fuhren die Motorräder auch nicht wirklich schnell, und wir waren beide erfahrene Fahrer. Das Getriebe war ein Standard-Vierganggetriebe, eine Batterie gab es nicht, aber das wichtigste Bauteil war ohnehin die Hupe. In Vietnam fuhren alle mit der Hupe: Es wurde förmlich erwartet, dass man hupte und sich anhupen ließ – so waren eben die Spielregeln. Wenn die Hupe aus irgendeinem Grund einmal ausfallen sollte, müssten wir anhalten und sie reparieren. Digby riet uns, gut auf den Verkehr zu achten, der hier offenbar ebenso chaotisch sei wie in Indien oder Georgien. Doch was sollte uns schon schrecken? Wir waren bereits heranbrausenden Lastern ausgewichen, die uns als Geisterfahrer entgegengekommen waren. Ich machte mir also keine allzu großen Sorgen. Trotzdem warnte uns Digby, dass hier grundsätzlich niemand nach links oder rechts schaue, wenn er aus einer Seitenstraße oder rückwärts aus einer Einfahrt herausfahre. Wir müssten daher stets auf der Hut sein. Sonst galten die üblichen Gesetze der

Auf einem Zementkahn fuhren wir den Xi Jiang hinunter.

Mit Liang-Su und seinen zwei Söhnen Lorau und Chi-Chi. Die ganze Familie lebte auf dem Kahn und verbrachte kaum Zeit an Land.

Yangshuo liegt vor einer herrlichen Landschaftskulisse.

Unwiderstehlich, was Mädchen?

Vietnam. Drei Schweine auf dem Weg zum Markt.

Auf einer Minsk mit 125-ccm-Zweitaktmotor fuhr ich von der vietnamesischen Grenze durch die Berge bis nach Hanoi. Es regnete natürlich.

Mit unserem einbeinigen Taxifahrer unterwegs in Hanoi.

Mit dem Ruderboot zum Haus eines Austernfischers bei Cat Ba.

Der Willys-Jeep, ein Überbleibsel des Krieges.

Boot aus dem alten Treibstofftank eines B-52-Bombers.

Auf dem Schnellboot bei Voen Kham in Kambodscha.

Mit diesem 250er Honda Dirt Bike fuhr ich 250 Kilometer durch Kambodscha.

Wahrscheinlich das langsamste Transportmittel meiner Reise.

Mein Gepäck und ich vor der Tempelanlage Angkor Wat in Kambodscha.

Der letzte
Bambuszug
Kambodschas.

Mit dem Wakeboard über die Grenze zur Raffles Marina in Singapur.

Straße – vor allem, jedem Platz zu machen, der größer war als man selbst.

Als wir uns ein wenig mit den Maschinen vertraut gemacht hatten, starteten wir durch. Wir schlängelten uns an einer Reihe Lastwagen und einem Allradfahrzeug vorbei, das plötzlich quer über die Straße zurücksetzte. Wir blieben ein paar Kilometer auf der Autobahn, dann bogen wir in eine Nebenstraße ein, die in die Berge führte. Das war schon mehr nach meinem Geschmack: Mitten im Nirgendwo mit dem Motorrad über holprige Straßen zu brettern. So etwas liebe ich.

Unterdessen hatte es zu regnen aufgehört, es war fast so heiß wie in Indien und beinahe noch schwüler. Wir trugen Jeans, T-Shirts, offene Helme und keine Handschuhe. Trotz des kühlenden Fahrtwindes klebten mir die Kleider am Leib. Doch wenigstens fuhren wir, und zwar nicht auf irgendwelchen alten Kisten: Diese hier gab es schon, als die Viet Minh gegen die Franzosen gekämpft hatten.

Auf ruhigen, abgelegenen Straßen kletterten wir langsam ins Gebirge hinauf. Die Landschaft ähnelte der in China: dichte tropische Vegetation, dieselben grünen Bergkuppen und üppige, feuchte Täler. Allein die Stimmung, die hier herrschte, war eine ganz andere. Alles wirkte weniger geordnet, der Lebensstandard der Menschen schien niedriger und ihre Welt ein bisschen chaotischer zu sein. Wir fuhren durch kleine Städtchen, wo uns Kinder zuwinkten und mediterran anmutende Villen neben alten Geschäften mit Blechdächern und verputzten, strohgedeckten Hütten standen.

Die kurvige Straße war an der Bergseite mit Steinmauern befestigt, die größtenteils eingestürzt waren, sodass auf dem Asphalt eine Menge Felsbrocken verstreut lagen. Wir überholten einige Lastwagen und den einen oder anderen Bus, aber das gängigste Verkehrsmittel war eindeutig das Motorrad.

Nach etwa einer Stunde fuhren wir durch eine Hügellandschaft mit grasendem Vieh. Einige Tiere suhlten sich in Schlammtümpeln neben der Straße. Sie hatten schwarze Gesichter und gewaltige, geschwungene Hörner. Alles war voller Kuhscheiße, und plötzlich fiel mir ein, wie gut es sich doch macht, wenn man durch einen Kuhfladen oder ein Schlammloch fährt. Als ein riesiger Haufen vor mir auftauchte, pfiff ich also munter mittendurch.

Da hatte ich mich schön verrechnet, denn ich hatte nicht bedacht, wie hoch und kurz der Kotflügel meines Bikes war. Statt zu beiden Seiten meines Motorrades wegzuspritzen, explodierte der Haufen wie ein Geysir. Im nächsten Moment war ich von oben bis unten mit ekliger, stinkender Kuhscheiße bedeckt – mein Hemd, meine Jeans, meine Augen, mein Bart. Ich hatte sogar welche im Mund. Die Ladung war so groß, dass ich fast nichts mehr sehen konnte. Ich musste absteigen und eine Flasche Wasser besorgen, um alles wieder abzuwaschen.

Es war inzwischen unglaublich heiß geworden. Die Wolken hingen tief, und die Luftfeuchtigkeit war extrem hoch. Zum Mittagessen legten wir eine Pause ein. Wir setzten uns auf eine Mauer und blickten über die Reisfelder zu den fernen Bergen am Horizont.

Wieder unterwegs, schlugen wir den Weg zur Hauptstraße ein, die uns bis nach Hanoi führen würde. Es waren viele Mopeds und Motorroller unterwegs, auch etliche Motorräder mit geringem Hubraum wie diejenigen, die wir unterm Hintern hatten. Natürlich hatten wir schon in Indien viele Zweiräder gesehen, aber dort dienten sie nur dem Transport von Menschen. Hier wurde offenbar alles damit befördert – von einer Ladung Bambus bis hin zu Leinensäcken und Schweinen. Das ist kein Witz. Ich fuhr um eine Kurve, da sah ich diesen Typen: Sein Motorrad war nicht größer als meins, aber er hatte drei lebendige Schweine darauf gebunden. Sie lagen quer hinter seinem Rücken wie eine Top Box. Der Kerl nickte mir zu und winkte, dann tuckerte er weiter zum Markt, als wäre es die normalste Sache der Welt. Wahrscheinlich war es das für ihn auch.

Wir nahmen die alte Straße ins Stadtzentrum von Hanoi, überquerten den Roten Fluss und folgten dann einer Allee durch ein Villenviertel mit Gärten, die von kunstvoll verschnörkelten schmiedeeisernen Zäunen umgeben waren. Die Franzosen hatten sie im 19. Jahrhundert erbaut. Einige wirkten noch genauso luxuriös, wie sie einst gewesen waren, andere hingegen sahen abgewirtschaftet und baufällig aus. Wir kamen an einem offenen Parkgelände vorbei, über dem das Mausoleum von Ho Chi Minh thronte. Wie Lenin in Moskau ist Ho Chi Minhs einbalsamierter Körper dort in einem Glassarg ausgestellt.

Das hohe Geheul der Zweitakter, das unablässige Hupen und der überwältigende Lärm der Stadt stellte meine Geduld auf die Probe. Das Motorrad war hier eindeutig das Hauptverkehrsmittel: Ich schätze, ihre Zahl übertraf die aller anderen Fahrzeuge in einem Verhältnis von 70:1. Als wir eine Nebenstraße zum Stadtzentrum nahmen und uns einer Kreuzung näherten, sahen wir vor uns nichts als vorbeirasende Motorräder. Die Luftfeuchtigkeit war hier sogar noch schlimmer als im Gebirge. Die Hauswände waren fleckig, und sogar die Bäume schienen schweißnass zu sein.

Im Hotel nahm ich eine Dusche und trocknete mich ab, wenn ich auch nicht genau weiß, warum, denn unten an der Rezeption war ich bereits wieder klitschnass. Wir hatten vor, im Delicious Restaurant zu Abend zu essen, das uns Digby empfohlen hatte. Kein schlechter Name für ein Restaurant. Das Essen, das dort serviert wurde, stellte angeblich einen Querschnitt durch die besten Spezialitäten des Landes dar.

Draußen war es mittlerweile dunkel geworden. Ich beobachtete eine Frau, die auf einem mit leeren Plastikflaschen beladenen Fahrrad vorbeifuhr. Hunderte davon hatte sie in zwei riesigen Bündeln aufeinandergestapelt. Ich habe keine Ahnung, wie sie es geschafft hatte, sie festzubinden, geschweige denn, wie sie das ganze Ding fuhr. Denn die Ladung ragte mindestens vier Meter in die Höhe. An der roten Ampel hielt sie vorschriftsmäßig. Als es dann wieder grün wurde, schwankte und eierte sie langsam davon. Ihre Konstruktion sah nicht ganz so stabil aus wie bei dem Kerl mit den unzähligen Leinensäcken, den wir zuvor an der Kreuzung gesehen hatten.

Was für ein unglaubliches Land! Willkommen in Vietnam, Charley. Oder sollte ich sagen: Willkommen im Reich der Zweiräder?

19

Seenot

Am nächsten Morgen fuhr ich hinten auf einem *xeom*, einem Motorradtaxi, erst einmal zum Zahnarzt – am Abend zuvor war mir beim Essen im Delicious Restaurant doch glatt ein Stück von dem abgebrochen, was von meinem Zahn noch übrig war.

Der *xeom*-Fahrer ließ mich einen schwarzen Plastikhelm aufsetzen, der etwa so viel Schutz bot wie eine Baseballkappe. Der Fahrer selbst schien auf den ersten Blick einen Stahlhelm zu tragen, wie ihn die GIs damals im Vietnamkrieg verwendeten, doch als ich mir den Helm genauer ansah, stellte ich fest, dass er ebenfalls aus Plastik war. Bis vor einem Jahr hatte es in Vietnam keine Helmpflicht gegeben, doch es waren so viele Kinder an Kopfverletzungen gestorben, dass die Regierung ein Gesetz erließ. Scheinbar waren seitdem unzählige Läden aus dem Boden geschossen, die diese nutzlosen Plastiksturzhelme verkauften.

Wir kamen in der Stadt nur sehr langsam voran: Millionen Zweiräder waren auf den Haupt- und Nebenstraßen unterwegs, in denen sich die Hitze so staute, dass der Asphalt schwitzte.

In der Klinik sagte mir die Zahnärztin, sie könne nichts weiter tun, als das Loch mit einer Keramikfüllung zu schließen. Zu Hause in London müsse ich mir den Zahn dann überkronen lassen. Na schön, dachte ich, ist ja egal, Hauptsache die Füllung hält bis dahin.

Nachmittags wollten wir einen Bus zur Halong-Bucht nehmen und am nächsten Tag mit einer Dschunke zur Insel Cat Ba übersetzen. Bevor wir Hanoi verließen, hatten wir aber noch ein Treffen mit einem Vietnam-Veteranen geplant, einem Exsoldaten, der gegen die Amerikaner gekämpft hatte. Chi erklärte uns, der Mann sei kriegsversehrt und verdiene sich seinen Unterhalt mit einem Dreiradtaxi, das ihm die Regierung zur Verfügung stelle.

Ich freute mich darauf, ihn zu sehen. Russ und ich nahmen ein Motorradtaxi und wurden durch die wunderbar chaotische Stadt kutschiert. Schließlich verließen wir die Hauptstraßen und gelangten in ein Labyrinth von Gassen und zugleich in eine völlig andere Welt. Wir befanden uns jetzt in einem der ärmeren Viertel, wo Hunde kläfften, Kinder in der Gosse spielten und Wäsche vor den Fenstern hing. Das Labyrinth führte zu einem großen Platz, umgeben von Gebäuden und mit einem See in der Mitte. Aus dem trüben grünlichen Wasser ragte der verknautschte Flügel eines amerikanischen Bombers heraus.

Der Typ, mit dem wir sprechen wollten, erwartete uns auf der anderen Seite des Sees. Das motorisierte Dreirad, auf dem er thronte, besaß das Vorderteil eines Motorrads und den Sitz eines Autos. Geschaltet wurde das Ding per Hand. Hinter dem Sitz befand sich ein Gepäck-/Passagierabteil, bestehend aus zwei Bänken. Ein Segeltuch diente als Verdeck. Der Fahrer trug einen grünen Tropenhelm und hatte nur ein Bein. Ich nahm an, dass er das andere während des Kriegs verloren hatte. Er sah nicht älter als vierzig aus, was mich verwunderte, da gut dreißig Jahre vergangen waren, seit die Amerikaner sich aus Vietnam zurückgezogen hatten. Der Mann wirkte ruhig und nachdenklich. Ich fragte ihn, wie er sein Bein verloren habe.

»Bei einem Verkehrsunfall«, sagte er.

Fragend sah ich Chi an, doch sie schwieg dazu.

»Aha«, nickte ich. »Und die Regierung hat Ihnen das Dreirad zur Verfügung gestellt, richtig?«

»Nein«, sagte er. »Ich habe es gekauft.«

Offensichtlich hatte es Kommunikationsprobleme gegeben. Egal – wir stiegen hinten ein und baten ihn, uns zuerst zu unserem Hotel, wo wir unser Gepäck abholen wollten, und dann zum Busbahnhof zu bringen. Er erklärte uns, dass der Platz nicht für uns und unser Gepäck reiche, weshalb uns einer seiner Freunde, der ebenfalls behindert war, mit einem zweiten Dreirad folgte.

Die Dreiradchauffeure setzten uns am Bahnhof ab, wo wir einen alten Bus bestiegen. Er war klein und voll, aber inzwischen waren wir mit vielen Bussen gefahren, und an diesem war nichts auszusetzen. Nur die Hitze und die Luftfeuchtigkeit brachten mich schier um, mein Gesicht glühte, und ich war von Kopf bis Fuß in Schweiß gebadet. Wenn es schon so anstrengend war, im Bus zu sitzen, wie würde es erst sein, später mit Dirt Bikes durch den Dschungel zu kurven?

Es dauerte ewig, aus der Stadt herauszukommen: Wir brauchten mindestens vier Stunden für diese Fahrt, bei der der Fahrer an allen möglichen Häusern hielt und versuchte, seinen Bus zu füllen. Das gelang ihm auch – mit so vielen Menschen an Bord war das sogenannte Raumklima kaum mehr auszuhalten. Matt öffnete ein Fenster und ließ den Arm hinaushängen. Das war nicht erlaubt, aber das wussten wir zu diesem Zeitpunkt noch nicht. Auf halber Strecke nach Halong hielt die Polizei jedoch den Bus an, stieg ein und las uns dann eine gute halbe Stunde lang gehörig die Leviten über Fenster und Arme und die Straßengesetze in Vietnam.

Am nächsten Morgen – es war der 7. Juni – waren wir um 7.50 Uhr im Hafen, um die Dschunke zu nehmen, die uns zur Insel Cat Ba bringen sollte. Selbst so früh am Morgen herrschte bereits eine Affenhitze. Kein Lüftchen wehte, und die Sonne war hinter dichten Wolken versteckt. Es war schwül und stickig, und man hatte das Gefühl, als würde jeden Moment der Monsunregen losbrechen. Im Hafen war die Hölle los: Hunderte von Dschunken waren dort festgemacht, und die Menschen drängten sich lärmend in die Boote.

Unsere Dschunke hatte zwei Stockwerke. Sie war wunderschön gebaut mit ihrem glänzenden Holzdeck, der geschnitzten Reling und der Treppe zum oberen Deck. Drinnen gab es vier oder fünf wirklich hübsche Kabinen. Das Hauptdeck war wie eine Grünanlage mit Topfpflanzen und Sträuchern geschmückt.

Die Boote verließen den Hafen nicht in einer bestimmten Reihenfolge. Sie fuhren einfach los – alles Weitere würde sich schon regeln. So bahnten wir uns draufgängerisch einen Weg zwischen all den anderen Dschunken und Ruderbooten hindurch. Es war so chaotisch wie in den Straßen von Mumbai. Manche Boote schoben einander einfach beiseite, Menschen schrien, Signalhörner ertönten. Ich schaute mich nach einem Hafenmeister oder Lotsen um, der das Kommando übernehmen würde, doch da war weit und breit keiner zu sehen. Erst als wir schon fast aus dem Hafen heraus waren, entdeckte ich schließlich einen Mann in Uniform auf einem Schnellboot.

»Zu spät, Kumpel«, murmelte ich, »die sind schon alle weg.«

Wir steuerten über ein smaragdgrünes Meer auf Inseln zu, die sich in der Ferne steil und spitz aus dem Wasser erhoben. Das Wasser war spiegelglatt, und das bisschen Wind, das wehte, so unglaublich heiß und feucht, dass ich kurz vorm Kollaps stand.

Doch der Anblick entschädigte für alles. Vor uns lag ein wahres Inselparadies. In der Halong-Bucht, der »Bucht des untertauchenden Drachen«, gibt es über 3000 Inseln. Der Legende nach entstanden die Inseln durch einen riesengroßen Drachen, der kostbare Steine ausspie und mit seinem Schwanz tiefe Furchen in den Meeresboden zog, als er hinausschwamm, um sein Gebiet zu verteidigen. Selbst heute noch behaupten die Fischer, immer mal wieder ein riesiges Meereswesen zu sehen, das sie Tarasque nennen. Ich habe so meine Zweifel, ob es das Meereswesen tatsächlich gibt, doch was die kostbaren Steine angeht, hatte man uns erzählt, dass es zwischen den Kalksteinfelsen ein Fischerdorf gab, in dem die Menschen Perlen züchteten. Hang, unser Kapitän, war noch nie dort gewesen, aber er wusste in etwa, wo es lag, und wollte versuchen, es uns zu zeigen, bevor wir Kurs auf Cat Ba nahmen.

Wir ließen die anderen Boote hinter uns, fuhren zwischen gewaltigen Felsen hindurch und schipperten an unzähligen kleinen Stränden vorbei. In diesem Gebiet zu navigieren war sicherlich nicht einfach, denn wir gelangten von einer Bucht zur nächsten, und jedes Mal wenn wir eine Insel umfahren hatten, kamen wir zu zehn weiteren, die täuschend ähnlich aussahen. Plötzlich entdeckte ich in der Ferne etwas unnatürlich Blaues. Es war das Dach einer Hütte. Dann sah ich, dass es am Fuß der Felsen eine ganze Reihe dieser Häuser gab. Im Wasser vor ihnen waren Hunderte von Bojen aufgereiht, welche die Austernnetze markierten.

Als wir näher kamen, konnte ich erkennen, dass die Hütten aus Betonmauern und Wellblechdächern bestanden, und die meisten von ihnen einen mit einer Segeltuchplane überdachten Hofbereich besaßen.

Vom Ufer aus ruderte uns ein Mädchen im Teenageralter entgegen, das einen verbeulten Strohhut trug. Neben ihm saß sein jüngerer Bruder. Russ und ich kletterten in das Boot, und die beiden brachten uns zum Haus eines Austernfischers, der Perlen züchtete, indem er Perlmuttkerne in die Wirtsaustern einsetzte. Die »befruchteten« Muscheln blieben dann zwei Jahre lang in einem Muschelkorb im Meer, bis die Perlen gewachsen waren. Der Austernfischer war ein junger Mann mit freundlichen Augen und einem schwarzen Haarschopf. Er sagte, er habe eine Million Muscheln, die zwanzig Kilo Perlen erzeugten.

Eine ganze Gemeinde lebte hier in einem namenlosen Dorf, das seinen eigenen Lebensstil hatte und eine Schule, zu der die Kinder täglich ruderten, während ihre Eltern mit dem Verkauf von Perlen an Großhändler oder Touristen ihren Lebensunterhalt verdienten.

Am späten Nachmittag legten wir an einem Betonkai an, wo wir unser Gepäck nahmen und uns von Hang und der Dschunke verabschiedeten. Cat Ba ist die größte Insel des Halong-Archipels und ein sehr beliebtes Touristenziel. Entlang der Strände gibt es viele Fischer-dörfer und eine größere Stadt mit einer Vielzahl von Hotels. Vom Hafen aus fuhren wir mit einem Kastenwagen durch Reisfelder und einfache Dörfer tiefer ins Inselinnere.

Im Hotel nahmen wir uns einen Moment Zeit, die Karte zu studieren und die Linie von Yangshuo bis hierher und ganz zurück bis nach Irland mit dem Finger nachzufahren. Wir hatten zwei Hand-spannen hinter uns gebracht, wie Russ sagte, und noch eine vor uns, bevor wir Sydney erreichten. Wahnsinn! Doch zuerst würden wir die Nacht auf der Insel Cat Ba verbringen, bevor wir ein Boot zu-rück zum Festland und von dort einen Zug nach Süden nähmen. Nach dem Abendessen spazierten wir durch die Stadt, wo zufällig ein Wettbewerb stattfand, bei dem die Leute mit Toilettenpapier Mumien wickelten.

Vielleicht hätte ich das als Omen nehmen sollen: Als wir am nächsten Morgen zum Kai kamen und ich unser Boot sah, wusste ich sofort, dass es viel zu klein war.

»Es ist nicht besonders groß«, sagte ich und starrte voller Zwei-fel das winzige Schiff an, das im Wasser schaukelte. Ich blickte zu der Stelle, wo einige der kleineren Inseln eine natürliche Barriere bildeten, die dafür sorgte, dass das Wasser hier ziemlich ruhig war. Auf der anderen Seite würde es nicht so friedlich sein, und die glei-chen Unheil verkündenden Wolken, die uns seit unserer Überfahrt verfolgt hatten, drohten, sich endlich zu entladen.

Es heißt, man solle sich immer auf seinen Instinkt verlassen, und im Lauf der Jahre hatte ich gelernt, meinem zu vertrauen. Doch an-scheinend nicht an diesem Tag. Ich wusste, dass wir es nicht tun sollten, aber ich hielt den Mund, und wir kletterten alle an Bord. Dazu muss man wissen, dass Russ und ich auf diesem Teil der Reise von einer Reihe von Leuten begleitet wurden – Anne und Matt film-ten, Robin war wieder bei uns und machte Fotos, und dann kamen neben Chi, unserer Dolmetscherin, auch noch der Regierungsattaché sowie Seb und Brighade mit, zwei von Chis Freunden, die die Mitfahrgelegenheit nutzten. Obendrein war da noch das ganze Gepäck. Wir setzten uns auf unsere Taschen; drei von uns hockten sich in den Bug. Der junge Bootsführer warf den Motor an, und wir verließen den Hafen und kamen in die Dünung.

Sobald wir auf die größeren Wellen trafen, schaukelte das Boot unangenehm hin und her. Spätestens da wusste ich, dass wir überladen waren. Statt um die kleinen Inseln sicher herumzufahren, steuerten wir auch noch direkt auf einen schmalen Kanal zu, der zwischen ihnen hindurchführte. Als ich zu dem Bootsführer hinübersah, fiel mir auf, dass er nervös war. Ich betrachtete die graue, angeschwollene See und die Wellen, die durch den Kanal brachen. Wir lagen tief im Wasser, und je näher wir dem Kanal kamen, desto höher wurden die Wellen. Als wir die ersten Felsen erreichten, schlugen sie wuchtig gegen den Bug, und wir bekamen ordentlich Gischt ab.

Das Ganze lief nicht gut: Unser Boot war überladen, und dieser Typ nahm irgendeine verrückte Abkürzung, die überhaupt nicht sicher zu sein schien. Ich hätte etwas sagen sollen, ihn bitten sollen, umzudrehen und um die Inseln herumzufahren, aber es war zu spät, und wir befanden uns im Kanal mit gewaltigen schwarzen Felsen auf beiden Seiten und der unruhigen offenen See direkt vor uns. Raue, kräftige Wellen rollten nun eine nach der anderen auf uns zu.

»Verdammte Scheiße«, schrie Russ, als eine Welle den Bug mit einem Geräusch traf, das wie ein Pistolenschuss klang.

Plötzlich spürte ich, dass die Tourenzahl des Motors sank und der Bug sich senkte. Ich schüttelte fassungslos den Kopf. Das war genau das Falsche: In Southampton hatte man uns beigebracht, ein Schnellboot zu steuern, und wenn die See rau ist, nimmt man nicht plötzlich das Gas zurück.

»Er muss richtig Gas geben«, rief ich Russ zu und zeigte auf den Bootsführer. »Der Bug liegt viel zu tief im Wasser.« Ich saß hilflos da und war mir inzwischen sicher, dass der Typ keinen Schimmer hatte, was er tat. Kannte er denn dieses Gewässer nicht?

Als Matt die große Kamera auf die entgegenkommenden Wellen richtete, türmte sich ein gewaltiger Brecher direkt vor dem Boot auf.

»Verflucht!« Ich sah, wie Matt sich bei dem Versuch, die Kamera zu retten, wegduckte und sich zu uns umdrehte. Die Welle traf aufs Boot, und Matt hätte es beinahe umgeworfen, während sich die anderen vorne am Dollbord festklammerten. Russ und ich saßen im Heck und wurden von der Gischt komplett nass. Das Boot kam jetzt völlig vom Kurs ab. Dann gab der Motor den Geist auf.

Hatte es vor nur dreißig Sekunden vielleicht nur Grund zu leichter Besorgnis gegeben, so war die Situation plötzlich todernst. Wir befanden uns ohne funktionierenden Motor im kabbeligen Wasser eines Kanals, und es war gut möglich, dass wir gegen die Felsen gedrückt würden.

Ich spürte mein Herz heftig pochen und dachte an Olly und die Kinder. Eine Nanosekunde lang waren alle ganz still.

Dann brachen wir alle auf einmal los.

Der Bootsführer versuchte verzweifelt, den Motor wieder in Gang zu kriegen. Vergeblich. Der Motor hustete und stotterte ein bisschen, und das war's. Nicht einmal das Surren der Elektrik war noch zu hören, bei der letzten Welle musste Wasser eingedrungen sein. Jetzt waren wir vor *keiner* Welle mehr geschützt. Das Boot ließ sich nicht mehr manövrieren, es drehte sich, und zwischen uns und den Felsen war nichts als raue See.

»Die Lage ist wirklich ernst, Leute«, sagte ich. Als ich in ihre Gesichter schaute, wusste ich, dass ich nur aussprach, was alle dachten. Wir waren tot und begraben. Der See ausgeliefert, trieben wir immer näher den Felsen zu und konnten nichts dagegen tun.

Hinter mir klammerte Russ sich an das Gestänge des Verdecks. Das Boot schlingerte stark, drehte sich im Schwell und wippte hin und her, sodass die Wellen nun von hinten kamen. Der Regierungsattaché schaute grimmig drein, Anne saß schweigend hinter ihrer Kamera, die (Gott segne sie) noch immer funktionierte. Der Bootsführer sprach in sein Handy. Er erklärte Chi, dass er versuche, ein anderes Boot zu Hilfe zu rufen. Ich war mir nicht sicher, ob dafür Zeit bleiben würde, so nah wie die Felsen waren.

»Zieht für den Fall, dass wir untergehen, auf jeden Fall eure Schwimmwesten an«, sagte Russ. »Am besten versuchen wir dann, durch diesen Kanal zurückzuschwimmen, denn auf der anderen Seite ist das Meer ruhiger.«

Einen Moment herrschte Totenstille, dann griff Anne, fast verstohlen, nach ihrer Schwimmweste. Ja, vielleicht konnten wir schwimmen, aber mit großer Wahrscheinlichkeit würden wir gegen die Felsen geschleudert werden. Ein kräftiger Schlag auf den Kopf, und wenn du dann nicht tot warst, würdest du das Bewusstsein verlieren und ertrinken.

»Das sieht nicht gut aus.« Ich starrte den Bootsführer an. »Was hat dieser Typ bloß gemacht?«

Plötzlich tauchte aus dem Nichts ein langes blaues Fischerboot am Eingang zum Kanal auf, ein traditionelles offenes Boot mit eingerolltem Segel. An Bord waren zwei Männer zu sehen, und wir begannen, um Hilfe zu rufen. Als sie uns bemerkten, bogen sie ohne zu zögern in den Kanal ein.

Die Wellen wurden immer unangenehmer, und Minute um Minute wurden wir weiter in Richtung der zerklüfteten grauen Felsen gedrückt: Unser Boot stampfte und rollte bei jeder neuen Wasserwand, die auf uns zukam.

Das Fischerboot reagierte entweder auf eine Seenotmeldung, die dem Telefonat unseres Bootsführers gefolgt war, oder die Männer hatten uns zufällig gesehen. Wie auch immer, sie kamen, Gott sei Dank. Das Boot kam bei dem starken Wellengang sogar so nah, dass ich dachte, es würde direkt in uns hineinkrachen. Das wäre eine Katastrophe. Wenn dieses Boot unseres traf, würden wir kentern. Der Typ, der barfuß vorne am Bug stand, gestikulierte und schrie, wir sollten ihm eine Leine zuwerfen, während sein Steuermann den Rückwärtsgang einlegte, um das Boot lange genug ruhig zu halten. Die Leine war jedoch kurz, und das Fischerboot begann, sich zu drehen. Auch wir drehten uns und stampften heftig, während sich am Ende des Kanals massive Wellen auftürmten. Wir hielten uns an allem fest, was uns ein bisschen Halt bot. Eine hohe Welle traf uns von der Seite, und das Boot wäre beinahe gekentert: noch so eine, und dann wär' Feierabend.

Genau in diesem Moment tauchte ein zweites Fischerboot auf. Es war größer als das erste, hatte ein Ruderhaus und lag höher im Wasser. Wir brüllten und pfiffen, um die Aufmerksamkeit der Fischer auf uns zu lenken, doch sie fuhren einfach weiter.

»Das ist der komplette Wahnsinn, Mensch«, murmelte ich.

»Das Schlimmste ist, dass die Wellen von hinten kommen«, stellte Russ beinahe nüchtern fest. »Wenn du segeln lernst, bringen sie dir bei, in die Wellen zu steuern, denn Wellen, die über das Heck kommen, füllen das Boot. Deswegen sinkt es dann.«

»Na super.« Wütend schaute ich mich zu ihm um. »Vielen, vielen Dank.«

Glücklicherweise schienen die Männer in dem Fischerboot die Sache langsam in den Griff zu kriegen. Sie hatten inzwischen die Leine am Heck festgemacht und ihr Boot gewendet. Plötzlich keimte Hoffnung auf, und ich sah, wie sich die Leine zwischen unseren Booten straffte und wir uns hinter ihnen gerade ausrichteten. Sie verloren keine Zeit und machten, dass sie zügig mit uns im Schlepptau aus dem Kanal herauskamen.

Mein Herzschlag beruhigte sich erst wieder, als wir in ruhigeres Wasser kamen. Wir fuhren Richtung Cat Ba zurück, und ich wollte nur noch Land unter den Füßen spüren und meine Frau anrufen.

»Da haben wir Glück gehabt.« Russ atmete tief durch.

»Wir hätten wie alle anderen auch um diese Landspitze herumfahren sollen«, schimpfte ich. »Was zum Teufel hat sich der Idiot dabei gedacht, mit uns da durchzufahren, wo wir sowieso schon viel zu viel geladen hatten?« Ich hatte keine Angst mehr, ich war verdammt wütend. Die Fischer brachten uns zum nächstgelegenen Ponton, und wir dankten ihnen, Männern, die ihr Leben riskiert hatten, um unseres zu retten.

Eine Viertelstunde später kam ein größerer Kreuzer, warf uns ein Tau zu und zog uns zur Hafenmauer. Als ich auf den Stufen stand, die an Land führten, fiel mir ein Stein vom Herzen.

»Der erwartet doch nicht etwa, dass wir ihn bezahlen, oder?«, sagte ich und deutete auf unseren Bootsführer, als wir die letzten Stücke unserer Ausrüstung ausluden.

Wieder zurück auf der Insel, mussten wir den nächsten Schritt planen. Es gab eine Autofähre hinüber zum Festland, doch die war schon weg, sodass wir nach einem schnellen Kaffee und einem kurzen Telefonat mit Olly zur anderen Seite der Insel fuhren, um die Personenfähre zu nehmen.

Ich war ziemlich mitgenommen und ärgerte mich darüber, nicht auf mein Gefühl gehört zu haben. Allein von dem Gedanken daran, was uns hätte passieren können, bekam ich ein paar graue Haare. Eines jedenfalls wusste ich: In naher Zukunft wollte ich in keine Nussschale von Boot mehr einsteigen. Die Fähre hatte, Gott sei Dank, eine annehmbare Größe und zwei leistungsstarke Caterpillar-Dieselmotoren, um durch die Wellen zu pflügen. Vierzig Minuten nachdem wir an Bord gegangen waren, befanden wir uns wieder auf dem Festland.

Es war jetzt fast fünf Uhr, und die Fahrt nach Nam Dinh, unserem nächsten Ziel, würde etwa vier Stunden dauern. Wir stiegen in einen Minibus, den wir von der Insel aus hatten organisieren können. Ich lehnte mich zurück und stellte überrascht fest, dass ich mich nach dem Abenteuer zur See tatsächlich auf den Zug, der uns anschließend weiter in den Süden bringen sollte, freute.

In Nam Dinh fanden wir ein im Familienbetrieb geführtes Café mit ein paar im Freien aufgestellten Tischen und Stühlen. Körperlich müde und emotional ausgelaugt, bestellten wir Nudelsuppe, und während wir auf unser Essen warteten, wollte ich mit Mungo telefonieren, um mich nach seinem Knie zu erkundigen. Da er leider nicht zu erreichen war, hinterließ ich ihm eine Nachricht: Wir würden uns zweifellos am nächsten Tag sprechen.

Die Suppe kam, war dampfend heiß und schmeckte traumhaft. In diesem Teil Vietnams brauen die Menschen ihr eigenes Bier. Es ist leicht und schmeckt frisch, hält aber nur einen Tag, und ich denke, dass man rasende Kopfschmerzen bekommt, wenn man zu viel davon trinkt. Sie nennen es *Beer Hoy* und servieren es in Gläsern, die halb mit Bier, halb mit Schaum gefüllt sind. Das Zeugs war teuflisch gut.

Während wir dort saßen und gemeinsam aßen, wurde mir klar, dass wir ein wirkliches Team geworden waren. Natürlich hatte ich das auch schon vorher gespürt, aber bei jeder Abenteuerreise gibt es Momente, wo es plötzlich funkt. Heute war einer von diesen Tagen. Trotz der beschissenen Bootsfahrt und dieser verdammten Felsen war niemand in Panik geraten – wir hatten die Nerven behalten und die Sache gemeinsam überstanden. Alle für einen, und einer für alle. Wir hoben die Gläser und tranken darauf, noch am Leben zu sein.

20

Regenzeit

Mal wieder wachte ich in aller Frühe in einem Zug auf, der wer weiß wohin fuhr. Als ich verschlafen aus dem Fenster schaute, sah ich grüne Felder, vereinzelte Bäume und in der Ferne Berge. Ich weiß nicht, wie viele Stunden ich geschlafen, oder besser, im Halbschlaf gedöst hatte. Denn bei jedem Ruckeln des Zugs wurde ich wieder wach, und auf dieser Eisenbahnfahrt wurden die Knochen richtig durchgeschüttelt.

Wir folgten nicht weit von der Küste entfernt einem Fluss, und nach einem dringlichen Besuch der Toilette stand ich am Fenster und sah, dass die Menschen bereits auf den Feldern arbeiteten. Es ist nicht leicht, sich morgens als Erstes in einem ruckelnden Zug und mit Durchfall über ein Loch zu hocken. Aber ich habe kräftige Oberschenkel, und bis dahin hatte es – dreimal auf Holz geklopft – noch kein Missgeschick gegeben.

Wir waren inzwischen schon mit einigen Zügen gefahren, und obwohl sie nicht zu meinen absoluten Favoriten zählten, fand ich sie immer noch viel besser als Boote – zumindest die Art von Boot, mit der wir am Tag zuvor gefahren waren. Ich kam noch immer nicht über diesen Typen hinweg, der versucht hatte, mit uns durch diesen kleinen Kanal zu fahren. Ich begriff nicht, dass ich überhaupt in dieses Boot gestiegen bin, aber eine Katastrophenfahrt gehörte wohl zwangsläufig zu einer Tour, auf der es 30000 Kilometer ohne Zuhilfenahme eines Flugzeugs zu überwinden galt.

Keiner von uns wusste genau, wann der Zug in Dong Ha ankommen würde, aber wir hatten mit dem Nudelverkäufer gesprochen, der sich durch die Abteile drückte, und der hatte uns gesagt, wir wären um sieben Uhr dort. Und tatsächlich: Punkt sieben fuhren wir in den Bahnhof ein. Ich stürmte von einem zum anderen, um zu melden, dass wir angekommen waren und uns beeilen müssten, weil die Züge auf den Bahnhöfen nicht lange hielten. Wir schnappten uns unsere Taschen, drängten uns in den Gang und öffneten die Türen, nur um festzustellen, dass wir gar nicht in Dong Ha waren. Die Schilder sagten etwas völlig anderes: Bis Dong Ha würde es noch eine Stunde dauern. Also schlichen wir wieder zurück in unsere Vierbettabteile, in denen man beim Schlafen den Atem der gegenüberliegenden Person spüren konnte.

Eine Stunde später waren wir dann wirklich in Dong Ha, und ich platzte fast vor Aufregung. Von dort würde es mit einem Willys-Jeep weitergehen, den die Amerikaner nach dem Krieg zurückgelassen hatten, und ausgerechnet damit durch Vietnam zu fahren, würde sicher eine außergewöhnliche Erfahrung sein.

Den Bahnhof konnte man in der Kategorie Open-Air-Bahnsteig verbuchen, und in Dong Ha schien es außer Staub und Sonne nicht viel zu geben. Vor einem kleinen Café entdeckten wir den Jeep. Er sah genau so aus, wie ich es erhofft hatte: neu lackiert in einem dunklen Militärgrün mit einem Ladenetz über der Motorhaube und einem anderen über dem Ersatzreifen. Der Wagen, Baujahr 1971, war sichtlich gut in Schuss und war noch immer mit allem ausgestattet, was die amerikanische Armee damals dabeigehabt hatte: Spitzhacke und Schaufeln, eine Axt und sogar ein Deep Water Fording Kit – ein Hebel auf dem Armaturenbrett, den man beim Durchfahren einer Furt drückt und anschließend wieder herauszieht. Der Jeep hatte natürlich Allradantrieb; zwei Schalthebel, die gesäubert und geölt aussahen. Die Sitze, zwei vorne, zwei hinten, waren bequem, und die Windschutzscheibe ließ sich umklappen und wurde mit ein paar Riemen festgemacht, die beim Ein- und Aussteigen auch als Halt dienten. Ich freute mich riesig darauf, diesen Wagen zu fahren.

Doch zu früh gefreut. Als ich feierlich verkündete, dass ich den Jeep steuern würde, informierte man mich, dass ich das gar nicht dürfe. Niemand hatte uns vorher etwas davon gesagt, aber Ausländer dürfen in Vietnam nur fahren, wenn sie sich einem Test unterziehen und eine von der Regierung ausgestellte Lizenz erhalten.

Mist! Vor uns lag eine sechsstündige Fahrt, und ich durfte nicht hinter dem Lenkrad sitzen. Was für ein Elend! Aber zumindest würden wir mit diesem Auto fahren. Wir verluden unser Gepäck und stiegen ein. Der Fahrer war ein netter Typ, der nicht viel redete. Er trug den gleichen schicken grünen Tropenhelm wie der behinderte Dreiradtaxifahrer in Hanoi. Unser erstes Etappenziel würde ein Ort namens Vinh Moc sein, der während des Vietnamkriegs gerade noch außerhalb der entmilitarisierten Zone gelegen hatte – der Demarkationslinie zwischen Nord- und Südvietnam, die nach dem ersten Krieg in den Fünfzigerjahren gezogen worden war. Vinh Moc war Teil des Ho-Chi-Minh-Pfads gewesen, über den man Waffen und Vorräte transportiert hatte. Nachdem die Dorfbewohner unaufhörlich von der US-Luftwaffe angegriffen worden waren, hatten sie mehrere Kilometer lange Tunnel gebaut und sich darin versteckt.

Auf staubigen Schotterstraßen kutschierte uns unser Fahrer durch kleine Städte. Wir kamen zügig voran. Als wir uns durch dichten Dschungel schlängelten, konnte ich mir allmählich vorstellen, wie es gewesen sein musste, dort als GI auf dem Weg nach nirgendwo unterwegs zu sein, nie den Feind zu sehen und nie zu wissen, wann man vielleicht von ein paar Kugeln getroffen wurde.

Plötzlich hielt unser Chauffeur an. »Das Gesetz kann mir gestohlen bleiben. Du darfst fahren.«

Das hatte ich nicht erwartet, aber der Typ wusste, dass es mich wirklich in den Fingern juckte, und wir tauschten die Plätze.

Es war phantastisch: Der Jeep ließ sich gut schalten, die Bremsen waren in Ordnung, und das Fahrzeug bestach durch seinen einwandfreien Zustand. Das Steuer hatte dieses wunderbare Spiel, das man bei alten Fahrzeugen erwartet. Die Kurven wurden bald enger, und das tiefe Brummen des Motors war unglaublich befriedigend. Schon bald erreichten wir Vinh Moc.

Da unser Wissen über Vietnam von einer sehr westlichen Sichtweise geprägt ist, war es ungemein interessant, nun Land und Leute näher kennenzulernen. Die Vietnamesen, so lernten wir, sind ein sehr stolzes und unabhängiges Volk. Der Führer, der uns später die Tunnel aus der Kriegszeit zeigen sollte, verkörperte diese Charakterzüge geradezu vorbildlich.

Dort, wo einst das Dorf Vinh Moc gestanden hatte, gibt es jetzt ein Museum, in dem Fotos davon gezeigt werden, wie der Ort aussah, bevor die Amerikaner ihn bombardierten: eine symmetrisch kultivierte Landschaft aus Bambus und Stroh.

Wir spazierten über einen engen Pfad in dichten Dschungel hinein, bevor der Pfad sich weitete und wir vor einer Steinmauer standen mit einem Eingang zum unterirdischen Tunnelnetz. Wir traten in das feuchtschwüle Dunkel. Im durch Bohlen gestützten Gang konnten wir anfangs gerade noch aufrecht gehen, doch als wir immer tiefer in die Tunnel hineinkamen, wurden die Gänge, deren Wände aus poliertem Stein zu bestehen schienen, enger und niedriger. Die Tunnel wurden zwischen 1966 und Ende 1967 angelegt, ohne dass die Amerikaner es mitbekamen. Die Dorfbewohner gruben tagsüber, und nachts beförderten sie die Erde heimlich ins Meer, sodass es keinerlei Hinweise darauf gab, was in Vinh Moc vor sich ging.

Dreihundert Dorfbewohner lebten dann sechs Jahre lang unter der Erde. Jeder Familie wurde ein winziges Stück Wohnraum zugewiesen, ein kleiner Raum, der von einem der Tunnel abging. Das komplette Tunnelnetz war als enges Labyrinth angelegt. Die Gänge verliefen nie lange in Geraden, damit die Menschen nicht durch einen schnellen Kugelhagel niedergestreckt würden, wenn der Feind sie entdeckte. Stattdessen gab es Biegungen und Spalten, Sicherheitsposten, von denen aus die Dorfbewohner das Feuer erwidern konnten, wenn man sie angreifen würde. Wir sahen Versammlungsräume für etwa achtzig Personen, Krankenzimmer, Operationssäle, Schulzimmer, Gemeinschaftsküchen und Süßwasserbrunnen. Die Tunnel fungierten jedoch nicht nur als Zufluchtsort, sie wurden auch zu einem wichtigen Transportstützpunkt: Lebensmittel und Waffen wurden durch sie zu einem Ausgang am Strand gebracht, der gleichzeitig als Ventilationsschacht diente. Von dort gelangte die Ware dann über eine kleine Insel vor der Küste nach Süden zu den Vietcong.

»Wahnsinn«, sagte Russ, als wir am Ausgang des Tunnels standen, der zum Meer hin lag. »Es ist schrecklich, sich vorzustellen, wie es gewesen sein muss: dein Dorf von Bomben ausgelöscht, und du musst in den Untergrund gehen und dort leben – sechs Jahre lang.«

Etwa elf Kilometer von der Grenze zu Laos entfernt hielten wir an einer Stätte, die der Schlacht um Khe Sanh gedenkt – ein 77 Tage dauernder Kampf zwischen Einheiten der US-Marineinfanterie und den Nordvietnamesen. Khe Sanh war eine der größten Basen des Landes, wo 1962 von US-Spezialeinheiten ein Flugfeld errichtet worden war. Von dieser Basis aus beobachteten sie die PAVN (vietnamesische Volksarmee), deren Einheiten oft in Dörfern entlang der Grenze zu Laos lagen.

Der Blick in die blutige Vergangenheit war ernüchternd. Nicht nur die Vietnamesen taten mir leid, sondern auch die jungen abkommandierten Amerikaner, von denen sich sicherlich viele gefragt haben mussten, wofür sie da eigentlich kämpften.

Elf Kilometer weiter westlich überquerten wir in einem kleinen Ort namens Lao Bao die Grenze. Als Russ und ich im Büro der

Grenzkontrolle standen, lief uns der Schweiß übers Gesicht und tropfte auf die Einreiseformulare. Abgesehen von der Hitze war die Einreise kinderleicht, und nun befanden wir uns in dieser kleinen Stadt, deren Gebäude aus Holz errichtet waren, viele von ihnen mit rostenden Wellblechdächern und Wänden, die vor sich hin faulten.

Die Menschen in Laos waren ärmer als ihre Nachbarn, das war nicht zu übersehen. Sie begrüßten uns mit einem Lächeln. Wir suchten nach unserem nächsten Transportmittel, einem Pick-up, bei dem die Ladefläche mit einem Verdeck und Sitzbänken versehen ist. Er dient hierzulande auch als Nahverkehrsbus, *songthaew* genannt. Es gab gerade mal zwei von ihnen, und einer hatte einen Platten.

Unser nächstes Reiseziel hieß Pakse, doch an diesem Abend würden wir es nur bis Keng Tueb schaffen. Russ und ich überließen es Mae, unserer Dolmetscherin, mit dem *songthaew*-Fahrer einen Preis auszuhandeln, und nahmen derweil das Fahrzeug unter die Lupe.

Im Grunde genommen hatten wir es hier mit einem alten Toyota-Kleintransporter mit gerader, abfallender Vorderfront zu tun. Er sah passabel aus. Die Einheimischen benutzten ihn, und das war es ja, was wir wollten. Mae schloss das Geschäft ab, und wir stiegen ein. Die Busse operieren so wie ein *dolmuş* in der Türkei – sie sammeln Fahrgäste ein und setzen sie nach Wunsch irgendwo entlang der Strecke wieder ab. Unser erster Halt war die Tankstelle: ein Holzschuppen mit zwei Ölfässern davor. Auf jedem von ihnen stand ein Messbehälter aus Plastik mit Literangaben. Das Benzin wurde erst per Hand aus den Fässern in die Behälter gepumpt, bevor es in den Tank gekippt wurde. Bevor wir die Plastikkanister füllten, die auf der Seite des *songthaew* befestigt waren, gab der Sohn des Fahrers die Reste, die sich noch in den Reservekanistern befanden, in den Tank, indem er den Sprit mit einem Plastikrohr ansaugte. Danach wurden die Kanister wieder mit Diesel aus den Fässern gefüllt.

Wir wurden tüchtig durchgerüttelt, hinten im *songthaew*, doch wir waren im Freien, und auf den Straßen war nicht viel los. Wir fuhren durch malerische kleine Dörfer mit strohgedeckten Häusern, deren Wände aus lehmverputztem Flechtwerk bestanden und die auf wackelig aussehenden Pfählen gebaut waren. Kinder, die außer Shorts kaum etwas trugen, stürmten heraus und winkten uns wild. Alle schienen sie zu lächeln, und mein erster Eindruck war, dass sie vor Lebensfreude sprühten.

Versonnen nahm ich die Gerüche in mich auf, fühlte bedächtig der Atmosphäre des neuen Landes nach. Nichts wirkte auch nur im Entferntesten bedrohlich. Auf unserer gesamten Reise durch Indien, Nepal, China und Vietnam hatten wir uns stets sehr sicher gefühlt. Die Luft war schwer und feucht, die Straße, die wechselweise durch Ackerland oder tiefen Dschungel führte, durch die Sonne festgebacken. Während des Vietnamkriegs war Laos immer wieder bombardiert worden, weil man dachte, dass sich viele von Ho Chi Minhs hohen Funktionären dort aufhielten.

In Keng Tueb machten wir einen Zwischenstopp. Es war ein hübsches Dorf, umgeben von riesigen Bombenkratern, welche sich im Lauf der Zeit in Teiche oder schlammige Seen verwandelt hatten. Die Häuser waren durch lehmige Pfade miteinander verbunden, die Pfähle, auf denen sie thronten, sorgten dafür, dass die Luft zirkulieren konnte und der Wohnraum trocken blieb, wenn das Gebiet überflutet wurde. Das Vieh fand ebenerdig unterhalb der Wohnräume Schutz – Schweine, Ziegen, Hühner und sogar Kühe mit großen Glocken, hergestellt aus einem Schrapnell.

Überall waren Überreste des Krieges zu sehen. Zahlreiche Pfähle waren aus den Gehäusen von Streubomben gefertigt, die die US-Luftwaffe abgeworfen hatte. Ein Großteil dieser Streubomben hatten bis zu 700 kleine Bomblets enthalten, die bei der Explosion in alle Richtungen verteilt worden waren und den Menschen den Tod brachten. B52-Bomber hatten sogar ihre Benzintanks in diesem Gebiet abgeworfen: Wenn sie ihre Mission beendet hatten, kehrten sie um und ließen die leeren Tanks einfach fallen. Bei einem Spaziergang zum Fluss konnten wir sehen, was aus einigen dieser Tanks geworden war.

Der Fluss war der Mittelpunkt des Dorfes – die Menschen wuschen dort sich und ihre Kleidung, Kinder plantschten im trüben Wasser herum. Einige paddelten in selbst gebauten Kanus: Sie hatten die alten Tanks einfach in zwei Hälften geschnitten und Kanus daraus gemacht.

Ein älterer Mann wanderte den Hügel hinauf, das Haar nass vom Waschen. Ich fragte ihn, ob er alt genug sei, um sich an den Krieg zu erinnern. Er nickte heftig und zeigte auf den Fluss, den gerade eine Frau mit sieben Kindern in einem dieser Benzintankkanus überquerte.

»Wir dachten, das seien Bomben«, sagte er. »Sie regneten täglich auf uns herab, und wir warteten darauf, dass sie so wie die Streubomben explodieren würden, aber das taten sie nicht.«

»Die haben täglich Bomben abgeworfen?«

»Täglich.«

»Was haben Sie gemacht?«

Er deutete auf die andere Seite des Flusses, wo die Frau inzwischen das Kanu an den Strand gezogen hatte und ihre Kinder die Böschung hinauf in den dichten, feuchten Dschungel führte. »Wir haben uns versteckt.«

Wir verbrachten die Nacht in der Nähe des Dorfes und brachen am Morgen des 11. Juni früh auf, um die 250 Kilometer bis nach Champasak zurückzulegen. Den ersten Teil der Strecke legten wir in einem *songthaew* zurück, der einem jungen Familienvater gehörte. Bei ihm im Führerhaus saßen seine Frau und sein Baby. Somsanig hatte hinten für seine Fahrgäste ein Wasserfass aufgestellt. Er war ein cooler Typ, groß, mit schmalem Gesicht, schwarzem Haar und dem für Laos typischen Lächeln. Wir hielten oft an, um Menschen ein- und aussteigen zu lassen.

»Hör mal, Somsanig. Hast du was dagegen, wenn ich mal fahre?« Ich wagte die Frage, die mir unter den Nägeln brannte.

»Nein, überhaupt nicht. Nein, kein Problem.«

Ich bin mir jedoch nicht sicher, ob seine Frau das auch in Ordnung fand. Ich denke, sie bangte um ihr Baby und das Auto, mit dem die Familie sich ihren Lebensunterhalt verdiente. Sie sagte nicht viel, aber sie lächelte auch kaum. Ich konnte nicht einschätzen, wie wohl ihr bei der Sache war. Russ erzählte mir später, die Fahrgäste dagegen seien extrem nervös gewesen. Sie wussten nicht, was los war, aber plötzlich stand der Fahrer hinten bei ihnen auf der Ladefläche, während ich, ein wildfremder Mann, hinter dem Steuer saß und versuchte, den ersten Gang zu finden. Der Schaltknüppel war schwer zu handhaben und mit einem alten Handtuch umwickelt. Ich wollte losfahren, doch der erste Gang hörte einfach nicht auf zu knirschen.

Russ strengte sich angesichts der misslichen Töne aus dem Getriebe redlich an, den alten Mann neben sich zu beruhigen und teilte mit ihm brüderlich ein Stück Brot. Ich kam schließlich doch noch mit den Gängen zurecht, und das Problem war jetzt nur noch das Anfahren. Somsanig riet mir, im ersten Gang mehr Gas zu geben, dann werde das schon klappen. Ich folgte seinem wertvollen Hinweis und ab ging die Post. Nach guter alter *dolmuş*-Tradition setzte ich geradezu leidenschaftlich die Hupe ein. Sie hatte eine Art Echo, und ich wollte unbedingt eine solche mit zurück nach London nehmen.

So viele Fahrgäste zu haben war eine große Verantwortung, doch es herrschte fast kein Verkehr auf den Straßen. Die Gegend war sehr ländlich geprägt, mit flachem, bebautem Land, das bis in den

Dschungel hineinreichte. Hin und wieder waren Hügel zu sehen; nackte graue Felsen ohne Vegetation.

Wir hielten zum Mittagessen in einer farbenfrohen kleinen Marktstadt mit kaputten Sattelschleppern am Straßenrand und dunklen Läden mit Wellblechdächern. Eine Gruppe von Straßenverkäufern kam mit Tüten voller landestypischer Leckereien auf uns zu: knusprige Küchenschaben am Spieß, mariniert in etwas Klebrigem. Der alte Mann neben Russ gönnte sich ein Spießchen, schälte die Käfer wie Garnelen, bevor er das Fleisch auslutschte.

Ich genoss es, etwa eine Stunde den Chauffeur zu spielen. Dann setzte uns Somsanig in einer kleinen Stadt ab, wo wir den Bus nach Pakse bestiegen, den die Einheimischen *lod mei* nannten. Der Bus war sehr alt und mit schmalen Sitzen ausgestattet, im Innenraum hatte man Stangen eingezogen, die den Passagierraum wohl vor dem Auseinanderfallen bewahren sollten. In den Wänden und der Decke waren Löcher, und Fahrgäste schienen neben der anderen Fracht zweitrangig zu sein. Der Gang und die Gepäckablagen waren mit druckfrischen Schulbüchern vollgestopft. Um zu einem Sitz zu gelangen, mussten wir über die Bücher klettern, und auch der Schaffner, der unser Geld einsammelte, stieg darüber hinweg. Neben den Bücherstapeln türmten sich Säcke mit Reis und Gemüse sowie Tüten voll duftender Knoblauchzehen.

Fünfeinhalb verrückte Stunden mussten wir es in diesem Bus aushalten. Hin und wieder hielt er an, um einen vereinzelten Fahrgast mitzunehmen, aber vor allem, um Ware auszuliefern. Nach und nach gingen die Reissäcke zur Neige, und der Knoblauch war an die Kunden verteilt. Als wir in Pakse ankamen, waren nur noch die Bücher übrig.

Am nächsten Morgen fuhren wir mit einem Passagierschiff den Mekong hinab. Das Schiff war lang und schmal, mit einem Dach aus

Schilfrohr; Motor und Steuer stammten aus einem alten Auto. Die Leute schienen hier oft die Motoren aus Autos auszubauen und so umzurüsten, dass die Boote direkt über die Motorwelle angetrieben wurden, so hatten wir es bereits in Yangshuo gesehen. Mit über 4320 Kilometern ist der Mekong der zwölftlängste Fluss der Welt. Wir tuckerten eine Weile gemächlich dahin, immer auf der Hut, uns nicht in einem Fischernetz zu verfangen. In Champasak gingen wir von Bord, um wieder in ein *songthaew* umzusteigen.

Der sollte uns bis nach Voen Kham bringen, wo wir vorhatten, die Grenze nach Kambodscha zu überqueren. Nur wenige Kilometer von dort entfernt befindet sich jedoch der spektakuläre Wasserfall von Khon Phapeng – wir konnten Laos nicht verlassen, ohne ihn gesehen zu haben.

Beim Anblick dieses Wasserfalls, der größte in Asien, wäre ich um ein Haar aus meinen Flip-Flops gekippt. Er ist nicht sonderlich hoch, doch die Wassermassen stürzen über eine wirklich imposante Breite in die Tiefe – eine Reihe kochender Stromschnellen bildeten ein gewaltiges Naturhindernis. Das Tosen war aus einer Entfernung von über hundert Metern zu hören. Als wir uns den Weg durch Gestrüpp und zwischen Bäumen hindurch bahnten, wurde es lauter und lauter, bis wir schließlich schwarze Felsblöcke sehen konnten, die an den Rändern zerklüftet waren wie Lavagestein und den Fluss unzählige Male zerteilten. Wasser fiel in Kaskaden auf sie herab, bevor es über Bäume, Büsche und flachere Plateaus seine tosende Gischt versprühte.

Wir spielten erst mit dem Gedanken, zum offiziellen Aussichtspunkt zu gehen und das Besucherzentrum zu besichtigen, doch als wir ein paar Fischer sahen, die von einem scheinbar kaputten Boot aus Netze auslegten, zogen Russ und ich es vor, lieber über die glitschigen Felsen, die ins Wasser hineinragten, zu turnen. Zugegeben, das war ein bisschen leichtsinnig, denn wenn wir ausrutschten, würden wir von diesem wilden Getöse mitgerissen. Wir kamen so nahe an die Stromschnellen heran, dass wir hautnah spüren konnten, welche Wucht dieses Naturspektakel hatte. Wasserfälle sind für mich schon immer Orte mit therapeutischer Wirkung gewesen, Natur, wie sie Ehrfurcht gebietender nicht sein kann, und so setzte ich mich einfach einen Moment lang auf einen glatten Felsen, die Ellbogen auf die Knie gestützt, und nahm den Anblick in mich auf. Dies war also der Mekong, einer der großen Flüsse dieser Welt. Er fließt zur Hälfte durch China, dann durch Laos, Kambodscha und Thailand.

Bei Voen Kham, wo wir die Grenze zu Kambodscha überschritten, trafen wir Nick, einen Engländer, der seit neun Jahren dort als Reiseunternehmer lebt. Da er die Landessprache fließend spricht und das Land wie seine Westentasche kennt, engagierten wir ihn als unseren Führer und Dolmetscher.

Die Stadt, deren Bauten noch ärmlicher aussahen als in Laos, schmiegte sich an die Ufer des Flusses. Nick führte uns über einen verlassenen Markt mit Ständen, die nichts weiter waren als Holzpfähle mit alten grünen Planen. Zwischen verwitterten Häusern schlängelte sich ein unebener Pfad bis hin zum Wasser. Er endete auf einer Landspitze zwischen dichten Palmen. Ich konnte einen Landesteg sehen, zu dem man über eine Holzplanke gelangte. Dort waren zwei ganz besondere Boote festgebunden: Mit einem Bug, der wie ein Krummschwert nach oben gebogen war, lagen sie tief im Wasser, schmal und elegant. Hinten war an jedem von ihnen ein riesiger Toyota-Automotor mit 1600 Kubikzentimetern und 16 Ventilen montiert.

»Meine Güte«, flüsterte Russ. »Wie ein Drag Racer auf Wasser.«

Als ich an Bord ging, grinste ich übers ganze Gesicht. Junge, Junge, wie ich mich darauf freute. Es war Spätnachmittag, die Sonne ging langsam unter, und wir waren umgeben von einer atembe-

raubenden Landschaft. Ich fragte Nick, ob es flussabwärts Stromschnellen gebe.

Er lächelte mich nur an. »Charley«, sagte er, »das Einzige, was
schnell ist, ist dieses Boot.«

Der Fluss führte viel Wasser: Er war über die Ufer getreten und
hatte die Reisfelder überschwemmt. Wir sahen vereinzelte Bäume,
hier und da ein paar Pflanzen und Geröllstückchen, die in der Strömung herumwirbelten. Die Sonne stand niedrig und warf tiefe
Schatten auf den Grund. Nebel verhüllte die Berge, und der Mekong,
eine dickleibige Schlange, streckte sich, so weit das Auge reichte.

Als alle eingestiegen waren, wandte ich mich an den Bootsführer
und bat ihn, den Motor anzulassen. Er ließ den Motor ein paarmal
aufheulen, und los ging's. Ich war in meinem Element – die Motor-
leistung, das Benzin und die Geschwindigkeit. Der Bug schlug
wuchtig auf die Wellen auf, und ich war völlig aus dem Häuschen.
Mit dröhnendem Motor zischten wir flussabwärts, zwischen Bäumen hindurch, und der Wind zerrte an meinem Haar. Wir flogen
jetzt dahin – ganz anders als auf dem Passagierschiff, mit dem wir
morgens unterwegs gewesen waren. Ich stand im Bug und ließ mir
die Gischt ins Gesicht spritzen. Es war herrlich, nein, göttlich. Von
allen Transportmitteln, die man sich nur vorstellen kann, war dies
bislang das allerbeste.

Wie enttäuscht ich war, als der Bootsführer den Motor abstellte
und das Boot ans Ufer gleiten ließ, brauche ich gar nicht zu sagen.
Doch es war jetzt fast völlig dunkel geworden, und wir gingen zum
Hotel, wo wir uns gemütlich mit einem Bier und einer Landkarte
niederließen. Nick zeigte uns verschiedene Strecken, die wir am
nächsten Tag nehmen könnten. Wir würden 250er Honda Dirt
Bikes fahren, halleluja. Ich kannte dieses Motorrad gut, da ich eine
600er besessen hatte, mit der man auch die tollsten Wheelies machen konnte. Außerdem klärte uns Nick über die politische Lage in

Kambodscha auf. Er meinte, dass die Chinesen Interesse an diesem Land hätten und deshalb die meisten Straßen bauten. Und jetzt, wo man Gas und Öl gefunden habe, hätten auch die Amerikaner und die Franzosen ihre Liebe zu Kambodscha entdeckt. Jahrelang wurde Kambodscha abwechselnd von den Vietnamesen und den Thai regiert, doch 1963 suchten die Kambodschaner den Schutz von Französisch-Indochina und wurden eine Kolonie. Während des Vietnamkrieges marschierten die Amerikaner für kurze Zeit in ihr Land ein. 1975 übernahmen dann die Roten Khmer, die Maoisten des alten Khmer-Königreichs, die Macht. Unter Pol Pot wurde Kambodscha in Kampuchea umbenannt. Die Haltung der Khmer gegenüber der Zivilbevölkerung drückte sich in einem Satz aus: »Euch zu behalten bringt keinen Nutzen, euch zu vernichten ist kein Verlust.« Zwischen 1976 und 1979 wurden 26 Prozent der Bevölkerung getötet. Die Roten Khmer überfielen auch immer wieder ihre vietnamesischen Nachbarn, bis die Vietnamesen zurückschlugen und Pol Pot zur Flucht gezwungen war.

Mit ein bisschen mehr Hintergrundwissen über das Land saßen wir nun wieder auf Motorrädern. Es war der 12. Juni, und da uns weniger als fünf Wochen für den Rest unserer Tour blieben, wollten wir an diesem Tag auf Asphalt- und Schotterstraßen 250 Kilometer zurücklegen. Ich hatte gut geschlafen, fühlte mich fabelhaft und konnte es nicht erwarten, endlich Gas zu geben. Zu diesem Zeitpunkt ahnte ich noch nicht, dass diese Fahrt zu einem Marathon ausarten würde, einer Tour von monumentalen Ausmaßen.

Wir brachen früh auf. Mein Motorrad war die perfekte Wheeliemaschine, und ich trug nur ein T-Shirt, Jeans und Handschuhe. Mein Helm passte nicht richtig. Er drückte mich an der Stirn, und ich wusste, dass ich am Ende des Tages todsicher Kopfschmerzen haben würde. Aber das war mir egal – es war einfach großartig, wieder auf einem Bike zu sitzen.

Am Anfang fuhren wir über eine ebene Asphaltstraße durch offenes Land. Die Häuser nahe der Straße waren aus Bambus und Stroh auf Pfählen errichtet, mit unebenen Planken als Wänden. Sie ähnelten den Häusern in Laos. Wenigstens dieses eine Mal hatte ein Grenzübergang nicht alles verändert.

Nach etwa einer Stunde kamen wir auf eine Schotterstraße, auf der Bauern ihr Vieh trieben. Wir schlichen vorsichtig an den Kühen vorbei und düsten weiter. Ich war jetzt in meinem Element: Erde, Matsch, Pfützen und Kies. Ich konnte das Hinterrad ausbrechen lassen und hatte wirklich Spaß. Viele Autos gab es nicht zu überholen, wir sahen lediglich ein paar Laster. Die meisten Menschen waren auf Mopeds und kleinen Motorrädern unterwegs, einige saßen auf ihren von Ochsen gezogenen Karren.

Die Städte wirkten urwüchsiger als in Laos. Tiere spazierten auf den Straßen herum, und Scharen von Kindern hüpften vor unserer Nase auf die andere Straßenseite. Musik dröhnte aus den Geschäften, und die Besitzer der Stände versuchten winkend und schreiend, uns ihre Ware zu verkaufen, obwohl wir, wenn auch langsam, auf Motorrädern an ihnen vorbeifuhren. Wir hielten an, um zu frühstücken, und Russ gab zu, dass er von Nudeln und Reis die Nase voll hatte. Er sehnte sich nur nach zwei Scheiben Toast mit Butter und Würstchen.

Nach der kleinen Stärkung setzten wir unsere Fahrt fort, vorbei an Hütten und Häusern, feuchtem Dschungel oder Feldern, auf denen Bauern mit ihren Ochsen pflügten. Schlammverschmierte Kinder plantschten in orangefarbenen Teichen herum, die das Flutwasser geschaffen hatte. Hinter der Böschung weidete Vieh, magere Tiere mit Glocken um den Hals. Sie suchten zwischen Kokospalmen, die die Häuser überragten, nach Nahrung.

Wir mussten den Mekong mit der Fähre überqueren, zu der wir durch Seitensträßchen gelangten – kleine Pfade zwischen winzigen

Häusern mit unordentlichen Wäscheleinen und Schweinen, die nach Essensresten wühlten. Wir schlängelten uns zwischen den Häusern hindurch, bis wir durch eine schulterhohe Vegetation zum schlammigen Ufer des Mekong kamen.

Dort warteten viele Menschen auf die Fähre, ein richtiges Schiff mit flachem Deck und soliden Metallseiten. Wir waren froh, dass es sich von dem unterschied, was wir Tage zuvor vom Deck des Passagierschiffs gesehen hatten: drei durch Seile miteinander vertäute Boote, die ein paar Kleintransporter beförderten. Wir hatten mit offenem Mund dagestanden und beobachtet, wie die Boote sich langsam seitwärts über den Fluss geschoben und so sicher ausgesehen hatten wie die Titanic beim Sinken.

Diese Fähre wurde vom Motor eines Lastwagens angetrieben. Ein junger Kerl namens Saporo steuerte sie. Er saß hoch oben auf einem Podest und blickte herab auf seine Fracht, die aus einem Auto, einer Vielzahl Motorräder und jeder Menge Menschen bestand. Das Lenkrad stammte aus demselben Lastwagen wie der Motor, und Saporo hatte es flach vor sich montiert, gerade so als säße er in einem Laster. Er erzählte mir, dass er das Boot erst seit einem Jahr steuere und vorher tatsächlich Lastwagenfahrer gewesen sei.

Kaum hatten wir am Ostufer angelegt, preschten wir einen Lehmhügel hinauf. Immer wenn die Maschine über einen Buckel flog, drehte das Hinterrad durch. Es war phantastisch – mein eigenes privates Dakar. Als wir haltmachten, um zu tanken, fanden wir dasselbe Fass-und-Kanister-System vor wie in Laos, nur dass es hier ergänzt wurde durch mit Benzin gefüllte Pepsiflaschen, deren Inhalt uns einfach in unsere Tanks gekippt wurde.

Wir überquerten Schluchten und Nebenflüsse des Mekong. Eine Brücke war vollständig weggespült worden, und einige Dorfbewohner hatten eine Behelfsbrücke gebaut, die sie uns für einen US-Dollar Maut benutzen ließen. Jenseits des Dorfes fuhren wir in die

Berge und blickten hinab auf das grüne, überflutete Delta und das hinter Palmen halb versteckte Dorf. Die Straße war so rot wie der Ton, den ich in den Slums von Mumbai gesehen hatte, und die Landschaft insgesamt so atemberaubend, dass es ein richtig herrlicher Tag wurde.

Und dann regnete es. Es regnete und regnete. Es regnete so stark, dass die Straßen sich in ein Schlammbad verwandelten und wir nur noch um die Kurven rutschten, mit den Hinterreifen den Bodenkontakt verloren und mit den Vorderreifen in Furchen und Löchern stecken blieben. Einen derartigen Regen habe ich noch nie erlebt. Er fiel so hart und schnell wie Hagel, knallte auf unsere Tanks, die Lenkstange, unsere Hände. Und die Wolken hingen immer tiefer und tiefer.

Gegen fünf Uhr nachmittags kamen wir in eine Stadt und stellten uns, vor dem Wind geschützt, hinter ein Café, in dem mehrere Fernseher liefen und eine Gruppe Männer auf irgendetwas wettete. Der Regen war wirklich unglaublich: Er überzog das Land mit einem dicken grauen Vorhang, die Tropfen waren so groß, dass sie wadenhoch zurücksprangen. Innerhalb von Minuten verwandelte sich die Straße in einen Fluss.

»Ich bin total kaputt«, sagte ich. »Obwohl es regnet, bringt mich die Hitze hier um.«

»Mich auch«, stöhnte Russ. »Seit China geht das schon so. Aber nicht nur die Hitze, auch die Straßen, das raue Land, alles macht mich fertig ... Und wie oft haben wir die Fahrzeuge gewechselt? *Songthaew*, Busse, Jeeps, Boote, noch mehr Busse, auf Motorrädern nach Hanoi hinein ... das war eine Erfahrung für sich. Es kommt mir hier viel mühsamer vor, die Länder zu durchqueren. Und dann diese Schwüle hier. Ich bin platt.«

Einen Moment lang standen wir schweigend da und sahen zu, wie der Regen fiel. Er schien sich überhaupt nicht auf die Temperatur auszuwirken. Wir konnten nicht einmal mehr sagen, ob wir einfach nur nass vom Regen oder vom Schweiß waren. Doch nachdem wir uns unser Leid geklagt hatten, schwangen wir uns wieder auf die Bikes. Schließlich hatten wir eine wichtige Mission zu erfüllen.

Es wurde später und später, und der Regen hatte kein Erbarmen. Wir bretterten über Feldwege, und ich nahm die Kurven im Supermotard-Stil – ich streckte ein Bein auf den Boden und ließ mich um die Hacke herumschleudern. Am Himmel türmten sich immer mehr schwarze Wolken, Petrus öffnete jetzt auch noch die letzten Schleusen. Wir fuhren bei Monsunregen Motorrad. Nichts, was ich in Afrika erlebt hatte, ließ sich auch nur annähernd damit vergleichen. Es schüttete so stark, dass wir kaum etwas sahen, und da es zudem immer dunkler wurde, konnten wir nur dem Licht desjenigen folgen, der gerade vorneweg fuhr. Ich stand beim Fahren auf den Fußstützen, und der Regen lief mir in den Helm, übers Gesicht und in den Bart. Russ fuhr vor mir, Nick vor Russ.

Das Ganze war irgendwie verrückt. Wir befanden uns auf einer ganz schmalen Straße, die allmählich weggewaschen wurde. Immer wieder tauchte aus dem Dschungel direkt vor uns eine Kuh auf. Wenn es eine weiße Kuh war, konnte man sie sehen, wie Russ es später formulierte, aber diese waren in der Regel braun, und man konnte einfach nur versuchen, ihnen im allerletzten Moment auszuweichen.

Wir kachelten durch Pfützen, die die Größe von Teichen hatten, schlitterten durch die Furchen, mit denen die Straße durchzogen war. Der Straßenbelag war so locker, dass er Teil der Schwemmebene zu sein schien. Ein Stück weiter kamen wir für kurze Zeit wieder auf Asphalt und fanden eine richtige Tankstelle mit Pumpen und Mechanikern. Russ hielt an, stellte den Seitenständer aus und stieg ab. Hinter ihm kippte das Motorrad um: Der Ständer war nicht richtig unten, das Motorrad fiel auf die Seite, und der Kupplungshebel ging ab. Glücklicherweise hatte Nick einen Ersatzhebel, und die Typen von der Tankstelle brachten ihn für uns an.

»Das ist doch irre, dieser Regen, oder?«, meinte Russ, als wir uns unterstellten, während das Motorrad repariert wurde. »Das ist ein verdammter Monsun, Charley.«

»Nö, das ist Telsche«, gab ich zur Antwort. »Sie passt auf uns auf.«

Russ starrte die Regenwand an. »Sie passt auf uns auf?«

Ich nickte. »Damit wir nicht so schnell fahren. Es hat während dieser Tour doch jedes Mal geregnet, wenn wir mit einem Motorrad unterwegs waren. Das ist meine Schwester, Russ, sie passt im Himmel auf uns auf.«

21

Der letzte Zug

Ich vermute, es war typisch, dass wir genau an dem Abend, als der Monsunregen begann, nicht nur mit Motorrädern unterwegs waren, sondern auch noch vorhatten, zu zelten. Nick hatte einen Platz einen Kilometer entfernt von den Ruinen von Beng Mealea organisiert, einem Tempel von der Größe von Angkor Wat, mitten im Herzen des Dschungels. Wir kamen dort sehr nass und sehr müde an, aber die Zelte waren bereits aufgestellt, ein Feuer prasselte, und ein warmes Essen wurde gerade vorbereitet.

Es war eine Wahnsinnstour gewesen: Wir hatten in dreizehneinhalb Stunden drei Viertel von Kambodscha durchquert, die letzte Strecke während einer unvorstellbaren Überschwemmung. Ich hielt es daher für durchaus möglich, dass wir nachts weggespült wurden, und nahm für alle Fälle eine Kamera mit ins Bett. Wenn schon eine Katastrophe passierte, mussten wir sie auch auf Film festhalten.

Glücklicherweise blieben die Zelte über Nacht stehen, aber am Morgen sprang mein Motorrad nicht an. Ich führte es auf den Regen zurück, doch als ein Mechaniker der Firma, die die Motorräder lieferte, zu unserem Zeltplatz kam, meinte er, ich habe das Bike zu stark strapaziert. »Sie sind vielleicht ein guter Fahrer«, sagte er, »aber sie haben es kaputt gemacht.«

Ich ließ ihn mit seiner Werkzeugkiste und seinem Gemurmel alleine, schnappte mir eine Tasse von dem starken Kaffee, den wir gebraut hatten, und folgte Russ und Nick zu den Ruinen im Dschungel.

Das Gebiet war während des Bürgerkriegs vermint gewesen, und ein Schild wies darauf hin, dass ein deutsches Unternehmen die Minen geräumt hatte.

Wir nahmen einen Pfad, der zwischen Bäumen hindurchführte, und kamen an einem riesigen, im Gebüsch liegenden fächerförmigen Stein vorbei. Kurze Zeit später gelangten wir zu einer Lichtung mit einem Haufen von Steinplatten und schließlich zu den Ruinen des zerstör-ten Tempels, die aus dem Busch herauszuwachsen schienen. Es gibt ein paar Tempel, die in den Dschungel zurückgekehrt sind, doch keinen von der Größe des Beng Mealea. Der ganze Bereich hatte etwas Friedliches, Spirituelles – und ich empfand eine besondere Ruhe inmitten der behauenen Steine. Da dies die letzte »Handspanne« unserer Reise auf der Landkarte war, wollte ich jede verbleibende Minute genießen.

Der Tempel ist ein erstaunlicher Bau, mit auf Säulen gebauten Stockwerken und den Überresten eines erhöhten Fußweges, der sich durch ihn hindurchwindet. Nick erzählte uns, dass die Bauarbeiter die Steine von nahe gelegenen Steinbrüchen auf Flößen hierhergebracht und mit Bambus durch Hebelwirkung an ihren Platz gehoben hätten. Die Löcher, die die Stangen im Boden hinterlassen hatten, waren noch zu sehen. Viele Menschen hatten geglaubt, die Roten Khmer würden vielleicht die alten Tempel entweihen, so wie sie es mit den neueren getan hatten – ein paar waren zum Beispiel zu Schweineställen umfunktioniert worden. Doch Beng Mealea und Angkor Wat waren verschont geblieben.

Nachdem wir etwa eine Stunde lang die Atmosphäre in uns aufgenommen hatten, fuhren wir zum Fluss der 1000 Lingas bei Kbal Spean und der Stätte eines anderen, hoch auf einem Hügel mit Blick über dichten Dschungel gelegenen Tempels. Die Lingas oder Phallussymbole sind aus Felsen gemeißelt, die man im Flussbett findet, eine Opfergabe für die Fruchtbarkeitsgötter in der Hoffnung, dass die Reisernte im Tal immer gut sein wird. Natürlich mussten wir die Steine berühren, damit sie uns Glück brachten. Auf dem Weg nach unten fanden wir eine neue Schlangenart. Sie war schwarz und so glatt und glänzend, dass sie wie ein Ölrinnsal wirkte, das sich über den Boden bewegte. Mit ihrem an einen Hammerhai erinnernden Kopf sah sie äußerst seltsam aus. Die Einheimischen behaupteten, sie hätten sie noch nie zuvor gesehen. Russ entschied, dass es sich um eine neue Spezies handeln müsse, und benannte sie nach Anne, die sie durch die Linse ihrer Kamera entdeckt hatte.

Als wir zu unseren Zelten zurückkehrten, war mein Bike repariert, und schon bald saßen wir wieder im Sattel. Unsere Route führte uns auf engen und kurvenreichen Schotterstraßen, die auf der einen Seite von dichtem Dschungel und auf der anderen von hausgroßen Felsblöcken aus Sandstein gesäumt wurden, in die Berge. Die Straße fühlte sich geölt an, fast wie eine Speedwaybahn, und ich hatte einen Riesenspaß, die arme kleine Honda zu Wheelies anzutreiben und das Hinterrad wegrutschen zu lassen.

Mittags machten wir eine Verschnaufpause. Zwischen Bäumen hindurch schauten wir hinab auf Reisfelder, Marschland und tiefer liegende Felder mit erhobenen Plateaus dazwischen, auf denen die Häuser gebaut waren. Anschließend fuhren wir bis Siem Reap, wo wir ein Hotel fanden. Seit Dubai hatten wir keine richtige Pause mehr gemacht, und wir beschlossen, den nächsten Tag freizunehmen, um unsere Batterien wieder aufzuladen, ein bisschen zu schlafen und mit unseren Familien zu sprechen.

Am 15. Juni verließ ich das Hotel in einem *coyonne* genannten Truck, einem zum Transport von Elefanten geeigneten Fahrzeug mit offenem Führerhaus und hervorstehender Kühlerhaube. Es hatte einen Isuzu-Motor mit 25 PS und war mir von einem netten Jungen namens Samuel geliehen worden. Hinten drin lagen ein Stapel Matratzen, alte Fahrräder, alles mögliche Zeugs. Der Wagen, der nur halb so groß war wie die üblichen Laster, ließ sich leicht fahren und tuckerte fröhlich dahin. Ich fuhr ein paar Kilometer mit Samuel an meiner Seite, verabschiedete mich dann von ihm und traf mich mit den anderen, um einen Abstecher zur Tempelanlage Angkor Wat zu machen.

Dieser Tempel, mit dessen Bau man im 12. Jahrhundert begann, wurde nie fertig gestellt. Über einen Zeitraum von 35 Jahren arbeiteten 300 000 Sklaven und 6000 Elefanten an dieser Anlage, doch König Suryavarman, der sie in Auftrag gegeben hatte, starb, bevor sie vollendet werden konnte. Ursprünglich war Angkor Wat ein Hindutempel, der jedoch buddhistisch wurde, als sich die Religion des Landes im 14. Jahrhundert änderte. Heute ist der Tempel eine Ruine, die Steine schwarz vom Alter und von der Feuchtigkeit des Dschungels. Die Türme bestehen aus dünnen Steinschichten, die fast aussehen wie Pfannkuchen, und die Stufen sind so steil, dass man nur rückwärts nach unten gehen und sich mit den Händen abstützen sollte, um das Gleichgewicht nicht zu verlieren.

So wie beim Tempel Beng Mealea empfand ich auch dort eine große Ruhe. Angkor Wat ist so riesig, dass es, selbst wenn viele andere Besucher da sind, ein Leichtes ist, einen Turm zu erklettern, auf die Parkanlage hinabzuschauen und einen Moment für sich zu sein und zu meditieren. Mir fielen jedoch die Brüste auf. Es gibt dort viele Statuen von barbusigen Frauen, deren Brüste glänzen. Die Menschen berühren sie in der Hoffnung auf Glück oder Fruchtbarkeit, nehme ich an. Ich berührte sie auch. Gott, ich war schon zu lange von zu Hause weg.

Wenige Stunden später waren wir wieder unterwegs. Die Grenze nach Thailand winkte, wie Grenzen das immer tun, wenn man in ihre Nähe gelangt, doch wir hatten noch ein gutes Stück vor uns. Und zunächst kamen wir zu einem Dorf, das wir im Winter dort nicht angetroffen hätten.

In der Nähe von Angkor Wat gibt es ein großes Gebiet sehr sumpfigen Landes, das Tonle Sap genannt wird. Jeden Frühling, wenn der Schnee schmilzt, überflutet der Mekong das gesamte Gebiet und bildet einen gigantischen See. Und jedes Jahr muss die ganze Siedlung evakuiert werden. Der Ort war mir als Dorf beschrieben worden, und ich hatte ein paar Hausboote erwartet. Doch als ich in einem kleinen Fischerboot in den »Straßen« unterwegs war, merkte ich, dass es sich eher um eine Stadt handelte, die seltsamerweise an *Mad Max* oder Kevin Costners *Waterworld* erinnerte. Wie in Venedig herrschten dort ein reger Bootsverkehr und ein geschäftiges Treiben. Ich kam an einer Schule, an Geschäften und Cafés vorbei und sogar einem Krankenhaus. Die Häuser, an deren Unterseite Netze befestigt waren, schwammen auf Plinthen, auf Booten, ja auf allem, was sie über Wasser hielt, und schienen ziemlich robust gebaut zu sein. Wenn die Schneeschmelze kam, wurden ihre Verankerungen gelöst und sie konnten problemlos fortbewegt werden.

So etwas habe ich noch nie gesehen: so viele Boote, so viele Menschen, Wassertaxis, Wasserbusse. Alle guckten zweimal hin, als sie den Engländer sahen, der in einem Holzboot mit dem Motor eines Rasenmähers an ihnen vorbeifuhr. Es gab keine Gänge, der Motor war entweder an oder aus und das Ruder an einem Stock befestigt, der als Ruderpinne fungierte. Der Gashebel befand sich in der Nähe des Auspuffs, der unglaublich heiß war und sich direkt unter meinen Eiern befand, was ein bisschen unangenehm war. Als ich so dahinzuckelte, wie ich annahm auf der Hauptstraße, ging mir der Sprit aus. Der Motor gab den Geist auf, und da war ich nun, gestrandet, nur mit der Stange ausgerüstet, mit der ich mich vom Landesteg abgestoßen hatte.

Ein Mädchen auf der Veranda eines Hauses, das wie ein Café aussah, rief mir etwas zu und winkte mich zu sich. Schließlich wurde mir klar, dass es sich nicht um ein Café, sondern eine Tankstelle handelte. Die große Flasche Pepsi in der Hand des Mädchens hatte mich verwirrt; es war keine Cola, sondern Diesel. Mit vollem Tank fuhr ich dann zurück zur Anlegestelle.

Am nächsten Morgen verließen wir Siem Reap und machten uns ein wenig widerstrebend zur Grenze auf. Es schmerzte mich, dieses Land zu verlassen, denn auf meiner Beliebtheitsskala rangierte es neben Indien und Nepal ganz oben – die Menschen, ihr Lächeln, einfach die ganze verrückte Atmosphäre. Es war, als wäre ein vergessenes Juwel endlich wiederentdeckt worden und beginne nun zu funkeln. Nach Jahren des Krieges und der Unterdrückung nahm jetzt der Tourismus zu, die Infrastruktur wurde verbessert, und Straßen wurden gebaut, was für einige traditionelle Transportmittel allerdings das Ende bedeutete.

Zum Beispiel für den Bambuszug. Wir hatten von diesem selbst gebauten Verkehrsmittel gehört, das auf Eisenbahnschienen eingesetzt wird, bislang jedoch noch keines davon gesehen. Man hatte uns gesagt, dass es in Sisophon einen solchen Zug gebe, und von allen Städten, durch die wir gekommen waren, war dies der traurigste Anblick. Sie war schmutzig, die Häuser kaum mehr als Baracken. Doch die Eisenbahnlinie oder das, was von ihr noch übrig war, führte hier hindurch – ein Gleis verzogener Schienen, die in den Zwanzigerjahren von den Franzosen gelegt worden waren. Die Schienen waren so überwuchert und kaputt, dass ich bezweifelte, dass auf ihnen noch irgendein Zug fahren konnte. In den Sechzigerjahren brauchte ein Zug von Phnom Pen nach Bangkok nur 18 Stunden, doch in den Siebzigerjahren rissen die Roten Khmer die Gleise zwischen Sisophon und der Grenze heraus. Eine Fahrt von Phnom Pen bis Battambang – etwa drei Viertel der Strecke – dauert nun 16 Stunden.

Es war wirklich grauenvoll. Die Wände der Häuser waren dünner als Sperrholz, die Dächer aus verrostetem Blech und Stroh. Der Bahnhof sah verlassen aus, ein müdes altes Gebäude mit einem winzigen Bahnsteig und auf den Schienen grasenden Kühen. Russ und ich kamen an Menschen vorbei, die unter Regenschirmen hockten und ein paar Lebensmittel und Flaschen mit trübem Wasser feilboten. Mehr Armut hatte ich nirgendwo gesehen.

Am anderen Ende des Bahnsteigs fanden wir einen Bambuszug. Im Prinzip handelte es sich dabei um eine Plattform aus Holzbrettern, die auf einem Fahrgestell aus Metall auflag. Das Fahrgestell hatte Räder, die genau den Abmessungen der Schienen entsprachen. Der Motor, der von einem Rasenmäher stammte, trieb mit einem Keilriemen die Räder an. Die ganze Konstruktion war auf eine eingefettete Laufschiene montiert. Um die Räder in Gang zu setzen, zog man den Motor nach hinten; um langsamer zu werden, wurde der Keilriemen gelockert, indem man den Motor wieder nach vorne bewegte. Es war genial einfach. Lori, der Typ, der den Bambuszug fuhr, erklärte uns die Verkehrs-regeln: Wenn zwei Züge sich trafen, hatte der schwerere Zug Vorfahrt. Die Sache war nur die, dass es überhaupt keine zwei Züge mehr gab. Dieser war der letzte, der noch in Betrieb war, zwischen Sisophon und Battambang hin und her pendelte und Bambus, Reis und Zement, ja alles beförderte, was die Menschen haben wollten. Da so viele Straßen gebaut wurden, gerieten die Züge ins Hintertreffen. Die Räder wurden nicht mehr hergestellt, und wenn diese abgefahren waren, wäre es das Ende auch dieses Zugs. Lori fuhr ihn seit 25 Jahren und hatte keine Ahnung, was er dann tun sollte.

Er ließ mich fahren, und wir tuckerten zusammen durch dichten Dschungel und Reisfelder und die Gärten der Menschen. Wir kamen an kleinen Marktständen vorbei mit Kindern, die uns etwas zubrüllten, damit wir ihre Sachen kauften. Wir verlangsamten das Tempo, weil Kinder, Rinder und Ziegen über die Schienen liefen, mussten anhalten und einen alten Sportwagen beiseiteschieben und dort das Tempo drosseln, wo die Schienen die Schotterstraße kreuzten, weil es keine Schranken gab und die Wagen nicht gerne anhielten. Als wir eine Eisenbrücke überquerten, die den Fluss überspannte, wurde mir bewusst, was für ein Privileg es war, dass ich den letzten Bambuszug des Landes fahren durfte.

Wir fuhren bis zur großen Hauptstraße, und eine Stunde später waren wir in Thailand. Nachdem wir an der thailändischen Grenze in einen *songthaew* gestiegen waren, ging es jetzt mit einem Bus weiter nach Bangkok. Jetzt erst spürten wir wieder, wie sehr uns die Reise eigentlich schlauchte: Russ fühlte sich schon länger nicht wohl, was wir auf die ständige Austrocknung und die Anstrengungen der Tour zurückführten. Jede Nacht in einem anderen Bett zu schlafen geht einfach an die Substanz – du schläfst immer weniger, und irgendwann holt es dich ein.

Wir waren noch immer neben der Spur, als wir die Außenbezirke von Bangkok erreichten. Nichts hätte mich auf diesen Kontrast vorbereiten können. Ich weiß nicht, was ich erwartet hatte, aber es war erst vier Stunden her, dass ich auf einer motorisierten Plattform aus Holz zwischen Palmen und Reisfeldern und durch schmutzige Hinterhöfe gefahren war. Jetzt befand ich mich in einem Betondschungel mit Überführungen, einem Skytrain, Bürohäusern, Hotels und so dichtem Verkehr, dass London im Vergleich wie leer gefegt aussah. Wir hatten hier ein paar Tage Zeit, um uns neu zu gruppieren und mit Mungo zu treffen. Danach würden wir 48 Stunden lang mit Zug und Bus nach Singapur reisen.

Ich war nicht gerade glücklich darüber. Schon ohne diesen verdammten Nachtzug war es schlimm genug, dass wir durch Thailand und Malaysia hetzen mussten, um nach Singapur zu gelangen. Aber wir hatten kaum eine andere Wahl: Ich wollte von Singapur nach Borneo segeln, wo wir eine Verabredung mit der UNICEF einhalten mussten, und dies war die einzige Möglichkeit, sicherzustellen, dass wir rechtzeitig dort ankamen.

Wenigstens war Mungo wieder bei uns. Wir hatten ihn wirklich vermisst, obwohl Matt, der so kurzfristig Mungos Job übernommen hatte, phantastisch gewesen war und es uns leidtat, uns von ihm zu verabschieden. Mungo hatten wir seit einem Monat nicht mehr gesehen: Er sah erholt aus, fühlte sich fit wie ein Turnschuh, obwohl er noch immer Probleme hatte, sich hinzuknien, und sei es auch nur ganz kurz. Die einzigen äußeren Anzeichen dafür, dass etwas passiert war, waren ein paar Narben von der Schlüssellochchirurgie. Mungo übernahm wieder die Kamera und stand in den Startlöchern.

Wie die Ironie so spielte, fuhr nun Russ nach Hause. Vor unserer Abreise aus England hatte er seiner Tochter Emily versprochen, dass er an ihrem 13. Geburtstag zu Hause sein würde. Er hatte ihren zwölften Geburtstag wegen der *Long-Way-Down*-Tour verpasst und flog diesmal zurück zu ihrer Party. In Bali wollte er sich uns aber wieder anschließen.

Bevor wir Bangkok den Rücken kehrten, besuchte ich einen Typen namens »M«. Er hatte nichts mit James Bond zu tun, sondern war ein thailändischer Geschäftsmann mit einer Sammlung von Klassikwagen. Ich war gar nicht sonderlich scharf auf dieses Treffen gewesen, weil ich extra einen Umweg machen musste, aber ich hatte noch mindestens eine Stunde Zeit, bevor der Zug fuhr. Außerdem hatte M einen DeLorean, und ich wollte zurück in die Zukunft ... nur die drei Monate, damit ich Olly und den Kindern schnell Hallo sagen könnte.

M lebte in einem Vorort von Bangkok in einem riesigen Haus hinter hohen Mauern und Stahltoren. Er verdiente sein Geld mit Kaffee und Immobilien und hatte seine Leidenschaft für Autos von seinem Vater geerbt. Obwohl er eine Frau und vier Kinder hatte, kaufte Ms Vater statt einer vernünftigen Familienlimousine immer einen Zweitürer, in den sich dann alle hineinzwängen sollten. M selbst war ein richtig netter Kerl. Er hatte seinen Spitznamen als Junge von seiner Mutter bekommen – wenn sein Vater weg war, war er der einzige »Mann« im Haus, und seine Mutter rief ihn »Man« oder abgekürzt »M«.

Das dreistöckige Haus war mit seinen gepflegten Gärten, den Fußwegen aus Holz und den Palmen atemberaubend schön. Es gab sogar einen kleinen See mit einem Kanu. Das gesamte Erdgeschoss war ein gigantischer Ausstellungsraum, in dem die Wagen bei Raumtemperatur – ein bisschen wie guter Wein wegen der Feuchtigkeit – hinter Glas gehalten wurden. M hatte eine ganze Sammlung von Mercedes-Modellen, einen TR3, ein amerikanisches Bonnie-and-Clyde-Auto mit Hockern hinten drin, eine klassische Daimlerlimousine wie die Queen sie benutzt und einen 1972er Ferrari 246 GTS Dino, den ersten Wagen, den Ferrari in Massenproduktion baute. Er war nach Enzo Ferraris Sohn Alfredino benannt, der im Alter von 24 Jahren an Muskelschwund starb. Alfredino oder Dino hatte angefangen, an einem 1,5-Liter-V6-Motor zu arbeiten, dessen Fertigstellung jedoch nicht mehr erlebt. Sein Vater ließ dann den Motor zusammen mit einem alternativen V8 in den Wagen einbauen, dem er Dino zu Ehren seinen Namen gab.

M besaß darüber hinaus einen von nur 8000 DeLoreans, die je gebaut wurden, und ich war wirklich scharf darauf, ihn zu sehen. Dieser Wagen mit dem klassischen Flügeltür-Design ist aus rostfreiem Stahl, was bedeutet, dass man wirklich vorsichtig sein muss. Eine Delle, und die ganze Karosserie ist ruiniert. Ms DeLorean war picobello. Ich öffnete die Tür, setzte mich hinters Steuer und suchte nach dem Knopf, der mich zurück in die Zukunft bringen würde.

Von Ms Paradies eilte ich nach einer Stunde wieder zurück zum Bahnhof und verbrachte die nächsten 24 Stunden in einem Zug. Was soll ich darüber erzählen? Ich hatte genug von Nachtzügen, und das Beste an der Fahrt war der klimatisierte Bahnhof. Die Abteile waren klein und intim, das Essen okay, aber die ausziehbaren Betten ziemlich eng, und nach sieben Minuten war mir langweilig. 23 Stunden und 53 Minuten später kamen wir in Butterworth auf der Malaiischen Halbinsel an, wo wir für die nächste Etappe unserer Reise einen Bus nahmen. 31 Stunden nachdem wir Bangkok verlassen hatten, erreichten wir am späten Abend des 19. Juni Kuala Lumpur. Den ganzen Tag über waren schon Wolken aufgezogen, und nun regnete es.

Ich spazierte umher wie ein Zombie, das Opfer einer weiteren schlaflosen Nacht. Ich hatte wirklich die Nase voll und eine zweite

Zugfahrt am nächsten Tag zugunsten einer Busfahrt gestrichen. Aber auch die Busfahrt erschien mir unerträglich. Deswegen mietete ich, als ich zum Hotel kam, als Erstes ein Auto. Ich würde uns zu dem Jachthafen bringen, von dem aus wir nach Singapur fahren wollten. Nachdem ich dies und einige andere Dinge bezüglich unserer Reise geregelt hatte, eilte ich zufrieden in mein Zimmer und fiel ins Bett. Ein richtiges Bett.

22

Leckgeschlagen

Wir verließen Kuala Lumpur, als die Sonne bereits im Osten zu sehen war und im Westen noch der Vollmond prangte. Mit einem Mietauto nach Süden zu fahren statt den Bus zu nehmen, war eindeutig eine meiner besseren Ideen gewesen. Ich genoss die Fahrt vorbei an herrlichen weißen Moscheen und den mit Gras überwucherten Stufen einer alten Begräbnisstätte.

Ich hätte mich rundum wohlfühlen können, wäre da nicht noch die Sache mit dem Wakeboard gewesen. Ich hatte seit zwanzig Jahren nicht mehr gesurft, aber das sollte sich bald ändern – ich würde auf einem Wakeboard die Grenze überqueren. An der Danga Bay trafen wir Brandon, einen malaiischen Surf-Dandy mit schwarzer Sonnenbrille, Muskeln und Pferdeschwanz. Er war mir von Catherine empfohlen worden, einer Freundin von Olly und mir, deren Söhne Tico und Max regelmäßig auf einem Wakeboard stehen.

»Wie sieht's aus, Charley, kannst du Wakeboard fahren?«, fragte Brandon.

»Logo – und ich kann auch Monoski fahren, obwohl das letzte Mal schon eine Weile her ist. Aber das ist wie mit dem Sex, oder? Du vergisst nie, wie man's macht.«

Brandons Geschäftspartner Ryan, der sich jetzt zu uns gesellte, war etwa Mitte dreißig, hatte Dreadlocks, Tätowierungen im asiatischen Stil und trug ein Halstuch sowie einen indianischen Fußreifen. Für ihn war ein Traum wahr geworden: Er wohnte mit seinem kleinen Hund auf einem Boot im Jachthafen und verbrachte seine Tage damit, Menschen bei herrlicher Sonne das Wasserskifahren beizubringen. Wir gingen mit Ryan zum etwa 15 Minuten entfernt gelegenen Zoll, wo man problemlos unsere Pässe abstempelte, und wieder zurück zum Jachthafen zum Mittagessen.

So langsam kriegte ich jetzt doch das Flattern. Ich war etwa zwanzig gewesen, als ich das letzte Mal auf einem Board stand. Wie dumm ich wohl aussehen würde, wenn ich, umgeben von diesen coolen Dandys, eine Bauchlandung machte. Ich sagte mir, ich müsse es mir nur zutrauen und positiv denken, dann wäre alles gut. Doch meine Handflächen waren feucht, und mein Mund war trocken.

Nachdem ich eine schwarze Schwimmweste übergezogen hatte, setzte Brandon sich mit mir auf die Kaimauer und erinnerte mich an das Wesentliche. »Sitz einfach im Wasser, halt die Knie gebeugt, und press die Innenseite der Ellbogen gegen die Knie«, sagte er. »Wenn du das Seil spürst, dann zieh nicht in die Gegenrichtung. Geh einfach mit, und lass dich vom Boot nach oben bringen.«

Verdammt, dachte ich. Bei dieser Geschwindigkeit werde ich es nicht einmal schaffen, aufzustehen, geschweige denn mit dem Wakeboard bis nach Malaysia zu kommen.

»Entspann dich einfach«, fuhr Brandon fort. »Je entspannter du bist, desto leichter wird es sein.«

»Hat das schon mal jemand gemacht? Die Grenze zwischen Malaysia und Singapur auf einem Wakeboard überquert?«

»Nicht dass ich wüsste. Hey, Ryan – hast du schon mal davon gehört?«

Ryan schüttelte den Kopf.

Es war also das allererste Mal – das inspirierte mich. Okay, dachte ich: schön relaxed. Wenn ich einen *dolmuş* fahren kann, schaffe ich das hier auch.

Bevor noch weitere Zweifel aufkommen konnten, war ich im Wasser. Adrenalin pumpte durch meinen Körper. Das Boot lief ganz ruhig und gab ein gurgelndes Geräusch von sich. Ryan fuhr los, und ich spürte, wie sich das Seil straffte und die Wellen über mich hinwegspülten. Ich hielt die Knie gebeugt, die Innenseiten der Ellbogen dagegengepresst und das Board hochgedrückt. Dann stand ich auf den Füßen, zuerst ein bisschen wacklig, aber ich kippte nicht um, und auf ging's, den Wind und die hochspritzende Gischt im Gesicht. Wir fuhren nicht auf direktem Weg. Ryan brachte uns zur Raffles Marina, jenseits des Damms, wo man normalerweise die Grenze von einem Land zum anderen überqueren würde. Wir fuhren in den Kanal hinein, und jetzt lag zu meiner Rechten Malaysia, zu meiner Linken Singapur. Ich hatte die Boots ein bisschen zu fest geschnürt und spürte einen leichten Krampf, ignorierte ihn aber, schaute nach vorne und konzentrierte mich darauf, aufrecht stehen zu bleiben. Der Motor war richtig auf Touren, das Boot erzeugte Wellen, und ich dachte: Junge, Junge – ich bin den ganzen Weg von Annamoe hierhergekommen, und jetzt bin ich wahrscheinlich der erste Mensch, der auf einem Wakeboard über die Grenze nach Singapur fährt.

Ich hatte Angst, zu fallen, weil ich mir sicher war, dass ich nicht wieder würde aufstehen können, aber nach zehn Minuten wusste ich, dass ich den Stiefel lockern musste. Widerstrebend ließ ich die Griffe los und glitt unter die Wellen.

Ryan wendete das Boot und kam an meine Seite. »Das erste Mal seit zwanzig Jahren, Charley«, sagte er. »Sensationell.«

Ich stand wieder auf, und jetzt hielt ich mich zuerst mit einer Hand fest, dann mit der Armbeuge, legte mich so richtig ins Zeug und glitt ein bisschen nach links und ein bisschen nach rechts, statt in der vom Kielwasser geschaffenen schönen glatten Spur zu fahren. Als ich von einem Fuß auf den anderen wechseln wollte, drehte ich das Board halb um. Ehe ich mich's versah, lag ich im Wasser.

Das Kielwasser musste über den Rand des Boards gekommen sein und es nach unten gedrückt haben. Es machte platsch, und ich donnerte mit dem Gesicht nach unten ins Wasser, das sich wie Beton anfühlte. Meine Güte tat das weh – nicht nur mein Gesicht, auch mein Hals und mein Brustkorb. Ich kriegte keine Luft mehr.

»Schön auf die Fresse gefallen«, sagte Ryan, als er das Boot wieder wendete.

Ich prustete: »Mensch, ich wusste gar nicht, dass Wasser so wehtun kann.«

»Wenn du versuchst zu drehen, entspann dich: Halt die Knie gebeugt und den Rücken gerade. Mach keinen Buckel – arbeite nur mit den Hüften, und das Board dreht sich wie von selbst.«

Ich fiel ein weiteres Mal und noch einmal, schaffte es dann aber, mich aufzurichten, und wir fuhren unter dem Fahrdamm hindurch. Ryan bog bei der nächsten Landspitze nach links ab, und wir kamen an einem Leuchtturm vorbei. Ich sah Catherine am Kai, die ein weißes Kleid und einen Strohhut trug, mit ihrem Mann Rem und Tico an ihrer Seite. Ich ließ den Griff los, glitt über das Wasser und landete direkt vor ihnen.

Die nächsten zwei Tage blieben wir bei Catherine. Erst am 23. Juni ging's weiter nach Nikoi, eine Insel in Privatbesitz, wo das Boot, mit dem wir nach Borneo fahren wollten, uns abholen sollte. Wir verabschiedeten uns von Rem und Catherine und bestiegen die Fähre zur Insel Bintan, der größten der rund 3000 Inseln, die den Riau-Archipel bilden. Auf diese vierzig Kilometer von Singapur entfernte Insel floh der Sultan, als die Portugiesen 1511 die Halbinsel Malakka besetzten. Sie hat eine bewegte Geschichte, und das ganze Gebiet ist berüchtigt für Piraten. Für uns war die Insel jedoch nur eine Zwischenstation auf dem indonesischen Teilstück unserer Reise.

Als wir den Fähranleger auf Bintan erreicht hatten, fuhren wir weiter mit einem 1971er Holden Kingswood, einem australischen Kultfahrzeug, das für seinen V8-Motor bekannt ist. Unserem hatte man allerdings einen Nissan-Diesel eingebaut, und BMW-Reifen aufgezogen, aber das war egal. Die Kiste war großartig: türkisfarben gespritzt mit einem Fünfgang-Getriebe. Das Auto hatte ursprünglich als Taxi gedient, gehörte nun aber einem Typen namens Mark, der uns netterweise damit über die Insel fahren ließ.

Ich hatte ein paar Probleme, den vierten und fünften Gang zu finden, kriegte es schließlich aber raus, und eine Stunde später hielten wir an einem kleinen Strand, wo ein hübscher, sehr alt aussehender Frachter angelegt hatte. Von hier sollte uns das Schnellboot von Nikoi mitnehmen, aber als wir dort standen, beschlich mich das schreckliche Gefühl, dass das alte Boot unser Transportmittel nach Borneo war. Peter und Andrew, die Typen, denen Nikoi gehörte, hatten uns erzählt, dass sie etwas Traditionelles organisieren könnten, und dieses Boot sah wahrhaftig traditionell aus.

»Ziemlich abgefahren, Mungo«, sagte ich. »Es sieht sogar ein bisschen gruselig aus.«

Er nickte.

»Na okay. Wenn wir 36 Stunden auf einem Ding wie diesem verbringen sollen, dann verdienen wir zuerst eine Nacht im Paradies, findest du nicht auch?«

Paradies ist genau das richtige Wort, um Nikoi zu beschreiben. Die Gäste werden mit einem Schnellboot abgeholt und durch die Bucht gefahren. Die kleine Insel, von schwarzen Korallenriffs und massiven, bis zu sechzig Meter hohen Felsblöcken umgeben, ist teils von Regenwald bedeckt, teils Strand. Nur ein winziger Teil wurde erschlossen. Vor vier Jahren hatten Peter und Andrew die Insel gekauft und damit begonnen, aus Treibholz ein »Boutiquehotel« zu bauen. Sie sammelten alles Holz, das sie auf Nikoi und im umliegenden Gebiet finden konnten, fällten, als es keins mehr gab, ein paar Bäume, weichten das Holz einen Monat lang im Meer ein und trockneten es dann, sodass es wie Treibholz aussah. Das Ergebnis ist einmalig. Die Quartiere für die Gäste sind auf Pfählen gebaute Pavillons, die aussehen wie die Baumhäuser in *Der Schweizerische Robinson*. Es gibt keine Türen und keine Glasfenster, und in der drückenden Hitze wird durch dieses Design ein so effektiver Luftstrom erzeugt, dass einige Urlauber gar um zusätzliche Decken gebeten haben.

Der ganze Komplex ist durch wunderschöne Holzpfade verbunden, und es gibt eine Open-Air-Küche, einen langen Esstisch und zwei Pools mit atemberaubender Sicht über die Riffs. Nun war uns eine Nacht in diesem Paradies vergönnt.

Als ich wach wurde, erlebte ich einen traumhaften Sonnenaufgang. Der graue Rumpf des alten Schiffs, das wir am Tag zuvor gesehen hatten, lag immer noch direkt vor der Küste. Ich versuchte mir einzureden, dass der Kahn genau das war, worum es bei dieser Tour ging. Er war nichts, worauf ich meinen Arsch verwetten wollte, und vielleicht war ich auch nach den Ereignissen in der Halong-Bucht misstrauischer als sonst.

Wir mussten spätestens am Mittwoch in Pontianak auf Borneo sein, weil wir am Donnerstag mit UNICEF in den Dschungel wollten. Somit blieben uns 36 Stunden, um die Karimatastraße zu durchqueren. Ich hatte keine Ahnung, wie das Wetter sein würde. Im Moment war es klar und schön, doch in der Regensaison konnte sich das schnell ändern.

Die Typen von Nikoi brachten uns zu dem Schiff, der *Yeremia*. Ihr über zwei Etagen gebautes Ruderhaus war grau gestrichen, der Rumpf bestand aus fleckigen, stellenweise verfaulten Holzplanken. Hier und da schien er Dellen zu haben, war das Holz kaputt und gesplittert. Das Ganze roch eindeutig nach Abenteuer, und ich spürte ein paar Schmetterlinge im Bauch, wobei ich mir aber nicht sicher bin, ob ausschließlich vor Aufregung.

Ich sagte mir immer wieder, dass es das war, was wir wollten, und dass wir im Iran gehofft hatten, mit genau so einem Schiff nach Dubai fahren zu können. Wir kletterten an Bord. Das Deck war aus ungleichen Latten gezimmert und durch einen Laderaum, der mit Schwellen bedeckt war, in zwei Hälften geteilt. Zwei der Schwellen fehlten – ich guckte kurz in die Dunkelheit, wo ich das Skelett des Schiffsrumpfs sehen konnte. Es war natürlich aus Holz und sah ganz solide aus. Nirgendwo stand Wasser, was immer ein gutes Zeichen ist. Um den Anker zu heben, musste die Winsch per Hand bedient werden, und es gab ein Rettungsboot, ein Dinghi, das verkehrt herum an der bugwärtigen Seite des Laderaums hing.

Der Schiffseigner – ein netter Kerl namens Ahong – kam mit uns. Er beschäftigte auf seinem Boot sieben Leute, einschließlich des Kapitäns, des Kochs und ein paar Mechanikern, zu denen ein stämmiger Bursche in einem orangefarbenen T-Shirt gehörte. Die Männer waren allesamt sehr freundlich, und als wir eine Karte entrollten und die Route planten, wurde ich richtig nervös. Das Ruderhaus war karg, der Steuerstand ziemlich alt und einfach, es gab eine Koje mit einer alten Decke und unter dem Ruderhaus einen primitiven Schlafbereich und die Kombüse.

Fast die gesamte Mannschaft war nötig, um den Anker mit der Winsch aufzuholen, und als der Motor lief, versammelten wir uns alle an Deck. Ahong stellte uns seiner Crew vor und faltete dann die Hände: »Bevor wir losfahren, beten wir.«

Ich hielt das für keine schlechte Idee – würden wir doch in einem wenig seetüchtigen Boot ein Gewässer durchqueren, das für Piraten berüchtigt war.

»Wir bitten Jesus, uns auf dieser Reise zu begleiten«, sagte Ahong. Dann schloss er die Augen und sprach ein Gebet auf Indonesisch, das wir nicht verstehen konnten. Mir fiel jedoch auf, dass er die Hände sehr fest faltete.

Als wir in See stachen, setzte ich mich mit ihm an den Rand der Ladeluke, und er erzählte mir, dass sie normalerweise Zigaretten geladen hätten, die sie von Singapur nach Malaysia transportierten.

»Sind Sie schon mal in Pontianak gewesen?«, fragte ich ihn.

»Nie.«

»Ist dies die längste Reise, die Sie mit diesem Boot unternehmen?«

»Ja«, antwortete er.

Ich nickte langsam. »Okay«, sagte ich, »okay.«

»Der Kapitän ist in Pontianak gewesen«, versicherte er mir.

Eine halbe Stunde später saß ich im Ruderhaus. Die See wurde ein bisschen kabbeliger – es gab jetzt ganz schöne Wellen. Eine davon traf den Bug mit voller Wucht, und Gischt spritzte ans Deck. Wenige Minuten später kam der beleibte Mechaniker die Treppe hochgeeilt und sah sehr besorgt aus. Er nahm Ahong beiseite, flüsterte ihm etwas ins Ohr, und dann verschwanden die beiden Männer nach unten. Ich sah zu Mungo hinüber und forderte ihn mit einem Achselzucken auf, mir zu folgen.

Ahong war auf allen vieren und beugte sich über die Ladeluke; der Mechaniker hockte neben ihm, redete und gestikulierte.

»Was ist los?«, fragte ich Ahong.

Dann sah ich, dass Wasser in den Laderaum lief. Als wir Nikoi verlassen hatten, war er trocken gewesen.

»Tut mir leid, Charley«, sagte Ahong. »Irgendwas ist kaputtgegangen. Eben, als wir von dieser großen Welle getroffen wurden. Das Schiff läuft voll Wasser. Wir müssen umkehren.«

Ich war fassungslos. Das Seewasser schwappte nicht nur ab und zu, sondern strömte nur so herein, und wir sanken.

Gott sei Dank war die Insel noch zu sehen, und da die Lenzpumpen auf Hochtouren arbeiteten, konnten wir wenden und waren zurück, lange bevor es eine Katastrophe geben sollte. Wir hatten immerhin Glück, dass die Sache kurz nach unserer Abfahrt und nicht nach 20 Stunden mitten auf See passiert war.

Nun mussten wir eine Alternative finden, nach Borneo zu kommen, und ich bezweifelte, dass uns das noch an diesem Tag gelingen würde. Also brauchten wir auch eine Übernachtungsmöglichkeit. Ich griff nach meinem Telefon und wählte Andrews Nummer.

»Charley«, fragte Mungo. »Was ist los?«

»Ich rufe Andrew an. Wir fahren mit diesem Schiff nirgendwohin, alter Knabe. Du wirst dich mit einer weiteren Nacht im Paradies begnügen müssen.«

»Ja, Baby!« Er streckte die geballte Faust mit solcher Wucht nach oben, dass er fast die Kamera fallen ließ.

Wir gingen nach unten und sahen uns den Laderaum genauer an. Das Wasser war inzwischen knöcheltief und stieg. Ich entdeckte einen Riss im Bug, wo es hereinströmte. Da wurde mir der Ernst der Lage so richtig bewusst, dort unten im Rumpf, das Rollen des Ozeans im Ohr, den Geruch von abgelagertem Holz und Meerwasser in der Nase. Nicht auszudenken, wenn dies weiter draußen passiert wäre. Es gab nur dieses eine kleine Dinghi, und wir waren zehn Personen. Ein kalter Schauder lief mir vom Kopf bis hinab zu den Zehen. Zurück an Deck, blickte ich erleichtert Richtung Nikoi – unserer Rettung.

Nach und nach machte sich jedoch auch Enttäuschung bei mir breit. Diese Reise über die Karimatastraße hätte schließlich eins der Highlights unserer Tour sein sollen.

Ahong bedauerte die Sache sehr. »Ich habe noch ein anderes Boot, Charley«, sagte er. »Es ist größer als dieses, und ich kann dafür sorgen, dass es heute Abend gegen sieben da ist.«

Ich schüttelte den Kopf. Wenn hier die Rede von sieben Uhr war, dann hieß das tatsächlich neun oder zehn Uhr, und dann würden wir auf keinen Fall pünktlich in Borneo ankommen.

Als wir die Insel wieder erreichten, versuchte die Crew, das kleine Dinghi zu Wasser zu lassen, um uns von der sinkenden *Yeremia* fortzubringen. Es war ein schweres altes Biest, und sie hievten es mithilfe von dünnen Tauen über das Dollbord. Es schlingerte fürchterlich, kippte um und landete verkehrt herum auf dem Wasser. Ich musste lächeln: Im Heck war ein großes Loch, wo wahrscheinlich der Motor hineinpasste, und das Dinghi sah so seetüchtig aus wie ein Sieb.

Ich sagte Ahong, dass wir eine Stunde warten würden, bis uns Andrew mit dem Schnellboot abholte. Wir hatten eine Menge teure Ausrüstung, die ich schon im Geiste auf den Grund der Bucht sinken sah. Ahong entschuldigte sich noch immer – er sagte, er habe die *Yeremia* erst seit einem Jahr und sie sei nur vier Jahre alt. Das arme alte Mädchen sah eher wie vierzig aus. Sie hatte ihren Reiz, doch an die Stelle der Romantik dieser Schiffsreise war die Realität unseres »Rettungsboots« getreten, und wieder einmal war ich einfach nur dankbar, dass wir noch lebten.

23

Hin und wieder zurück

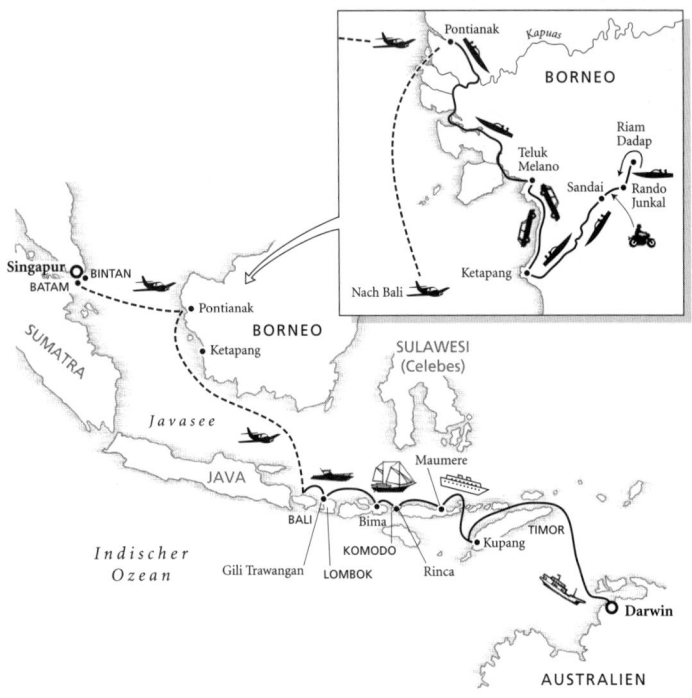

Am Mittwochmorgen kehrten wir zurück nach Bintan und fuhren mit einer anderen Fähre weiter zur Insel Batam. Von dort war es dann nur noch ein kurzer Flug bis Pontianak. Ich sagte mir immer wieder, dass wir wenigstens keine Landesgrenze per Flugzeug überquert hatten. Wir befanden uns noch immer in Indonesien, und der einzige Teil von Borneo, durch den wir reisen wollten, war der indonesische, den die Einheimischen Kalimantan nennen. Es ist der größte Teil der Insel; der Rest gehört teils zu Malaysia, teils zu Brunei.

Als wir zum Hotel kamen, erwarteten uns dort Wendy von UNICEF, ihre Kollegin Libby und Anton, ein junger, gebildeter Einheimischer, der Englisch mit leichtem amerikanischem Akzent sprach und für uns dolmetschen würde. Wendy hatte sich bereits mit uns in Verbindung gesetzt, um uns zu erklären, dass das Flugzeug, das uns nach Ketapang bringen sollte, nicht mehr zur Verfügung stand. Man hatte eine neue Bezirksregierung gewählt, und da eine Reihe offizieller Veranstaltungen bevorstanden, wurde jedes Transportmittel gebraucht. Statt des kleinen Satzes in einer Propellermaschine würden wir also um drei Uhr aufstehen, um per Auto, Boot, Auto, Boot, Motorrad und schließlich wieder Boot zu dem Dorf zu reisen, in das wir wollten. Das klang nach einem sehr, sehr langen Tag.

Ich fühlte mich erstaunlich gut, als ich in den frühen Morgenstunden aufwachte und draußen die anderen traf. Es war stockdunkel, aber noch immer sehr feucht. Wir stiegen in ein Taxi, das uns zum Kapuas bringen sollte, dem längsten Fluss Indonesiens. Mangels guter Straßen ist er der Lebensnerv des gesamten Gebiets. Von Pontianak wusste ich nur, dass der Ort direkt auf dem Äquator lag. Anton erzählte mir, dass die Stadt vor einigen Hundert Jahren die Hauptstadt eines kleinen Sultanats gewesen sei, ein wichtiges Handelszentrum, das strategisch an der Mündung des Flusses lag.

Die Luft hing voller Rauch. Man hatte die Felder abgebrannt, und der Smog verstärkte noch den Nebel, der dem Fluss etwas Unheimliches verlieh. Ich freute mich auf den vor uns liegenden Tag – ein Abenteuer im Rahmen eines Abenteuers –, und als wir uns zu unserer dreistündigen Fahrt aufmachten, spürte ich einen Adrenalinstoß durch meinen Körper gehen.

Das Schiff – die Hutan Express – war elegant und hatte einen starken Motor, viele Sitze und genug Platz für uns und unser Gepäck. Es wurde von einem Yamaha-Motor mit 200 PS angetrieben, und wir fuhren schon bald mit 35 oder 40 Knoten. Es war eine ruhige Fahrt. Der Fluss wurde von einem kräftigen Scheinwerfer beleuchtet, um Hindernissen ausweichen zu können, obwohl der Bootsführer mir erzählte, er habe diese Tour bereits Hunderte Male unternommen und könne das Schiff mit verbundenen Augen steuern. Aber der Scheinwerfer war sinnvoll, weil unzählige Holzstücke, Felsnasen und umgestürzte Bäume im Weg waren. Als ich mich, den Wind in den Haaren, in der Dunkelheit auf meinem Sitz zurücklehnte und das Motorgeräusch hörte, musste ich mich kneifen: Dies war Borneo, und wir tatsächlich dort.

Es heißt, direkt vor Tagesanbruch sei die Nacht am kältesten, und als die Sonne aufging, kauerte ich mich, in meine Jacke gehüllt, unter das Verdeck und beobachtete, wie sich die ersten Sonnerstrahlen golden über das schwarze Wasser verteilten.

Kurz vor acht erreichten wir Teluk Melano. Die Stadt bestand aus einer Ansammlung von Pfahlbauten, der imposanteste eine Pagode, die sich direkt auf dem Wasser befand. Eine Gruppe Männer schaute interessiert zu, als wir unser Gepäck ausluden und dann durch eine aus Holzplanken gezimmerte Gasse gingen. Kinder drängten sich um uns herum – Kinder ohne Schuhe und Hemden, Teenager auf Mopeds –, lächelten und lachten und wollten Hallo sagen. Es gab viele Menschen auf Fahrrädern – ich half einer armen Frau, die vom Rad gefallen war und sich das Bein aufgeschürft hatte. All das erinnerte an Nepal, vor allem wohl die Enge der Straßen und der Staub, der zu der Feuchtigkeit hinzukam.

Als wir auf den Wagen warteten, der uns nach Ketapang bringen sollte, erhielt ich einen Anruf von Lucy, die mir erklärte, dass das Flugzeug nach Bali doch nicht für uns gebucht werden konnte. Wir hatten vorgehabt, die Nacht im Dorf zu verbringen, am nächsten Tag die Impfungen vorzunehmen und danach weiterzufahren. Jetzt mussten wir nicht nur eine Nacht in Ketapang bleiben, sondern auf dem Rückweg eine weitere in Pontianak. Doch darüber wollte ich mir im Moment keine Gedanken machen: Es schien der beste Tag der gesamten Tour zu werden.

In Ketapang gingen wir zum Bezirksgesundheitsbüro der UNICEF, das 23 Außenstellen hat und sich um rund 70000 Frauen und Kinder kümmert, und trafen Adi, der für das Dorf flussaufwärts verantwortlich war. Der gelernte Krankenpfleger arbeitete seit 17 Jahren in diesem Bereich. Im Grunde taten wir hier dasselbe, was wir auch in Nepal getan hatten, nur dass es sich diesmal um eine Tetanusimpfung handeln würde. Wenn bloß jemand den Schlüssel zu dem Raum fände, in dem der Impfstoff gekühlt wurde. Der Schlüssel fehlte, und alle waren auf der Suche danach.

Der Zweck unserer Besuche bestand darin, deutlich zu machen, welche Art von Transportmitteln nötig waren, damit UNICEF mit ihrer Medizin zu entlegenen Gebieten gelangen konnte – und viel abgelegenere Orte als das Dorf, zu dem wir nun unterwegs waren, konnte es nicht geben. Als der Schlüssel endlich aufgetaucht war, fuhren wir quer durch die Stadt zum Fluss Pawan. Borneo ist ein Land der Flüsse – sie fungieren dort als Autobahnen, nicht die Straßen.

Sobald wir auf dem Pawan waren, rasten wir mit einem weiteren großen Schnellboot ins Landesinnere. Ich strahlte über das ganze Gesicht und konnte gar nicht wieder aufhören: Drei Stunden hatten wir noch vor uns, bevor wir unser Ziel erreichten. Schon bald verschwanden die hinter uns liegenden Gebäude, und wir befanden uns in dichtem Dschungel mit an hohen Ufern erbauten Dörfern, wo die Menschen über Leitern zu ihren Booten hinabkletterten. Jetzt bei Tageslicht konnte ich ermessen, wie groß der Fluss wirklich war, sah die schmaleren Nebenflüsse und das Treibgut, das an der

Oberfläche schwamm. Wir erblickten Gruppen von Palmen und dahinter dichteren, tieferen Dschungel. Hin und wieder kamen wir durch Gebiete, in denen man die Bäume gefällt hatte, um Platz für Reis- oder Kaffeeanbau zu schaffen.

Um 16 Uhr erreichten wir unser zweites Ziel: eine weitere, teils auf Pfählen errichtete Stadt, in der viel gebaut zu werden schien. Die Straßen an Land waren sehr eng und voller Schlaglöcher, und am Straßenrand hockten Männer in Shorts und Gummilatschen und beobachteten uns. Mit der Kühlbox über der Schulter bestieg ich ein Moped und fuhr aus der Stadt heraus, Anton folgte auf einem anderen Moped neben mir. An jeder Ecke, um die ich bog, standen Menschen, die auf mich zeigten und lachten.

Wir fuhren über Straßen mit so tiefen Rillen, dass man versucht hatte, sie mit Holzplanken wieder einigermaßen zu ebnen. Natürlich wurden wir wieder von einem Konvoi begleitet. Egal, wo wir mit Motorrädern langfuhren, die Leute kamen und schlossen sich uns an. Hier waren es eine Gruppe junger Männer und ein älterer Mann mit seinen drei Kindern auf dem Rücksitz. In Indonesien gibt es keine Helmpflicht, und da auch keine Helme aufzutreiben waren, fuhr ich sehr vorsichtig. Es gab jedoch jede Menge üppige Vegetation, die bei einem Sturz den Aufprall dämpfen würde.

Eine halbe Stunde von der Stadt entfernt kamen wir durch ein paar heruntergekommene Dörfer, in denen die meisten Häuser hinter Bäumen versteckt waren. Jenseits davon wurde die Straße noch enger. Ich spürte, dass die Box mit dem Impfstoff hinter mir auf und ab hüpfte, und hoffte inständig, dass ich das Zeug nicht ruinierte. Die Flaschen waren gut verpackt, doch ich war mir der steigenden Temperatur und der weiten Strecke bewusst, die wir zurücklegen mussten. Die Flaschen waren vorsorglich mit hitzeempfindlichem Papier mit einem hellgrauen Kreis auf einem dunkleren Viereck gekennzeichnet. Ändert sich die Temperatur, verfärbt sich der Kreis, und wenn er dunkler wird als das Viereck, ist der Impfstoff nutzlos.

Hinter den Dörfern überquerten wir auf einer alten Eisenbrücke den Fluss und fuhren durch dichteren Dschungel. Dort war die Hitze entsetzlich drückend, und die Straßen hätten nicht schlechter sein können. Wir waren mit Street Bikes unterwegs, doch hier hatten wir es mit einer Schotterpiste voller riesiger Schlaglöcher zu tun, und überall lagen Erdhaufen und Steinbrocken herum. Wir kamen schließlich auf eine kleine Asphaltstraße, mussten sie aber bald wieder verlassen, um auf einen Pfad einzubiegen, der sich zu einem Fußweg verengte. Dieser führte durch weitere Dörfer und schließlich einen Hügel hinauf. Ich roch den Fluss, und als wir oben angekommen waren, sah ich, wie er sich weit unten zwischen den Bäumen hindurchschlängelte.

Ich wurde jetzt ziemlich müde, schließlich waren wir seit 15 Stunden unterwegs und hatten bereits fünf Transportmittel benutzt. Das sechste wartete unten auf uns: Auf dem Wasser tanzten vier kleine Schnellboote mit Außenbordmotor. Der Fluss war hier schmaler, das Ufer nicht ganz so hoch, und die Bäume, die es säumten, hingen so stark über, dass ihre Zweige fast die Wasseroberfläche berührten. Mungo und ich sprangen in ein Boot, das UNICEF-Team in ein zweites und Anne in ein drittes, damit sie filmen konnte. Als wir losfuhren, sah uns vom Landesteg aus eine große Schar schreiender und winkender Kinder zu.

Der Bootsführer von Mungo und mir war ein Junge mit zotteligem Haar und einer Baseballkappe, die er verkehrt herum trug. Er fuhr von einer Seite des Flusses auf die andere, hüpfte mit unserem Boot über seichte Stromschnellen und tanzte um schwarze Felsen und Zweige, die von den Bäumen gerissen worden waren, als der Fluss über die Ufer trat. Im Eiltempo ging es weiter und weiter, und wir schaukelten wild im Kielwasser des vor uns fahrenden Bootes hin und her und fuhren im Zickzack, um weiterem Unrat auszuweichen. Ich mochte den Geruch des Zweitaktmotors, und die Kulisse war einfach unglaublich: die Bäume, die schwarze Oberfläche des Wassers, die Felsen und Stromschnellen, der nach Schweiß riechende Dschungel und diese Boote. Ich hatte gedacht, wir wären vielleicht mit Kanus oder Einbäumen unterwegs, aber nicht mit solchen Booten.

Unser Bootsführer verlangsamte nur selten das Tempo, führte uns in die flacheren Abschnitte am Ufer, um Kiesbarren auszuweichen, und manchmal waren wir dem Ufer so nahe, dass wir die Hand ausstrecken und es berühren konnten. Beherzt pflügte er durchs Wasser, bis die Sonne verschwunden war. Dann erst nahm er das Gas zurück. Da war aber Annes Boot schon nirgendwo mehr zu sehen. Die Dunkelheit senkte sich so schnell, dass es schon fast unheimlich war. Ich schaute mich immer wieder um, um sicherzugehen, dass bei den anderen alles okay war. Zwei Boote konnte ich sehen, aber kein Anzeichen von Anne.

Schließlich war es so dunkel, dass uns nichts anderes übrig blieb, als anzuhalten und unser Boot an ein felsiges Ufer zu ziehen, wo eine Gruppe von Männern zeltete – kein schlechter Platz, um sein Lager aufzuschlagen. Die Männer erzählten mir, dass sie von Ketapang aus unterwegs ins Landesinnere seien. Die Fahrt bis zu ihrem Dorf dauerte vier Tage. Wahnsinn – vier Tage, um die Waren zum Markt zu bringen, und weitere vier Tage, um wieder nach Hause zu fahren.

Wenige Minuten später hörten wir ein Brummen. Ich versuchte, etwas zu erkennen, aber inzwischen war es im ganzen Dschungel stockdunkel. Ein Boot glitt heran, der Motor ging aus, und ich vernahm, Gott sei Dank, Annes Stimme.

»Alles in Ordnung mit dir, Anne?«, rief ich.

»Mir geht's gut. Aber ich bin froh, euch wiederzusehen, Jungs.«

»War das nicht phantastisch? Oder hattest du vielleicht ein bisschen Schiss?«

»Nein, ich hatte echt Spaß«, sagte sie, »bis es dunkler wurde. Bei mir im Boot war ja niemand, mit dem ich hätte sprechen können, und ich hatte keine Ahnung, wo ihr wart. Da wurde ich schon ein bisschen nervös ...«

Wir beratschlagten uns kurz mit unseren Bootsführern und beschlossen dann weiterzufahren. Wir waren nur wenige Kilometer vom Dorf Riam Dadap entfernt und konnten es, wenn wir vorsichtig waren, ohne Zwischenfall dorthin schaffen. Um ehrlich zu sein, wäre ich sehr gerne auf den Felsen geblieben, hätte die Nachtluft im Gesicht gespürt und wäre dort zum Plätschern des Wassers eingeschlafen. Wir hatten bei dieser Tour schon einiges auf Booten erlebt, und das Letzte, was wir brauchten, war, dass jemand von uns im Wasser landete. Aber wir fuhren weiter, und zehn Minuten später sahen wir Lichter, die wie Leuchtkäfer am Ufer glühten, und legten kurze Zeit danach an einem Landesteg an, wo die Dorfbewohner auf uns warteten.

Sie bereiteten uns einen unglaublichen Empfang: Sie hatten Blumen vor einen symbolischen Torbogen aus Bambus gelegt und segneten uns, als wir durch diesen Bogen schritten. Frauen schlugen mit langen Stöcken auf die Erde, ein herrlicher Trommelklang, begleitet von einer Art schrillem Geplapper.

Es war schwierig, bei Nacht die Anlage des Dorfes zu erkennen – in den Häusern brannten Lichter, aber nicht auf den Straßen, und da sich überall Menschen drängten, konnten wir kaum ausmachen, wo wir uns befanden. Der Häuptling, ein Mann in den Vierzigern, kam, um uns zu begrüßen, und lud uns in sein Haus ein. Er führte uns in ein langes Zimmer mit Fernseher, gefliestem Fußboden und einem Couchtisch mit Holzstühlen drum herum, segnete mich mit in Wasser getauchten Blumen und wünschte mir Glück für die

Reise. Dann band mir einer der Dorfältesten ein Blätterarmband ums Handgelenk und erklärte, dass es nun, wenn es regnete, nicht mehr auf mich regnen, und ich, wenn es heiß wäre, nicht austrocknen würde. Ich war unglaublich gerührt, so geehrt zu werden, und das nach einem der wunderbarsten Tage unserer Tour.

Bevor wir aßen, entschuldigte der Häuptling sich für das Essen. Mehr, so sagte er, hätten sie nicht mehr rechtzeitig zubereiten können. Alle Gerichte wurden auf muschelartigen Tellern serviert, zusammen mit heimischem Gemüse und Kokosöl. So gut hatte ich seit einer Ewigkeit nicht mehr gegessen.

Als ich aufwachte, regnete es, und Mungo schaute aus dem Fenster. Wir hatten im Haus des Häuptlings auf Bastmatten geschlafen.

»Wie hast du geschlafen?«, fragte er mich.

»Wie ein Stein. Allerdings musste ich dich ein paarmal anstupsen. Du hast geklungen wie das Nebelhorn auf der *Titanic.*«

»Ich hab doch nur gefurzt.«

»Was gibt's da zu sehen?« Ich ging zum Fenster hinüber.

»Das Schwein.« Mungo zeigte auf ein schlankes Schwein mit sattelförmiger Markierung am Rücken, das in seinem Stall herumschnüffelte. »Ich liebe Schweine, aber gleichzeitig kotzen sie mich wirklich an.«

»Mungo, wie kannst du Schweine lieben, wenn sie dich ankotzen?«

Er rieb sich seine Stoppeln. »Darüber hab ich noch nie nachgedacht. Gute Frage.«

Es goss nun in Strömen, aber es war erst sechs Uhr, und der Sonne blieb noch viel Zeit, herauszukommen und uns zu verbrennen. Draußen auf der Veranda beobachtete ich, wie die Palmen sich unter dem Regen bogen, und hörte, wie in einer kleinen Straße, die sich vom Fluss wegschlängelte, die Blechdächer der Häuser klapperten. Jetzt wo es hell war, konnte ich sehen, dass die Häuser wunderschön waren – Holzbauten, geschützt zwischen den Bäumen, viele von ihnen durch weiße Palisadenzäune von den anderen abgetrennt. Die Leute waren eindeutig stolz auf ihr Dorf. Ja, sie waren stolz auf ihre Kultur, auf ihre Lebensweise, auf sich selbst. Das hatten wir am Abend zuvor gesehen: Nach dem Essen hatten sie uns traditionelle Tänze und Gesänge vorgeführt und dann einheimischen Grog serviert. Sie freuten sich sehr, uns willkommen zu heißen, waren so offen und großzügig – so wie Menschen überall auf der Welt. Als ich dort auf dieser Veranda saß und einen kleinen Tropensturm beobachtete, war mir wieder bewusst, welches Glück ich doch hatte, so viel reisen und all diese unterschiedlichen Kulturen kennenlernen zu können. Viele Länder haben aufgrund von gefilterten Nachrichten oder dummem Geschwätz einen völlig verfälschten Ruf. Tatsächlich ist es an den meisten vermeintlich gefährlichen Orten der Welt sicher, und die meisten Menschen geben sich die größte Mühe, Fremden zu helfen. Ich habe gelernt, dass man wunderbar zurechtkommt, wenn man aufgeschlossen ist, ein gutes Herz hat und dem Land, das man bereist, Respekt entgegenbringt.

Ich schaute mir unsere Tagesroute auf der Karte an und stellte fest, dass das, was ich für Seen gehalten hatte, tatsächlich das Meer war. Pontianak liegt an der Westküste Borneos, und wir waren an der Mündung des Kapuas gestartet, dann in südöstlicher Richtung durch das Delta gefahren und schließlich bei Ketapang auf den Fluss Pawan gestoßen. Wenn man bedenkt, welche Entfernungen wir zurückgelegt hatten, dann versteht man, dass UNICEF große Hindernisse überwinden muss. Wir hatten den gesamten gestrigen Tag gebraucht, um hierherzukommen, und ohne UNICEF oder ähnliche Organisationen würden diese Orte vergessen werden und die Menschen sterben.

Anton erzählte mir, dass Tetanus ein großes Problem in Borneo sei. »In den Industrieländern denken wir nicht einmal daran«, sagte er. »Du schneidest dich und kriegst eine Spritze. So einfach ist das. Aber wenn du dich hier schneidest, kannst du nicht einfach zum Arzt rennen.«

»Und die Leute sterben daran?«

»Siebzig Prozent der Menschen, die an Tetanus erkranken, sterben, wenn sie nicht geimpft wurden. Und es ist ein qualvoller Tod, der sich in die Länge zieht – der ganze Körper wird von Krämpfen geschüttelt. Du weißt, wie weh es tut, wenn man einen Krampf im Bein hat: Dann stell dir vor, dass du diesen Schmerz noch verstärkt im ganzen Körper spürst, und zwar 24 Stunden lang, bevor du das Bewusstsein verlierst. Ich habe Babys gesehen, die völlig starr waren, bevor sie schließlich gestorben sind. Hier draußen ist das ein sehr, sehr ernstes Problem. Deswegen führen wir eine so große Kampagne durch.«

Wir impften die Kinder in der Gemeindehalle nicht nur gegen Tetanus, sondern auch gegen Diphtherie, Kinderlähmung und Masern. Es gab jedoch ein Problem, denn bis vor drei Monaten hatte die Gemeinde keine Mittel, um Karteikarten anzulegen, sodass die Mütter im Kopf behalten mussten, welche Impfungen ihre Babys bereits gehabt hatten und wann.

Der Arzt, der einmal im Monat kam, war nun zusammen mit einer Krankenschwester vor Ort. Sie teilten den Saal in unterschiedliche Bereiche ein: einen, in dem Dinge wie Seife und Zahnpasta ausgegeben wurden, und einen, in dem sie die Kinder und ihre Mütter impften.

Die Mütter waren jung und stolz, denn sie wussten, dass sie so wie jede andere Mutter auf der Welt alles in ihrer Macht Stehende für ihre Babys taten. Mir fiel auf, welche Ruhe sie ausstrahlten: Sie lachten viel, doch es herrschte auch perfekte Ordnung. Die Frauen warteten geduldig mit den Kindern, niemand schrie, alles war sehr friedlich – ein Widerhall der Ruhe dieses idyllischen Dschungelorts. Den Fluss, die Menschen und ihre wunderbaren Häuser hinter den Palisadenzäunen werde ich nie vergessen.

Schließlich war es Zeit zu gehen, und die Dorfbewohner versammelten sich, um uns zu verabschieden. Zurück in den Booten, fuhren wir flussabwärts. Der Bootsführer machte Tempo. Er manövrierte das Boot über die Stromschnellen, ohne mit der Wimper zu zucken, und ich wurde viermal völlig nass gespritzt. Hin und wieder kamen wir an kleinen Booten mit flachen Dächern vorbei, die Dirt Bikes transportierten. Ich wette, dass es sagenhaft sein muss, durch den Dschungel zu heizen. Ein andermal vielleicht – ich hatte mir bereits geschworen, dass ich zurückkommen würde.

Wir blieben über Nacht in Ketapang, bevor wir wieder die Hutan Express nahmen und das Delta bis zur Mündung des Kapuas durchquerten. Es war der 28. Juni, und plötzlich konnte ich schon das Ende unserer Tour riechen. Ich hatte gemischte Gefühle – in den letzten Tagen hatte ich Olly und die Kinder schrecklich vermisst, aber gleichzeitig war diese Reise einfach einmalig. Mach das Beste draus, sagte ich mir.

Und dann gesellte ich mich völlig ausgehungert zu den anderen, um mir Froschschenkel und Schlangenfleisch schmecken zu lassen.

Am 29. Juni flogen wir von Pontianak nach Bali. Es war schade, dass wir Borneo per Flugzeug verließen, aber unsere UNICEF-Reise war ein Umweg gewesen und uns blieb keine andere Wahl.

Russ erwartete uns, und ich hoffte, dass er gute Nachrichten über die anstehenden Reiseetappen hatte. Wir hatten eine Vorauszahlung für ein Schiff geleistet, das uns von Kupang nach Darwin bringen sollte, aber bis jetzt wusste ich nicht, wie wir überhaupt nach Kupang kommen sollten. Russ, Mungo und ich setzten uns deshalb bei einem Bier zusammen und diskutierten die weitere Planung. Wie sich nun herausstellte, war sogar die Fahrt von Kupang nach Darwin noch nicht hundertprozentig gesichert.

»Keine Sorge, wir haben das Schiff«, sagte Russ. »Es ist nur so, dass ich zunächst einmal ›Oh mein Gott!‹ sagte, als ich ein Bild von dem Kahn sah.«

»Das hört sich ja vielversprechend an.«

»Keine Panik. Das Schiff sah besser aus, nachdem sie das Bild ein bisschen vergrößert hatten.«

»Wie weit ist es denn bis Darwin?«, fragte Mungo.

»450 Seemeilen. Das Schiff sollte um die 20 Knoten machen, aber offenbar muss es gegen die Strömung fahren, deshalb kann es bis zu vier Tage dauern.«

»Vier Tage!« Das hörte sich gar nicht gut an. Nach unseren Erfahrungen in Vietnam und auf Nikoi hatte ich keine große Lust mehr auf Schifffahrten. Aber Indonesien besteht nur aus Inseln. Wer nicht fliegen will, kann nur mit Wasserfahrzeugen reisen. Ich wandte mich an Mungo: »Was meinst du?«

Mungo dachte einen Augenblick nach. »Na ja«, sagte er vorsichtig. »Wenn der Skipper ein Australier ist und die Fahrt schon ein paar Mal gemacht hat ... muss er wissen, worauf er sich da einlässt. Wenn er genug Selbstvertrauen hat, vertrau ich ihm mein Leben an.«

»Ich sag euch mal was«, meldete sich Russ wieder zu Wort. »Ihr hättet todsicher keine Lust, bei schlechtem Wetter auf diesem Kahn zu sein. Zumindest nicht nach dem Bild zu urteilen, das ich davon gesehen habe ... So, nachdem ich das losgeworden bin«, fügte er schnell hinzu, als er den Ausdruck auf unseren Gesichtern sah, »muss ich auch zu bedenken geben, dass man erst über ein Schiff urteilen kann, wenn man selbst an Bord war. Wir werden also sehen. Aber jetzt müssen wir erst einmal nach Kupang kommen. Ich habe hier einen Australier namens Steve ausfindig gemacht. Der meinte, er habe ein Schnellboot, mit dem er uns einen Teil der Strecke mitnehmen könne. Was wollen wir mehr?«

Nachdem wir alles ordentlich erörtert hatten, rief Russ Steve an, der uns am folgenden Abend bis zu den Gili-Inseln und dann weiter nach Bima mitnehmen wollte. Von dort aus konnten wir dann über Nacht eine *phinisi* nehmen, ein traditionelles Segelschiff, ähnlich einer Dau, um im Anschluss mit einem Schnellboot über Komodo nach Flores zu düsen. So würden wir gerade genug Zeit gewinnen, um eine Fähre nach Kupang zu erwischen – ein bisschen kompliziert, aber doch ein klarer Plan.

Wirklich Sorgen machte mir jedoch nur die Fahrt von Kupang nach Darwin. Es spricht einiges dafür, das Schicksal nicht herauszufordern, zumal wir bereits auf einem Boot den Motor geschrottet und in ein anderes eine halbe Stunde von der Küste entfernt ein Leck hineingefahren hatten. Doch wir hatten nur etwa neun Tage Zeit, um zu Wasser von Bali bis nach Darwin zu gelangen. Mein neuer Glücksbringer würde schon auf uns aufpassen. Auf Borneo hatte ich den heiligen Christophorus verloren, den ich während der ganzen Reise getragen hatte, doch Olly hatte mir einen Ersatz besorgt, ihn segnen lassen und Russ mitgegeben. Am folgenden Morgen band ich ihn mir sorgfältig um den Hals.

Drunten im Jachthafen machte uns Steve mit Andy bekannt, dem Indonesier, der das Schnellboot fahren würde. Wir hätten eigentlich um 15 Uhr aufbrechen sollen, doch die Zeit war schon eine Stunde fortgeschritten. Die Tatsache, dass ich nirgendwo an dem Boot Scheinwerfer entdecken konnte und es gegen 17.30 dämmerte, bereitete mir Sorge. Schließlich waren wir auf der Südostspitze von Bali und mussten noch nach Trawangan auf der Südspitze der Gili-Inseln fahren, eine Fahrt von mindestens zwei Stunden.

Während wir warteten, bis der Papierkram erledigt war, fragte ich Andy, ob er unser Fahrziel kenne. Er antwortete, er sei mit genau diesem Boot schon dort gewesen, was mich sehr beruhigte.

»Und wie wird das Wetter?« Jetzt war es noch glühend heiß, der Himmel leuchtete in perfektem Blau, und das Meer war völlig ruhig und funkelte in der Sonne.

»Es gibt Springflut und Nippflut«, entgegnete Andy. »Bei Springflut sind die Wellen sehr hoch und bei Nippflut weniger; nur der Wind ist dann schlecht.«

»Was ist heute?«

»Springflut.«

Um 16.45 Uhr stachen wir in See. Mungo freute sich darauf, mit einem »richtigen«, schnittigen Boot zu fahren. Seine Höchstgeschwindigkeit betrug 49 Knoten, und das war teuflisch schnell. Ich prüfte vorsichtshalber die Armaturen, um sicherzugehen, dass das Boot auch wichtige Einrichtungen wie GPS und Radar hatte. Sie waren vorhanden, aber gleichgültig, wie gut ausgerüstet das Boot war und wie souverän Andy wirkte, ich wusste, dass wir erst in der Nacht in Trawangan ankommen würden. Und das Boot hatte verdammt noch mal keine Scheinwerfer.

»Was hältst du von der Sache, Russ?«, fragte Mungo in den Fahrtwind hinein.

»Klasse. Die Überquerung eines haiverseuchten Gewässers in finsterer Nacht. Genau darum geht es auf unserer Tour.«

»Okay, wir haben genug Benzin und PS«, sagte ich. »Das reicht mir.«

Wir verließen den Jachthafen und fuhren hinaus in die Bucht. Das Meer war ruhig, aber natürlich war es hier noch geschützt. Als wir Fahrt aufnahmen, ging ich vor neben das Steuerrad, Russ hockte auf dem Sitz im Bug. Der Wind riss nun an unseren Haaren, und die spritzende Gischt stach uns ins Gesicht.

»Ich habe mit Lucy gesprochen kurz bevor wir losgefahren sind«, überschrie Russ das Heulen des Motors. »Das Schiff, mit dem wir von Kupang aus fahren, ist definitiv unterwegs.«

»Haben sie irgendwas gesagt, wie lang es bis Darwin dauern wird?«

»Mindestens vier Tage.«

»Vier Tage ... Na dann.«

Allmählich wurde die Landmasse kleiner und die See unruhiger. Der Bug klatschte jetzt in schneller Folge auf Wellen, die sich weit links des Bootes wie Berge zu einer Dünung auftürmten. Als ich nach hinten zu Mungo schaute, sah ich, wie unsere Sitzkissen über das Heck geweht wurden.

»He Andy«, schrie ich, »wir haben die Kissen verloren.«

Er verlangsamte die Fahrt, wendete das Boot, und wir fischten die Kissen wieder aus dem Meer. Irgendwie beunruhigte es mich, dass wir schon so kurz nach Beginn der Fahrt etwas verloren hatten.

»Lieber Gott«, murmelte ich, »jemand will uns sagen, dass wir heute lieber nicht hätten fahren sollen.«

»He Charley«, schrie Mungo, als ob er mich gehört hätte. »Schau dir das mal an.«

Ich starrte auf die Stelle im Wasser, auf die er zeigte. Die Sonne ging bereits unter, und zuerst konnte ich außer den Wellen nichts erkennen. Dann sah ich es: die Flosse eines Hais, die das Wasser durchschnitt. Ein kleiner Schauer überlief mich.

»Gibt es viele Haie in diesen Gewässern?«, fragte ich Andy.

»Oh ja«, nickte er. »Massenhaft.«

Massenhaft Haie. Und wir würden im Dunkeln ohne Scheinwerfer mit Felsen und weiß der Himmel was noch fertig werden müssen. Perfekt!

Um 18.10 Uhr stellte ich mit dem GPS unsere Position fest. Die Sonne ging schnell unter, und ich schätzte, dass es in 20 Minuten völlig dunkel sein würde. Vor uns lagen aber noch mindestens 40 Minuten Fahrt, vielleicht sogar mehr. »In weniger als einer halben Stunde ist es dunkel«, sagte ich leise zu Andy.

Er nickte. »Wir müssen auf die Felsen und das Treibholz aufpassen«, sagte er. »Es gibt eine Menge Treibholz vor der Insel.«

Ich ließ den Horizont nicht aus den Augen, der ständig dunkler wurde.

»Immerhin haben wir in Southampton diese Nachtübung gemacht«, meinte Russ.

»Mit Lichtern und Bojen und Wegmarken«, erinnerte ich ihn. »Und das war auf dem Hamble, Kumpel, auf einem Fluss und nicht auf dem offenen Meer.«

Um 18.35 Uhr schimmerte das Meer pechschwarz. Ich stand auf den Schandeckeln des Bootes und starrte in die Dunkelheit hinaus.

»Übrigens«, sagte Russ. »Teile des Boots lösen sich auf.« Er lehnte sich über die Bordwand und wedelte mit einem dicken Gummiband, das den ganzen Rumpf umspannte. Es hing weg, wie eine gebrochene Dichtung bei einem Heißluftherd.

»Ich fass es nicht!«, schnaubte ich. »Warum ist auf jedem Boot etwas kaputt, auf das ich meinen Fuß setze?«

Plötzlich änderte sich das Motorengeräusch zu einem hohen Kreischen. Einen Augenblick später nahm Andy das Gas weg. Der Bug tauchte tief ins Meer, und das ganze Boot begann seitlich zu rollen.

»Was zum Teufel ist los?«, fragte ich in die Finsternis hinein. Es war so dunkel, dass ich Andys Gesicht nur dank der Armaturenbeleuchtung ausmachen konnte.

»Etwas hat sich in der Schraube verfangen.«

Wir waren offenbar in das Treibgut hineingefahren, vor dem Andy uns gewarnt hatte. Er legte den Rückwärtsgang ein und gab langsam Gas, während auf dem Armaturenbrett ein Alarmsignal ertönte. Einen Moment ging der Gang nicht rein. So, das war's, dachte ich. Jetzt sind wir am Arsch.

Gott, ich hasse Boote.

Aber dann drehte die Schraube langsam rückwärts und schließlich löste sich, was immer sich darin verfangen hatte, und das altvertraute Motorengeräusch war wieder zu hören.

Ich fingerte an dem Christophorus herum, den Olly mir geschickt hatte, und starrte in die Dunkelheit hinaus, während mir der Wind mit heißen Zungen den Schweiß vom Gesicht trocknete. Bitte mach, dass wir es schaffen, dachte ich. Bitte mach, dass wir es jetzt schaffen.

Wir nahmen wieder Fahrt auf, aber nun bestand offenbar Uneinigkeit, in welche Richtung wir fahren sollten. Wir hatten GPS und Radar, aber der Mechaniker stand auf der einen Seite des Steuerpults und schnatterte und gestikulierte wild, und Andy stand auf der anderen und tat dasselbe. Sie zeigten in verschiedene Richtungen und stritten miteinander.

»Hört sich wirklich beruhigend an«, raunte ich Russ zu. Doch der schwieg, weil wir in diesem Moment in eine riesige Welle hineinfuhren, und er sie größtenteils ins Gesicht bekam.

Immerhin war der Streit schnell zu Ende. Andy setzte sich mit souveräner Miene wieder auf seinen Platz. Erneut schossen wir eine Zeit lang über das offene Meer, doch dann blieb die Schraube ein zweites Mal hängen. Scheiße noch mal, dachte ich, jetzt passiert es schon wieder. Diesmal war es der linke Motor, und der Mechaniker musste sich mit einer Fackel über das Heck lehnen, während Andy den Rückwärtsgang einlegte – auf offener See, in der Dunkelheit, in einem Boot ohne Scheinwerfer und in einem haiverseuchten Gewässer. *By Any Means*, Charley Boorman, sagte ich zu mir selbst, wirklich mit allen verdammten Mitteln.

Wieder bekamen wir das Boot flott, fuhren aber diesmal mit gedrosselter Geschwindigkeit weiter. Andy erspähte den Schein eines Leuchtturms und wusste sofort, wo wir waren. Mit dem Leuchtturm zur Linken folgten wir unserem Kurs, bis wir schließlich weitere Lichtpunkte in einer Linie sahen, die offenbar die Küste markierten. Andy beschrieb mit dem Boot einen Kreis und erklärte, dass wir uns der Küste von Norden nähern müssten, um eine Kette von Felsen zu umschiffen, die dem Boot den Boden aufreißen könnten.

Es gab keinen Jachthafen und keine Pier; Andy setzte das große Boot einfach auf den Strand, und wir sprangen heraus. Endlich an Land! Die Fahrt hatte Spaß gemacht, aber dass die Schraube zweimal hängen blieb, hatte doch schwer an meinen alten Nerven gezerrt. Außerdem mussten wir noch weitere acht Tage auf See überstehen. Was für eine Aussicht!

Auf den Gili-Inseln gibt es keine Autos. Wir gingen mit unserem Gepäck den Strand hinauf, bis wir einen Pferdekarren als Taxi fanden.

»Wie ein *songthaew,* nur ohne Motor«, sagte Russ.

»Wenigstens sind wir heil angekommen«, brummte ich, »von Bali nach Gili, mit 201 PS.«

Da auf der engen staubigen Straße, an der unsere Unterkunft lag, nachts Hochbetrieb herrschte, beschlossen wir, uns die Nacht um die Ohren zu schlagen. Aus allen Bars drang Musik, und von den anderen Inseln waren massenweise Touristen gekommen, um Party zu machen. In der Morgendämmerung schwamm ich zur Abkühlung eine Runde im Meer, während viele Nachtschwärmer angetrunken in ihre Hotels zurückstolperten.

Angesichts der Menge Jack Daniels und Cola, die Russ konsumiert hatte, war er überraschend gut in Form, und dasselbe galt auch für Mungo. Wir wanderten die enge Straße entlang und hielten Ausschau nach einem Pferdekarren, der uns zum Treffpunkt mit dem Schnellboot bringen sollte. Da die meisten Touristen inzwischen im Bett waren, lag nun friedliche Ruhe über dem Ort. Die See war dagegen mit Booten von Tauchern übersät, und jenseits der Bucht waren die gezackten Umrisse anderer Inseln zu sehen.

Wir hatten vereinbart, Andy um acht Uhr zu treffen, und suchten mit dem Pferdekarren die ganze Straße nach ihm ab, ohne eine Spur von ihm zu finden. Als er schließlich um neun Uhr auftauchte, waren wir schon in heller Aufregung. Er entschuldigte sich zerknirscht. Er hatte kilometerweit laufen müssen, bis er Treibstoff für das Boot gefunden hatte.

Wir fuhren neun Stunden nach Osten, bis wir Bima erreichten, und ich genoss jede Minute der Fahrt. Es herrschte nicht mehr diese hohe Luftfeuchtigkeit, die uns in Vietnam, Laos und Kambodscha so zu schaffen gemacht hatte, und die trockene Hitze war viel leichter auszuhalten. Als wir immer weiter ostwärts kamen, veränderte sich allmählich die Landschaft. Die Inseln wurden trockener und kahler, mit weniger Bäumen und kaum mehr Dschungel.

Wir überquerten das Meer ohne Zwischenfall. Andy und der Mechaniker leisteten großartige Arbeit. Es blies eine sanfte Brise, und die Dünung war nur noch schwach; die Motoren liefen anstandslos. Wir überholten Fischer- und Taucherboote sowie einen alten Mann auf einem Surfbrett, der mit überdimensionalen Flipflops paddelte.

Wir fuhren am südlichen Rand der Floressee entlang und kamen an zahlreichen Buchten mit goldenen Stränden und anderen, wo der Sand aus schwarzem vulkanischem Gestein oder aus Korallen bestand, vorbei.

Es funktioniert, dachte ich, und lächelte vor mich hin. Diese Etappe war die schwierigste der Expedition, was die Beschaffung der Transportmittel anbelangte, und es haute tatsächlich hin. Neun Stunden, nachdem wir losgefahren waren, erreichten wir, völlig erschöpft und von der ständigen Gischt mit einer Salzkruste überzogen, den Hafen von Bima. Von hier aus wollten wir mit einer *phinisi* weiterfahren. Es lagen zwei oder drei im Hafen, aber vor allem eine stach mit ihrem weißen Rumpf und ihrem dunklen hölzernen Ruderhaus heraus. Sie war unser Schiff, die *Bidadari,* und sie sah umwerfend schön aus. Andy ging mit uns längsseits, wo sich ein großer blonder Amerikaner über die Reling beugte.

»Haben Sie auf uns gewartet?«, schrie ich.

»Ich glaube schon«, lachte er. »Ich heiße Nick.«

Das Schiff war wundervoll: komplett renoviert, mit zwei Masten und einem Speisesaal, einem Salon und Kabinen unter Deck. Nick zeigte uns die »Speedies«, wie er sie nannte: eine Anzahl von Tauchbooten, die kieloben im Bug lagen. Oben war ein Sonnendeck, wo die ganze Mannschaft mit dem Kopf gen Mekka betete. Nachdem wir die ganze Strecke von Bali bis Bima im offenen Schnellboot zurückgelegt hatten, wirkte das alles ziemlich luxuriös.

Es war jetzt Dienstagabend und wir mussten am Donnerstag um 14 Uhr in Flores sein, um die Fähre zu nehmen. An diesem Abend wollten wir nach Komodo fahren und am folgenden Tag nach Waranen Ausschau halten. Andy sollte über Nacht in Bima bleiben und uns am folgenden Tag mit dem Schnellboot auf Komodo oder Rinca treffen, um uns dann weiter nach Flores mitzunehmen. Weil er schon auf Trawangan Probleme mit dem Tanken gehabt hatte, war er wegen der Treibstoffbeschaffung etwas besorgt. Er meinte, er könne nicht garantieren, dass alles klappen werde, zumal er Bima nur schlecht kenne. Selbst wenn er seine Benzinkanister am folgenden Tag wieder auffüllte, würde er das meiste Benzin für die Fahrt nach Komodo verbrauchen, und wer wisse schon, ob er dort wieder welches bekommen könne?

»Einen Moment«, unterbrach Russ Andys Redefluss, »vielleicht kann dieses Schiff ja das Schnellboot ins Schlepptau nehmen?«

»Ich sehe keinen Grund, warum das nicht gehen sollte«, sagte Nick und schlug nach einem verirrten Moskito, »aber ihr müsst vorher den Kapitän fragen.«

Der Kapitän war einverstanden, also brachte die Mannschaft der *Bidadari* einen Reifen im Bug des Schnellboots an und befestigte daran zwei Leinen, die sie an das Heck ihres Schiffes banden. Und so stachen wir in See, um den Komododrachen einen Besuch abzustatten.

25

Im Bann des Drachen

Was ich von Komodo sah, war überwältigend: weißgoldene Strände und türkisfarbenes Meer. Der 2. Juli schenkte uns wieder einmal einen strahlenden Morgen. Wir waren mit gemütlichen sechs Knoten unterwegs und hatten sehr gut geschlafen. Ich weiß nicht, ob man das auch von Andy und seinem armen Mechaniker behaupten kann, die es in dem abgeschleppten Schnellboot ganz schön gebeutelt haben musste. Als wir jedenfalls um 6.30 Uhr an Deck gingen, hatte ich ihnen ermutigend zugewinkt, aber sie hatten nur müde gegrinst und eine geraucht. Wir waren zu dem Schluss gekommen, dass es besser für sie sein würde, wenn sie uns zurück nach Bima zur Fähre fuhren, statt uns nach Flores zu bringen. Mit voller Geschwindigkeit würde die Rückfahrt nur ein paar Stunden dauern, und sie wären danach entsprechend näher bei ihrer Heimatinsel.

Wir fuhren weiter nach Rinca, etwas südlich von Komodo. Die Insel im Komodo-Nationalpark zählt zum Unesco-Welterbe und ist bekannt für ihre Riesenechsen. Die hiesige Bevölkerung hat gelernt, sich mit den Tieren die Idylle zu teilen. Der Komododrache oder Komodowaran ernährt sich hauptsächlich von Aas, geht aber, wenn es nötig ist, auch auf Jagd. Sein wichtigstes Beutetier ist der Büffel. Der Biss eines Komodowarans löst eine Infektion aus, und der Waran folgt der gebissenen Beute ein paar Tage, bis sie an Blutvergiftung stirbt. Der Speichel des Warans enthält bis zu 60 verschiedene Arten von Bakterien. Bei schneller medizinischer Behandlung kann ein Erwachsener seinen Biss überleben, aber Kinder sterben in der Regel. Erst ein Jahr zuvor war ein kleiner Junge nach einem Biss an einer Blutvergiftung gestorben.

Vor der Fahrt mit der Yeremia, die uns von Nikoi nach Pontianak bringen sollte.

Nach einer halben Stunde Fahrt begannen die Schwierigkeiten.

Das Rettungsboot der Yeremia – nicht gerade ein beruhigender Anblick.

Beim Ausliefern
von Impfstoffen für
UNICEF auf Borneo.

Mit dem Schnellboot von Bali nach Trawangan – ein großes Vergnügen.

Die Oelin. Wunderschön bei ruhiger See vor Timor, Indonesien. Nicht so schön, wenn die Wellen vier Meter hoch sind.

Tony, Warwick, Mungo und ich. Wir haben überlebt!

Das Team und der Wicked-Camping-bus, mit dem wir von Darwin nach Alice Springs fuhren.

Das Pub in Daly Waters. Ich habe dort nicht meinen Büstenhalter vergessen, aber ein paar pinkfarbene Plastik-handschellen ...

Noel ließ mich sein Lieblingskamel reiten.

Dinky, der
Dingo, und
sein Besitzer
James Cotterill.

Mit Dave, dem Outback Man, gleich hinter Marree.

Alan und der Road Train.

Kelly, das Solarauto. Würde in Großbritannien wahrscheinlich nicht funktionieren.

Der Nissan Ute, ein klassisches Fahrzeug für den australischen Outback.

Auf dem Pferd Basil in den Bergen.

Mit meiner Tochter Doone bei der Ankunft in Sydney.

Am Ziel!

Mit meiner wunderbaren Familie und meinem genialen Team. Ohne sie hätte ich es nicht geschafft.

Als wir an einer hölzernen Pier anlegten, hießen uns zahlreiche Verbotsschilder willkommen: Sie untersagten strengstens das Tragen von Waffen und das Anzünden von Lagerfeuern. Wir nahmen einen Pfad, der einen felsigen Abhang hinaufführte, und ich fühlte mich wie David Attenborough auf Expedition ins Tierreich. Diesmal war ich auf der Suche nach Komodowaranen – unglaublich.

Nick zeigte zu den Felsen hinüber, wo uns ein halbes Dutzend Makaken beobachtete. »Die kleinen Kerle benutzen offenbar ihren Schwanz, um Krabben zu fischen.«

»Sie tun was?«, fragte ich entgeistert.

»Sie hängen den Schwanz ins Wasser, um Krabben anzulocken. Die Krabbe packt den Schwanz mit ihren Scheren, und der Affe reißt sie aus dem Wasser und frisst sie.«

»Mit geschmolzener Butter und einem Glas Sancerre hoffentlich.« Ich lachte. »Wie sind sie darauf gekommen, das so zu machen?«

»Keine Ahnung, aber dies ist der einzige Ort auf der Welt, wo Makaken das tun.«

In der Nähe des Dorfes lagen ein paar junge Warane in der Sonne ... Sie waren grau, etwa sechzig bis hundert Zentimeter lang und hatten lange, gebogene Klauen. Junge Warane können damit auf Bäume klettern, erwachsene Tiere nicht mehr. Diese benutzen ihre Klauen nur noch im Kampf und um das Fleisch ihrer Beute zu reißen.

Es war unglaublich heiß, und die Landschaft war von einer sagenhaften Schönheit, die irgendwie prähistorisch anmutete. Wir folgten einem ausgetrockneten Flussbett voller herabgefallener Blätter und nackter Wurzeln, die sich am Fuß uralter Bäume wie Schlangen ringelten. Es herrschte eine gespannte Stille, die förmlich nach Raubtieren roch.

Immer wieder überquerten wir kleine Sumpfgebiete, wo der Dschungel nach faulendem Wasser und den Exkrementen der Warane stank. Allmählich wurde der Regenwald lichter, und wir stiegen auf einen Hügel, wo wir eine andere Welt entdeckten: ein großes, kahles Hochplateau, auf dem nur wenige Palmen wuchsen.

Wir erspähten zahlreiche Makaken, und hin und wieder einen Büffel, aber keinen einzigen ausgewachsenen Waran. Offenbar war im Juli und August Paarungszeit, und die meisten erwachsenen Tiere hatten sich irgendwo ins Unterholz verdrückt, um es miteinander zu treiben. Eine Tätigkeit, bei der sie sich wahrscheinlich nicht gern stören ließen. Immerhin fanden wir ein paar alte Nester der Drachenechsen: große Löcher, die das Weibchen in den Boden kratzt, bevor es bis zu 30 Eier hineinlegt, die nach neun Monaten ausschlüpfen.

Die Warane haben keine natürlichen Feinde. Sie stehen an der Spitze der Nahrungskette. Es ist erstaunlich, dass ihre Existenz bis 1910 im Westen völlig unbekannt war. Kein Wunder dagegen ist, dass sie oft als Drachen bezeichnet werden: Die Männchen sind riesig. Der größte je gesichtete wilde Komodowaran war über drei Meter lang und über siebzig Kilogramm schwer. Der Schwanz der Echsen ist genauso lang wie ihr restlicher Körper. Mit seiner Hilfe halten sie ihr Gleichgewicht, wenn sie sich auf die Hinterbeine stellen. Die Tiere sind ungemein stark und haben über sechzig Zähne. Ihre Zunge ist gespalten, ihre Haut schuppig und die Klauen scharf wie Fleischermesser. Ich versuchte mir vorzustellen, wie es wohl gewesen wäre, wenn ich einem Waran in der freien Wildbahn begegnet wäre, noch bevor seine Existenz bekannt wurde. Ich hätte vor dem Drachen Reißaus genommen.

Wir marschierten noch einige Kilometer, konnten aber keine ausgewachsenen Tiere finden, also kehrten wir ins Dorf zurück. Und siehe da, dort lag ein großes Männchen zwischen dem Café und dem Toilettenblock. Ohne das geringste Interesse für uns zu zeigen, stand das Tier auf und watschelte in einem entspannten, von den Vorderbeinen dominierten Passgang davon. Warane sind wirklich eindrucksvolle Kreaturen: Sie werden bis zu 50 Jahre alt und laufen, wenn nötig, bis zu 30 Stundenkilometer schnell. Außerdem können sie bis zu fünf Meter weit springen. Alles in allem ist es deshalb keine gute Idee, einem der Tiere zu nahe zu kommen.

Ich fühlte mich wie auf einer Reise in die Vergangenheit. Ich dachte, wenn ich hier lebte, würde ich mich ständig gejagt fühlen. Die Dorfbewohner treffen ihre Vorsichtsmaßnahmen: Sie bauen ihre Häuser auf Pfählen, und nachts wird die Leiter hinaufgezogen.

Nach unserem Rundgang auf der Insel fuhren Russ und ich mit dem Schlauchboot zum Tauchen. Wir hatten gerade eine prähistorische Welt erkundet, und nun waren wir schon wieder in einer ganz anderen: Ich ging etwa 15 Meter tief und erblickte ein Riff, das sich ins Unendliche zu erstrecken schien – ein Wald von miteinander verwobenen, wehenden und wogenden Farben. Hunderte von Haarschöpfen, die in einer sanften Strömung tanzten. Ich hatte noch nie an einem solchen Ort getaucht: perfekte Sicht, perfekte Bedingungen. Ich sah Kugelfische, Seeschildkröten, Muränen und Kaiserfische, die auf den ersten Blick ein Teil der Korallen zu sein schienen. Große Schwärme kamen heran und inspizierten mich. Ich kam aus dem Staunen nicht heraus.

Russ prüfte seine Luftzufuhr und brachte es dabei fertig, die Kamera loszulassen. Sie befand sich in einer teilweise aufgeblasenen Tasche und sank nicht, sondern stieg hinauf an die Oberfläche. Russ hatte das nicht gemerkt und suchte eine Zeit lang zwischen den Korallen herum in der Hoffnung, dass die Kamera nicht ganz auf den Grund gesunken war. Erst als er verzweifelt nach oben blickte, konnte er sehen, dass die Kamera ganz in der Nähe des Bootes trieb. Und plötzlich griff von oben eine Hand ins Wasser und packte sie.

»Sie hat einen Riss«, sagte Russ, als wir wieder ins Boot kletterten. »Feuchtigkeit hinter der Linse. Wirklich schade. Ich glaube nicht, dass wir noch etwas von ihr haben.«

»Du bist der geborene Jacques Cousteau, Kumpel«, sagte ich. »Mach dir nichts draus.«

Als wir wieder auf der *phinisi* ankamen, schnappten wir uns schnell etwas zu essen und dankten Nick und der Mannschaft. Dann stiegen wir in das Schnellboot und rasten zurück nach Bima, um dort die Fähre zu nehmen und uns mit Anne zu treffen, die bereits an Bord war.

Wir überholten die Fähre, als sie sich gerade der Anlegestelle näherte. Wir gingen an Land und mischten uns unter die riesige Menschenmenge, die hinter zwei Stahltoren wartete. Es war, als ob sich ganz Bima im Hafen versammelt hätte, nicht nur Fahrgäste mit Koffern, Taschen und Bündeln, sondern auch Neugierige. Kinder verkauften Erfrischungsgetränke, Frauen knieten auf Teppichen und priesen alle möglichen Feldfrüchte wie rote Bohnen, Kürbisse und Gurken an. Es herrschte das reine Chaos. Wir steckten in einer Traube von Menschen, die wissen wollten, wie wir hießen, was wir taten und wohin wir fahren wollten; es waren so viele Leute, dass ich zum ersten Mal ein wenig Angst um unsere Sachen bekam. Schließlich öffneten sich die blauen Stahltore. Wir wurden geschoben und gestoßen, und wären fast über den Haufen gerannt worden, als die ganze Menge unter heftigem Einsatz von Schultern und Ellenbogen auf die Gangway zustrebte. Ich spürte kurz Panik in mir aufsteigen, aber dann beschloss ich, mich einfach mit der Menge treiben zu lassen. Die Ankunft der Fähre war in Bima eindeutig ein Großereignis.

Irgendwie gelangten wir doch noch an Bord, aber dort herrschte die gleiche Hektik. Gangways und Treppen waren von Fahrgästen verstopft, die hinauf- und hinunterrannten und wild durcheinanderschrien.

»Warum rennen die alle so?«, fragte ich, ohne jemanden bestimmtes anzusprechen. »Es dauert doch noch ein paar Stunden, bis wir abfahren.«

»Sie rennen, um sich einen Sitzplatz zu sichern«, sagte eine Stimme hinter mir. »In Bali war es dasselbe.«

Ich drehte mich um und stand vor Anne, die mich breit anlächelte.

»Hallo«, sagte ich. »Wir haben dich vermisst.«

»Diese Fähre ist der reine Wahnsinn, Charley. So geht es die ganze Zeit.«

Wir würden zwei Nächte und fast zwei ganze Tage in diesem Durcheinander verbringen. »Wir haben doch ein paar Kabinen gebucht, oder nicht?«, fragte ich hoffnungsvoll.

Sie nickte. »Du teilst deine mit Mungo. Es ist heiß, sehr heiß.«

Wir genossen zu viert ein Abendessen mit Huhn und Reis und einer scharfen Jalapenasoße. Vielleicht griff die Schärfe der Soße irgendwie auf das Gespräch über, ich weiß es nicht. Jedenfalls wurde die Auseinandersetzung nach dem Essen ein bisschen hitzig.

»Das Boot ist in Kupang«, sagte Russ und biss in einen Melonenschnitz. »Der Australier, der es fährt, heißt Warwick, und er pendelt damit ständig hin und her, um irgendwelchen Handel zu treiben. Ich bin immer noch nicht überzeugt von der Sache, aber wir haben keine andere Möglichkeit, es gibt nichts und niemand sonst. Ich glaube, wir müssen es nehmen.«

»Das wissen wir schon«, sagte ich ein bisschen irritiert. »Ich sage ja schon, seit wir es gebucht haben, dass wir es nehmen müssen.«

»Ja, aber du hast es nicht gesehen.«

»Aber man hat mir *gesagt,* dass es seetüchtig ist. Tatsächlich hat man mir genau das gesagt, was du mir schon vor zwei Wochen gesagt hast.«

»Ich weiß, aber ich habe es *gesehen.*«

»Was genau ist denn los, Russ?« Wir starrten einander inzwischen feindselig an.

»Du weißt nicht, wovon du sprichst. Du hast es nicht gesehen.«

»Na ja, du hast auch nur ein Foto gesehen.«

»Jetzt hört mal zu.« Er stieß mit einem Daumen Richtung Anne und Mungo. »Ich bin dafür verantwortlich, dass ihr sicher nach Darwin kommt. Und ich versuche nur sicherzustellen, dass wir ein seetüchtiges Boot haben.«

»Okay. Aber warum bist du so gereizt?«

»Ich bin nicht gereizt. Du bist gereizt.«

Als wir auf Flores anlegten, gingen etwa 100 Menschen von Bord, aber 300 weitere kamen aufs Schiff. Die offizielle Höchstzahl an Passagieren betrug 998, aber ich schätzte, dass mindestens 2000 an Bord waren. Nicht zuletzt deshalb führte ich ein langes Gespräch mit dem Kapitän: Das Schiff war seit Bima nach Backbord gekrängt, und er gab zu, dass wir massiv überladen waren. Er meinte, er habe mit dem Ticketverkauf nichts zu tun und steuere nur das Schiff. Schulterzuckend fügte er jedoch hinzu, dass jetzt in der Feriensaison so viele Passagiere ganz normal seien. »Ich fahre diese Route schon seit Jahren, und es hat nie einen Zwischenfall gegeben, Sir.«

Die Fähre war so überfüllt, dass man sich buchstäblich kaum noch rühren konnte. Die Leute schliefen auf den Gängen, in den Treppenhäusern und auf jedem Quadratzentimeter des Decks. Ganze Familien kampierten auf Schlafmatten unter freiem Himmel, ihr Gepäck in Pappkartons neben sich gestapelt.

Ich sah Russ den ganzen Tag nicht. Er hatte seine Kabine um fünf Uhr morgens verlassen und war nirgends zu finden. Während ich ihn suchte, stellte sich zufällig heraus, dass er von Timor nach Darwin fliegen wollte, statt mit dem Boot zu fahren. Unser indonesischer Führer wollte, dass Russ die Flüge bestätigte, und als er ihn nicht finden konnte, fragte er eben mich nach der Bestätigung. Ich war enttäuscht, dass ich es auf diese Weise erfahren musste, aber Russ hatte es wohl nicht anders gewollt. Schließlich entdeckten wir ihn schlafend auf einem »nur für Mannschaftsmitglieder« zugänglichen Teil des Decks.

Ich weckte ihn und stellte ihn zur Rede. Ich bestand darauf, keinen Flug zu nehmen, wie schlecht das Boot auch sein mochte.

»Den Vorsatz, nicht zu fliegen, haben wir doch ohnehin schon gebrochen. Du bist von Batam nach Borneo und dann von Borneo nach Bali geflogen, Charley«, verteidigte sich Russ.

»Ja, aber das habe ich nur getan, weil wir uns mit UNICEF getroffen haben. Wenn wir das Impfprogramm nicht unterstützt hätten, hätte ich todsicher einen anderen Weg gefunden.«

Als die Fähre schließlich in Timor anlegte, entstand ein ungeheurer Tumult. Ganze Horden orangegekleideter Arbeiter warteten ungeduldig, bis die Gangway heruntergelassen wurde. Die Leute kletterten übereinander, andere sprangen von der Seite auf die Gangway oder duckten sich unter den Seilen durch. Wer es im ersten Anlauf nicht schaffte, probierte es erneut. Es war, wie wenn sich Lemminge über einen Felsrand stürzen – das reine Chaos und mit Sicherheit die erstaunlichste Seefahrt, die ich je mitgemacht hatte.

Sobald wir es geschafft hatten, an Land zu kommen, trafen wir Warwick, den Skipper des Bootes, das uns nach Darwin bringen sollte. Er war etwa 35, hatte einen glattrasierten Schädel und trug eine Sonnenbrille mit blauen verspiegelten Gläsern. Bei ihm war Tony, ein älterer Mann, der an Bord als zweiter Mann arbeitete. Als wir herantraten, sprach Tony gerade mit Warwick, und ich schnappte die Worte »Windgeschwindigkeit von fünfzig Knoten« auf.

»Fünfzig Knoten?«, wiederholte ich entsetzt.

»So schlimm kann es maximal werden«, sagte Tony.

»Es wird eine raue Überfahrt, was?«

»Nein, nicht rau, Kumpel, ein bisschen unruhig vielleicht.«

Der Kapitän der Fähre hatte mir zuvor gesagt, wenn die See ruhig sei, sei die Überfahrt kein Problem, aber bei rauer See sollten wir zu Hause bleiben und die Tür verschließen. Aber trotz der Warnung wollte ich auf keinen Fall den Schwanz einziehen. Selbst wenn ich das Boot zuerst sehen wollte, um dessen ganz sicher zu sein.

»Wie lange, glaubst du, wird die Fahrt dauern?«, fragte ich Warwick.

Er schnitt ein Gesicht. »Normalerweise dauert sie vier Tage, aber bei dem Wetter, das wir in letzter Zeit hatten, müsst ihr mit sechs oder vielleicht sogar sieben Tagen rechnen.«

Sechs oder sieben, mein Gott. Und ich hatte gedacht, höchstens vier Tage. Mit einem verschwörerischen Seitenblick auf Mungo bat ich Warwick, uns das Boot zu zeigen.

»Nur du und Mungo, das haut hin«, sagte er auf dem Weg zur Bucht. »Wir haben nämlich noch zwei andere Passagiere an Bord. Motorradfahrer. Andreas und Lena, einen Deutschen und eine Litauerin. Sie schlafen die meisten Nächte an Deck, also ist es okay.«

Wir gingen durch eine Gasse zwischen zwei Hafengebäuden zu einer Bucht, wo mehrere Boote vor Anker lagen. »Das ist sie«, sagte Warwick, »das hölzerne Boot, die *Oelin*.«

Mein Blick folgte seinem Zeigefinger. Die *Oelin* war zweifellos das hübscheste Boot in der Bucht: eine kleine *phinisi* mit dem typischen hohen Bug und dem Ruderhaus im Heck.

»Hast du sie gebaut?«

Warwick nickte stolz. »Drüben in Kalimantan, mit meinem Bruder. Man hat uns gesagt, es würde eigentlich drei Monate dauern, aber wir sollten lieber mit einem Jahr rechnen. Am Ende war sie nach fünf Jahren fertig. Die Leute glauben, sie sei aus Teak, aber sie ist aus Holz aus der Gegend. Aus kalimantanischem Eisenholz.«

»Was meinst du, Charley?« Russ war mitgekommen und stand neben mir.

»Ich finde, sie sieht spitze aus. Ich will sie mir noch näher ansehen, aber wir verabschieden uns besser gleich hier, weil ich an Bord bleibe, wenn sie so solide ist, wie sie aussieht.«

»Okay. Pass gut auf dich auf, und auf Wiedersehen in Darwin.«

Ich umarmte ihn und verabschiedete mich auch von Anne, die ebenfalls fliegen würde. Nach einer Reihe von schlechten Erfahrungen mit kleinen Booten, und nachdem sie den ganzen Weg von Bali bis Timor auf der Fähre zurückgelegt hatte, hatte sie genug vom Meer. Also würden nur Mungo und ich die letzte Schiffsreise unseres Abenteuers machen.

Wir verstauten unser Gepäck in Warwicks kleinem Schnellboot und gingen an Bord. »Also sechs Tage, Warwick«, sagte ich.

»Vermutlich. Wenn wir den kürzesten Weg nehmen, fahren wir immer genau gegen den Wind, und das ist wirklich anstrengend. Deshalb folgen wir besser etwa die halbe Zeit der Küste und queren dann so schnell wie möglich. Das macht 150 Kilometer mehr, aber so ist es auf alle Fälle bequemer.«

»Bequemer gefällt mir. Ich hoffe, ihr habt eine Menge Tabletten gegen Seekrankheit an Bord.«

»Ein paar schon«, sagte er. »Brauchst du denn viele?«

»Nein ... ich verlier vielleicht ein bisschen Gewicht auf der Fahrt, aber das kann ich vertragen.«

Das Boot war fabelhaft, genau das, was wir gewollt hatten. Es gab viel Raum an Bord, und es gefiel mir außerordentlich, dass das Boot auf traditionelle Weise gebaut worden war. Eisenholz ist sehr haltbar, stabil und schwer. Warwick sagte, die *Oelin* könne so ziemlich alles aushalten.

Die beiden anderen Passagiere, ein grauhaariger Deutscher mit seiner Freundin Lena, zeigten uns das Unterdeck. Es gab nur eine große Kabine mit sechs Kojen – sehr gemütlich. Die Wände waren getäfelt, und der Bücherschrank war gut gefüllt. Der ganze Raum atmete eine warme, positive Atmosphäre. Es konnte vielleicht ein bisschen eng werden, wenn das Wetter schlecht war, aber Andreas und Lena betonten noch einmal, dass sie oben auf Deck schlafen wollten.

Das Boot war offenbar sehr gut gewartet, und Warwick verfügte über die ganze notwendige Sicherheitsausrüstung. Er hatte eine große Checkliste, mit der er alle sicherheitsrelevanten Probleme überprüfte, und er sagte mir, dass er auf die eine oder andere Weise segle, seit er vierzehn geworden sei. Ab fünfzehn hatte er inoffiziell ein Schiff geführt, und als er neunzehn war, hatte er seinen Schein in der Tasche gehabt. Er war sehr entspannt, ein richtig cooler Australier, und er wusste offenbar genau, was er tat. Wir hatten in Kupang erfahren, dass Warwick der Einzige war, der die Überfahrt um diese Jahreszeit machte, und ich vermutete, dass das auf zwei Arten verstanden werden konnte. Ich fragte, warum die Überfahrt so schwierig sei, und Tony erklärte mir, dass im Süden ein Hochdruckgebiet das andere jage und dadurch der ständige Ostwind entstehe, der hier so heftig blase.

Nach der Inspektion des Schiffes hatte ich meine Entscheidung unwiderruflich getroffen: Das war unser Schiff. Mungo und ich konnten es kaum erwarten loszufahren, als wir an der Reling standen und auf die grauen Gebäude an der Küste starrten. Warwick war noch kurz mit unseren Pässen zur Einwanderungsbehörde gegangen. Er hoffte, dass wir um 16 Uhr weg wären.

Ich hatte das Gefühl, dass das Ende der Reise jetzt zum Greifen nahe war, und hatte wie ein Pferd Sehnsucht nach dem Stall.

»Das ist die letzte Etappe, Mungo«, sagte ich.

Er nickte. »Du wirst der Einzige sein, der den ganzen Weg geschafft hat, ist dir das klar? Drei sind losgefahren, aber nur einer hat es ganz geschafft.«

»Was meinst du damit?«

»Ich meine, Russ ist heimgeflogen und ich auch.«

»Du warst verletzt.«

»Ich weiß, aber egal aus welchem Grund, du bist der Einzige, der es den ganzen Weg geschafft hat.« Er schüttelte mir die Hand. »Ich will das Schicksal nicht herausfordern, Kumpel, aber ich gratulier dir trotzdem schon mal.«

Der geplante Zeitpunkt für die Abfahrt verstrich, und Warwick war immer noch nicht zurück. Als er schließlich erschien, sagte er, die Sache sei in Bearbeitung, aber wir seien schließlich in Indonesien, und es werde noch etwas dauern. »Ich vermute, der Papierkram ist bis sieben erledigt, aber wir sollten lieber warten und morgen so früh wie möglich losfahren.«

»Morgen?« Sechs oder sieben Tage Fahrt und nun auch noch morgen! Ich spürte, wie mir das Herz schwer wurde.

»Siehst du diese Bambusboote?« Warwick zeigte die vielen Segelboote, die über die ganze Bucht verstreut lagen. »Sie sind nachts nicht beleuchtet, und ich will nicht mit einem zusammenstoßen. Es ist sicherer, wenn wir bis zum ersten Morgenlicht warten.«

Er hatte natürlich recht, aber ich war immer noch enttäuscht.

»Bist du abergläubisch, Charley?«, fragte er.

Ich zeigte ihm das halbe Dutzend Glücksbringer an meinem Handgelenk. »Nein, ich bin überhaupt nicht abergläubisch.«

»Gut. Es heißt sowieso, dass man nie an einem Freitag in See stechen soll. Bei den Fischern ist das ein ungeschriebenes Gesetz. Wir brechen morgen im ersten Tageslicht auf. Und jetzt ... Ich weiß ja nicht, wie's dir geht, Kumpel, aber ich könnte jetzt ein kaltes Bier vertragen.«

26

Leichter Seegang

Es blieb natürlich nicht bei einem Bier. Als echte Seemänner packten wir auch den Rum aus, und weil er 57 Prozent hatte, tranken wir uns einen tierischen Rausch an.

Am nächsten Morgen musste ich lang und gründlich nachdenken, bis ich wusste, wo ich war. Dann erinnerte ich mich, dass ich mich in Kupang befand und sechs Tage auf See vor mir hatte. In meinem Kopf hämmerte es, und mein Magen wollte sich jeden Augenblick umdrehen, dabei hatten wir noch nicht einmal unseren Liegeplatz verlassen. Ich kroch aus dem Bett und stolperte an Deck.

»Alles deine Schuld«, sagte ich zu Warwick, der über mein selbstverschuldetes Unglück grinste.

»Ich weiß, Kumpel. Die Sache mit dem Trichter in deinem Mund, das war echt nicht fair, oder?«

Ich half dabei, das Beiboot an Bord zu hieven. Mit dem kleinen Metallboot waren wir gestern noch an Land gefahren, als wir zu dem Schluss kamen, dass der Alkohol in unseren Mägen von etwas fester Nahrung aufgesaugt werden musste. Danach reichte mir Warwick den Griff für die Ankerwinde, doch dieser scherte bei der ersten Umdrehung ab. Ich stand dumm da, während der Griff nutzlos in meiner Hand baumelte. Warwick nahm ihn mir ab und sagte, ich solle mich auf eine Strafe gefasst machen.

Er erklärte mir, dass Andreas und Lena sich ihre Überfahrt mit Kochen und Putzen verdienten, was für uns großartig sei, weil wir deshalb viel weniger Aufgaben und viel mehr Freizeit hätten. Ich war ganz seiner Meinung. Dann reparierten Warwick und Tony den Griff der Ankerwinde, und wir lichteten den Anker.

»Wir verlieren immer wieder mal einen«, sagte Warwick. »Das ist Berufsrisiko, und wir haben Ersatz im Laderaum. Zyklon-Anker, Charley.« Er blinzelte mir zu. »Nur für den Fall.«

Als wir wieder im Ruderhaus waren, öffnete er die Klappe in der Windschutzscheibe, um etwas frische Luft hereinzulassen, und zeigte mir, wie man auf seinem Laptop den Autopiloten einstellte. Die Wegmarken waren bereits einprogrammiert, der Kurs eingegeben. Ich schaute zu, wie sich das Steuerrad des altmodischen Boots ohne menschliches Zutun ganz von selbst bewegte. Mungo und ich kamen überein, es sei nicht der Autopilot, sondern ein Geist, den wir an Bord hätten. Wir nannten ihn Joe.

Es war ein kristallklarer Morgen, und solange wir an der Nordküste von Timor entlangsegelten, würden wir vor dem Wind geschützt sein. Wenn wir dann die offene See erreicht hätten, würden wir noch etwa 150 Kilometer weiter nach Osten fahren und dann südöstlich nach Darwin hinuntersteuern.

»Es ist die leichtere Fahrt«, versicherte Warwick noch einmal. »Wir haben dann den Wind im Rücken und reiten die Wellen ein bisschen so wie ein Kamel Sanddünen reitet, verstehst du, was ich meine?«

Mir konnte die Überfahrt nicht leicht genug sein, und an diesem Morgen hatte ich große Schwierigkeiten, mir einen Ort der Welt vorzustellen, wo ich lieber gewesen wäre als auf diesem wunderschönen Boot: Der hölzerne Rumpf war in einem leuchtenden Orange gestrichen und das Ruderhaus strahlte in Pink. Warwick meinte, die Farbgebung sei die Idee einer Frau gewesen.

Mungo und ich waren uns einig, dass sich Warwick trotz unseres langen Zögerns genau als der Skipper entpuppt hatte, den wir brauchten. Er kannte die Gewässer wie seine Westentasche und hatte hier 20 Jahre lang gefischt, zuerst mit seinem Vater und dann auf seinem eigenen Boot. Er hatte diesen einzigartigen australschen Humor, und wir verstanden uns hervorragend. Das Meer lag ruhig, und im Schutze der grauen Berge Timors zu unserer Rechten glitt das Boot völlig friedlich dahin.

Hatte ich bereits erwähnt, dass ich das Boot liebte? Das Ruderhaus war holzgetäfelt, und immer, wenn wir es betraten, war Joe am Steuer. Am anderen Ende des Ruderhauses lag die Kombüse: eine an der Wand befestigte Bank, ein Tisch und eine paar Stühle. Draußen auf dem Achterdeck stand der Kühlschrank, und dort befand sich auch eine Luke mit einer Leiter, die zur Schraube hinabführte. In der Nacht saßen wir draußen und beobachteten das phantastische Blitzen in unserem Kielwasser – eine Art phosphoreszierendes Grün.

Tony vermutete, dass sich die Luke da befand, wo indonesische Seeleute traditionell ihr Geschäft machten. Wir hatten natürlich eine kleine Toilette (auch wenn man mit der Spülung vorsichtig sein musste) und eine Duschkabine. Immer wenn die Luke offen war, musste jemand danebenstehen und aufpassen, dass niemand hineinfiel. Nicht über Bord zu gehen war die einzige wirklich strenge Regel auf dem Boot.

»Mann über Bord – das langweilt tierisch«, sagte Tony. »Wir müssen wenden und zurückfahren und nach euch im Wasser suchen. So was ist echt scheiße, Kumpel.«

Die Fahrt machte großen Spaß und war sehr erholsam. Wir nahmen uns Zeit und stoppten das Boot hin und wieder, um im Meer zu schwimmen. Außerdem ließen wir eine 200-Pfund-Leine ins Wasser, in der Hoffnung, dass ein Thunfisch beißen würde. Ich überprüfte sie gelegentlich. Immer wieder hing Treibgut daran, meistens Plastiktüten, aber egal wie oft ich den Köder wechselte, es wollte einfach kein Fisch anbeißen.

Wir machten sechs oder sieben Knoten Fahrt, und alles ging friedlich seinen Gang. Die Sonne strahlte, der Himmel war blau, und ich saß viel im Bug, lehnte mich an das umgedrehte Beiboot, und ließ meinen Blick über den flachen, leuchtend blauen Horizont schweifen. Weit und breit war nichts und niemand auf dem Meer vor uns zu sehen. Lediglich eine Gruppe Delfine, die auf unserer Bugwelle surfte, leistete uns Gesellschaft. Ich beugte mich über die Reling und schaute zu, wie sie pfeilschnell vorausschwammen und aus dem Wasser sprangen. Warwick sagte mir später, dass ich mich glücklich schätzen könne, Delfine aus der Nähe gesehen zu haben, weil sie in diesen Breiten normalerweise eher Angst vor Booten hätten.

Nach dem Abendessen gingen Mungo und ich wieder in den Bug, um dasselbe phosphoreszierende Leuchten zu beobachten, das wir schon im Kielwasser gesehen hatten. Immer wieder wurde der leuchtend grüne Strahl der Bugwelle von gezackten Linien durchschnitten, die von Rückenflossen stammten und uns signalisierten, dass die Delfine immer noch da waren, obwohl wir sie nicht sehen konnten. Es war ein seltsames Phänomen, und in der schwarzen Nacht mit den Sternen über mir und dem Wind in den Haaren hatte es unbestritten etwas Magisches. Warwick zeigte uns noch das Kreuz des Südens, ein Sternbild, anhand dessen sich Seeleute auf der Südhalbkugel nachts orientierten, weil die senkrechte Achse des Kreuzes zum südlichen Himmelspol ausgerichtet ist. Dann fiel ich in meine Koje.

Am Sonntagmorgen zogen einige Wolken auf, aber das Meer war immer noch ruhig, und wir tuckerten ohne irgendein Anzeichen für ein Unwetter munter weiter, immer noch mit Land an Steuerbord. Ich fühlte mich wunschlos glücklich und freute mich auf die Überfahrt nach Australien und auf das Wiedersehen mit meiner Frau und meinen Kindern. Ich hatte die Nacht gut geschlafen. Wir hatten es bei einem Bier zum Sonnenuntergang belassen. Auch der Sonntag verging ohne besondere Vorkommnisse, und als wir am zweiten Abend schlafen gingen, ruhte auch das Meer ganz friedlich.

Um ein Uhr morgens wurde ich plötzlich durch einen unglaublich heftigen Schlag aus dem Schlaf gerissen. Ich sprang sofort aus der Koje und hatte große Mühe, mein Gleichgewicht zu halten, weil sich das ganze Boot plötzlich auf die Seite zu legen schien. Mungo war auch auf den Beinen, und wir krochen die Treppe hinauf und hinaus aufs Deck, wo wir uns an der Reling festhielten und in die absolute Dunkelheit hinausstarrten.

Ich konnte überhaupt nichts erkennen und hörte nur den angestrengt arbeitenden Dieselmotor und die donnernde See. Die Nacht war pechrabenschwarz – keine Spur von Licht, nicht einmal ein Grauschimmer. Der Wind tobte wie eine Todesfee, und Wellen krachten gegen den Rumpf. Mir wurde klar, dass mich eine Welle aufgeweckt hatte.

»Mensch, Mungo«, schrie ich. »Das ist ja unglaublich.«

Er übergab sich, oder »fütterte die Fische«, wie er sich ausdrückte. Durch die Bewegung des Bootes hatten wir jedes Raumgefühl verloren, und er senkte einfach den Kopf und kotzte in den Wind. Das war keine gute Idee, denn er kriegte alles wieder ins Gesicht.

Ich drehte mich zum Ruderhaus um und konnte im Schein des GPS-Schirms mit Müh und Not Warwick ausmachen. Er hatte eine brennende Zigarette zwischen den Fingern.

»Bist du okay, Charley?«

»Ja. Mungo hat die Fische gefüttert, aber sonst geht's uns gut. Die große Welle grad eben hat uns aufgeweckt.«

»An solche Wellen solltet ihr euch besser gewöhnen, wir fahren in einen Sturm hinein.«

»Ein ganz schön großer, was?«

»Groß genug. Wir kriegen vermutlich eine etwa drei Meter hohe Dünung. Können aber auch vier oder fünf Meter werden, bis es vorbei ist.«

Warwick war anders als sonst. Zum ersten Mal nahm ich seine ernste Seite wahr. Es lag vor allem an der ruhigen, aber sehr bestimmten Art, wie er nun sprach.

»Geh lieber nach unten, Kumpel. Du willst doch nicht über Bord gehen, was?«

Wieder in der Koje ging es mir besser. Der Schwindel, den ich an Deck gespürt hatte, war verschwunden. Doch alle Geräusche schienen in der Dunkelheit schärfer zu werden: das Donnern der Wellen, das Rattern des Diesels ... Er hörte sich verdammt strapaziert an, aber das bildete ich mir vielleicht auch bloß ein. Es gab nur eine Maschine auf dem Boot, keinen Ersatz außer einem Außenborder, mit dem wir nicht weit kommen würden. Ich legte mich auf die Seite und spähte zu Mungo hinüber. Er lag flach auf dem Rücken, mit einem Fuß auf dem Boden.

»Bist du sicher, dass du in Ordnung bist?«

»Seit wann bin ich dir so wichtig, Charles?«

»Ich weiß nicht. Seit wir dieses Zimmer auf Borneo geteilt haben, glaube ich.«

Er schaute mich mit zusammengekniffenen Augen an. »Hör mal, ich weiß, diese Reise ist fast vorbei, und deine Frau ist unterwegs, aber bleib auf deiner Seite der Kabine, okay?«

»Freut mich, dass du deinen Sinn für Humor nicht zusammen mit deinem Essen verloren hast.«

»Ha, ha, ha.«

Warwick hatte uns gewarnt, dass alle Strömungen an der Stelle zusammentreffen würden, wo wir aus dem Schutz der Landmasse von Timor herauskämen. Ich hatte keine Ahnung gehabt, was Warwick damit genau meinte, aber nun spürten wir die Folgen unmittelbar, und ich wurde leicht nervös. Ich hatte immer noch zu deutlich vor meinen Augen, wie das Wasser in den Laderaum des alten Kahns geströmt war. Das Boot, mit dem wir jetzt fuhren, war genau wie das andere aus Holz, und wenn das hier passierte ... Ein unerträglicher Gedanke!

Ich konnte nicht einschlafen, also ging ich wieder hinauf. Warwick saß mit gekreuzten Armen da, Joe, der Geist, stand am Steuer.

»Das ist echt verrückt«, sagte ich, als sich das Steuerrad von allein drehte. In der hohen Dünung war es schwieriger, Kurs zu halten, weshalb sich das Rad ziemlich heftig nach links und rechts und wieder zurück drehte. »Schade, dass das Wetter umgeschlagen hat«, fügte ich hinzu. »Ich hab die Ruhe genossen.«

Warwick schnitt eine Grimasse. »Laut Wetterbericht wird es schlimmer.«

»Schlimmer?«

»Es kann immer schlimmer werden, Charley.«

Im Morgengrauen des 7. Juli stand ich auf dem Deck, hielt mich an der Reling fest und fühlte mich richtig seekrank. Ich hatte mich noch nicht übergeben, aber allein beim Gedanken an Essen hob es mich, und das Boot gierte so stark, dass ich jeden Augenblick kotzen konnte. Was als hübsche kleine Seereise begonnen hatte, wurde zum Horrortrip. Die größten Wellen waren berghoch, die Dünung lag bei mehr als vier Metern, und das Boot kämpfte schwer, um vorwärts zu kommen. Rauf und runter und von einer Seite auf die andere, Massen von Wasser strömten über den Bug und schlugen gegen die Bordwände, und dann stürzten wir wieder in höhlenartige, graue Wellentäler hinab, die uns jeden Augenblick zu verschlingen drohten.

Der Tag dauerte ewig. Die beiden Tage zuvor waren dagegen wie im Flug vergangen, als wir mit gesetzten Segeln im Sonnenschein dahinglitten. Wir hatten viel gelacht und gescherzt. Nun jedoch hatte sich die Welt verändert, und mich beschlich ein Angstgefühl, von dem ich wusste, dass es nicht mehr verschwinden würde, bis ich wieder festen Boden unter den Füßen hatte. Dies war die bei weitem schwierigste Etappe unserer Reise: Wir mussten sie hinter uns bringen, und wenn wir die Herausforderung gemeistert haben würden, würde der Triumph monumental sein.

Mungo kam herauf, um frische Luft zu schnappen, und wir standen zusammen an der Reling. »Wir sind immer noch in der Timorsee«, sagte ich. »Es dauert noch mindestens achtzehn Stunden, bis wir in australische Gewässer kommen.«

Er nickte.

»Wahnsinn, nicht«, sagte ich, und ich spürte einen Adrenalinstoß, als ich auf dem kleinen hölzernen Deck von der schieren Gewalt der tobenden See überwältigt wurde.

»Hast du Angst?«, fragte Mungo. »Ich meine, das ist ein echter Sturm, und sie haben gesagt, dass Warwick der Einzige sei, der um diese Jahreszeit eine Überfahrt riskiert.«

Einen Augenblick sagte keiner von uns etwas.

»Wir kommen schon an«, fügte Mungo dann hinzu, als ob er sich selbst Mut machen wollte.

»Dein Leben liegt in seiner Hand«, erinnerte ich ihn. »Was hast du gesagt, als wir auf Bali darüber gesprochen haben? Wenn er genug Selbstvertrauen hat, vertraust du ihm dein Leben an.« Ich hielt mich krampfhaft an der Reling fest, als das Boot unter dem Ansturm einer großen Welle erzitterte und wir in ein weiteres gewaltiges Wellental hinabrasten. »So ist es jetzt, Mann. Dein Leben ist in seiner Hand und meines auch.«

»Wir schaffen es.«

»Klar, schaffen wir's.«

Das Unwetter wurde schlimmer. Stunde um Stunde hörte man nichts anderes als das Donnern der Wellen, das gutturale Rattern der Maschine, das Heulen des Windes und ein Geräusch von berstendem Holz, das sich anhörte, als würde jede Minute der Rumpf auseinanderbrechen. Ich lag in meiner Koje und konnte auf meiner Matratze feuchte Flecken spüren – Wasser rann von der Decke herab. Wir waren wie gelähmt: Wir konnten nicht aufstehen oder umhergehen, wir konnten nicht ins Freie. Wir standen physisch und psychisch unter existenziellem Druck, und das machte jedes Gespräch unmöglich. Die Stimmung an Bord war gedrückt. Allein mit unseren Gedanken, lagen wir entweder flach oder hielten uns in der Kombüse oder im Ruderhaus an irgendetwas fest. Im Lauf der Zeit wurde meine Laune immer schlechter.

»Mein Gott, kotzt mich das an«, sagte ich und setzte mich auf. »Im Augenblick wäre ich lieber an jedem anderen Ort der Welt als hier draußen.«

Mungo lächelte. »Ich auch. Was für wankelmütige kleine Wichser wir doch sind. Wenn die Sonne scheint und das Meer ruhig ist, sind wir so glücklich wie Schweine in der Scheiße.«

»Aber wenn die Kacke am Dampfen ist, denken wir bloß noch ans Abhauen.«

»So ist die menschliche Natur, vermute ich.«

»Lieber Gott«, murmelte ich. »Was zum Teufel mache ich auf diesem Boot?«

Mungo sagte nichts mehr, und ich verfiel ebenfalls in Schweigen. Mir war speiübel und ich fühlte mich verloren. Die Welt hatte aufgehört zu existieren. Es gab nur noch dieses verletzliche kleine Boot und den gewaltigen Ozean. Ich war so weit weg von meiner Familie, wie ich es vermutlich je sein könnte, und einen Augenblick war ich den Tränen nahe. Dann dachte ich daran, dass meine Schwester Telsche immer bei mir ist. Ich spürte ihre Gegenwart, als wir in Kambodscha mit dem Motorrad durch den Regen fuhren, und wenn ich recht darüber nachdachte, konnte ich sie auch jetzt spüren. Ich wurde mir des heiligen Christophorus um meinen Hals bewusst, und war sehr glücklich, dass Olly ihn gesegnet hatte, bevor sie ihn mir geschickt hatte. Ich legte mich wieder hin, nahm den Heiligen fest in die Hand und starrte zu der holzgetäfelten Decke hinauf, von der mir nun Wasser direkt ins Gesicht tropfte.

Als es dunkel wurde, schleppte ich mich noch einmal zu Warwick ins Ruderhaus. Mungo blieb unter Deck und sprach mit Lena, Tony hatte sich inzwischen aufs Ohr gehauen.

Plötzlich hörten wir einen lauten Knall; einen Schlag auf das Dach des Ruderhauses direkt über uns. Warwick riss die Augen weit auf und rannte hinaus. Ich konnte durch die Windschutzscheibe sehen, wie er auf das Dach des Ruderhauses spähte. Er stand einen Augenblick vorn, dann kämpfte er sich zur einen Seite des Bootes und dann zur anderen. Er ging aufs Achterdeck und kam mit gehetztem Blick und gerunzelter Stirn durch die Kombüsentür wieder herein. Zum ersten Mal, seit ich ihn kannte, wirkte er fassungslos.

Im Ruderhaus rutschte er die Stufen in den Schlafraum hinunter. »Wo ist Andreas?«, schrie er.

Mungo blickte auf. »Ich weiß nicht.«

»Lena, wo ist Andreas?«

Sie sprang auf, totenblass. Warwick ging an ihr vorbei und warf einen schnellen Blick in seine Kabine, dann kam er wieder die Treppe herauf. Er ging wieder hinaus. Das Boot rollte so stark, dass er quer über das Deck torkelte. Der Wind war irre stark; er fuhr ihm so brutal ins Hemd, dass ich meinte, es knattern zu hören. Wir tauchten in ein Wellental, und Wasser brandete über die Reling. Es riss Warwick von den Beinen, und er musste sich am Mast festhalten, um nicht über Bord gespült zu werden. Neben mir drehte sich das Steuerrad von links nach rechts, wie um den Wahnsinn der Situation noch zu betonen.

Warwick stand jetzt vor dem Ruderhaus. Er schaute nach oben und plötzlich glitt ein erleichtertes Lächeln über sein Gesicht. Gleich darauf kam er, nass bis auf die Haut, wieder herein.

»Er ist in dem verdammten Zodiac, er muss hinübergerutscht sein, das war der Schlag, den wir gehört haben. Als ich das erste Mal draußen war, lag er noch flach auf dem Rücken in dem Beiboot. Deshalb konnte ich ihn nicht sehen. Mein Gott, das hätte uns gerade noch gefehlt! Mann über Bord bei diesem Wetter. Keine Chance, Kumpel! Nicht die geringste.« Mit einem Kopfschütteln klopfte er eine Zigarette aus der zerdrückten Packung, die in das Netz über dem Armaturenbrett gestopft war.

Ich verbrachte die Nacht und den folgenden Tag in der feuchten Hitze unter Deck in meiner Koje. Das Wetter war so schlecht, dass wir kaum aßen, jedenfalls keine richtige Mahlzeit. Wenn wir uns bewegten, wurde uns sofort schlecht oder wir krachten gegen sämtliche Dinge, da es unmöglich war, bei dem Geschaukel einen Schritt geradeaus zu tun. Und an Deck war es einfach zu gefährlich.

Langeweile und Angst werden meine dominierenden Erinnerungen sein, dachte ich, als ich von meiner Koje aus Mungo beobachtete, der mit einem Arm über den Augen dalag.

»Wir werden bestimmt glücklich sein, wenn wir es geschafft haben«, versuchte ich etwas Ermutigendes zu sagen.

»Das war ziemlich haarig mit Andreas gestern Nacht. Gott weiß, was passiert wäre, wenn er über Bord gegangen wäre.«

»Er wäre ertrunken, Mungo. Wir hätten das Boot nie schnell genug wenden können, um ihn noch lebend zu finden.«

Mungo machte Anstalten, sich aufzusetzen, besann sich aber eines Besseren.

»Verdammt idiotisch, überhaupt auf das Dach raufzuklettern.«

Ich schaute auf mein Navigationssystem. »Weißt du, wie schnell wir sind?«

»Klär mich auf.«

»Drei Knoten.« Plötzlich war ich total deprimiert. »Weißt du, wie weit wir noch fahren müssen?«

»Nö.«

»Hundertsiebzig Seemeilen. Hundertsiebzig Seemeilen bei drei Knoten. Mein Gott, wie lang wird das dauern, Mungo?«

Jetzt setzte er sich doch auf. »Wie lange hätte der Flug von Timor aus gedauert?«

»Etwa zweieinhalb Stunden.«

Er legte sich wieder hin.

Es ging einfach immer weiter, Stunde um Stunde, mit vier Meter hohen Wellen. Wir fuhren auf der einen Seite hinauf und auf der anderen Seite wieder hinunter. Und wir konnten nichts anderes tun, als in der Kabine zu bleiben und uns damit abzufinden. Jedes Gespräch verstummte. Wir lagen einfach nur da wie zwei Zombies und warteten auf bessere Zeiten.

Je länger es dauerte, desto mehr spürte ich, dass es mich nicht nur körperlich, sondern auch seelisch strapazierte. Ich ertappte mich dabei, zu denken, dass wir nie wieder Land sehen würden. Am Ende jedoch kam ein gewisser Humor auf.

»Wenn wir an Land kommen, gönn ich mir eine Mahlzeit Erde«, sagte ich laut. »Ich werde mir nie ein Boot kaufen. Ich werde nie wieder mit einem Boot fahren. Ich glaube sogar, dass ich nie mehr schwimmen werde.«

Um drei Uhr morgens wachte ich auf und ging hinauf ins Ruderhaus, wo Warwick wie üblich Wache schob. Das Unwetter schien nachgelassen zu haben. Vielleicht hatte ich mich ja auch nur daran gewöhnt, aber die Wellen kamen mir nun jedenfalls nicht mehr ganz so mächtig vor.

»Wie geht's dir, Mann?«, sagte ich.

»Gut. Das Wetter ist besser geworden. Hast du's gemerkt?«

»Ja, es kommt mir nicht mehr so extrem vor.«

»Trotzdem kann ich für den Morgen nicht garantieren.«

»Nicht?«

Er schüttelte den Kopf. »Wir überqueren die sogenannte Hundert-Meter-Bank, flacheres Wasser. Da könnte es noch mal rau werden, aber es wird nicht allzu lange dauern.« Er zeigte auf den Computerschirm. »Der Fleck da ist Bathurst Island.« Er tippte auf eine Landmasse nördlich von Australien. »Wenn wir da an der Küste entlangfahren, sind wir in ruhigem Wasser.«

»Dann machen wir das, oder?«

»Warum nicht. Wir stoppen die Maschine, setzen die Segel und machen ein paar Tests. Prüfen, wie viel Wasser wir aufgenommen haben, schauen nach, was repariert werden muss, und checken die Maschine. Das kann man bei diesem Wetter nicht tun. Es wäre zu gefährlich, den Motor abzustellen.« Er deutete mit dem Kopf zur Kombüse. »Danach essen wir was Ordentliches, und dann sind es noch fünfzig Seemeilen bis Darwin.«

»Bloß fünfzig?«

»Ungefähr. Vermutlich kommen wir am Donnerstagmorgen um vier oder halb fünf an.«

»Phantastisch.«

»Auf dem letzten Stück, wenn wir um die Landspitze herumkommen, könnte allerdings noch mal leichter Seegang herrschen.«

Meine Zuversicht schwand. »So schlimm wie jetzt?«

»Vielleicht nicht ganz so schlimm.«

»Ist das jetzt wirklich schlimm, Warwick? Ich meine, findest du es auch schlimm, oder sind wir nur zwei britische Landeier, die keinen blassen Dunst von der Seefahrt haben?«

Er lachte. »Ich sag dir, wie es ist, Charley. Es ist immerhin so schlimm, dass wir reparieren müssen, was kaputtgegangen ist; ein paar lecke Stellen abdichten.« Er machte eine Pause und kratzte sich den rasierten Schädel. »Wie schlimm es ab Bathurst Island ist, kommt drauf an, auf welche Strömung wir treffen. Wenn wir mit der Strömung fahren, sind wir schneller, aber es wird rauer. Wir werden dann auf jedem Meter der Strecke mit dem Bug in die Wellen gedrückt.«

Ich kann gar nicht sagen, wie herrlich es war, als wir die Maschine ausmachten und Segel setzten. In der Morgendämmerung konnten wir Bathurst Island sehen – unser erster Blick auf Australien, den letzten Kontinent unserer Marathonreise. Mungo und ich standen an Deck, die Sonne schien, und zum ersten Mal seit Tagen war die See friedlich.

Die ganze Atmosphäre hatte sich geändert. Bei ruhigem Wetter strahlte das Boot Entspannung aus; wir redeten, scherzten und lachten wieder. Auch mit gesetzten Segeln bewegten wir uns noch, aber es gab kein anderes Geräusch mehr als das Pfeifen des Windes und die Schreie der Möwen. Das Meer war hier weniger tief, und in der Ferne sahen wir Thunfische springen, als ob sie sich über unsere Angelleine lustig machten.

Ich konnte spüren, wie sich meine Spannung abbaute, wie sich meine Schultern lockerten und der Schmerz in der Magengrube abflaute. Ich hatte das Gefühl, dass wir bald am Ziel sein würden.

27

Neue alte Freunde

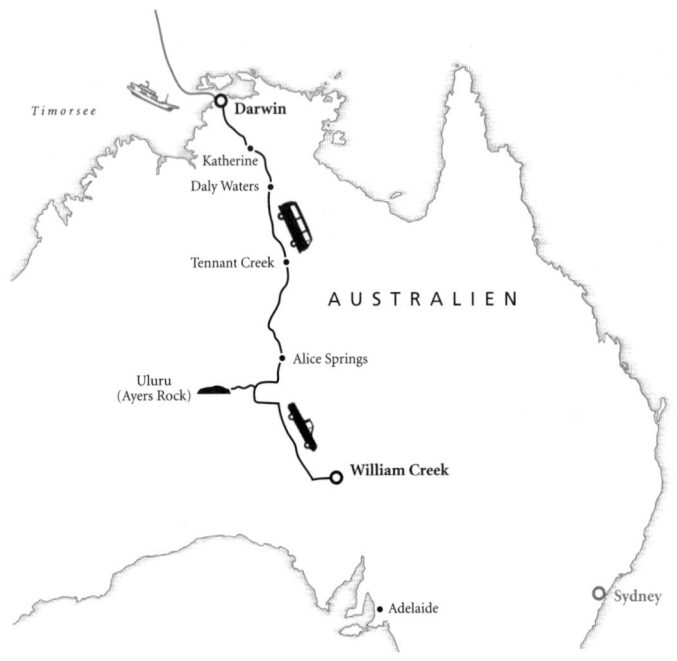

Um Viertel vor sieben am Dienstagmorgen, dem 10. Juli, stand ich auf dem Deck der *Oelin,* als wir mit tuckernder Maschine in den Hafen von Darwin einliefen.

»Mungo!«, schrie ich. »Junge, wir haben es geschafft. Wir sind in Australien.« Ich boxte in die Luft und tanzte einen Jig auf dem Deck. »Ja«, schrie ich. »Ja! Ja!«

Ich konnte es kaum glauben. Nach der langen Planungsphase und den vielen Wochen der Reise hatten wir schließlich den ganzen langen Weg bis Darwin geschafft. Es war fast drei Monate her, dass wir London verlassen hatten, aber was hatten wir in der Zwischenzeit nicht alles erlebt!

Der Hafen war von einer Steinmauer geschützt, und das Meer immer noch so bügelglatt, wie es auf der ganzen Strecke seit Bathurst Island gewesen war. Wir hatten damit gerechnet, dass es auf diesen letzten fünfzig Seemeilen nochmals richtig zur Sache gehen würde, aber als wir die Landspitze umrundeten, war die See so ruhig wie ein Mühlteich. Mungo und ich waren nun nicht mehr an unsere Kojen gefesselt, sondern saßen an Deck und plauderten im Sonnenuntergang.

Ich blickte zum letzten Mal hinaus aufs Meer. Die Überfahrt hatte sechs Tage gedauert und drei davon waren die Hölle gewesen. Auf dem letzten Abschnitt vor Bathurst Island war die Dünung auf über viereinhalb Meter gestiegen, und das Boot war in Wellentäler gefahren, die so tief waren, dass es nur noch von Wasserwänden umgeben war.

»Ich bin total glücklich, dass wir das gemacht haben«, sagte ich. »Ich bin so froh, dass wir nicht den Schwanz eingezogen haben.«

»Gratuliere, Charley«, sagte Mungo. Er schüttelte mir die Hand und klopfte mir auf die Schultern. »Es war mir ein Vergnügen, mit dir zu reisen.«

Russ und Anne warteten am Kai auf uns.

»Wie geht es euch?«, schrie Russ.

»Ziemlich gut, danke.«

»Ich frage nicht, wie es war.«

Ich sprang aus dem Boot, sobald wir angelegt hatten, legte mich flach auf den Boden und umarmte und küsste den Beton. Ich hätte ihn auch ohne Weiteres essen können. Endlich wieder fester Boden unter den Füßen! Eine Zeit lang hatte ich daran gezweifelt, ob ich je wieder an Land kommen würde.

Erst als wir durch den Zoll waren und im Hotel eingecheckt hatten, wurde es mir so richtig klar: Ich hatte es tatsächlich geschafft. Ich saß auf dem Bett im Hotelzimmer und schaute aus dem Fenster, und es war, als sei überhaupt keine Zeit vergangen: Ich stehe wieder bei meinem Vater in der Ausfahrt und schwinge ein Bein über den kirschroten Bobber, Freunde und Nachbarn winken zum Abschied, es regnet, ich habe einen Kloß im Hals und ein Zittern im Kinn. Und jetzt bin ich in Darwin, nachdem ich all die vielen Länder mit allen möglichen Verkehrsmitteln durchquert habe. Eine Flut von Gefühlen überschwemmte mich, und ich konnte nicht verhindern, dass mir Tränen in die Augen stiegen.

Die Reise war noch nicht zu Ende, wir mussten erst noch Sydney erreichen. Aber die Überfahrt von Timor nach Darwin war die härteste Etappe gewesen. Während der wirklich schlimmen 36 Stunden hatte es Augenblicke gegeben, in denen ich fast verrückt geworden wäre, so schlecht ging es mir. Auf halbem Weg hätte ich alles gegeben, um von dem Boot herunterzukommen und nie wieder einen Fuß darauf setzen zu müssen. Im Rückblick jedoch, nachdem wir den Sturm überstanden hatten, hätte ich mit niemandem den Platz getauscht.

Wir übernachteten in Darwin und mussten am folgenden Morgen klären, wie wir die 1540 Kilometer nach Alice Springs zurücklegen konnten. Nachdem wir mehrere Möglichkeiten durchgesprochen hatten, entschieden wir uns dafür, einen Wicked Bus zu mieten, einen der gebrauchten Campingbusse, die man überall im Land herumfahren sieht. Jeder Bus wird von Bikern individuell bemalt, und die Leute nutzen sie als billiges Transportmittel. Diese Art von Bus schien uns genau das richtige Gefährt zu sein, um damit in den

Busch zu fahren. Jemand hatte einen Spruch auf das Armaturenbrett unseres Exemplars gekritzelt. »Wer einem Känguru ausweicht, gehört der Katz.«

Die Tatsache, dass ich so lange auf See gewesen war, musste meinen Orientierungssinn beeinträchtig haben, denn ich verfuhr mich bereits in Darwin. Es gab nirgendwo erhellende Schilder, die uns den Weg aus der Stadt wiesen, und so landeten wir in einer Sackgasse und dann auf dem Parkplatz eines Einkaufszentrums. Schließlich kurbelte Mungo das Fenster herunter und bat einen Passanten um Hilfe.

Schließlich fanden wir doch noch die richtige Straße und verließen Darwin. Das Land sah durstig aus. Staub hing in der Luft, und die Fahrbahn war von dürren Bäumen und gelbem Gras gesäumt. Als ich auf die Karte schaute, war ich wieder einmal erstaunt, wie riesig Australien doch war: fast so groß wie die USA.

Langsam normalisierte sich mein inneres Navigationssystem wieder. Ich fuhr mit einer Hand am Steuer und hing meinen Gedanken nach, während die Straße wie eine unendliche Linie in der Ferne verschwand. Bis Alice Springs waren es zwei Tage Fahrt; wir wollten am Abend des folgenden Tages dort sein. Mit dem Bus kamen wir nicht schneller voran, auch wenn die Straßen mehr oder weniger frei waren. Ein paar Kilometer mussten wir sogar über unbefestigten Belag holpern, aber als wir wieder schwarzen Asphalt unter den Reifen hatten, stiegen wir aus und tanzten bei voll aufgedrehtem Radio einen wilden Bebop auf der gottverlassenen Straße. Wir waren glücklich wie frisch entlassene Soldaten – alle miteinander.

Ironischerweise hatte sich die Tatsache, dass wir während unserer Überfahrt nach Darwin getrennt gewesen waren, positiv auf unseren Teamgeist ausgewirkt. Zuvor waren wir drei lange Monate zusammen gereist, und der Streit um die Überfahrt nach Australien war unser erster echter Konflikt gewesen. Russ sagte mir, er habe sich vor allem deshalb für den Flug entschieden, weil die Spannung zwischen uns so groß gewesen sei, dass jemand (zumindest metaphorisch) hätte über Bord gehen können, wenn wir uns zu dritt auf so engen Raum begeben hätten. Und tatsächlich nahm die Spannung in den paar Tagen der Trennung nicht nur ab, sondern wir gewannen auch ein neues, gesundes Verständnis füreinander. Wenn sich ein Streit auf diese Weise löst, kann sich eine Freundschaft sogar vertiefen. Das spürten wir nun.

An diesem Abend blieben wir in Daly Waters, einer Stadt, die in der Nähe eines Flugplatzes lag, den die Amerikaner im Zweiten Weltkrieg für Zwischenlandungen genutzt hatten. Im Zentrum hielten wir an einer roten Ampel. Wir warteten und warteten, und eine Reihe von Leuten kam vorbei und sah uns komisch an. Dann entdeckten wir das Schild, das verkündete, dass die Ampel die abgelegenste in Australien sei, und erfuhren, dass sie deshalb immer auf Rot stehe. Sie war typisch für den Ort, ein Nest voller verrückter Gebäude, die halb hinter Bäumen verborgen waren, und in dem die Sonne gnadenlos auf die staubige Straße herunterbrannte. Wir gingen in ein schräges Pub, das mit allen Arten von Erinnerungsstücken vollgestopft war: Geldscheine, Straßenschilder, Büstenhalter und Höschen aus der ganzen Welt hingen von der Decke. Auf der anderen Straßenseite befand sich ein baufälliger Laden, in dessen Dach ein halber Hubschrauber eingegraben war. Neben dem Laden standen ein paar Zapfsäulen mit einem Schild, auf dem stand: »Tanken Sie ihr Auto voll und zahlen Sie im Pub.«

Am nächsten Tag vergaß ich doch glatt vollzutanken, bevor wir losfuhren, und wir mussten noch einmal zurück. Natürlich stand niemand an den Zapfsäulen, und ich ging in das Pub.

»Tanken Sie einfach voll, und dann sagen Sie uns, wie viel es war«, sagte die Bedienung.

Wunderbar, ihre absolut entspannte Antwort entsprach genau unserer Stimmung, von der ich wusste, dass sie für das Ende unserer Expedition anhalten würde.

Auf unserem Weg nach Alice Springs – das kahle, felsige Outback schimmerte in der Ferne – genossen wir einen entspannten Tag. Wir waren einfach gut drauf: Im Radio lief tolle Musik, Mungo zeigte entgegenkommenden Autos seinen Arsch, eben das, was Jungs auf einer Autofahrt so einfällt. Am späten Abend fuhr ich an einer Tankstelle vorbei, als der Tank noch halb voll war. Ich dachte, das Benzin würde locker bis zur nächsten reichen. Aber etwa eine Stunde später fuhr der Bus auf Reserve. Die nächste Stadt war noch siebzig Kilometer entfernt, und ich wollte den Tank auf keinen Fall leerfahren. Wenn man das bei einem Diesel tut, bilden sich Lufteinschlüsse in den Einspritzdüsen, und die zu säubern, ist verdammt schwierig. Deshalb rollten wir auf einen Campingplatz zu, wo mehrere Wohnmobile parkten, und ich kurbelte das Fenster herunter. Ein paar Leute saßen an einem Tisch, und ich fragte sie, ob sie etwas Diesel für uns übrig hätten. Sie schüttelten den Kopf. Mir wurde das Herz schwer. Waren wir so weit gekommen, nur damit uns im australischen Outback der Sprit ausging? Just in diesem Moment brummte ein anderer Campingbus auf den Platz. Der Fahrer war ein älterer Mann, Frau und Hund saßen auf dem Beifahrersitz. Ich ging zu ihm hinüber und fragte auch ihn nach Diesel, da uns sonst bald der Treibstoff ausgehen würde.

»Das wär' aber ein echter Scheiß«, sagte er. »Ich hab einen Kanister hinten drin, den können Sie haben.«

Ich hätte ihn küssen können, so erleichtert war ich. Er hatte uns wirklich den Arsch gerettet.

Schließlich kamen wir in Alice Springs an, und am nächsten Morgen trafen wir uns mit Dave, dem *Outback Man*, seinem Bruder Ken und seinem Freund Gary. Die drei waren unsere Führer und sollten uns in Kleintransportern zur Grenze von Südaustralien bringen. Sie hatten Proviant und ein paar Swag Bags mitgebracht (wasserdichte Daunenschlafsäcke mit integriertem Kissen und integrierter Matratze), damit wir unter freiem Himmel schlafen konnten. Dave war ein angenehmer Reisebegleiter, der uns am laufenden Band mit Witzen und geistreichen Bemerkungen unterhielt. Wir amüsierten uns köstlich, besonders wenn er mit seinem Bruder wetteiferte.

Wir wollten zum Uluru, der vielen unter dem Namen Ayers Rock bekannt ist. Aber bevor wir aufbrachen, machte uns Dave mit Noel Fullerton bekannt. Wir hatten ursprünglich gehofft, rechtzeitig für das jährliche Kamelrennen nach Alice Springs zu kommen, aber wegen der langen Überfahrt von Timor nach Darwin hatten wir es knapp verpasst. Noel war seit fast vierzig Jahren der Organisator des Rennens. Neben dem 74-jährigen mit weißem Bart und langen weißen Haaren, der mit Vorliebe verwaschene Jeans, eine Lederweste und ein Stirnband trug, wirkte Dave wie ein geschniegelter Großstadtmensch. Noel berichtete uns, dass er schon fast sein ganzes Leben mit Kamelen arbeite und mit Touristen Safaris in die Wüste mache, wo es etwa eine halbe Million wilde Kamele gebe. »Ich sage ihnen immer, dass die Wahrscheinlichkeit, sich ein Bein zu brechen, eins zu zehn ist, wenn man auf einem Kamel reitet«, sagte er. »Auch Sie sollten das nicht vergessen.«

Dann machte er mich mit *Nummer 26* bekannt, einem großen, grauen, königlich aussehenden Kamel, das am Tag zuvor an dem Rennen teilgenommen hatte. Es ging in die Knie, damit ich in den Sattel steigen konnte. Noel schlug vor, ich solle es ein paar Mal im Schritt um die Rennbahn herumreiten, während er das zweite sattle. Dann erwähnte er beiläufig, dass er für mich ein verspätetes Rennen gegen einen der Einheimischen arrangiert habe.

Russ, der am Rand der Bahn zusah, fragte, ob ich nicht einen Sturzhelm brauche.

»Nur wenn er runterfällt«, sagte Noel.

Als ich auf dem knienden Kamel am Start saß, kam ich mir vor wie auf einer der 500er Grand-Prix-Maschinen in den Siebzigerjahren, die man noch durch Anschieben und Aufspringen starten musste. Der Typ, gegen den ich antrat, hatte Erfahrung und maß mich mit einem Blick, der deutlich sagte: »Du wirst meinen Staub fressen, Bürschchen.«

Noel knallte mit der Peitsche, und wir rasten los. Ich stand in den Steigbügeln, und mein Gegner näherte sich schon der ersten Kurve. *Nummer 26* jedoch schwenkte stark nach rechts und steuerte auf eine Lücke im Zaun zu, wobei seine gewaltige Zunge ihm seitlich aus dem Maul hing. Ich versuchte vergeblich, das Kamel wieder in die richtige Richtung zu ziehen. Die Lücke war eindeutig zu schmal, doch das Kamel hatte es sich in den Kopf gesetzt, hindurchzulaufen. Wir krachten in den Zaun, ich zog mein rechtes Bein gerade noch rechtzeitig weg, damit es nicht zerquetscht wurde. Aber *Nummer 26* schaffte es, wenigstens mein linkes Bein zu ramponieren. Ich bekam einen saftigen Bluterguss am Schienbein, und durch die Kollision wurde ein Stück Leder aus der Kappe meiner brandneuen Outback-Stiefel gerissen.

Unerschrocken ritt ich zurück an den Start, und das hinterhältige Kamel versuchte noch einmal dasselbe Ding mit mir abzuziehen. Diesmal jedoch war ich darauf gefasst, hielt die Zügel kürzer, brachte es an der Lücke vorbei und setzte dem Typ nach, der mich seinen Staub fressen lassen wollte. Auch in diesem Rennen musste ich mich geschlagen geben, aber Noel klopfte mir nachher auf die Schulter und sagte anerkennend, dass ich meine Sache für ein Greenhorn gut gemacht habe. Meine Leute waren inzwischen schon mit den Transportern ein Stück vorausgefahren und mit Noels Erlaubnis ritt ich ihnen nun auf dem Kamel nach, um sie zu treffen.

Auf dem Weg zum Ayers Rock aßen wir im Stuart's Well Roadhouse, wo Dinky der Dingo Klavier spielt. Er ist offenbar weltberühmt und hat schon mit allen möglichen bekannten Leuten im Duett gespielt.

»Fasst ihn nicht an und schaut ihm nicht in die Augen«, sagte der Besitzer James Cotterill. »Er ist manchmal ein bisschen übermütig, und schließlich ist er kein Hund.«

Nach einem bravourösen Duett mit Dinky, bei dem ich die Tastatur mit zwei Fingern bearbeitete, während Dinky mit verdrehten Augen versuchte, meiner Improvisation wenigstens einen Hauch von Melodie zu verleihen, rollten wir auf einer einspurigen Straße durch die leere Landschaft weiter. Nur ein paar vereinzelte Bäume dienten als Orientierungspunkte in der Ebene. Etwa eine Stunde später stieg ein mächtiger Felsen plötzlich aus der Wüste auf – ein faszinierender, gewaltiger Tafelberg, der die gesamte Umgebung beherrscht.

»Nein, Kumpel, das ist der Mount Conner«, bemerkte Dave, bevor ich etwas sagen konnte. »Alle machen denselben Fehler, keine Sorge.«

Kurz darauf schwenkte die Straße nach rechts, und da lag er, glatter und runder als der Mount Conner und von leuchtend rostroter Farbe. Der Ayers Rock besteht aus grobem Sandstein (Arkose) und klingt fast hohl, wenn man an ihn klopft. Er ist das letzte verbliebene Stück eines großen Gebirgszugs, der langsam durch Erosion verschwand. Dave sagte mir, dass nur etwa ein Fünftel der Formation über der Erde liege, der Rest sei unter dem Sand. Die Aborigines nennen den Fels Uluru und kommen seit Hunderten von Jahren hierher, weil es an diesem Ort Leben gibt, während der Rest der Wüste absolut trocken ist.

Dave wusste einfach alles über den Uluru, die Wüste und ihre Tiere und Pflanzen. Das Outback war für ihn so etwas wie ein Hinterhof, in dem er schon als Kind gespielt hatte, und er liebte es. Als wir die Hauptstraße verließen, fuhren wir sofort durch tiefroten Staub, der von den Rädern aufgewirbelt wurde und große Wolken hinter uns bildete. Dave meinte, wir seien gerade auf der größten Rinderfarm der Welt, und wenn es Wasser unter der Erde gäbe, würden allein in dieser Gegend 20 000 Stück Vieh herumziehen.

Wir suchten uns einen Platz zum Campen. Dave schlug eine Senkung mit ein paar Bäumen etwa 50 Meter von der Straße entfernt vor, und ich holperte mit meinem Transporter problemlos durch das Gestrüpp. Russ aber blieb wadentief im roten Staub stecken – mit durchdrehenden Rädern.

»Du musst die vordere Radnabe blockieren«, brüllte ich zurück.

»Was?«

»Die vordere Radnabe blockieren.«

Ich fuhr rüber, nahm die Einstellung vor und bekam sein Fahrzeug wieder flott.

Dave machte ein perfektes Feuer, und ich hob eine Grube aus, in die wir das Feuer verlegen konnten, wenn es richtig brannte. Ich schaute zu, wie die Sonne über der Wüste unterging, einer gewaltigen Ödnis mit verwaisten Bäumen, verstreuten Felsblöcken und unendlich viel rotem Staub.

Ken stand neben mir und trank aus einer Wasserflasche, die halb voll mit Johnnie Walker war.

»Sieht aus wie eine Urinprobe«, sagte sein Bruder.

»Whisky, Kumpel. Keine Sorge, Charley. Für euch haben wir jede Menge Bier und ein paar Flaschen feinen Rotwein dabei.«

Gleich darauf brüllte die australische Nationalhymne in voller Lautstärke aus seinem Führerhaus.

Unsere Outback-Profis kochten ein sensationelles Abendessen mit Steaks und Bratkartoffeln, und sie kramten tatsächlich einige Flaschen guten Rotwein hinten aus in ihrem Transporter hervor. Nach dem Essen unterhielten wir uns am Feuer, erzählten Witze und lachten. Als es spät wurde, nahm ich meinen Swag Bag und ging zu einem Stück Boden neben meinem Fahrzeug, das ich sorgfältig gesäubert und geebnet hatte. Als ich in meinen Schlafsack hineinkroch, musste ich daran denken, dass Australien das giftigste Land der Welt ist, mit etwa sieben der zehn giftigsten Schlangen der Welt. Zum Glück ließ Mungo einen fahren, als ich es mir gerade bequem gemacht hatte, und ich wusste, dass der Geruch das unliebsame Getier fernhalten würde.

Am Montagmorgen wurden wir mit Würstchen, Schinken, Tomaten und Spiegeleiern geweckt – diese Outback-Typen sind echte Lebenskünstler. Nach dem opulenten Frühstück ging es wieder auf die Piste. Ich hoffte, dass wir einen Road Train erwischen würden, einen dieser riesigen Sattelschlepper, die drei gewaltige Anhänger ziehen, sodass ein einziger Zug mit über vierzig Rädern entsteht. Wir waren ziemlich sicher, dass wir einen finden würden, der uns bis zur südaustralischen Grenze mitnehmen würde.

Plötzlich tauchte wie aus dem Nichts ein John Deere 670 D vor uns auf, ein gewaltiges Fahrzeug, das die waschbrettartigen Spuren planiert, die Autos auf unbefestigten Straßen hinterlassen. Der hintere Teil des Fahrzeugs war ganz dem Motor vorbehalten, das Führerhaus saß in der Mitte, und der Vorderteil bestand aus einem langen Rüssel mit einem gewaltigen Planierschild darunter. Neben einem der riesigen Räder stand ein älterer Mann mit einem buschigen grauen Bart. Er trug eine Baseballmütze und die superkurzen Shorts, die Aussies so lieben, und zwischen seinen gelben Zähnen klemmte eine dünne, kleine Pfeife.

»Das ist Popeye«, sagte Dave. »Kommt, ich mach euch bekannt.« Popeye freute sich, uns zu sehen, hier draußen hatte er selten Besuch. Ich stellte mich vor und kam natürlich schnell auf sein Fahrzeug zu sprechen.

Er grinste. »Ist ein großes Spielzeug für Erwachsene, das ist sicher. Ich planiere die Straße jetzt schon zehn Jahre für das gleiche Unternehmen.«

»Und Sie sind ganz allein hier draußen?«

»Ja. Nur hin und wieder kommt mal jemand vorbei. Autos mit Typen wie Ihnen. Gelegentlich muss ich auch einen Motorradfahrer gesund pflegen. Die haben oft keine Vorstellung davon, wie groß das Land ist, und nehmen nicht genug Wasser mit. Aber meistens bin ich allein. Kein Mensch will hier rauskommen.«

Ich ließ meinen Blick über die Wüste um uns herum schweifen. »Aber wo wohnen Sie? Wie kommen Sie nach Hause?«

»Ich haben mein Haus und alles Notwendige mit dabei«, sagte er. »Ich bin ein Zigeuner. Ich wohne am Straßenrand.«

Er erzählte mir, dass er eine Tochter in Alice Springs habe und hin und wieder dort vorbeikomme und seine Vorräte auffülle. Popeye war 63 Jahre und hatte keine Chance, in der Stadt einen Job zu finden. Er blieb immer ein paar Wochen draußen zum Planieren und kehrte dann für einen oder zwei Tage in die Zivilisation zurück. Es kam durchaus vor, dass er 14 Wochen oder noch länger unterwegs war. Für solche Fälle hatte er bis zu 14000 Liter Diesel dabei, und ab und zu versorgte ihn ein Tanklaster. Die Planiermaschine hielt er selbst instand, reparierte Reifenpannen und erledigte alles, was so anfiel. Und dann ließ er mich, Charley im Glück, ein Stück australische Piste planieren.

Wir verabschiedeten uns von ihm und fuhren nach Coober Pedy, einem kleinen Ort in einer riesigen, felsigen Wüste, wo nach Opal geschürft wurde und wir unseren Road Train treffen wollten. Dave sagte, es gebe mindestens eine Million Schächte auf dem Opalfeld, und einige seien sogar bis zu 20 Meter tief. Ein Schild auf dem Gelände warnte davor, auf dem Feld zu rennen oder rückwärts zu gehen.

»Fotografen!«, bemerkte Dave. »Ihr würdet euch wundern, wie viele Leute beim Bilderschießen rückwärts in ein Loch gelaufen sind.« Er schüttelte den Kopf. »Ein Zwanzig-Meter-Sturz auf den harten Felsboden ist nicht zu empfehlen. Am besten, ihr bleibt hier auf der Straße und wagt euch lieber nicht auf das Feld.«

Ich konnte fast nur mehr an den Road Train denken. Seit wir erstmals davon gesprochen hatten, Australien zu durchqueren, träumte ich davon, einen zu fahren. Road Trains gibt es nur in Australien. In den USA fahren zwar riesige Sattelschlepper, aber nicht derartige Monster. Die Road Trains hier haben gewaltige amerikanische Zugmaschinen mit runder Motorhaube. Meist sind es alte Mack- und Kenworth-Trucks, die vor Kraft förmlich strotzen.

Die Road Trains, die wir überholt hatten oder von denen wir überholt worden waren, donnerten wie lebendige Wesen durch die Landschaft. Ratternde Dieselmotoren, hustende Auspuffe und trompetende Druckluftfanfaren ... Sie waren echte Wahrzeichen des Outback.

Dave hatte sich mit seiner Tochter Danielle in Verbindung gesetzt. Sie kannte einen Typ namens Alan, der einen Road Train fuhr. Er transportierte gerade Sand, hatte aber schon alle möglichen Ladungen, von Schweinen und Schafen über Autos bis zu Bahnschwellen, gefahren. Alan nahm uns gerne mit. Sein Sattelschlepper hatte zwei Anhänger, und die Zugmaschine war ein International S Line aus den Staaten. Alan sagte mir, dass man sehr auf Zack sein müsse, um etwas so Großes zu fahren. Der Zug sei unglaublich lang und im Rückspiegel der Fahrertür könne man nur einen der beiden Anhänger sehen. Die Maschine hatte 420 PS und bei einem Getriebe mit 20 Gängen konnte man leicht vergessen, in welchem Gang man gerade fuhr.

Ich saß bei offenem Fenster hinter dem Steuer und konnte es nicht glauben: Ich fuhr einen Road Train ... jetzt war ich wirklich im

PS-Himmel. Nur noch wenige Tage trennten mich von meiner Familie, und dieses Monster fraß jetzt regelrecht die Kilometer von der Straße, sodass die Wüste an uns vorbeiflog. Wer so hoch über der Straße thront, kommt sich nahezu unbesiegbar vor. Ich war auf dem Goodwood Festival of Speed mit verschiedenen Motorrädern und Autos gefahren, aber nichts ließ sich mit dem Road Train vergleichen. Ich stellte mir vor, wie es sein würde, mit einer solchen Maschine quer durch Australien zu donnern, und an Alan konnte ich hautnah erkennen, dass einem dieses Leben in Fleisch und Blut überging.

Alan setzte uns weiter im Süden ab, und wir übernachteten in William Creek, einer Viehzüchterstadt. Die Einheimischen trugen Cowboyhüte und *Bodywarmer*-Westen auf der bloßen Haut. Wir gingen in ein gut besuchtes Pub, wo die Leute auf Metallhockern an der Bar saßen und Bier aus der Dose tranken – eine klassische australische Outback-Bar. Ich wurde einem Buschpiloten vorgestellt, der ebenfalls mit Dave bekannt war, und fragte ihn, was für Flugzeuge er fliege.

»Keine, wenn ich trinke«, sagte er und lachte. »Flugzeuge und Bier passen nicht zusammen, Charley.«

»Und wenn Sie nicht trinken?«

»Alle, mit denen ich noch nicht abgestürzt bin.«

28

Vorsicht Motorräder

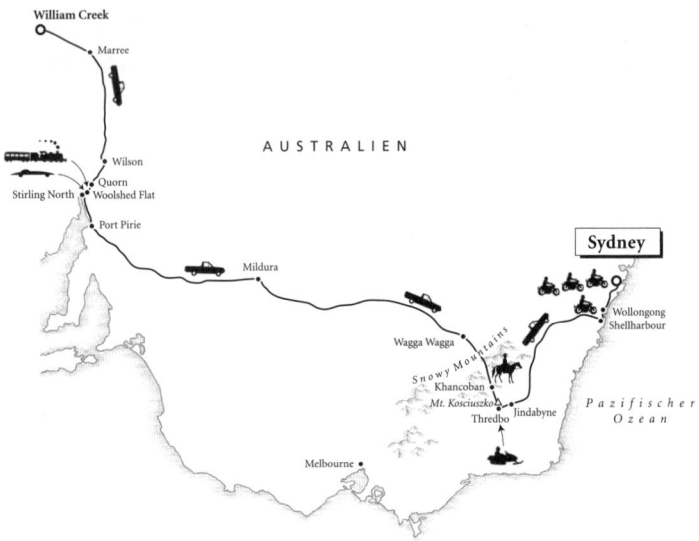

Als ich am nächsten Morgen aufwachte, musste ich daran denken, wie wir in Valencia die Pläne für unsere Tour auf der Rückseite einer Bordkarte skizziert hatten. Die letzten dreieinhalb Monate waren vergangen wie im Flug, und jetzt waren es nur noch sieben Tage, bis wir in Sydney sein würden. Neville, der Besitzer des Pubs, erzählte uns, dass die Leute, die wir am Tag zuvor in seinem Pub getroffen hätten, keine lokalen Viehzüchter gewesen seien, sondern nur auf der Durchreise. Wegen der Trockenheit würden nur noch drei Leute auf der Viehranch arbeiten, die am Ort der einzige Arbeitgeber war.

Wenn es das Pub nicht gegeben hätte, hätte William Creek gar nicht mehr existiert. Laut Neville sei es die kleinste, trockenste und abgelegenste Stadt in ganz Australien mit einer Bevölkerung von stolzen sechs Einwohnern.

Im Süden von William Creek kamen wir in die trockenste Gegend, in der ich je gewesen war. Dave zeigte uns den Weg nach Coward Springs. In dieser kleinen, palmenbestandenen Oase befindet sich die einzige Wasserstelle der ganzen Region. Früher machten hier Kamelkarawanen auf dem Weg nach Alice Springs Zwischenstation. Die Wasserstelle ist eine natürliche warme Quelle, die aus dem Boden sprudelt, und zugleich die Heimat einer Vogelkolonie. Bahnschwellen fassen das kostbare Wasserloch ein, ein Zaun bietet rundherum Schutz. Als wir es besuchten, kam uns gerade eine Familie entgegen.

»Warst du im Wasser«, fragte ich einen kleinen Jungen. »War es warm?«

Er nickte.

»Hat es sich gelohnt?«

»Ja, vielleicht.«

Ich stieß das Tor auf, zog die Shorts aus und stieg in das lauwarme Wasser, das unter mir wie aus Spritzdüsen sprudelte.

»Dieses Wasser ist sehr nass«, stellte Dave fest. »Es braucht viel länger zum Trocknen.« Dann sprang er hinein, mit allen Kleidern, sogar mit dem Hut. »Damit die auch gleich gewaschen werden.«

Weiter im Süden des dürren Niemandslandes stießen wir auf den Dingozaun – einen Maschendrahtzaun, der sich von einem Horizont zum anderen erstreckt. Dingos können wie ein Fuchs im Hühnerhaus einen Blutrausch bekommen und in einer Schafherde ein ganzes Blutbad anrichten. Der Zaun beginnt an der Ostküste in Surfer's Paradise und erstreckt sich 5000 Kilometer durch das Landesinnere. Er ist nicht besonders hoch, aber Dingos springen nicht, und die Durchlässe für Fahrzeuge sind mit Weidenrosten versehen, die nicht nur das Vieh, sondern auch Dingos abschrecken.

Wir schafften es bis Marree, bevor die Sonne unterging, und schlugen außerhalb der Stadt unser Lager auf. Ich schleppte einen umgestürzten Baum als Feuerholz heran, und Dave fabrizierte aus einem Stück Wellblech einen dreiseitigen Windschutz. Als ich versuchte, mit der Axt Kleinholz aus dem Baum zu machen, prallte sie einfach ab. Ken kam mir mit einer Motorsäge zu Hilfe, was die Sache sehr erleichterte. Allerdings sprang das verdammte Ding lange nicht an, und es war stockdunkel, bis wir das Feuer endlich an hatten.

Nach dem Essen gönnten wir uns ein paar Dosen Bier und etwas Wein. Ken fand, dass wir nicht genug Alkohol hätten, weshalb er kurzentschlossen in die Stadt zurückging, um Nachschub zu organisieren. Als er zurückkam, sagte er uns, dass im Pub eine Party am Laufen sei. Eine Horde Bulldozerfahrer feierte das Ende eines Fortbildungskurses. Was sollten wir tun? Wir machten natürlich mit. Als wir ankamen, konnten wir den rauen Gesang schon auf der anderen Straßenseite hören. Der Grog floss in Strömen, und das Gegröhle wurde immer lauter.

In der Morgendämmerung erwachten wir mit hämmernden Schläfen und empfindlichen Mägen und bedauerten unsere Entscheidung heftig. Ollie, der in Darwin zu uns gestoßen war, war überzeugt davon, dass er auf der Party seinen kleinen Finger gebrochen hatte, und ich musste ihn, um ihn zu schienen, an seinen Ringfinger binden. Ich wusste, dass es ein feiner Tag werden würde. Wie hätte er anders beginnen sollen?

Weiter im Süden kamen wir zu einer Ansammlung alter Gebäude und einem ausgedienten, halb im Sand vergrabenen Land Rover. Dies war der Wohnsitz von Talc Alf, einem Steinmetz und Philosophen, der interessante Gedanken über das Alphabet und insbesondere über Barack Obama hegte. Er hatte aus den Buchstaben des Nachnamens herausgearbeitet, dass Obama der Retter der westlichen Zivilisation sein könnte. Wir werden sehen, ob Talc Alf recht behalten wird. Jedenfalls hatte er mit seinem Denkergeist eine alte Waschmaschine so umgebaut, dass er sie mittels Treibriemen und Transmissionsscheiben durch ein stehendes Fahrrad antreiben konnte. Ich sprang auf und trat eine Weile in die Pedale, damit die Kleider des alten Mannes ein bisschen umgewälzt wurden. Das Fahrrad war die perfekte Vorbereitung auf das sonnengetriebene Auto.

Wir hatten von dem Fahrzeug schon in England gehört. Also hatten wir mit den Leuten Kontakt aufgenommen und angefragt, ob es möglich sei, mit diesem Auto zu fahren. Wir wollten uns am folgenden Morgen mit ihnen treffen, aber übernachteten zufällig auf demselben Lagerplatz, sodass wir noch am selben Abend einen ersten Blick auf das Solarauto *Kelly* werfen konnten. Das Fahrzeug traf auf einem schwarzgelben Anhänger ein, der von einem Bus mit einem propangasgetriebenen V8-Motor gezogen wurde. Die Rennmannschaft des Solarautos hieß RAA Kelly Gang und bestand aus Elektronikspezialisten von der University of South Australia. *Kelly* hatte an dem 3000-Kilometer-Rennen von Darwin nach Adelaide teilgenommen, das eigens für diese Art von Solarfahrzeugen veranstaltet wurde. Die Kelly Gang verwendete den Bus mit dem Anhänger als mobiles Klassenzimmer und besuchte Schulen in Südaustralien, um Schüler für Elektronik zu begeistern.

Der Solarrennwagen wurde mit einer Hydraulik aus dem Anhänger gehievt. Er war fast völlig schwarz, sah aus wie eine Kreuzung zwischen einem für Straßenrennen umgebauten Stealth-Bomber und einer Küchenschabe, lag sehr tief und war extrem stromlinienförmig. Die vier Räder waren ähnlich verkleidet wie das Fahrwerk des oben erwähnten Bombers, und die Karosserie bestand aus Hunderten von Platten, die mich an die Schuppen eines Reptils erinnerten. Die Kelly Gang wollte ihrem Fahrzeug eine Ausfahrt gönnen und hatte versprochen, dass ich es ein paar Kilometer fahren dürfte. Zuvor jedoch würden wir die Stadt auf einer Dampflok verlassen. Mit den Solarleuten würden wir uns erst einige Kilometer weiter außerhalb auf unserer Strecke wieder treffen.

Am folgenden Morgen erschien Daves Neffe Duane in einem 1954er Holden FJ, um uns zum Bahnhof zu bringen. Der Holden ist das archetypische australische Auto. Duane hatte den Wagen selbst hergerichtet – einen Sechszylinder mit Lenkradschaltung. Er erzählte, dass die meisten Leute in Australien irgendeine Geschichte über dieses kleine Schmuckstück auf Lager hätten und dabei oft der Rücksitz vorkomme. Auch in unserem Holden hatten sich auf dem Rücksitz interessante Dinge zugetragen, allerdings mit Handschellen, und zwar nicht mit pinkfarbenen aus Plastik. In dem ehemaligen Polizeiauto befand sich eine Metallschiene, wo die Polizei früher die Gauner angekettet hatte, die sie zum Bahnhof fuhr. Ich hatte ein bisschen Probleme beim Schalten, als ich den Wagen fuhr, bis Duane die Haube öffnete und etwas mit dem Getriebekasten anstellte. Danach durchquerte ich problemlos die Stadt, bis wir zu ein paar alten Rangierschuppen kamen.

Unser Plan lautete, auf einer Dampflok einen Teil der alten Ghan-Strecke zu fahren, die von Port Augusta nach Alice Springs führte. Russ war im siebten Himmel. Er hatte sich schon vor Beginn unserer Reise in den Kopf gesetzt, mit einer Dampflok zu fahren. Die Maschine war 1951 in England gebaut worden, eine W-class 4-8-2 (die Ziffern geben die Zahl der Räder an: 4, 8 und 2). Ich hatte schon einmal eine Schwestermaschine der Mallard gefahren, die viel früher und etwas anders als die W-class gebaut worden war. Trotzdem konnte ich keinen großen Unterschied spüren, als ich im Stand des

Lokomotivführers rückwärts zum Bahnsteig fuhr: die Hitze, das Zischen und der unglaubliche klirrende Krach. Mir fiel ein, was mir ein alter Lokführer bei der Watercress Line einmal gesagt hatte: Nichts ist so tot wie eine kalte Dampflok und nichts so lebendig wie eine mit Feuer unter dem Kessel. Das stimmte. Selbst wenn man sich nicht besonders für diese Art von Fahrzeug interessiert, bekommt man zu einer Dampflok unwillkürlich einen emotionalen, nostalgischen Bezug. Dazu tragen vor allem der Schwefelgeruch und das laute Zischen aus dem Kessel bei.

Wie bei allen Dampflokomotiven ist die Wassermenge im Kessel entscheidend. Er wird mit Kohle geheizt und versorgt den Schieberkasten mit Dampf, der dann an die Kolben abgegeben wird. Der Kessel selbst wird durch Injektoren mit Wasser gespeist und durch zwei Sicherheitsmessgeräte reguliert. Zu viel Wasser ist nicht gut, aber mit zu wenig Wasser wird die Lok zu einer Zeitbombe. Der wichtigste Job des Heizers besteht deshalb darin, die Wassermengen im Auge zu behalten, und das war heute meine Aufgabe. Während wir durch die australische Landschaft rollten, kontrollierte ich die Messgeräte, und zwar besonders dann, wenn wir bergauf oder bergab fuhren. Immer wieder einmal bediente ich die Injektoren, um Wasser aus dem Tender in den Kessel zu spritzen, und wenn die Wasserstände korrekt waren, schloss ich sie wieder. Der Druck wurde von zwei Geräten gemessen, einem für den verfügbaren Dampf und einem für den tatsächlich genutzten Dampf. Die gewaltigen Kolben, die die Räder am Laufen hielten, arbeiteten mit Dampfdruck, und je höher der Druck stieg, umso schneller bewegten sie sich.

Es war eine großartige Art, ein paar Kilometer zurückzulegen, aber ein radikaler Gegensatz zu dem High-Tech-Solarauto, das an der Strecke auf uns wartete. Der Fahrer musste in dem engen Führerhaus liegen – für klaustrophobisch veranlagte Menschen ein Albtraum. Armaturen zeigten dort die verfügbare Wirkleistung an, und beim Rückwärtsfahren wurde ein Bildschirm benutzt, da das Fahrzeug kein Rückfenster besaß.

Das Solarmobil fuhr sich ganz gut, auch wenn ich die Tendenz hatte, zu weit in die Straßenmitte zu ziehen. Man startete den Motor, indem man auf einen grünen Knopf drückte, und der Gashebel war in der Mitte des gokartartigen Steuers angebracht. Das Ding hatte eine passable Höchstgeschwindigkeit von 120 Stundenkilometern und eine maximale Leistung von 1,1 Kilowatt. Voll aufgedreht, hörte es sich ein bisschen wie ein Motorrad an, aber nur ein bisschen.

Dass man mir die Ehre erwies, dieses Gefährt und somit den ganzen Stolz der Kelly Gang zu steuern, machte mich ein wenig nervös. Aber nachdem ich meine anfängliche Verkrampfung überwunden hatte, machte mir die Fahrt einen Heidenspaß, und ich fragte mich, ob das Solarauto angesichts der explodierenden Rohölpreise nicht das Fahrzeug der Zukunft wäre, wenigstens für einige Länder.

Am folgenden Morgen, dem 18. Juli, saßen wir wieder in den Nissans, die wir in Alice Springs gemietet hatten. Sie sind heute so typisch für Australien, wie es der Holden in den Fünfzigerjahren gewesen ist. Allradtransporter stellen für verdammt viele Australier überhaupt das Fahrzeug erster Wahl dar. Ich hielt das für durchaus nachvollziehbar, schließlich hatten unsere Nissans uns ohne zu zicken vom Nordterritorium durch die Wüsten Zentralaustraliens bis in das kühlere, schlammigere Gebiet im Süden gebracht.

Nun waren es noch 500 Kilometer bis Khancoban, wo wir einige Pferde abholen sollten, auf denen wir in die Snowy Mountains reiten würden. Ich freute mich riesig darauf, da wir auf der Reise noch kein einziges Mal richtig geritten waren.

Doch zuvor legten wir in einer sehr unscheinbaren Stadt, die, glaube ich, Griffith hieß, eine kleine Rast ein. Es war kein Ortsschild zu sehen, nur eine paar Häuser, eine Tankstelle und eine Fabrik, die nach einer Eisenhütte aussah.

Russ inspizierte das Ding aus der Nähe und erkannte, dass es sich nicht um eine Eisenhütte, sondern um eine Galerie für Straßenkunst aus Eisen handelte. Einige Arbeiten waren wirklich erstaunlich: Gesichter bekannter Filmstars, Rocksänger und Politiker, alle aus Stahlplatten geformt. Es gab lebensgroße Skulpturen, die dreidimensional wirkten, tatsächlich jedoch flach waren.

Russ erspähte ein besonders eindrucksvolles Stück. »Charley, das musst du dir ansehen«, sagte er. »Es ist unglaublich.«

Die Skulptur stellte ein Motorradrennfahrer aus längst vergangenen Zeiten dar. Er war aus einer vielleicht 1,80 mal 1,20 Meter großen Stahlplatte herausgeschnitten, stand aufrecht und rostete in der feuchten Luft vor sich hin.

»Wir müssen den Typ unbedingt finden, der für den Laden zuständig ist, und ihn fragen, ob man den Motorradrennfahrer kaufen kann.« Russ' Augen glänzten.

Auf dem Ladenschild war ein gewisser Ron Clarke als der Besitzer der Galerie angegeben, aber weit und breit war niemand zu sehen. Russ versuchte, eine Nummer anzurufen, die er von einer Tafel am Zaun ablas, während ich um das Gelände herumging. Alles war verschlossen. Doch plötzlich kam ein kleiner alter Mann mit einem verbeulten Akubra-Hut über den Hof geschlurft. Ron, wie sich schnell herausstellte. Ich fragte ihn, ob der Motorradrennfahrer verkäuflich sei.

»Dieses alte Stück? Verdammte Scheiße. Zum Teufel noch mal, ich habe es vor Urzeiten gemacht.« Ron fluchte offenbar für sein Leben gern. Etwa jedes zweite Wort verfehlte den guten Ton. Wir gingen nach vorn zum Haupteingang, wo ich ihn mit Russ und Mungo bekannt machte und er uns alle drei kritisch musterte.

»Muss verdammte fünfzehn Jahre her sein, wenn ich's mir recht überlege. Dieser Typ kam eines Tages hier reinmarschiert und fragte, ob ich etwas zu Ehren seines Bruders machen könne. Er war ein Motorradrennfahrer gewesen. Einer der besten in Australien, wie sein Bruder meinte, achtmal australischer Meister, oder so. Na ja, jedenfalls hat er sich irgendwo hier in der Gegend bei einem Semifinale die Birne eingerannt.«

»Sein Bruder bat Sie, das Stück zu machen?«, fragte ich.

»Ja, kam hier vorbei, fragte was zum Teufel ich dafür haben wolle, und ich sagte ihm, etwa 35 Dollar pro Quadratmeter. ›Ist das alles?‹, sagte der dann. ›Liebe Scheiße, dann könnte ich ja was kaufen, das knapp zweihundert Dollar kostet.‹ ›Ja zum Teufel, das könntest du‹, sagte ich. ›Aber ich kann es nicht für dich machen, weil mir die scheiß Mafia im Genick sitzt und die ein verdammtes Stück von mir haben wollen.‹«

»Wollen Sie den Motorradrennfahrer verkaufen?«

Er dachte nach.

»Warum ist er denn überhaupt noch da?«, fragte ich.

»Weil der Typ nie einen Platz für ihn gefunden hat. Kein Schwanz wollte ihn das Ding irgendwo aufstellen lassen.«

Russ sagte ihm, wir könnten die Skulptur in unserer Zentrale in England wunderbar ausstellen, aber wir hätten nicht genug australische Dollar dabei. Aber wir hatten US-Dollar und boten ihm 500.

»US?«, schnaubte er. »Was zum Teufel soll ich mit US-Dollar. Die sind doch keinen scheiß Penny wert.«

»Sie sind etwa dasselbe wert wie australische Dollar«, widersprach ihm Russ ruhig.

Ich war mir nicht sicher, ob wir das Ding wirklich kaufen sollten. Die Skulptur war vom Bruder des toten Motorradfahrers in Auftrag gegeben worden, und mir kam es irgendwie falsch vor, wenn wir sie jetzt mitnähmen. Außerdem hatte sie schon 15 Jahre auf dem Buckel und war ziemlich rostig. Aber wenn wir sie nicht kauften, wer dann?

Wir überlegten uns die Sache eine Weile und sahen uns in der Zwischenzeit Rons Werkstatt an. Er war ein unglaublicher Künstler;

er zeichnete das Motiv auf eine Stahlplatte und schnitt es dann mit Acetylen-Schweißbrennern heraus. Außer den Porträts hatte er auch eine lebensgroße Kutsche mit einem Gespann von vier Pferden und einen gewaltigen Bulldozer gemacht, wie ihn die Typen in Marree gefahren hatten. Nichts war ihm zu groß oder zu kompliziert. Er sagte uns, man hätte schon auf der ganzen Welt in Zeitungen über ihn berichtet und die australische Motorradzeitschrift *Live to Ride* hätte ihm sogar einmal eine ganze Seite gewidmet. Leider war Ron ein wenig paranoid, absolut überzeugt davon, dass ihn jemand zur Strecke bringen wollte. Immer wieder spähte er vorsichtig unter der Krempe seines schweißgetränkten Huts hervor und fragte, ob wir Katholiken oder Mormonen seien. Die Katholiken versammelten sich angeblich in Sydney, und die Mormonen versuchten schon seit Jahren, ihm seine Werkstatt wegzunehmen.

Schließlich verschwand Ron in seiner Werkstatt und kam mit der gerahmten Fotografie von Johnny Shields auf einer BSA 350 zurück. Das war der Mann, den er als Modell benutzt hatte. Er war 1956 australischer Junior- und Seniormeister im Straßenrennen gewesen. Ron sagte, es sei unmöglich, dass der Bruder zurückkommen und die Figur abholen würde, nicht nach so langer Zeit. Also erhöhten wir unser Angebot auf 1000 US-Dollar und luden Johnny hinten auf unseren Nissan.

Jetzt mussten wir nur noch nach Wollongong kommen. Am Samstag, dem 19. Juli, wachte ich ziemlich vergnügt auf. Wir brachen zum Snowy auf, einem der wichtigsten Flüsse in Australien. Er wird vom Schmelzwasser aus den Snowy Mountains in New South Wales gespeist, sein größter Quellfluss entspringt am Mount Kosciuszko, dem höchsten Berg Australiens.

Wir trafen uns in Khancoban mit dem 60-jährigen Fährtensucher Peter Cochran und dem Viehzüchter Barry Paton, einem großen und schlanken Mann, der schon fast so lang in dieser Gegend arbeitete, wie er laufen konnte. Mit seinem dicken Schnurrbart und dem tief in die Stirn gezogenen Hut sah er ganz wie ein waschechter australischer Cowboy aus. Und genau das war er auch, sogar eine Viehpeitsche hatte er dabei, mit der er mich knallen ließ. Es war viel schwerer, als ich gedacht hatte. Jedes Mal, wenn ich es versuchte, traf ich mich selbst. Barry benutzte die Peitsche natürlich schon ewig. Er zeigte mir ein paar Mal, wie man es macht, und schließlich schaffte ich es doch.

Viehzüchter oder »Stockman« ist kein Beruf, sondern ein Lebensentwurf, und manche der Farmen, auf denen die »Stockmen« arbeiten, sind riesengroß. Wie die Cowboys in den Vereinigten Staaten verwenden auch sie Hunde, sogenannte Kelpies, um das Vieh zu treiben. Sie veranstalten Rodeos und Outback-Polo-Turniere, und ihre Ausrüstung, insbesondere der Sattel, ist sehr eigen. Ursprünglich benutzten sie Sättel, die den englischen sehr ähnelten, aber dann entwickelten sie verschiedene Typen von »Stockman-Sätteln«. Einige haben ein Sattelhorn wie Westernsättel, doch das Besondere an ihnen sind die hohen Kniepauschen und der an den Hintern angepasste Hinterzwiesel.

Bis zu diesem Zeitpunkt waren wir von Darwin aus nach Südsüdosten gereist, ab Khancoban jedoch ging es geradewegs nach Osten. Ich war wirklich froh, dass wir ein paar Kilometer reiten würden. Dies war ein herrliches Land und perfekt zum Reiten: weite Täler mit grasendem Vieh, mit Kängurus und baumbestandenen Hängen.

Nach einer kurzen Routenbesprechung mit unseren beiden Führern holte Cochran einen Palomino-Araber aus dem Lastwagen.

»Er heißt *Hellfire*«, sagte er. »Sie haben Glück, er hat seit einer Woche niemand mehr abgeworfen.«

»Bestimmt, weil er seit einer Woche nicht mehr geritten worden ist«, entgegnete ich.

Tatsächlich hieß das Pferd Basil und war sehr gutartig. Als ich mich in den Sattel schwang, merkte ich sofort, dass ich eine ganze Zeit lang nicht mehr geritten war. Der Sattel, den Peter Cochran mir gegeben hatte, war zum Glück bequem: ein wirklich gut gepolstertes Ding, das speziell für bergiges Gelände entwickelt worden war. Ich führte Basil ein bisschen auf und ab, ließ ihn rückwärts gehen und im Kreis traben, bevor wir losritten. Ein Pferd will, dass der Reiter die Verantwortung übernimmt, und es ist sehr wichtig, dass es Vertrauen zu ihm hat. Es spürt, ob er richtig reiten kann, und ich hatte schon vor Jahren gelernt, einem neuen Pferd als Erstes zu zeigen, dass ich weiß, was ich tue.

In dieser Zeit des Jahres waren die Pferde nicht beschlagen, weil der Boden weich war. Peter erklärte uns, dass man Brumbys von einem domestizierten Pferd schon aus der Ferne am Gang unterscheiden kann. Die Nervenenden im Huf eines Pferdes befinden sich alle im Ballen in der Mitte des Hufes, und deshalb haben die unbeschlagenen australischen Wildpferde im Lauf der Jahre eine Gangart entwickelt, bei der der Fuß leicht angewinkelt ist.

Mit Barry als Führer ritten wir auf einem grasüberwachsenen Pfad in den Wald. Wir wollten zur Keeble's Hut, die 1942 als Fischerhütte gebaut worden war. Es war ein klarer, kühler Morgen, unser erster wirklich kalter Tag seit Monaten, und er erinnerte uns daran, dass es in Australien Winter war. Barry und ich ritten Seite an Seite und unterhielten uns wie alte Freunde. Ich erfuhr, dass Cowboys und Motocross-Fahrer häufig ähnliche Verletzungen erleiden, da wir in vergleichbarem Gelände unterwegs waren und auf ähnliche Art stürzen konnten. Diese Gemeinsamkeit lieferte uns Gesprächsstoff für den ganzen Morgen. Jeder erzählte von seinen übelsten Unfällen und schlimmsten Schmerzen.

Später machten wir in einer kleinen Hütte eine Verschnaufpause. Sie stand in einer Lichtung, wo die Pferde grasen konnten. Wir waren ganz in der Nähe von Scammell's Lookout, dem Aussichtspunkt, von dem aus Hugh Powell Clews nach dem Zweiten Weltkrieg als Angestellter der Snowy Mountains Hydro-electric Authority das Land zu vermessen begann. Inzwischen sind in dem Gebiet 14 Dämme und sieben Wasserkraftwerke gebaut worden. Unsere Hütte hieß Geehi, und sie wurde von Waldläufern und Viehzüchtern genutzt. Laut Barry gab es noch weitere Hütten auf unserem Weg. Nachdem wir uns eine Weile die Beine vertreten und gestreckt hatten, stiegen wir wieder in den Sattel. Wir überquerten mehrfach den Fluss, manchmal an Furten und manchmal auf kleinen Brücken, die für Huftiere gebaut waren, nicht für Räder. Es war herrlich, an der frischen Luft dahinzutraben – auf Pferderücken, genau wie die ersten Siedler.

Um die Mittagszeit trafen wir Peter wieder. Er war mit dem Pferdetransporter zur Keeble's Hut gefahren und hatte Essen für uns vorbereitet. Nach der herzhaften Stärkung ritten wir etwa einein-halb Kilometer die Landstraße entlang und schlugen dann den Weg in die Berge ein. Ich genoss jede Minute. Vor dem Zwischenstopp war ich mit Basil ein bisschen galoppiert, und ich fühlte mich fast wie auf dem Film-Set meines Vaters, als ich auf einem Pferd, das ich nicht kannte, durch den tiefen Wald geprescht war – nur dass ich diesmal keine Rüstung anhatte.

Ich bedauerte es sehr, als wir uns am späten Nachmittag verabschieden mussten. Wir sattelten unsere Pferde ab, dankten Barry und Peter und stiegen wieder in die Geländewagen. Inzwischen war das Land mit einer dünnen Schneedecke überzogen, aus der links und rechts der Straße schwarze Felsblöcke ragten. Die Sicht war schlecht, die Sonne verschwunden und der Himmel bewölkt.

Wir verbrachten die Nacht in Bimblegumbie, einer Öko-Lodge in der Nähe des Thredbo-Skigebiets. In der malerischen Unterkunft, von der aus man einen großartigen Blick ins Tal hatte, prasselte ein romantisches Feuer. Morgen war der 20. Juli, der 100. Tag unserer Reise. Keine zwei Tage mehr bis zum Wiedersehen mit meiner Familie.

Wir hatten geplant, die Berge auf Schneemobilen zu überqueren, und trafen uns deshalb am Abend mit Huw, einem Fremdenführer aus der Gegend. Er sagte, wir könnten es versuchen, aber wir würden es wahrscheinlich nicht schaffen. Da er in der Lodge wohnte, setzten wir uns mit einer Landkarte zusammen und er schilderte uns die Probleme. Der Wetterbericht sagte stürmische Winde voraus, weshalb die normale Route unpassierbar sein würde. Wir hatten gehofft, wir könnten einfach ein paar Schneemobile mieten, aber Huw meinte, das Gebiet sei ein Nationalpark, wo man nur in bestimmten Gebieten Schneemobil fahren dürfe und auch das nur mit einer Genehmigung. Wir könnten vielleicht als Beifahrer bei einer Skipatrouille mitfahren, aber er bezweifle stark, dass wir selbst fahren dürften.

Wie sich herausstellte, konnten wir überhaupt nicht fahren: Am Sonntagmorgen tobte ein Sturm mit einer Windgeschwindigkeit von 130 Stundenkilometern, und die Straße auf der anderen Seite des Perisher Valley war gesperrt. Es war ein Jammer. Wir waren so weit gekommen, und die Schneemobile stellten das letzte neue Transportmittel dar, das wir auf unserer Reise eingeplant hatten. Der Wetterumschwung erinnerte uns daran, wie groß Australien wirklich ist. In Darwin war es über dreißig Grad heiß gewesen, und hier unten blockierten Schneemassen die Straße.

Ich musste ständig daran denken, dass die Reise eigentlich schon so gut wie vorbei war und die karierte Zielflagge bereits in Sicht. Vielleicht ein Grund mehr, warum ich unbedingt nicht die Gelegenheit verpassen wollte, Australien im Schnee kennenzulernen. Also nahmen wir die Skitube, eine Zahnradbahn, die durch einen Tunnel in den Nationalpark fährt. Die Strecke ist drei Kilometer lang und führt von Bullock's Flat mitten durch die Ramshead Range in das Perisher Valley. Der Tunnel war als eine Art Probelauf gebaut worden; man hatte dort das Material und die Konstruktion getestet, bevor man mit dem Bau des Unterwassertunnels in Sydney begann.

Am anderen Ende des Tunnels, wo sich die Skiabfahrten befanden, wütete der Sturm so heftig, dass durch den aufgewirbelten Schnee eine Art Blizzard entstand. Das Skigebiet lag auf einer Hochebene zwischen umliegenden Gipfeln. Tiefhängende Wolken raubten uns jedoch jede Sicht. Huw machte uns schnell mit einigen Mitgliedern der Skipatrouille bekannt, welche uns ein Stück über den Charlotte's Pass mitnahmen.

Er war verdammt kalt zu zweit auf dem Polaris-Zweitakter. Wir wählten eine Route, die mit Pfosten im Schnee markiert war, und fuhren zwischen Kiefern und schwarzen Felsbrocken entlang. Überall waren Schneeverwehungen, manche sehr tief, und manche flach und glatt wie Eisplatten. Wir heizten durch den Schnee, bis wir nicht mehr weiterkamen, weil der Weg blockiert war. Auf der Rückfahrt hielten wir an der vermutlich bizarrsten und abgelegensten Tankstelle der Welt: zwei Zapfsäulen (eine mit Diesel und eine mit bleifreiem Benzin), die, von Schnee und Felsen umgeben, mitten im Gebirge standen. Sie wurden von der Skipatrouille benutzt, wenn sie in Gegenden musste, die so abgelegen waren, dass eine einzige Tankfüllung nicht reichte.

Die Patrouille hat in diesem Gebiet über 170 Mitglieder, und die meisten sind Freiwillige, die selbst für ihre Uniform, ihre Verpflegung und Unterkunft aufkommen. Das heißt, sie zahlen eigentlich Geld dafür, dass sie in dem Gebiet patrouillieren und Verletzte so schnell wie möglich versorgen und abtransportieren dürfen. Ihre Ausbildung ist unglaublich streng, und sie müssen die Landschaft kennen wie ihre Westentasche. Jeder Hang, jede Schlucht und jedes Tal und jeder Orientierungspunkt hat seinen eigenen Namen, obwohl keiner auf einer Karte verzeichnet ist. Alle Mitglieder müssen in der Lage sein, auf dem kürzesten Weg zu jedem Punkt im Perisher Valley zu finden.

In der Nacht zum Montag konnte ich kaum schlafen, und am Morgen wachte ich schon um 5.30 Uhr auf, wie ein Kind an Weihnachten. Unser letzter Reisetag. Wir fuhren mit den Nissans Richtung Wollongong, oder besser gesagt, ein kleines Stück weiter nach Shellharbour. Dort hatte Lucy ein paar Chalets für uns organisiert, in denen wir übernachten würden. Außer Olly, Doone und Kinvara würden auch Sarah, die Freundin von Russ, sowie seine Tochter Emily und seine Eltern Jill und Tony da sein. Am Abend würde eine Party steigen, das war sicher.

Die Reise war nun fast zu Ende. Am Abend zuvor hatten Russ und ich beim Essen etwa eine Stunde über all die Leute gesprochen, die wir auf der Tour getroffen hatten – Menschen wie Natalia, das kroatische Mädchen, die sich drei Tage im Keller hatte verstecken müssen, wie Cenk, der uns in der Türkei so oft zum Lachen gebracht hatte, und wie Farti, der arme Kerl, der es nicht erwarten konnte, dem *dolmuş* zu entfliehen. Wir sprachen über Mahmud, der uns durch den Iran geführt hatte, über Fariba, die Taxifahrerin, über die Typen auf dem Containerschiff und die Töpfer in den Slums von Mumbai. Auch den alten Priester in Varanasi oder die Familie auf dem Flussboot in China würden wir nie vergessen.

Zum Abschluss unserer Reise hatten wir in Australien vermutlich so viele typische Landsleute getroffen wie es auf der Strecke möglich war. Australien ist ein herrliches Land – ein riesiger Kontinent mit unglaublichen Wüsten, mit schneebedeckten Bergen, mit Flüssen und Stränden, von der über 5000 Jahre alten Kultur seiner Ureinwohner ganz zu schweigen. Auf dem Kontinent gibt es fast alles zu sehen, was das Herz begehrt, aber wie jede westliche Kultur hat auch Australien seinen Anteil an lästiger Bürokratie. Der Zoll in Darwin hatte uns ganz schön genervt, bis der Papierkram endlich erledigt war, und jetzt, an unserem allerletzten Tag, hatten wir Schwierigkeiten mit der Polizei von New South Wales bekommen.

Auf der Fahrt nach Wollongong kam uns ein Polizist in einem Holden entgegen. Aus irgendeinem unerfindlichen Grund betätigte er pausenlos die Lichthupe, dann machte er kehrt und stoppte Russ.

»Es gefällt ihm nicht, wie ich Johnny transportiere«, sagte Russ, als ich zu seinem Auto zurücklief. »Außerdem stört ihn, dass ich 130 km/h gefahren bin, obwohl in dieser Zone nur 100 erlaubt sind. Auch bin ich angeblich zu weit in der Straßenmitte gefahren.«

»Er hat bereits aufgeblendet, als er mir entgegenkam.«

»Warum hast du mir nichts über Funk gesagt? Jetzt hab ich einen Strafzettel über 243 Dollar am Hals und drei Punkte im Verkehrszentralregister in England. Also wirklich, da reist man 29 000 Kilometer, nur damit man in Australien einen saftigen Strafzettel verpasst bekommt.«

Der Strafzettel war im Grunde nur ein kleiner Dämpfer, aber der Bulle war definitiv nicht damit einverstanden, dass Russ seinen Nissan mit offener Ladeklappe weiterfuhr. Sie war unten gewesen, seit wir die Skulptur auf den Pick-up geladen hatten, und verdeckte die Sicht auf das Nummernschild. Der Polizist sagte, das sei verboten, aber wir waren seit Griffith an Dutzenden von Polizeiautos vorbeigekommen, und bis jetzt hatte uns keines angehalten.

Russ befestigte nun die Ladeklappe so mit Gummibändern, dass das Nummernschild zu sehen war, und als Johnny ordentlich versorgt war, setzten wir unsere Fahrt fort.

Es war kalt und nass, und wir kamen nach dem üppigen Grün der Berge in flacheres, buschigeres Gelände. Nach wenigen Stunden erreichten wir Shellharbour.

Jetzt war ich wirklich aufgeregt und hatte richtig Herzklopfen. Ich zitterte buchstäblich aus Vorfreude, als ich nach den Chalets in

Strandnähe suchte. Es kam eine Kurve und dann noch eine und noch eine, aber die Chalets waren immer noch nicht zu sehen. Ich war schon ziemlich frustriert, als ich mit dem Pick-up um eine letzte Ecke bog und plötzlich Doone und Kinvara auf dem Gehweg herumspringen sah.

Das Herz wollte mir aus der Brust springen. Da war auch meine Frau, wunderschön mit ihren langen blonden Haaren und ihrem strahlenden Lächeln. Einfach unglaublich, wie sehr ich sie vermisst hatte! Ich hupte, und Russ hupte, und wir hielten an und stiegen aus, und Doone und Kinvara kreischten vor Aufregung. Endlich hielt ich sie wieder in den Armen: Die Boorman-Bande war wieder vereint, diese selbstgenügsame Einheit, die wir sind. Vielleicht fiel es mir jetzt zum ersten Mal auf, oder vielleicht gestand ich es mir auch jetzt erst ein, dass diese letzten paar Monate für mich die bisher härteste Trennung gewesen waren. Jetzt aber waren wir wieder zusammen, und ich wollte sie einfach nur festhalten.

Russ schmuste mit Emily, umarmte seinen Vater und seine Mutter und küsste Sarah, alles gleichzeitig. Ich hing immer noch an Olly und den Kindern und für ein paar Augenblicke war der Gefühlsüberschwang fast nicht zu ertragen. In diesem Moment kam unser Freund David Kent, der eingeflogen war, um uns bei der Organisation der letzten Etappe zu helfen, angerannt und rief, dass wir die beiden Nissans mit laufendem Motor mitten auf der Straße hatten stehen lassen.

Auch Lucy eilte herbei, und Russ und ich umarmten sie innig. »Die Umarmung musst du weitergeben«, sagte Russ.

»An alle, die in London zurückgeblieben sind«, fügte ich hinzu. »Ohne euch hätten wir Irland nie verlassen.«

Einige Stunden später ging ich in den Garten der Chalets, der sich den Abhang hinunter zum Strand erstreckte. Unser Nachbar hatte einen riesigen Neufundländer. Er sprang auf mich zu und wackelte so heftig mit dem Schwanz, dass sich sein ganzes Hinterteil mitbewegte.

»Hallo Kumpel«, sagte ich und streichelte ihm den Kopf. Er leckte mir die Hand wie einem lang verlorenen Freund, der gerade erst zurückgekehrt war. »Weißt du was«, sagte ich zu ihm. »Am 12. April habe ich das Haus meines Dads in Annamoe verlassen, und seitdem bin ich auf dem Weg hierher gewesen – ich, Russ und Mungo. Wir sind mit Schiffen, Bussen, Zügen und Motorrädern um die ganze Welt gefahren und auf Elefanten und Pferden geritten. Ich bin mit einem Tuk-Tuk und einem Schnellboot gefahren.« Der Hund hörte aufmerksam zu. »Vor Nikoi wären wir fast gesunken. Auf Rinca haben wir Drachen gesehen, und vor Komodo sind wir getaucht. Wir haben eine Fähre überlebt, die viel zu viele Menschen an Bord hatte, und sind dann mit einem Schiff aus kalimantanischem Eisenholz über das Meer gefahren.«

»Na, endlich jemand gefunden, der dir zuhört, Charley?« Russ stand hinter mir.

Ich drehte mich lächelnd um. »Ich hab' ihm grade erzählt, wie wir hergekommen sind«, sagte ich. »Mit einer Jolle und einem Citroën, mit ein paar Fahrrädern durch Paris und mit dem Orient-Express.«

»Nicht zu vergessen der Yugo und die Ural, der Lastwagen mit Zement ...«

»Ja, und zwei Royal Enfields«, fügte ich hinzu, »und dann waren da noch die Cross-Maschinen, mit denen wir im Monsunregen durch den Dschungel von Kambodscha gekurvt sind.«

»Und morgen überqueren wir die Sydney Harbour Bridge auf ein paar BMW-Maschinen.« Russ blickte aufs Meer hinaus. »Da sieht man, was passieren kann, wenn zwei Kumpel eine Idee auf eine alte Bordkarte kritzeln. Irgendwie romantisch, nicht?« Einen Augenblick schwieg er etwas nachdenklich. »Ich habe eine Menge gelernt auf dieser Reise. Die Menschen, die Kulturen, die Landschaften. Wir haben die halbe Welt durchquert, und niemand hat uns das Leben schwergemacht, niemand hat uns bedroht. Ich kann mich nicht erinnern, dass ich einmal richtig belästigt worden wäre. Ich glaube, ich habe erkannt, dass den Leuten überall dasselbe wichtig ist, egal wohin man kommt. Sie wollen nur ein bisschen Respekt, vielleicht, wenn nötig, ein bisschen Mitgefühl und ein bisschen Verständnis.«

»He, Russ«, sagte ich. »Kumpel, du wirst ja auf einmal ganz philosophisch.«

Er grinste. »Werde ich? Ja, ich glaube, du hast recht.«

Er ging wieder hinein. Ich hörte, wie meine Töchter über den morgigen Tag redeten. Sie stritten heftig, wer bei wem auf dem Soziussitz fahren durfte. Russ hatte recht. Nichts ist, wie man es sich vorgestellt hat, aber wenn man die richtige Einstellung hat, ist alles gut. Mir fiel wieder ein, was Lewis Gordon Pugh vor der Reise zu mir gesagt hatte. Es stimmte: Wenn du für jemanden ein Lächeln übrig hast, hat der oft auch eins für dich. Wenn du Respekt zeigst, wirst du auch respektvoll behandelt. Wir kamen auf der Tour klar, indem wir einfach waren, wer wir sind.

Etwas später am Nachmittag gingen wir zum örtlichen BMW-Händler und holten die Motorräder ab, mit denen wir nach Sydney fahren wollten. Wir hofften, dass sich uns ein Haufen heimischer Biker anschließen würde, genau wie in England, sodass wir auf der letzten Etappe in einem kleinen Konvoi fahren würden. Russ' Vater Tony würde mit David Kent fahren, der versprochen hatte, ein Auge auf Olly zu haben. Sie hatte erst kürzlich den Motorradführerschein gemacht und würde entweder mit Doone oder mit Kinvara auf dem Soziussitz fahren. David wollte dafür sorgen, dass sie viel Platz um sich haben würde. Russ würde abwechselnd Emily und Sarah auf seinem Motorrad mitnehmen. Alle zusammen würden wir in Sydney einrollen.

Und genauso war es dann auch. Etwa 300 Biker schlossen sich uns an der Küste ab Wollongong an. Wir fuhren zunächst an Sydney vorbei, damit wir dann aus nördlicher Richtung in die Stadt vorstoßen konnten. Ich bildete die Spitze des Konvois, zuerst mit Doone und dann mit Kinvara auf dem Rücksitz. Wir folgten der Straße, bis wir zu einer imposant geschwungenen Brücke kamen, neben der sich rechts die Steilküste erhob und unter der Brecher gegen die Felsen donnerten. Ich sah Olly mit Doone auf dem Motorrad neben mir, und da sich Kinvara gut an mir festhielt, ließ ich vor Glück das Vorderrad steigen. Plötzlich hatte ich eine Vision: Es war wieder April und ich war im Haus meines Vaters in Annamoe zu Besuch. Mein Jugendfreund Tommy Rochford hatte meine alte Yamaha angelassen, und während er und ich miteinander quatschten, fuhren Doone und Kinvara abwechselnd mit dem Motorrad, mit dem ich als Jugendlicher durch die Gegend gebrettert war, auf dem Hof herum.

Bei unserer Ankunft in Sydney passierten wir ein riesiges Schild, auf dem »Vorsicht Motorräder« stand. Es war ein denkwürdiger Moment, und plötzlich war ich ganz aufgewühlt. Wir waren auf Motorrädern gestartet, und wir beendeten unsere Reise auf Motorrädern, und als wir durch den Tunnel fuhren, der unter dem Hafen zum Hotel Shangri-La führt, echote das Donnern der Motorräder von den Wänden wie der Klang von tausend Trommeln.

Anhang

Orte, Transportmittel und Distanz (in Meilen)

Land	Reisetag	Wochentag, Datum	von
Irland	1	Samstag, 12. April	Wicklow
Großbritannien	2	Sonntag, 13. April	Kilkeel
	3	Montag, 14. April	Douglas
			Docks, Liverpool
			Liverpool
	4	Dienstag, 15. April	Coventry
			Ace Cafe, London
			Shoreham-by-Sea
			Brighton
	5	Mittwoch, 16. April	Dover
Frankreich	6	Donnerstag, 17. April	Calais
			Paris
			Paris
Italien	7	Freitag, 18. April	im Zug
			Bahnhof Venedig
			Venedig
Kroatien	8	Samstag, 19. April	Venedig
			Porec
	9	Sonntag, 20. April	Motovun
			Zagreb
	10	Montag, 21. April	Vukovar
Serbien			Ilok
			Backa Palanka
	11	Dienstag, 22. April	Romagemeinde in Novi Sad
Bulgarien			Novi Sad
	12	Mittwoch, 23. April	Belgrad
Türkei	13	Donnerstag, 24. April	im Zug
	14	Freitag, 25. April	Istanbul
	15	Samstag, 26. April	Istanbul
			Istanbul
	16	Sonntag, 27. April	Safranbolu

nach	Transportmittel	Anmerkungen	Distanz pro Etappe	Gesamtdistanz
Kilkeel	Motorrad-Oldtimer		128	128
Douglas	Muschelkutter		63	191
Docks Liverpool	Passagierfähre		80	271
Liverpool Bahnhof	Schwarzes Taxi		10	281
Coventry	Zug		116	397
Ace Cafe, London	Motorradkonvoi		97	494
Shoreham-by-Sea	Routemaster-Bus		81	575
Brighton	RNLI-Rettungsboot		7	582
Dover	Mark I Land Rover		89	671
Calais	Laser-Segelboot		25	696
Paris	Citroën DS		184	880
Paris Gare de l'Est	Fahrrad		2	882
im Zug	Orient-Express		320	1202
Venedig	Orient-Express	via Schweiz, Österreich	476	1678
Hotel in Venedig	Wassertaxi			
Venedig	Tag in der Stadt		0	1678
Porec	Tragflächenboot		63	1741
Motovun	Yugo (Auto)		20	1761
Zagreb	Yugo (Auto)		121	1882
Vukovar	kroatischer Überlandbus		173	2055
Ilok	Wartungsboot		23	2078
Backa Palanka	Taxi		3	2081
Romagemeinde in Novi Sad	Lieferwagen mit Teppich		21	2102
Straße nach Novi Sad	Schrottkarren		1	2103
Belgrad	serbischer Überlandbus		54	2157
im Zug	Balkan-Express		244	2401
Istanbul	Balkan-Express		350	2751
Istanbul	Ruhetag		0	2751
Istanbul, Asien	türkische Fähre		3	2754
Safranbolu	Dolmuş (Bus)		255	3009
Samsun	Dolmuş (Bus)		229	3238

Land	Reisetag	Wochentag, Datum	von
Georgien	17	Montag, 28. April	Samsun
	18	Dienstag, 29. April	Grenze
	19	Mittwoch, 30. April	Kutaisi
			Tiflis
Aserbaidschan	20	Donnerstag, 1. Mai	Ankunft Baku
Iran	21	Freitag, 2. Mai	Baku
			Grenze Iran, Astara
			Astara
			Astara (Stadt)
	22	Samstag, 3. Mai	Bandar Anzali
	23	Sonntag, 4. Mai	Teheran
			Teheran
			Teheran
	24	Montag, 5. Mai	Schahr-e Kord
			Isfahan
	25	Dienstag, 6. Mai	im Zug
	26	Mittwoch, 7. Mai	Bandar Abbas
Dubai	27	Donnerstag, 8. Mai	Bandar Abbas
	28	Freitag, 9. Mai	Dubai, VAE
	29	Samstag, 10. Mai	Dubai, VAE
	30	Sonntag, 11. Mai	Dubai, VAE
	31	Montag, 12. Mai	Dubai, VAE
	32	Dienstag, 13. Mai	auf Containerschiff nach Indien
	33	Mittwoch, 14. Mai	auf Containerschiff nach Indien
Indien	34	Donnerstag, 15. Mai	auf Containerschiff nach Indien
	35	Freitag, 16. Mai	Mumbai
	36	Samstag, 17. Mai	Hotel in Mumbai
			Bahnhof in Mumbai
	37	Sonntag, 18. Mai	Zug nach Delhi
			Bahnhof in Delhi
	38	Montag, 19. Mai	Delhi
	39	Dienstag, 20. Mai	Agra

| --- | --- | --- | --- | --- |
Hopa, georgische Grenze	Dolmuş (Bus)		344	3582
Kutaisi	Ural (Motorrad)		96	3678
Tiflis	Ural (Motorrad)		40	3718
im Zug	Baku-Express		299	4017
Baku	Tag in der Stadt mit UAZ-Jeep		0	4017
Astara, iranische Grenze	UAZ-Jeep und Wolga GAZ 21 (Auto)		145	4162
Astara	Lajvar		1	4163
Astara (Stadt)	Traktor		1	
Bandar Anzali	Taxi		83	4246
Teheran	Mercedes-Zementlaster		217	4463
Teheran	iranisches Taxi (mit Fahrerin)		3	4466
Teheran	U-Bahn		5	4471
Schahr-e Kord	Bus (Schnellbus)		253	4724
Isfahan	Schnellbus		56	4780
im Zug	Zug (iranischer Schlafzug)		470	5250
Bandar Abbas	Zug und Taxi		25	5275
Bandar Abbas	Besuch auf der Insel Qeshm		0	5275
Dubai, VAE	Fähre		140	5415
Dubai, VAE	Tag in der Stadt		0	5415
Dubai, VAE	Tag in der Stadt		0	5415
Dubai, VAE	über Nacht auf Containerschiff		0	5415
auf Containerschiff nach Indien	Containerschiff			5415
auf Containerschiff nach Indien	Containerschiff			5415
auf Containerschiff nach Indien	Containerschiff			5415
Mumbai	Containerschiff		1135	6550
Mumbai	Tag in der Stadt		0	6550
Bahnhof Mumbai	Schwarzgelbes Taxi		2	6552
Zug nach Delhi	Nahverkehrszug		852	7404
Bahnhof Delhi	Rajdhani-Express		3	7407
Hotel Imperial	Bajaj-Tuk-Tuk		5	7412
Agra	Royal Enfield Bullet		124	7536
Kanpur	Taxi aus Agra		176	7712

Land	Reisetag	Wochentag, Datum	von
	40	Mittwoch, 21. Mai	Kanpur
			Stadtrand von Mirzapur
			Busbahnhof Mirzapur
			Ramnagar
			ghats in Varanasi
	41	Donnerstag, 22. Mai	Varanasi
	42	Freitag, 23. Mai	Hotel in Varanasi
			Varanasi
Nepal	43	Samstag, 24. Mai	Gorakhpur
			Sunauli
			Butwal
			Narayani-Fluss
	44	Sonntag, 25. Mai	Tharu Lodge, Chitwan
			Tharu
			Hetauda
	45	Montag, 26. Mai	Kathmandu
			Vorstadt Kathmandu
	46	Dienstag, 27. Mai	Chaubas
	47	Mittwoch, 28. Mai	Kathmandu
	48	Donnerstag, 29. Mai	Kathmandu
			Sagarmatha-Nationalpark
	49	Freitag, 30. Mai	Kathmandu
China	50	Samstag, 31. Mai	Guangzhou, China
	51	Sonntag, 1. Juni	Guangzhou
	52	Montag, 2. Juni	Fengkai
			Wuzhou
	53	Dienstag, 3. Juni	Yangshuo
	54	Mittwoch, 4. Juni	Yangshuo
			Guilin
			Nanning
Vietnam	55	Donnerstag, 5. Juni	Pingxiang
			Dong Dang
	56	Freitag, 6. Juni	Hanoi
			See
			Hanoi
	57	Samstag, 7. Juni	Halong

nach	Transportmittel	Anmerkungen	Distanz pro Etappe	Gesamtdistanz
Stadtrand von Mirzapur	Tata-Laster		227	7939
Busbahnhof Mirzapur	Piaggio-Tuk-Tuk		2	7941
Ramnagar	Jeep		37	7978
Varanasi ghats	Ruderboot		5	7983
Varanasi	Rikscha		1	7984
Varanasi	Tag in der Stadt		0	7984
Bahnhof Varanasi	Tuk-Tuk		1	7985
Gorakhpur	Zug		128	8112
Sunauli	Ambassador-Taxi		59	8171
Butwal	Traktor		15	8186
Narayani-Fluss	Stadtbus		50	8236
Tharu Lodge, Chitwan	Einbaum		3	8239
durch Tharu-Dörfer	Elefant		2	8241
Hetauda	Jeep	via Narayanghat	10	8251
Kathmandu	Taxi		85	8336
Vorstadt von Kathmandu	UNICEF-Lieferwagen		5	8341
Chaubas	Bus		29	8370
Kathmandu	UNICEF-Lieferwagen		34	8404
Kathmandu	Tag in der Stadt		0	8404
Sagarmatha-Nationalpark	Hubschrauber	Lukla & Tengboche in 3800 m Höhe	0	8404
Kathmandu	Hubschrauber		0	8404
Flug nach China	Flugzeug		1763	10167
Guangzhou	nach der Landung Tag in der Stadt		0	10167
Richtung Fengkai	Zementkahn		40	10207
Wuzhou	Taxi		88	10295
Yangshuo	Bus		146	10441
Liugong (Dorf)	Bambusfloß aus Plastik		0	10441
Guilin	Lieferwagen		29	10470
Nanning	Zug		239	10709
Pingxiang, Grenze	Taxi		127	10836
Dong Dang, Grenze	Taxi		2	10838
Hanoi	Minsk-Motorräder		222	11060
der See mit dem Bomber	Xeom (Motorradtaxi)		0	11060
Busbahnhof Hanoi	Dreiradtaxi		0	11060
Halong	Bus		76	11136
Halong-Bucht	Minibus		3	11139

Land	Reisetag	Wochentag, Datum	von
			Halong-Bucht
			schwimmendes Dorf
			schwimmendes Dorf
	58	Sonntag, 8. Juni	Insel Cat Ba
			Insel Cat Ba
			Haiphong
			Nam Dinh
	59	Montag, 9. Juni	Dong Ha
			Vinh Moc
Laos			Khe Sanh
			Dansavanh, Grenze
	60	Dienstag, 10. Juni	Mueng Phine
			Savannakhet
	61	Mittwoch, 11. Juni	Pakse
			Tha Muong, Champasak
Kambodscha			Khon Phapeng, Wasserfall
			Voen Kham
	62	Donnerstag, 12. Juni	Stung Treng
			Flussüberquerung
			Kratie
			Stung Trang
			Chamcar Leu
	63	Freitag, 13. Juni	Beng Mealea
			Phnom Kulen
	64	Samstag, 14. Juni	Siem Reap
	65	Sonntag, 15. Juni	Siem Reap
Thailand	66	Montag, 16. Juni	Siem Reap
			Sisophon
			Straße nach Poipet
			Poipet & thail. Grenze

nach	Transportmittel	Anmerkungen	Distanz pro Etappe	Gesamtdistanz
schwimmendes Dorf	Dschunke		3	11142
schwimmendes Dorf	Ruderboot		3	11145
Gia Luam, Insel Cat Ba	Dschunke		5	11150
Haiphong	Motorboot	mit Motorschaden abgebrochen	16	11166
Haiphong	Fähre		14	11180
Nam Dinh	Minibus		52	11232
Richtung Dong Ha	Wiedervereinigungsexpress		289	11521
Vinh Moc	Militärjeep		19	11540
Khe Sanh	Militärjeep		68	11608
Lao Bao, Grenze	Militärjeep		5	11613
Tueb, Dorf im Distrikt Mueng Phine Keng	Songthaew		44	11657
Savannakhet	Songthaew		92	11749
Pakse	Lod Mei (Bus)		117	11866
Tha Muong, Champasak	Passagierschiff		34	11900
Khon Phapeng, Wasserfall	Songthaew		52	11952
Voen Kham, Grenze	Songthaew		9	11961
Stung Treng	Superschnellboot		7	11968
Kratie	Honda 250 Dirt Bikes		92	12060
Flussüberquerung	Fähre		1	12061
Stung Trang	Dirt Bikes		9	12070
Chamcar Leu, Gummiplantagen	Dirt Bikes		59	12129
Beng Mealea	Dirt Bikes	via Kompong Thmor und Kompong Thom und Dam Dek	53	12182
Phnom Kulen	Dirt Bikes		27	12209
Siem Reap	Dirt Bikes		82	12291
Siem Reap	Ruhetag		5	12296
Siem Reap	Coyonne (Elefantentransporter) und Holzboot	via Angkor Wat	10	12306
Sisophon	Taxi		79	12385
Straße nach Poipet	Bambuszug		1	12386
Poipet & thailänd. Grenze	Taxi			
Aranyaprathet	Songthaew		5	12391

Land	Reisetag	Wochentag, Datum	von
			Aranyaprathet
	67	Dienstag, 17. Juni	Bangkok
	68	Mittwoch, 18. Juni	Bangkok
Malaysia	69	Donnerstag, 19. Juni	Butterworth
	70	Freitag, 20. Juni	Kuala Lumpur
Singapur			Danga Bay
	71	Samstag, 21. Juni	Singapur
	72	Sonntag, 22. Juni	Singapur
Indonesien	73	Montag, 23. Juni	Singapur
			Bandar Bentan Telani, Bintan
			Kawal, Bintan
	74	Dienstag, 24. Juni	Insel Nikoi
	75	Mittwoch, 25. Juni	Insel Nikoi
			Kawal, Bintan
			Tanjung Pinang, Bintan
			Batam
	76	Donnerstag, 26. Juni	Pontianak
			Teluk Melano
			Ketapang
			Sandai
			Rando Jungkal
	77	Freitag, 27. Juni	Riam Dadap
			Rando Jungkal
			Sandai
	78	Samstag, 28. Juni	Ketapang
	79	Sonntag, 29. Juni	Pontianak
	80	Montag, 30. Juni	Bali
	81	Dienstag, 1. Juli	Gili, Trawangan
			Bima
	82	Mittwoch, 2. Juli	Boot Richtung Komodo
			Rinca
			Bima

nach	Transportmittel	Anmerkungen	Distanz pro Etappe	Gesamtdistanz
Bangkok	Mercedesbus		164	12555
Bangkok	Ruhetag		0	12555
Zug nach Butterworth	Zug		688	13243
Kuala Lumpur	Bus		236	13479
Danga Bay	Mietwagen		197	13676
Singapur, Raffles Marina	Wakeboard		12	13688
Singapur	Ruhetag		0	13688
Singapur	Ruhetag		0	13688
Bandar Bentan Telani, Bintan	Fähre		26	13714
Kawal, Bintan	Holden Kingswood		35	13749
Insel Nikoi	Wassertaxi		6	13755
Insel Nikoi	Frachtschiff	Das Schiff musste wegen eines Lecks umkehren.	20	13775
Kawal, Bintan	Wassertaxi		6	13781
Tanjung Pinang, Bintan	Auto		15	13796
Batam	Fähre		24	13820
Pontianak	Batavia (Flugzeug)		369	14189
Teluk Melano	Hutan-Express (Schnellboot)		152	14341
Ketapang	Pick-up		62	14403
UNICEF-Projekt in Sandai	Schnellboot		98	14501
Rando Jungkal	Moped		14	14515
Riam Dadap	Motorkanu		25	14540
Rando Jungkal	Schnellboot		25	14565
Sandai	Motorrad & Pick-up		14	14579
Ketapang	Schnellboot		98	14677
Pontianak	Hutan Express (Schnellboot)		214	14891
Bali	Flugzeug		709	15600
Gili, Trawangan	Bemo, X2K-Schnellboot		68	15668
Bima	X2K-Schnellboot		212	15880
Boot Richtung Komodo	Phinisi (Boot)		60	15940
Rinca	Phinisi (Boot)		15	15955
Bima	X2K-Schnellboot		75	16030
auf der Fähre	Fähre		50	16080

Land	Reisetag	Wochentag, Datum	von
	83	Donnerstag, 3. Juli	auf der Fähre
	84	Freitag, 4. Juli	Maumere mit Fähre
	85	Samstag, 5. Juli	Kupang
	86	Sonntag, 6. Juli	auf See
	87	Montag, 7. Juli	auf See
	88	Dienstag, 8. Juli	auf See
	89	Mittwoch, 9. Juli	auf See
Australien	90	Donnerstag, 10. Juli	auf See
	91	Freitag, 11. Juli	Darwin
	92	Samstag, 12. Juli	Daly Waters
			Alice Springs
	93	Sonntag, 13. Juli	Stadtrand von Alice Springs
			auf der Straße
			Uluru
	94	Montag, 14. Juli	Lagerplatz im Outback (nahe dem Mount Conner)
			Coober Pedy
			Straße nach William Creek
	95	Dienstag, 15. Juli	William Creek
	96	Mittwoch, 16. Juli	Marree
	97	Donnerstag, 17. Juli	Quorn
			Pitchie Ritchie Maschinen-schuppen
			Woolshed Flat
			Stirling North
	98	Freitag, 18. Juli	Mildura
	99	Samstag, 19. Juli	Khancoban
			Geehi
	100	Sonntag, 20. Juli	Thredbo
	101	Montag, 21. Juli	Thredbo
	102	Dienstag, 22. Juli	Shellharbour
			Wollongong

nach	Transportmittel	Anmerkungen	Distanz pro Etappe	Gesamtdistanz
Fähre nach Maumere	Fähre		358	16438
Kupang, Timor	Fähre		70	16508
auf See	Phinisi (Boot)		145	16653
auf See	Phinisi (Boot)		142	16795
auf See	Phinisi (Boot)		117	16912
auf See	Phinisi (Boot)		104	17016
auf See	Phinisi (Boot)		105	17121
Darwin	Phinisi (Boot)		30	17151
Daly Waters	Wicked Bus (Campingbus)		349	17500
Alice Springs	Wicked Bus (Campingbus)		557	18057
Stadtrand von Alice Springs	Nissan-Pick-up		2	18059
auf der Straße	Kamele		2	18061
Uluru	Nissan-Pick-up		312	18373
Campsite nahe Mount Conner	Nissan-Pick-up		20	18393
auf der Straße	Planiermaschine		1	18394
Straße nach William Creek	Road Train		20	18414
William Creek	Nissan-Pick-up		471	18885
Marree	Nissan-Pick-up		170	19055
Quorn	Nissan-Pick-up		210	19265
Maschinenschuppen in Pitchie Ritchie	klassischer Holden		1	19266
Woolshed Flat	Dampflok		9	19275
Stirling North	Solarauto		10	19285
Mildura	Nissan-Pick-up		332	19617
Khancoban	Nissan-Pick-up		467	20084
Geehi	Pferde		10	20094
Thredbo	Nissan-Pick-up		28	20122
zurück nach Thredbo	Skitube und Schneemobil		15	20137
Shellharbour	Nissan-Pick-up		255	20392
Wollongong	BMW-Motorrad		5	20397
Sydney	BMW-Motorrad-Konvoi		76	**20473**

Gesamtzahl der verschiedenen Transportmittel: 112

Die andere Reise

Auf meiner Reise ging es um all die wunderbaren Menschen und Orte zwischen Irland und Australien, die man nur kennenlernt, wenn man nicht das Flugzeug nimmt. Es war eine ganz erstaunliche Reise, die nur möglich war, weil wir uns verschiedener Transportmittel bedienten, die auch von der einheimischen Bevölkerung benutzt werden. Gleichzeitig fand eine andere, noch wichtigere Reise statt, deren Zeugen wir in Nepal und Borneo geworden sind. Diese Reise wird tagtäglich von UNICEF unternommen, wenn sie alles Notwendige unternimmt, um Kinder in abgelegenen und isolierten ländlichen Gebieten mit lebensrettenden Impfstoffen zu versorgen.

Die Impfung ist eine echte Erfolgsgeschichte. Heute sind weltweit fast drei Viertel der Kinder durch Impfungen gegen die wichtigsten Kinderkrankheiten geschützt. Trotzdem sterben immer noch mehr als 1,4 Millionen Kinder jährlich an Krankheiten, die durch die Anwendung billiger Impfstoffe hätten verhindert werden können.

Mit UNICEF verfolgten wir auf Borneo den Weg eines Impfstoffs bis zu seinem Bestimmungsort und lernten alle logistischen Probleme kennen, die dabei auftraten. Wir fuhren mit Motorrädern, Minibussen und Schnellbooten, wobei wir stets darauf achten mussten, dass der Impfstoff gut gekühlt blieb. Wir brauchten 16 Stunden bis zu dem kleinen Dorf, wo Kinder geimpft werden mussten. Die Fahrt war manchmal ziemlich haarig. Aber für die Mitarbeiter von UNICEF sind solche Touren auf der ganzen Welt das tägliche Brot.

Wenn man zu den Orten kommt, an denen ich gewesen bin, und sieht, wie UNICEF Kindern in oft lebensbedrohlichen Situationen hilft, dann geht einem einerseits das Herz auf, andererseits wird man auch traurig. Und doch gibt es Hoffnung, weil Menschen wie die Mitarbeiter von UNICEF da draußen sind und Kindern helfen.

UNICEF stützt sich bei der Verteilung der Impfstoffe und dem Einsatz ausgebildeter Ärzte und Krankenschwestern, die sie verabreichen, ausschließlich auf freiwillige Spenden. Ohne die Spenden würden noch viel mehr Kinder rund um den Erdball an verhütbaren Krankheiten sterben. Also greifen Sie bitte tief in die Tasche und geben Sie, was Sie können. Ihre Spende rettet tatsächlich Kindern das Leben.

Weitere Informationen finden Sie unter:
www.unicef.org.uk/byanymeans
www.unicef.de

Dank

Für Olivia, Doone, Kinvara und den ganzen Boorman-Clan.

Für Russ Malkin.

Für Lisa Benton, Sarah Blackett, Ollie Blackwell, Mike Clark-Hall, Rob Drake, Joanna Ford, Jeff Gulvin, Corin Holmes, Anne Holst, Amber Latif, Sarah Lawrance, Jo Melling, Liz Mercer, Mungo, Stephanie Newman, Hannah Palmer, Alex Pipkin, Catriona Scott, Robin Shek, Tom Swingler, Lucy Trujillo.

Ein besonderer Dank geht an:
Ace Cafe, Munir Akdogan, Robert Ashworth, AST, Deepak Bajracharya, Bali Film Centre, Baron Speed Shop, Cenk Baysan, BBC, Haci Bekir, Bimblegumbie, BMW, Breitling, Bremont, Boatbookings.com, John Boorman, Cristel Boorman, Robert Bu, Dave Burge, Shiyi Cao, Caucasus Travel, Channel Swimming and Piloting Federation, Citroën, Classic Car Club of Thailand, Peter Cochran, Coventry Transport Museum, Simon Crellin, Danubium Tours, Richard Darwood, Mahmud Darya, Davenport Lyons, Davida, Geoff Duke, Durbar Associates, Matt Elmes, Enia Carpets, Exmed, Yangshou Expat, Explore, Explore Georgia, Explore Indochina Ltd, Richard Gauntlett, Rina Gandhi, Garmin, Trevor Gibbs, Global Events and Expeditions, Gritti Palace, Hachette, The Hatton Family, Warwick Hill, Hotel Danuv, Pete Huckle, Infocus Asia, Steve Jameson, Stanka Jankovic, Jebel Ali Golf Resort & Spa, JK, Olja Jovovic, Kentec Mail and Courier Service, Robert Kirby, Land Rover, Laser, Edwin Lerrick, Darren

Loveday, Steve Loveday, Maersk Company, Magic Carpet Travel, Manx Fishing Producers Organisation, Martin Mayhew, Maxout Hydrosports, John McGuinness, Media Insurance, Wenceslaus Mendes, Mid Hants Railway, Chiara & Alessandro Mingardi, Minsk Club Vietnam, Richard Moxon, Nikoi Island, National Geographic Channel, Nikon, Catherine & Rem Niessen, Nissan, Old Burma, Omnibuzz, Michael Oram, Orient Express Trains and Cruises, Tao-tao Peng, Pop Films Asia, Rick Pope, Richard Quayle ›Milky‹, Raa Kelly Solar Car Team, Nick Ray, RNLI, Royal Enfield, Sea and Sky Travel, Zuar Shafiev, Shangri-La Hotel Sydney, Snowy Mountain Ski Patrol, Songline Cruises, Sonic Communications Ltd, John South, Steampacket Ferry Company, Steve Jameson, Stormforce Sailing, Kevin Sullivan, Swissotel, Singapore, Taj Hotel Group, The Pitchie Ritchie Railway, Tourism New South Wales, Tourism Australia, Trango Disaster and Response Services, UNICEF, Universal, Ural Motorcycles, V-Media Works, Visa World, Rob Warner, Wicked Campervans, Wild Horizons.

Einfach mal aussteigen

Ewan McGregor/Charley Boorman
Long Way Down
Von Schottland nach Kapstadt

Zwei Männer, zwei Motorräder,
15 000 Meilen von den schottischen
Highlands nach Südafrika: »Witzig,
äußerst unterhaltsam und dabei
immer authentisch.«

Motorrad

Robert Jacobi
Amerika der Länge nach
Meine Reise auf der Panamericana

Allein und mit leichtem Gepäck
auf Amerikas Traumroute:
»Packende und humorvolle
Abenteuerliteratur.«

Süddeutsche Zeitung

Gillian Kendall
Mr. Dings Hühnerfüße
Als Lehrerin allein unter chinesischen
Matrosen

Turbulenter Sprachkurs auf hoher
See: Aus unbändiger Reiselust
und chronischer Geldnot bricht
eine junge Australierin auf zu
dem Abenteuer ihres Lebens.

Abenteuer Orient

Bruno Baumann
Abenteuer Seidenstraße
Auf den Spuren alter Karawanenwege

Entlang einer der geschichts-
trächtigsten Handelsrouten der
Welt: Bruno Baumann lädt uns ein
zu einer großen Reise auf den
verzweigten Pfaden der legendären
Seidenstraße.

Oss Kröher
Das Morgenland ist weit
Die erste Motorradreise
vom Rhein zum Ganges

Zwei junge Pfälzer brechen 1951 mit
dem Seitenwagen-Motorrad auf ins
Ferne Indien: »ein Zeitdokument von
großem Wert« (Elke Heidenreich),
mitreißend erzählt und reich bebildert.

Philippe Valéry
Der verheißungsvolle Weg
Zu Fuß von Marseille bis nach Kaschgar

Philippe Valéry erliegt dem
Zauber des Orients und wandert
von Frankreich bis nach China:
2 Jahre, 10 000 Kilometer und
zahllose unvergessliche Begeg-
nungen und Erlebnisse.

MALIK ⬛ NATIONAL
GEOGRAPHIC